Multi-Cloud Architecture and Governance

멀티 클라우드로의 전환

Multi-Cloud Architecture and Governance

멀티 클라우드로의 전환

알맞은 멀티 클라우드 솔루션 찾아보기

제론 멀더 지음   문경식 옮김

i!i
에이콘

에이콘출판의 기틀을 마련하신 故 정완재 선생님 (1935-2004)

코로나19로부터 모두를 보호하고 있는 모든 의료 종사자 분들께 바칩니다.

| 지은이 소개 |

제론 멀더 Jeroen Mulder

1970년에 태어나 네덜란드 신문사에서 편집자로 활동했으며 2000년 IT 기업인 오리진 Origin에 입사해 크로스 미디어 플랫폼의 커뮤니케이션 전문가로 일했다. 오리진과 아토스 Atos에서 다양한 역할을 맡았고 수석 아키텍트를 마지막으로 수행한 후 2017년부터는 후지쯔Fujitsu의 수석 아키텍트로 일했다. 2020년부터 네덜란드 후지쯔의 애플리케이션 및 멀티 클라우드 서비스 책임을 맡고 있다.

인증된 엔터프라이즈 및 보안 아키텍트이며 클라우드 인프라, 서버리스 및 컨테이너 기술, 애플리케이션 개발, 다양한 데브옵스DevOps 방법론과 툴을 사용한 디지털 변환 등의 클라우드 기술을 연구하고 있다.

코로나19로 전 세계가 고통받는 동안에도 이 책을 쓰는 데 필요한 공간과 지원을 제공한 훌륭한 내 아내 주디스(Judith)에게 감사의 말을 전한다. 그리고 이 책을 마무리할 수 있도록 기회와 시간을 제공한 후지쯔에게도 감사드린다. 팩트출판사 편집 팀 전체가 초보 작가를 위해 많은 도움을 줬지만 특히 책의 대부분을 편집해준 로미 디아스(Romy Dias)에게 감사를 전한다.

| 기술 감수자 소개 |

듀안 모건 Duane Morgan

인프라에서 15년 이상 경험을 쌓은 멀티 클라우드 기술 솔루션 아키텍트이며 혁신적인 차세대 클라우드 네이티브 아키텍처와 블록체인, ML, AI 등의 신기술에 대한 열정을 갖고 있다. 미국에 거주 중이며 Accenture, Deloitte 등 여러 산업 및 기술 컨설팅 기업에서 일했다.

리눅스Linux 관리자로서 경력을 시작했다. 네트워크, 보안, 가상화, 클라우드 컴퓨팅 인프라 기술 관련 지식으로 VMware 고급 전문가, AWS 솔루션 아키텍트, GCP 전문 아키텍트, Cisco 설계 전문가, 체크포인트 전문가 자격을 획득했고 블록체인 자격증도 취득했다. 클라우드, 디지털, 신흥 기술의 기술자라면 링크드인에서 나를 찾을 수 있을 것이다.

크리스 라스코 Chris Rasco

20년 이상 IT 업계에 종사했으며 현재는 글로벌 금융 서비스 기업의 최고 클라우드 아키텍트 중 한 명으로 근무 중이다. 또한 애틀랜타에 있는 차량 이력 관리 스타트업 VINwiki의 기술 팀도 이끌고 있다. 모든 기술에 열정을 갖고 있고 남는 시간에는 다양한 프로젝트에 참여하거나 여러 스타트업에 조언을 해주고 가끔 집 개조 작업을 한다.

> 아내 로렌(Lauren)과 자녀 에탄(Ethan)과 에비(Evie)에게 감사의 말을 전한다.

| 옮긴이 소개 |

문경식(moon91sikk@naver.com)

6년째 SK텔레콤 Core Infra 본부에서 가상화 인프라 구축·운용, LTE·5G 네트워크 시스템 관리·운용을 맡고 있다. VMware, 오픈스택, 쿠버네티스 등의 솔루션을 기반으로 각종 서비스를 제공·운용 중이다. 오픈스택과 쿠버네티스 강사로 활동 중이며 네트워크 시스템을 퍼블릭 클라우드에 점점 구축하는 흐름이므로 최근 주요 퍼블릭 클라우드 기술에 관심이 많다. 번역서로는 『처음 시작하는 AWS 람다』(한빛미디어, 2016)가 있다.

| 옮긴이의 말 |

멀티 클라우드는 거스르기 힘든 흐름이다. 시스템을 단일 플랫폼에 호스팅하는 방식은 유행이 한참 지난 방식이다. 사용자는 점점 더 자신의 필요에 의해 여러 플랫폼을 혼합해 사용하게 됐다. 이 책은 이러한 흐름에 자연스럽게 합류할 수 있도록 멀티 클라우드의 기본 개념을 설명하고 주요 클라우드 플랫폼(AWS, Google, GCP)의 실제 사례를 제시한다.

IT, 더 자세히 퍼블릭 클라우드 분야에서 막연한 두려움을 갖는 경우가 많다. 폐쇄된 환경에서만 개발·실행됐던 시스템을 퍼블릭 클라우드로 전환한다는 생각은 모두가 할 수 있지만 현실화하기에는 많은 어려움이 있다. 이 책을 통해 멀티 클라우드로 시스템을 전환할 생각이 있지만 멀티 클라우드를 접해보지 못했거나 멀티 클라우드의 기초를 학습하고 싶은 사람에게 도움이 되길 바란다.

이 책을 옮기는 과정에서 여러 훌륭한 분의 도움을 받은 데 진심으로 감사드린다. 우선 좋은 기회를 주신 에이콘출판사의 모든 담당자께 감사의 말씀을 드린다. 책 번역은 내게도 많은 도움이 됐고, 앞으로의 업무에도 좋은 방향이 되리라 확신한다. 또한 번역 활동을 허락하고 지지해주신 SK텔레콤에도 감사의 말씀을 드린다. 그리고 지금까지 여러 가지 업무를 진행하면서 만났던 모든 동료, 다른 회사 관계자께도 감사드린다. 함께 했던 경험이 이 책을 옮기는 데 많은 도움이 됐다. 마지막으로 항상 힘이 돼 주는 가족에게 특히 감사의 말씀을 전한다.

| 차례 |

| 들어가며 |

기업은 클라우드 환경으로 점점 더 전환하고 있다. 기업은 그들의 애플리케이션과 시스템을 단일 클라우드 플랫폼으로 마이그레이션하는 것이 아니라 애저, AWS, Google Cloud, 온프레미스 프라이빗 클라우드 등의 다양한 플랫폼에서 호스팅되는 SaaS^{Software as a Service}, PaaS^{Platform as a Service}, IaaS^{Infrastructure as a Service}를 혼합해 사용한다. 다시 말해 기업은 멀티 클라우드 전략을 갖고 있으며 아키텍트와 수석 엔지니어는 아키텍처를 통합하고 엔터프라이즈 클라우드를 관리하는 데 어려움을 겪고 있다. 따라서 아키텍트와 엔지니어는 클라우드 솔루션을 설계, 구현, 통합하고 거버넌스를 위한 제어를 설정하는 방법을 배워야 한다.

이 책은 멀티 클라우드 개념을 소개한 다음 멀티 클라우드 플랫폼에서 사용할 수 있는 시스템을 설계할 때 고려해야 할 모든 주제를 다룬다. 이를 위해 먼저 여러 플랫폼 간의 연결을 설계하고 애저, AWS, GCP에 랜딩 존을 생성하는 것부터 시작한다. 이 책은 다음과 같은 네 개의 주요 부로 구성돼 있다.

- 클라우드 환경을 위한 인프라를 제공하는 랜딩 존의 설정 및 관리를 포함한 운영
- 비용 관리 및 라이선스 관리를 포함한 재정 운영
- ID 및 접근 관리, 데이터 보안, 보안 정보, 이벤트 관리를 포함한 보안 운영
- 데브옵스, CI/CD 파이프라인 및 AIOps, 사이트 신뢰성 엔지니어링 등의 새로운 개념을 포함한 지속적인 제공 및 배포

또한 주요 클라우드 공급자 관련 모범 사례, 클라우드를 사용할 때 빠지기 쉬운 함정, 함정을 방지하는 방법, 클라우드의 방법론 및 툴 관련 권장 사항을 살펴본다. 멀티 클라우드의 모든 것을 해결할 수는 없지만 멀티 클라우드를 설계하는 데 훌륭한 참고서가 될 것이다.

▌ 대상 독자

멀티 클라우드 환경 설계와 관련 있는 아키텍트와 수석 엔지니어를 대상으로 한다. 애저, AWS, Google Cloud Platform 등의 클라우드 플랫폼과 전반적인 클라우드 채택 프레임워크에 대한 기초적인 이해를 필요로 한다.

▌ 이 책의 내용

1장, 멀티 클라우드 소개하기 멀티 클라우드 정의 및 여러 기업이 멀티 클라우드 전략을 갖는 이유를 알아본다.

2장, 멀티 클라우드 전략을 사용해 비즈니스 가속화하기 기업이 멀티 클라우드 전략을 사용해 비즈니스 결과를 가속화하는 방법을 살펴본다.

3장, 연결 설계하기 플랫폼으로의 연결을 설계하는 방법과 연결 옵션의 개요를 설명한다. 주요 모든 퍼블릭 클라우드 플랫폼은 Azure ExpressRoute, AWS Direct Connect, Google Dedicated Interconnect, VMware NSX 등의 자체 연결 기술을 제공한다. 3장에서는 연결 옵션의 개요를 제공한다.

4장, 멀티 클라우드를 위한 서비스 설계하기 클라우드 공급자의 클라우드 채택 프레임워크 CAF, Cloud Adoption Framework를 사용해 멀티 클라우드의 거버넌스를 알아본다.

5장, 엔터프라이즈 클라우드 아키텍처 관리하기 보안, 데이터, 애플리케이션 등 다양한 도메인의 아키텍처 원칙을 학습한다. 그리고 TOGAF The Open Group Architecture Framework를 사용해 멀티 클라우드 엔터프라이즈 아키텍처를 생성하는 방법을 설명한다.

6장, 랜딩 존 설계, 구현, 관리하기 애저, AWS, Google Cloud Platform의 랜딩 존을 설계하는 방법을 다룬다. 그리고 랜딩 존 관리 정책을 정의하는 방법과 랜딩 존에서 계정을 관리하는 방법도 배운다.

7장, 성능 및 복구성 설계하기 백업, 비즈니스 연속성 및 장애 복구 솔루션을 알아본다. 또한 기업이 가용성을 높이는 방법과 시스템 중단이 발생했을 때 데이터 유실을 방지하고 장애 복구에 대비하는 방법도 학습한다.

8장, 자동화 툴 및 프로세스 정의하기 자동화 원칙을 학습한다. 소스 코드를 단일 저장소에 저장하고 소스 코드에 버전 제어를 적용하는 것부터 시작해 자동화 프로세스를 설계하는 방법을 살펴본다.

9장, 모니터링과 관리 툴 정의하고 사용하기 모니터링 프로세스와 툴을 살펴보고 클라우드 공급자가 제공하는 기본 툴을 설명한다.

10장, 라이선스 관리하기 클라우드 공급자가 제공하는 라이선스, 협약, 다양한 계약 옵션의 관리를 알아보고 클라우드 환경에서의 재정 운영을 살펴본다.

11장, 리소스 프로비저닝 및 사용 원칙 정의하기 기업이 애저, AWS, GCP에서 리소스를 계획하고 배포하는 방법을 살펴본다. 경고, 임계값 설정을 통한 비용 제어도 학습한다.

12장, 네이밍 및 태깅 규칙 정의하기 네이밍과 태깅 규칙을 생성하는 일관성 있는 방법을 탐구한다. 또한 리소스를 명확하게 구분하고 리소스에 대한 책임을 지정하는 데서 비용 통제가 시작된다는 사실도 배운다.

13장, 청구서 검증 및 관리하기 애저, AWS, Google Cloud의 콘솔에서 비용을 확인하고 분석하는 방법을 다룬다.

14장, 보안 정책 정의하기 클라우드 공급자의 보안 프레임워크와 CIS^{Center for Internet Security} 제어 등의 전체적인 프레임워크를 살펴본다. 또한 이러한 프레임워크를 사용해 보안 정책을 정의하는 방법도 다룬다.

15장, ID 및 접근 관리 구현하기 ID의 인증과 인가를 다루며 최소 권한 계정을 관리하는 방법과 적격 계정을 사용하는 방법을 알아본다. 그리고 Active Directory와의 페더레이션도 살펴본다.

16장, 데이터 보안 정책 정의하기   저장, 전송 중인 데이터를 보호하는 방법을 살펴본다. 모든 클라우드 플랫폼은 데이터 암호화 기술을 보유하고 있지만 암호화를 적용하고 키를 저장하고 처리하는 방식은 각각 다르다. 이 장에서는 다양한 암호화 기술도 알아본다.

17장, 보안 모니터링 구현 및 통합하기   SIEM^{Security Information and Event Management}과 SOAR^{Security Orchestration, Automation and Response}를 사용해 통합 보안 모니터링의 기능과 필요성을 살펴본다.

18장, CI/CD 파이프라인 설계 및 구현하기   CI/CD 파이프라인이 푸시 및 풀 메커니즘으로 동작하는 방식과 아키텍트가 멀티 클라우드를 위한 파이프라인을 설계하는 방법을 살펴본다. 다수 기업에서 애플리케이션 개발 속도를 가속화하는 작업 방식으로 데브옵스를 채택했다. 이 장에서는 지속적 통합과 지속적 배포를 통해 데브옵스 원칙을 설명한다.

19장, 멀티 클라우드에 AIOps 도입하기   AIOps^{Artificial Intelligence Operations} 개념을 소개하고 기업이 AIOps를 사용해 클라우드 환경을 최적화하는 방법을 살펴본다.

20장, 멀티 클라우드에 사이트 신뢰성 엔지니어링 도입하기   Google이 데브옵스를 수행하는 방식인 사이트 신뢰성 엔지니어링^{SRE, Site Reliability Engineering} 원칙을 설명한다. SRE는 개발자가 변경 사항을 신속히 적용해도 시스템의 안정성과 가용성을 지속적으로 유지하는 방법이다.

▌ 이 책의 선수 지식

IT 아키텍처(더 구체적으로는 클라우드 아키텍처)에 대한 기본적인 이해가 권장된다. 설계자는 TOGAF를 사용해 엔터프라이즈 아키텍처의 기초를 학습할 것을 추천한다. 그리고 이 책은 거버넌스의 일부로 서비스 관리를 다루므로 IT 서비스 관리^{ITSM, IT Service Management}에 대한 기본적인 이해도 권장된다. 이 책은 독자가 퍼블릭 클라우드와 프라이빗 클라우드의 클라우드 패턴에 대한 기본 지식을 갖췄다고 가정한다. 모든 장에는 주제에 대해 설명한 내용보다 더 상세한 정보를 제공하는 책이나 링크를 참조하도록 '참고문헌'이 포함돼 있다.

컬러 이미지 다운로드

이 책에 사용된 스크린샷과 그림의 컬러 이미지 PDF 파일을 제공한다. https://www.packtpub.com/sites/default/files/downloads/9781800203198_ColorImages.pdf. 에서 다운로드받을 수 있다.

▌ 편집 규약

다음은 이 책에서 사용한 몇 가지 텍스트 규칙이다.

코드체: 데이터베이스 테이블 이름, 폴더 이름, 파일 이름, 파일 확장자, 경로 이름, 더미 URL, 사용자 입력의 코드 단어다. 이 책에 포함된 문장을 예로 들어보자. 'gcloud config set project' 명령과 프로젝트 이름 또는 ID를 사용해 프로젝트를 시작할 수 있다. 예를 들어 완성된 명령은 다음과 같다.

```
'gcloud config set project [프로젝트 이름/ID]'
```

코드 블록은 다음과 같다.

```
{
  "labels": {
    "environment": "development",
    … }
  }
```

모든 명령줄 입·출력은 다음과 같다.

```
gcloudorganizations get-iam-policy ORGANIZATION_ID
gcloudresource-manager folders get-iam-policy FOLDER_ID
gcloudprojects get-iam-policy PROJECT_ID
```

볼드체: 새로운 용어, 중요한 용어 또는 화면에서 볼 수 있는 단어를 나타낸다. 메뉴나 대화상자의 단어는 볼드체로 표시된다. 다음은 예시다. "**Enable Security Hub** 버튼을 클릭하면 네이밍된 통합에 언급된 기준을 등록한다."

 주의 사항이나 중요한 내용을 나타낸다.

 유용한 정보나 요령을 나타낸다.

연락하기

독자의 피드백은 항상 환영한다.

불법 복제: 인터넷에서 불법 복제물을 형태와 무관하게 목격했다면 주소나 웹사이트 이름을 즉시 알려주면 감사하겠다. copyright@packt.com으로 연락하면 된다.

정오표: 내용의 정확성을 위해 많이 노력했지만 실수가 있을 수 있다. 이 책에서 오류를 발견했다면 즉시 연락해줄 것을 부탁드린다. www.packtpub.com/support/errata에 접속해 책을 선택하고 'Errata Submission Form' 링크를 클릭한 다음 세부 정보를 입력하면 된다. 한국어판의 정오표는 에이콘출판사의 도서정보 페이지 http://www.acornpub.co.kr/book/multi-cloud에서 볼 수 있다.

문의: 저자에게 질문이 있다면 메일 제목에 책 제목을 표기해 questions@packtpub.com으로 문의하길 바란다. 한국어판에 관한 질문은 에이콘출판사 편집 팀(editor@acornpub.co.kr)이나 옮긴이의 이메일로 문의하길 바란다.

멀티 클라우드 환경을 위한 아키텍처 및 거버넌스 소개하기

1부에서는 멀티 클라우드 자산에 대한 아키텍처와 명확하게 정의된 거버넌스가 여러 가지 클라우드 공급자, 개념, 기술을 사용해 환경을 구축하고 유지하기 위해 어떻게 필요한지를 다룬다.

1부는 다음 다섯 개 장으로 구성된다.

- 1장, 멀티 클라우드 소개하기
- 2장, 멀티 클라우드 전략을 사용해 비즈니스 가속화하기
- 3장, 연결 설계하기
- 4장, 멀티 클라우드를 위한 서비스 설계하기
- 5장, 엔터프라이즈 클라우드 아키텍처 관리하기

멀티 클라우드 소개하기

1장에서는 멀티 클라우드multi-cloud란 무엇이며 기업이 왜 멀티 클라우드 전략을 갖고 있는지를 알아본다. 마이크로소프트 애저Microsoft Azure, 아마존 웹 서비스AWS, Amazon Web Services, 구글 클라우드 플랫폼GCP, Google Cloud Platform의 주요 퍼블릭 클라우드 플랫폼과 이러한 플랫폼의 온프레미스on-premise(기업이 서버를 클라우드 환경이 아닌 자체 설비로 운영하는 방식) 형태인 애저 스택Azure Stack, AWS Outposts, Google Anthos 및 VMware의 VMConAWS에 초점을 맞춘다. 또한 멀티 클라우드의 이점과 하나 이상의 퍼블릭 클라우드 플랫폼을 사용해 멀티 클라우드 전략을 발전시키는 방법과 멀티 클라우드의 출발점을 알아본다.

1장에서는 다음 주제를 다룬다.

- 멀티 클라우드의 정확한 개념
- 비즈니스 요구 사항을 멀티 클라우드 전략에 반영하는 것
- 주요 기술 제공 회사 소개

▌ 멀티 클라우드의 개념

이 책은 여러 주요 클라우드 플랫폼을 이해시키는 것이 목표이며 다음과 같은 중요한 질문에 답할 수 있도록 도와줄 것이다. 우리 조직이 다양한 클라우드 플랫폼에 IT 시스템을 배포한다면 그것을 어떻게 제어할 수 있을까? 사용자는 멀티 클라우드 환경의 비용이 너무 높아지거나 누가 시스템을 관리하는지 모르거나 가장 중요하게는 무분별한 시스템 확장이 심각한 보안 위협을 초래하는 상황을 피하고 싶어한다. 하지만 깊이 파고들기 전에 **멀티 클라우드**와 멀티 클라우드를 명확하게 이해해야 한다. 멀티 클라우드에는 여러 가지 정의가 있지만 https://www.techopedia.com/definition/33511/multi-cloud-strategy에 명시된 정의를 사용할 것이다.

멀티 클라우드는 두 개 또는 그 이상의 클라우드 컴퓨팅^{Cloud Computing} 시스템을 동시에 사용하는 것을 말한다. 퍼블릭 클라우드를 사용하거나 프라이빗 클라우드를 사용하거나 둘을 조합해 사용하는 구조로 구성할 수 있다. 멀티 클라우드는 하드웨어/소프트웨어 장애 시 중복성을 제공하고 특정 벤더^{vendor} 종속을 방지하는 것이 목적이다. 이러한 정의에서 몇 가지 주제에 집중해보자. 우선 대부분의 조직이 다양한 기능과 비즈니스 애플리케이션을 호스팅^{hosting}하는 물리 시스템과 가상 시스템이 있는 전통적^{traditional} 데이터센터에서 출발했다. 이것을 레거시^{legacy}라고 불러도 되지만 오늘의 최첨단이 내일의 레거시가 되는 법이다. 따라서 이 책에서는 프라이빗한 물리적 데이터센터에서 호스팅되는 전통적 시스템을 '전통적' IT라고 부르겠다. 이로써 멀티 클라우드 정의의 첫 번째 문제를 소개했다.

많은 기업이 그들의 가상화 환경을 외부 데이터센터에서 호스팅되든 자체 소유의 온프레미스 데이터센터에서 호스팅되든 상관 없이 프라이빗 클라우드라고 부른다. 그들에게 프라이빗 클라우드는 일반적으로 중앙 관리 플랫폼에서 사용 요금이 청구되는 일부 비즈니스 단위를 호스팅하는 것을 의미한다. 이것이 실제로 클라우드를 사용하는지 의문이 들 수 있지만 프라이빗 클라우드는 개념 범위가 넓다. 대부분 클라우드라고 하면 AWS, Microsoft 애저, GCP 같은 주요 퍼블릭 클라우드 플랫폼을 떠올릴 것이다.

멀티 클라우드는 이러한 다양한 플랫폼의 최고 솔루션으로 서비스와 조합해 비즈니스에 부가가치를 만들어낸다. 따라서 클라우드를 사용하는 것은 퍼블릭 클라우드와 솔루션을 조합하거나 프라이빗 클라우드와 솔루션을 조합하는 것을 모두 의미한다. 하지만 서로 다른 클라우드 회사와 프라이빗 클라우드를 조합하는 것은 멀티 클라우드 개념만으로는 부족하다.

스마트폰smartphone의 예를 들어보자. 새 스마트폰을 구매했다고 가정해보자. 상자에서 꺼내 전원을 켠다. 이제 무엇을 할 수 있을까? 개통되지 않았다면 기능은 매우 제한적일 것이다. 적어도 모바일mobile 네트워크 안에서는 외부와 연결되지 않을 것이다. Wi-Fi를 사용할 수 있다면 Wi-Fi로 연결할 수 있다. 한마디로 스마트폰을 사용하려면 우선 연결이 있는지 확인해야 한다. 이제 외부 연결이 가능한 공장 초기화된 새 스마트폰을 갖고 있다. 모두 준비된 것인가? 아닐 것이다. 사용자는 아마도 앱 스토어app store 같은 온라인 카탈로그online catalog에서 제공하는 앱app을 사용해 스마트폰으로 할 수 있는 모든 서비스를 원할 것이다. 앱은 서로 다른 언어로 코딩돼 은행, 소매상을 포함한 서로 다른 회사에서 제공한다. 하지만 앱을 컴파일compile(서로 다른 장치에서 읽고 이해할 수 있도록 코드를 변환하는 것)하면 iOS, Android 같은 서로 다른 모바일 운영 체제를 사용하는 스마트폰에서 작동이 가능하다.

또한 사용자는 앱을 개인의 필요에 맞춰 구성하길 원할 것이다. 마지막으로 사용자는 자신의 스마트폰의 데이터data에 접근할 수 있어야 한다. 대체로 스마트폰은 개인화된 모든 서비스와 데이터를 위한 플랫폼으로 변화했다. 가장 좋은 점은 사용자가 업데이트 걱정을 할 필요가 없다는 것이다. 운영 체제는 가끔 자동으로 업데이트되고 대부분의 앱은 여전히 완벽하게 작동한다. 몇몇 앱이 새로운 설정에 적응하는 데 하루이틀 걸릴 수 있지만 결국 작동한다. 그리고 클라우드 디렉터리로 스마트폰에 저장된 데이터에 접근하는 것도 가능하다. 최종사용자 관점에서 스마트폰 주변 생태계는 기술이 완전히 투명하게 보이도록 설계돼 있다.

그림 1.1 스마트폰과의 비유 – 멀티 클라우드의 정확한 개념

이러한 비유에서 스마트폰은 모든 것이 결합돼 다양한 사용자 경험을 제공하는 통합 플랫폼이 되고 바로 그것이 클라우드 개념이다.

▌ 멀티 클라우드 – 퍼블릭과 프라이빗 그 이상

하이브리드 IT와 멀티 클라우드는 차이점이 있고 그 정의에 대한 여러 가지 다른 의견이 있다. 의견 중 하나는 하이브리드 플랫폼이 호모지니어스homogeneous(동종)이고 멀티 클라우드 플랫폼이 헤테로지니어스heterogeneous(이종)라는 것이다. 여기서 호모지니어스는 클라우드 솔루션이 하나의 스택에 속한다는 의미다. 예를 들어 온프레미스에서 애저 퍼블릭 클라우드가 애저 스택에 속하는 것이 있다. 헤테로지니어스는 서로 다른 종류의 플랫폼을 결합한다는 의미이고 애저와 AWS를 결합하는 것을 예로 들 수 있다. 간단히 말해 하이브리드 환경은 온프레미스 스택(프라이빗 클라우드)을 퍼블릭 클라우드와 결합한 것이다. 이러한 환경은 많은 기업에서 사용하는 매우 일반적인 배포 구조다.

몇 년 전 대부분의 기업이 2020년까지 IT를 퍼블릭 클라우드로 전환할 것이라고 예측한 많은 보고서가 있었고 실제로 많은 기업이 '2020 클라우드 전략'을 수립했다. 하지만 곧 그들은 퍼블릭 클라우드로 모든 시스템을 전환하는 것이 쉽지 않다는 것을 알게 됐다. 몇몇 시스템은 다양한 이유로 온프레미스에 남아 있어야만 했다. 보안과 지연 시간이 그 이유였다. 보안은 민감 정보 및 개인정보와 관련 있고 특히 국가 외부 또는 EU 같은 특정 지역 경계 밖에서 호스팅할 수 없는 데이터에 관한 것이다.

예를 들어 클라우드 도메인에서 인정받는 미국 기업의 데이터에는 어떠한 방법으로도 접근할 수 없다. 퍼블릭 클라우드가 최고 수준의 데이터 보호 프레임워크와 기술을 제공하지만 규정, 법, 지침, 준수해야 할 규칙 등은 기업이 데이터를 외부로 내보내지 못하게 한다. 보안과 개인정보는 클라우드에서 가장 중요하므로 이 책 후반부에서 다시 다룬다.

지연 시간은 시스템을 온프레미스로 유지하게 하는 두 번째 이유다. 프린트 서버의 예를 들어보자. 퍼블릭 클라우드에 프린트 서버를 구축하는 것은 좋은 생각이 아니다. 프린트 서버의 문제는 스풀링Spooling(대기열 관리 기법) 프로세스다. 스풀링 소프트웨어는 프린트 작업을 수락하고 프린터를 제어한다. 그다음 프린트 명령이 프린터로 전송되는 순서를 조정한다. 프린트 스풀러는 몇 년 동안 상당하게 개선됐지만 프로세스를 실행하는 데 여전히 일정 시간이 걸린다. 퍼블릭 클라우드의 프린트 서버가 프로세스 지연의 원인이 될 수 있다. 하지만 전송 PC와 수신 프린터 장치에 가까운 클라우드 영역 안에서 올바로 구성하고 적절한 연결로 접근한다면 프린트 서버는 제대로 동작할 것이다.

지연 시간에 매우 민감한 기능과 애플리케이션의 다른 예를 들어보자. 소매기업은 상품을 보관하는 창고가 있다. 상품이 팔리면 주문 처리 프로세스가 시작된다. 상품은 공급 시스템에 라벨링이 돼 있으므로 기업은 특정 상품의 재고가 얼마인지, 상품의 출처가 어디인지, 어디로 배송해야 하는지 알 수 있다. 따라서 각 상품에는 RFID 등으로 스캔할 수 있는 바코드나 QR 코드가 있다. 이러한 시스템을 클라우드에 구축한다면 신속하고 즉각 반응하는 시스템에서 매우 빠른 전용 연결로 접근해야 한다. 이는 단순하고 이해하기 쉬운 예이지만 공연장 운영에 사용하는 의료 시스템이나 발전소 제어 시스템을 생각해보면 그렇지 않다.

많은 기업과 기관에서 전체 퍼블릭 클라우드 구성, 클라우드 우선 구성, 클라우드만 사용하는 전략을 세우는 것은 유용하지 않다. 이는 병원, 유틸리티 기업, 덜 중요한 환경의 기업에도 마찬가지로 적용된다. 하지만 이러한 기업은 애플리케이션 개발이 퍼블릭 클라우드에서 훨씬 애자일^{agile}하다는 것을 알아냈다. 일반적으로 개발자가 환경과 앱을 퍼블릭 클라우드에서 만드는 것을 클라우드 사용이라고 한다. 지연 시간 때문에 온프레미스에 있어야 하는 민감한 데이터가 있는 애플리케이션을 호스팅하는 중요한 생산 시스템을 위해 프라이빗 데이터센터에서 프라이빗 시스템을 사용하는 반면 퍼블릭 클라우드는 애플리케이션을 신속하고 애자일하게 개발할 수 있게 한다. 여기서 하이브리드 IT가 시작된다.

혼합 영역으로서의 멀티 클라우드

스마트폰 비유에서 보면 멀티 클라우드를 사용할 때 프라이빗 데이터센터와 퍼블릭 클라우드에서 시스템을 호스팅하는 것 이상으로 서비스를 언급하고 있다. 주로 IaaS^{Infrastructure as a Service}(서비스 공급자가 컴퓨팅 리소스를 네트워크를 통해 서비스로 제공하는 모델)가 해당하며 조직이 가상화 및 비가상화 물리 머신을 프라이빗 클라우드에서 실행하고 퍼블릭 클라우드에서 가상 머신을 실행한다.

멀티 클라우드에서의 PaaS^{Platform as a Service}(애플리케이션 실행 환경 및 개발 환경을 플랫폼 서비스로 제공하는 모델)와 SaaS^{Software as a Service}(소프트웨어 및 애플리케이션 서비스를 제공하는 모델)를 알아보자. 멀티 클라우드에서는 데이터를 자체 보관하는 스마트폰에서 다른 곳의 데이터를 저장, 검색하고 앱에 원격으로 연결하거나 앱을 호스팅해 그 앱의 API를 사용하는 혼합 모드가 가능하다. 멀티 클라우드에서 특정 데이터 분석을 실행하기 위해 제3의 공급자로부터 인터넷으로 연결되는 SaaS 프라이빗 시스템의 가상 머신에서 실행되는 기능과 애플리케이션을 사용해 동일한 작업을 할 수 있다. 데이터는 런타임 환경이 퍼블릭 클라우드 소스에서 실행되는 프라이빗 환경에 그대로 존재할 수 있으며 다른 소스의 데이터 스트림data stream이 있는 데이터 레이크data lake(가공되지 않은 상태로 저장된 접근 가능한 많은 양의 데이터)에서 실행하는 경우 결과는 프라이빗 시스템에 전달된다.

지금까지 멀티 클라우드의 모든 것을 알아봤다. 멀티 클라우드는 다양한 클라우드 플랫폼의 애플리케이션, 데이터, 서비스를 활용하고 PaaS, SaaS 등의 다양한 모델을 사용하는 것이다. 하이브리드 IT라고 할 수도 있지만 클라우드 솔루션을 결합하고 큰 부가가치 창출을 위한 혼합 방식에 더 가깝다. 다음은 조직이 최적의 서비스 조합을 어떻게 만들어내고 비즈니스에 부가가치를 창출할 수 있는지를 다룬다. 실제 클라우드 전략의 정의를 알아보자.

▌ 멀티 클라우드의 실제 전략 수립

조직이 멀티 클라우드 전략을 채택하는 가장 공통적인 이유는 락인lock-in(기존 시스템 대체 비용이 많이 들어 기술 전환을 하지 못하는 상태)을 피하기 위해서다. 조직은 단일 플랫폼, 단일 서비스에 국한되고 싶어하지 않는다. 하지만 이는 실제 전략이 아닌 전략의 결과다. 전략은 비즈니스와 비즈니스 목표에서 출발한다. 비즈니스 목표에는 다음과 같은 것이 포함될 수 있다.

- 브랜드 인지도 개선
- 상품 출시 속도 개선
- 이윤 폭 개선

비즈니스 전략은 수익 증가 목표에서 시작되는 경우가 많다. 이는 당연히 목표가 돼야 한다. 수직 증가가 안 되면 비즈니스를 그만둬야 할지도 모른다. 전략은 수익을 만들어내고 증가시키는 방법에 집중해야 한다. 2장에서 자세히 살펴본다.

비즈니스 목표에서 IT 전략을 어떻게 정의할 수 있을까? 여기서 엔터프라이즈 아키텍처EA, Enterprise Architecture가 동작한다. 엔터프라이즈 아키텍처에 사용되는 대부분의 프레임워크는 TOGAFThe Open Group Architecture Framework(엔터프라이즈 소프트웨어 개발을 위한 고급 프레임워크를 제공하는 엔터프라이즈 아키텍처 방식이다)다. TOGAF의 핵심은 ADMArchitecture Development Method 주기다. 멀티 클라우드 환경을 설계할 때 ADM을 적용할 수 있으며 ADM의 기본 원리는 B−D−A−TBusiness-Data-Application-Technology다. 이것은 기술이 투명해야 하는 멀티 클라우드의 원리와 일치한다. 기업은 자신에게 무엇이 필요한지 확인하고 그와 관련 있는 데이터와 그러한 데이터가 애플리케이션에서 어떻게 처리되는지를 정의해야 한다. 이것이 기술 요구 사항으로 바뀌고 최종적으로 다음과 같은 아키텍처 비전에 통합된 기술 선택을 하도록 만든다.

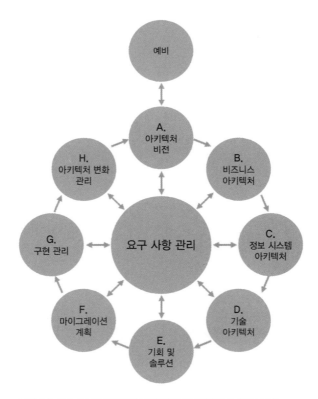

그림 1.2 TOGAF 엔터프라이즈 아키텍처 프레임워크의 ADM 주기

이 책이 TOGAF를 다루진 않지만 엔터프라이즈 아키텍처 관련 지식을 갖는 것은 중요하며 여기서 TOGAF는 중요한 프레임워크다. TOGAF는 The Open Group에서 만들고 유지하는 중이다. 상세한 정보는 https://www.opengroup.org/togaf에서 확인할 수 있다.

멀티 클라우드는 유연성과 선택의 자유를 조직에게 제공한다. 하지만 집중성이 부족할 수 있으므로 전략이 필요하다. 대부분의 기업은 기존 환경에서 디지털 환경으로 전환하는 과정이므로 클라우드와 멀티 클라우드 전략을 채택한다. 이것이 모든 비즈니스와 관련 있냐고 물어본다면 대답은 '그렇다'다. 점점 더 많은 기업이 IT가 핵심이라는 결론을 내리고 있다. 1990년대 말과 2000년대 초만 하더라도 많은 기업이 IT가 핵심이라는 생각을 하지 않아 IT를 아웃소싱outsourcing(자체 인력, 설비, 부품 등을 이용해 하던 일을 비용절감과 효율성 증대를 목표로 외부 용역이나 부품으로 대체하는 것)했다. 하지만 이는 지난 10년 동안 상당하게 변했다. 이미 2000년대 초 "모든 비즈니스는 소프트웨어 비즈니스다"라고 주장한 소프트웨어 품질의 거장 와트 험프리Watts S. Humphrey를 따라 마이크로소프트의 CEO 사티야 나델라Satya Nadella는 모든 기업은 소프트웨어 기업이라고 말했다.

험프리와 나델라는 모두 맞는 주장을 했다. 예를 들어 은행은 점점 IT 기업처럼 변화하고 있다. 은행은 많은 데이터 스트림을 다루고 데이터 분석을 실행하며 고객을 위한 앱을 개발한다. 단일 공급자는 필요한 모든 서비스를 제공할 수 없기 때문에 은행은 최고의 솔루션인 멀티 클라우드를 찾는다. 이러한 최고의 솔루션에는 고전적 서버-애플리케이션 구조의 전통적 방식이 포함될 수 있지만 마이크로서비스와 클라우드 네이티브Cloud Native(클라우드 컴퓨팅 모델을 사용하는 것을 전제로 설계된 시스템과 서비스)에 더 집중한 구조에서 PaaS, SaaS, 컨테이너, 서버리스Serverless(무서버) 솔루션을 사용하는 방법으로 점점 전환될 것이다. 멀티 클라우드 전략을 정의할 때 이러한 점을 고려해야 한다. 훌륭한 전략은 '클라우드 우선'이 아닌 '클라우드 적합'이어야 한다.

비즈니스 요구 사항에 무엇이 가장 좋은 솔루션일까?

비즈니스와 기술은 당연히 함께 발전한다. 이러한 발전은 비즈니스가 주도하지만 특정 기간의 기술적 가능성과 기회를 포함하는 로드맵으로 변환된다. 이러한 로드맵에는 일반적으로 현재 환경에서 시작해 즉시 사용 가능한 산업-표준 솔루션으로 변화하고 최종적으로 첨단 기술로 발전하는 여러 단계가 있다. 2장에서는 로드맵의 정의와 비즈니스 속도를 높이는 데 로드맵이 어떠한 역할을 하는지 자세히 알아본다.

멀티 클라우드 전략을 세울 때는 보안을 고려해야 한다. 보안은 모든 전략과 로드맵에서 핵심 주제로 다뤄야 한다. 모든 퍼블릭 클라우드와 주요 클라우드 기술 제공 기업은 디자인별 보안 원칙을 채택하고 정보 보안을 위한 훌륭한 솔루션을 제공한다. 예를 들어 애저, AWS, GCP는 세계에서 가장 안전한 플랫폼일 것이다. 하지만 사용자의 비즈니스 종류에 적용되는 보안 표준, 프레임워크, 원칙, 규칙을 제어하는 책임에서 자유로울 수는 없다. 비즈니스에 멀티 클라우드를 사용하면 보안 공격이 전체 환경을 망칠 위험을 낮출 수 있지만 더 복잡해진다. 4부, 'SecOps를 사용해 멀티 클라우드의 보안 제어하기'에서는 보안 운영^{SecOps}을 다룬다.

▌ 주요 클라우드 기술 소개

지금까지 퍼블릭 및 프라이빗 클라우드를 다뤘다. 이제 퍼블릭 및 프라이빗 클라우드라는 용어를 이해하고 있겠지만 명백하게 정의하는 것이 좋겠다. 마이크로소프트 웹사이트에 명시된 정의를 준수하겠다. 퍼블릭 클라우드는 퍼블릭 인터넷에서 제3의 공급자가 제공하는 컴퓨팅 서비스로 정의하며 클라우드를 사용하거나 구매하려는 모든 사람이 사용할 수 있다. 프라이빗 클라우드는 인터넷 또는 프라이빗 네트워크에서 제공하는 컴퓨팅 서비스로 정의되며 특정 사용자만 사용할 수 있다. 더 많은 정의가 있지만 우리의 목적상 이러한 정의가 부합한다.

퍼블릭 클라우드

퍼블릭 클라우드에서 유명한 기술은 AWS, Microsoft 애저, GCP, 오픈 스택을 주로 사용하는 퍼블릭 클라우드다(예: Rackspace). 이는 모두 방금 설명한 정의에 부합하지만 몇 가지 중요한 차이점이 있다. AWS, 애저는 시작이 같았다. 두 플랫폼은 인터넷에서 스토리지를 사용하는 서비스로부터 발전했다. AWS는 S3^{Simple Storage Solution}이라는 스토리지 서비스로부터 시작했고 애저도 마찬가지였다. AWS, 애저, GCP 모두 환경 구축을 위한 다양한 관리 서비스를 제공하지만 기술 적용 방식은 모두 다르다. 개념은 비슷하지만 내부적으로 매우 다르다는 말이다. 멀티 클라우드 솔루션 관리가 복잡한 이유가 바로 여기에 있다.

더 많은 퍼블릭 클라우드 기술이 있지만 모두 목적에 적합하진 않다. 오라클^{Oracle}과 SAP를 포함한 주요 소프트웨어 제조사도 퍼블릭 클라우드 기술을 사용할 수 있지만 이러한 제조사의 특정 소프트웨어 솔루션을 호스팅하는 데 적합하다. 하지만 많은 기업이 SAP의 엔터프라이즈 자원 계획 소프트웨어 또는 오라클의 데이터 솔루션을 사용하기 때문에 이것은 멀티 클라우드 환경의 일부다. 또한 기업은 온프레미스 또는 다른 클라우드에 있는 시스템과 통합이 필요한 확장 가능한 클라우드 환경으로 솔루션을 전환하고 있다. 이것이 오라클의 OCI 같은 완전한 클라우드로 발전한 사례도 있다. 이 책에서는 이와 관련된 일부 특정 주제만 다룬다(예: 라이선스 관리). 그림 1.3에서 확인할 수 있는 멀티 클라우드 포트폴리오의 주요 기술에 집중할 것이다.

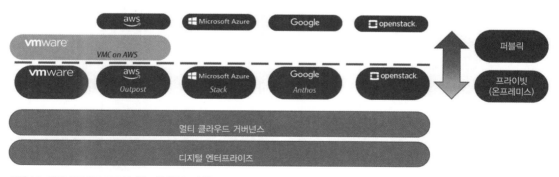

그림 1.3 멀티 클라우드 포트폴리오 예시(주요 기술)

Microsoft 애저, AWS, GCP, 오픈 스택을 주요 퍼블릭 클라우드 플랫폼으로 다뤘다. 더 많은 플랫폼이 있지만 이 책에서는 Gartner와 Forrester에서 주요 기술로 구별한 플랫폼을 다룬다. 지금까지 프라이빗 클라우드와 퍼블릭 클라우드의 차이점과 퍼블릭 클라우드의 주요 기술을 다뤘다. 다음 절에서는 기업을 위한 프라이빗 클라우드 기술에 집중한다.

프라이빗 클라우드

대부분의 기업은 워크로드workload를 클라우드로 이동할 계획이거나 이동하는 중이다. 워크로드를 호스팅하기 위해서는 애저, AWS, GCP가 주로 사용된다. 더 많은 플랫폼이 있지만 이 세 가지 플랫폼이 가장 많이 사용되며 분석가들은 앞으로 수십 년 동안 그러할 것으로 전망한다. 앞 문단에서 조직이 클라우드 플랫폼으로 워크로드를 마이그레이션하는 계획을 세울 때 더 복잡해지는 것을 확인할 수 있었다. 더욱이 규정 준수, 보안, 개인정보 보호 관점에서 점점 더 많은 규제가 있기 때문에 기업이 데이터를 플랫폼으로 가져오기 전에 많은 고려를 한다. 많은 기업에서 데이터는 가장 소중한 자산이다.

그에 대한 솔루션으로 데이터를 클라우드로 옮기는 대신 클라우드를 데이터로 가져가는 것이 있다. 몇 년 동안 주요 클라우드 공급자는 스토리지 제공 기업, 시스템 통합 기업 등이 우세한 전통 분야로 진출하기 시작했다. 이는 퍼블릭 클라우드 공급자가 온프레미스 도메인으로 이동 중이라는 것을 의미한다. 프라이빗 클라우드에서는 Hyper-V 기술 기반의 환경 다음으로 VMware가 가장 우세한 플랫폼이다. 하지만 마이크로소프트는 애저를 많이 사용하도록 고객을 유도 중이며 시스템을 온프레미스로 유지해야 할 경우 애저 스택에서 사용 가능한 광범위한 포트폴리오를 갖고 있다. 1장 후반부에서 자세히 다룬다.

특히 유럽 정부 환경에서 오픈 스택은 미국 기업이 데이터를 제어하거나 확인할 수 없도록 하고 있지만 오픈 스택 사용은 감소하고 있다. 1장에서는 VMware와 오픈 스택을 프라이빗 스택 기반으로 간단히 다룬다. 그런 다음 AWS Outpost와 Google Anthos를 자세히 알아본다. 기본적으로 두 제품 모두 AWS와 GCP의 퍼블릭 클라우드를 개인 소유 데이터센터로 확장한다. Outposts는 컴퓨팅, 스토리지, 네트워크 설비를 갖춘 사전 구성된 랙으로 제공되는 제품이다. Google Anthos는 GKE^{Google Kubernetes Engine}를 사용하는 온프레미스 환경에서 컨테이너 플랫폼을 명확하게 호스팅하는 데 사용할 수 있는 요소의 집합이다. 1장 후반부에서 애저 스택 포트폴리오를 알아본다.

VMware

본질적으로 VMware는 가상화 기술이다. VMware는 하나의 물리 호스트에서 여러 가지 가상 머신이 동작하는 x86 서버 가상화로 시작됐다. 이후 VMware는 가상화 SAN^{vSAN}, 네트워크 가상화 및 보안^{NSX}으로 프라이빗 클라우드에서 마이크로 세분화를 적용할 수 있도록 했다. 기업은 VMware 프라이빗 클라우드를 퍼블릭 클라우드로 확장할 수 있는 AWS와 함께 발전하며 클라우드로 전환하는 방법을 지속적으로 발견할 수 있었다.

현재 VMware는 중심 쿠버네티스 서비스^{PKS, Pivotal Kubernetes Services}를 사용한 컨테이너화 및 Tanzu Mission Control을 사용한 컨테이너 오케스트레이션^{Container Orchestration} 분야에서도 지위가 높다. 지난 몇 년 동안 VMware는 멀티 클라우드 스택을 대상으로 보안 영역에서 입지를 다시 강화했다. 기본적으로 VMware는 네이티브 퍼블릭 클라우드 기업의 솔루션을 활용해 멀티 클라우드 웹의 강자가 되고자 한다.

오픈 스택

오픈 스택에는 큰 이점이 있다. 오픈 스택은 주로 IaaS로 사용되는 클라우드 컴퓨팅을 위한 무료 오픈소스 소프트웨어 플랫폼이다. 오픈 스택은 KVM을 주요 하이퍼바이저^{hypervisor}로 사용하지만 다른 하이퍼바이저도 사용 가능하다. 주요 클라우드, 기술 공급업체에 대한 업체 락인을 지양하면서 안정적이고 확장 가능한 솔루션을 제공했기 때문에 기업과 기관에서 많이 사용했다. IBM, 후지쯔^{Fujitsu} 같은 주요 시스템 공급업체는 그들의 클라우드 플랫폼^{Cloud Platform}인 블루믹스^{Bluemix}, K5(국제적으로 2018년에 폐기됐다)에 오픈 스택을 채택했다. 하지만 오픈 스택은 오픈 소스이고 특정 비즈니스 요구에 맞춰 조율할 수 있지만 복잡하고 기업은 오픈 스택이 관리하기 어렵다는 것을 알게 됐다. 이러한 플랫폼에는 애저, AWS, GCP가 고객에게 제공하는 풍부한 솔루션이 없다. 지난 몇 년 동안 오픈 스택은 엔터프라이즈 생태계에서 입지를 잃었지만 특정 관점에서는 여전히 밀접한 관련이 있다.

AWS Outposts

AWS 퍼블릭 클라우드에서 실행하는 모든 것은 이제 EC2$^{Elastic\ Compute\ Cloud}$, EBS$^{Elastic\ Block}$ ^{Store}, 데이터베이스, EKS$^{Elastic\ Kubernetes\ Services}$를 사용하는 쿠버네티스 클러스터를 포함한 환경에서 동작 가능하다. 이것을 동일한 API와 제어를 사용해 퍼블릭 클라우드에 배포했을 때 가상 프라이빗 클라우드^{VPC}와 모두 통합된다. 즉 AWS Outposts는 AWS 온프레미스 퍼블릭 클라우드다. 지금부터 VMware와 AWS의 포트폴리오에 모두 포함된 VMC$^{VMware\ on\ Cloud}$ on AWS를 알아본다.

 VMware 또는 AWS에서 VMConAWS를 구매할 수 있다.

VMConAWS는 VMware의 HCX를 사용해 프라이빗 클라우드를 퍼블릭 클라우드로 확장한다. VMware는 소프트웨어 정의 네트워킹$^{Software\ Defined\ Networking}$을 위해 vSphere, vSAN, NSX를 배포하는 AWS의 베어 메탈 인스턴스를 사용한다. AWS와 결합하기 위해 VMConAWS 구성 위에 AWS 서비스를 사용할 수도 있다. Outposts는 AWS를 프라이빗 클라우드로 가져오는 전혀 다른 방식으로 작동한다.

Google Anthos

Anthos는 애저 스택이 애저와 AWS Outposts에서 동작하듯이 구글 클라우드$^{Google\ Cloud}$(더 정확하게는 구글 쿠버네티스 엔진)를 온프레미스 데이터센터로 가져오지만 쿠버네티스를 기본 플랫폼으로 사용하는 데 집중하고 GKE를 사용해 워크로드를 컨테이너로 직접 이동해 변환한다. Anthos는 애저 스택 또는 Outposts와 같은 독립적인 기술이 아니다. Anthos는 vSphere를 사용하는 가상 머신에서 실행되며 PaaS에 가깝다. Anthos는 마이크로서비스에서 사용하는 Istio와 클라우드 네이티브 앱의 확장, 배포에 사용하는 Knative를 포함한 오픈 소스 기술을 사용해 애플리케이션을 클라우드 네이티브 환경으로 변환하는 것을 가속화한다.

 Anthos 관련 자세한 내용은 https://cloud.google.com/anthos/gke/docs/on-prem/how-to/vsphere-requirements-basic에 있다.

애저 스택

스택Stack HCI, 허브Hub, 엣지Edge를 사용하는 애저 스택 포트폴리오Azure Stack Portfolio가 있다. 애저 스택 HCIHyper Converged Infrastructure는 애저와의 연결이 끊겨도 실행 가능하다는 장점이 있다. 즉 HCI는 일반적인 서버처럼 동작한다. 기본적으로 HCI는 컴퓨트 파워, 스토리지, 네트워크 연결을 포함한다. HCI에는 Windows Admin Center로 관리할 수 있는 Hyper-V 가상화 워크로드가 있다. 그럼 왜 HCI를 애저 스택으로 실행하는 걸까? 애저 스택 HCI에는 애저 사이트 리커버리, 애저 백업, 애저 모니터링과 같이 애저 서비스에 연결하는 옵션을 제공하기 때문이다. 특정 애저 클라우드 서비스에 연결하기 위해서는 Microsoft가 검증한 하드웨어, Windows Server 2019 Datacenter Edition 설치, Windows Admin Center, 애저 계정(선택적)만 필요하므로 간단한 솔루션이다.

지금부터는 약간 복잡하다. 애저 스택 HCI는 애저 스택 허브Azure Stack Hub의 기반이 되기도 한다(참조: 모든 애저 제품은 Windows Server 2019를 기반으로 한다). 하지만 허브는 다른 솔루션이다. 사용자는 스택 HCI를 독립적으로 실행할 수 있지만 허브는 애저 퍼블릭 클라우드와 통합된 솔루션이다. 따라서 사용자는 HCI를 허브로 업그레이드할 수 없다.

애저 스택 허브는 실제로 애저 퍼블릭 클라우드의 온프레미스가 확장된 형태다. Microsoft의 퍼블릭 클라우드에서 할 수 있는 대부분의 작업은 허브에서도 가능하다. 이러한 경우 VM에서 앱까지의 모든 구성 요소는 애저 포털Azure Portal 또는 파워셸PowerShell로 관리되고 오류 도메인 구성 및 업데이트 등을 포함해 모두 애저로 동작한다. 허브는 애저와 일관성을 유지하기 위해 최대 세 개의 오류 도메인을 지원하는 가용 집합Availability Set을 제공한다. 따라서 애저에서처럼 허브에서도 높은 가용성을 사용할 수 있다.

허브와 애저 퍼블릭 클라우드의 적절한 이용 사례로는 앱 또는 VM을 별도 규정 때문에 온프레미스에서 구동해야 하는 경우 퍼블릭 클라우드에서 개발하고 제품을 허브로 이동하는 것을 들 수 있다. 개발, 시험을 퍼블릭 클라우드에서 실행할 수 있도록 파이프라인을 구성하고 허브에서 적절하게 검증된 최종 시스템을 배포할 수 있다. 이는 애저 플랫폼의 두 요소가 같은 방법으로 애저 리소스 공급자를 사용하기 때문에 가능하다.

다음과 같은 몇 가지 사실을 알아둬야 한다. 컴퓨트 리소스 공급자는 허브에 자체 VM을 생성한다. 즉 퍼블릭 클라우드에서 허브로 VM을 복제하지 않는다. 이것은 네트워크 리소스도 마찬가지다. 허브는 로드 밸런서(부하 분산 장치), vNet, NSG 등의 자체 네트워크 기능을 만든다. 스토리지의 경우 허브를 사용할 때 blob, 큐, 테이블 등 애저 퍼블릭 클라우드에서 사용할 수 있는 모든 스토리지 요소를 배포할 수 있다. 이후 더 자세히 다루니 지금은 익숙하지 않더라도 걱정하지 않아도 된다.

마지막 스택 제품은 스택 엣지Stack Edge다. Microsoft는 이전에도 애저 스택 엣지Azure Stack Edge를 데이터 박스Data Box로 판매했지만 여전히 애저 스택 엣지는 데이터 박스 제품군에 들어 있다. 엣지를 사용하면 애저로 데이터를 간단히 전송할 수 있다. Microsoft가 웹사이트에 명시했듯이 애저 스택 엣지는 네트워크 스토리지 게이트웨이Network Storage Gateway의 역할을 하고 애저로의 고속 전송을 수행한다. 애저 포털에서 엣지를 관리할 수 있다는 장점이 있다.

엣지는 쿠버네티스도 지원한다. 엣지는 컨테이너를 실행해 데이터 분석, 쿼리, 데이터 필터링을 수행한다. 따라서 엣지는 컨테이너를 실행할 수 있는 애저 VM, 애저 쿠버네티스 서비스AKS, Azure Kubernetes Services 클러스터를 지원한다. 엣지는 애저 머신 러닝AML, Azure Machine Learning과 통합되므로 매우 복잡한 솔루션이다. 애저에서 머신 러닝 모델을 만들어 학습하고 애저 스택 엣지에서 실행하고 그 데이터 집합을 애저로 다시 보낼 수 있다. 따라서 엣지 솔루션에는 모델 제작, (재)훈련 속도를 높이는 데 필요한 FPGAField Programmable Gate Array와 GPUGraphics Processing Unit가 장착돼 있다. 하지만 로우 데이터raw data(가공되지 않은 데이터)가 퍼블릭 클라우드에 즉시 업로드되는 것을 원하지 않는 상황에서 데이터 분석과 머신 러닝을 구현하는 경우도 있을 수 있다.

애저 ARC

Ignite 2019에서 출시한 애저 ARC를 알아보자. ARC를 사용하면 애저 이외의 장치에서 애저에 연결하고 애저에 완전히 배포된 것처럼 워크로드를 관리할 수 있다. 장치를 ARC에 연결하기 위해서는 장치에 에이전트를 설치해야 한다. 그런 다음 리소스 ID를 받고 애저 테넌트Azure Tenent의 리소스 그룹원이 된다. 하지만 네트워크에서 몇 가지 설정을 하고 적절한 리소스 공급자(Microsoft.HybridCompute, Microsoft.GuestConfiguration)를 등록할 때까지 동작하지 않는다. 즉 높은 파워셸 실력이 필요하다는 뜻이다. 작업을 성공적으로 수행하면 애저로 애저 이외의 장치를 관리할 수 있다. 실제로 이러한 워크로드에 태그 지정 및 정책을 추가할 수 있다는 뜻이다. 따라서 애저 장치와 동일한 정책으로 애저 이외의 장치를 관리하는 이용 사례가 있다. 온프레미스 방식일 필요는 없다. 이러한 부분이 ARC의 최대 장점일 것이고 이는 AWS에 배포된 VM에서도 동작한다.

ARC를 마지막으로 멀티 클라우드의 핵심에 접근했는데 바로 통합이다. 1장에서 다룬 모든 플랫폼에는 장·단점, 종속성, 특정 이용 사례가 있다. 따라서 기업이 두 개 이상의 클라우드에서 워크로드를 실험, 배포하는 것을 확인할 수 있다. 클라우드 공급업체 종속을 지양하는 것뿐만 아니라 하나의 클라우드 솔루션으로 모든 문제를 해결할 수 없기 때문이다.

'클라우드 우선'이 유일한 답이 아닌 것은 분명하다. '클라우드 적합', 즉 지속적으로 증가하는 클라우드 솔루션을 최대한 활용하는 것이 중요하다. 이 책이 최적의 클라우드 솔루션 조합을 하는 데 도움이 되길 바란다.

▌ 요약

1장에서는 멀티 클라우드의 정확한 개념이 무엇인지 배웠다. 정확한 개념은 최고의 혼합 영역 플랫폼에서 IaaS, PaaS, SaaS, 컨테이너, 서버리스 등의 다양한 클라우드 솔루션으로 구성된 하이브리드 플랫폼 그 이상인 것이다. 비즈니스 전략에 클라우드 솔루션을 사용할 수 있다. 이때 엔터프라이즈 아키텍처가 동작한다. 비즈니스 요구 사항은 항상 우선되며 데이터, 애플리케이션, 기술 등을 사용해 맞춰진다. TOGAF 등의 엔터프라이즈 아키텍처 방법론은 로드맵을 포함해 비즈니스 전략을 IT 전략으로 변환하는 훌륭한 프레임워크다.

▌ 질문

1. 퍼블릭 클라우드로 전환되고 있지만 기업이 시스템을 온프레미스로 유지해야 하는 이유가 있다. 그중 하나는 규정 준수다. 다른 이유는 무엇인가?
2. 퍼블릭 클라우드 시장은 일부 기업이 주도하고 있으며 AWS와 애저가 선두 주자다. 두 기업은 공통적인 역사가 있다. 두 기업의 플랫폼은 무엇으로 시작했는가?
3. Google Anthos는 온프레미스 솔루션으로 표현되지만 애저 스택, AWS Outposts 등의 다른 온프레미스 솔루션과는 전혀 다르다. 두 가지 주요 차이점은 무엇인가?

▮ 참고문헌

- Every business is a software business(João Paulo Carvalho) (https://quidgest.com/en/articles/every−business−software−business)
- Florian Klaffenbach, Markus Klein, 『Multi−Cloud for Architects』(Packt, 2019)

멀티 클라우드 전략을 사용해 비즈니스 가속화하기

2장에서는 기업이 멀티 클라우드 전략으로 비즈니스를 가속화하는 방법을 다룬다. 모든 클라우드 플랫폼 및 기술에는 고유한 이점이 있고 비즈니스 전략을 분석하고 가장 적합한 클라우드 기술을 사용해 실제 멀티 클라우드의 장점을 활용할 수 있다. 전략은 '클라우드 우선'이 아닌 '클라우드 적합'이어야 한다. 하지만 12요소 앱^{Twelve Factor Apps}(앱을 만드는 방법론)을 사용해 기술 전략과 실제 클라우드 계획을 세우기 전에 비즈니스 또는 엔터프라이즈 전략과 이러한 전략을 실행할 수 있는 재무 수준을 함께 살펴봐야 한다.

2장에서는 다음 주제를 다룬다.

- 클라우드 엔터프라이즈 전략 분석
- 엔터프라이즈, 비즈니스 전략과 기술 로드맵 맵핑

- 멀티 클라우드 환경에서의 기술 변경 사항
- 다양한 클라우드 전략과 비즈니스 가속화 방법

▌ 클라우드 엔터프라이즈 전략 분석

클라우드 전략을 설명하기 전에 엔터프라이즈 전략이 무엇이고 기업이 전략을 어떻게 정의하는지 알아야 한다. 1장에서 다뤘듯이 모든 비즈니스는 수익을 창출해야 하고 수익 창출을 목표로 세워야 한다. 이는 실제 전략이 아니고 전략이란 비즈니스가 생산하는 제품이나 제공하는 서비스로 수익을 창출하는 방법으로 정의된다.

훌륭한 전략은 타이밍, 데이터 접근 및 사용, 특정 시기에 단호한 결정을 내리는 용기를 적절하게 조합해 구성된다. 당연히 결정은 적합한 타이밍, 계획, 접근 가능한 데이터의 올바른 해석에 기반해야 한다. 이것으로 비즈니스가 성장을 가속화하고 수익을 높일 수 있다. 종합적인 전략은 이용 사례로 변환돼야 한다.

 비즈니스의 성공은 수익만으로 결정되지 않는다. 성공을 정의하는 수많은 요소가 있는데 재무지표만 해당하진 않는다. 최근 기업은 마땅하게 보고해야 할 사회적 지표도 갖고 있다. 기업은 지속 가능성과 사회적 환원을 고려해야 하지만 어떠한 방법을 써서라도 수익을 창출하지 못하면 오래 지속될 수 없다.

시기와 타이밍을 알아보자. 책을 쓴 2020년 3월 전 세계는 코로나 바이러스(COVID19) 확산으로 힘든 상태다. 정부는 학교, 대학을 폐쇄하고 기업의 회의, 대규모 행사 개최를 금지하고 나아가 전 지역, 국가 전체를 봉쇄해 바이러스 차단에 노력 중이다. 따라서 많은 사람이 여행을 못 가고 있다. 이러한 문제는 세계 경제에 심각한 악영향을 미치며 많은 기업이 제품 판매량 감소 속에서 생존하기 위해 고군분투 중이다. 당연히도 2020년 봄은 확진자 치료 외에 제품을 출시하기에는 때가 좋지 않았다.

마스크 생산 기업은 급성장했지만 한정된 지역에서 생산과 서비스를 제공하는 기업은 시장이 급락하는 것을 확인했다. 따라서 시기는 비즈니스 가속화를 계획할 때 고려할 중요한 요소인 동시에 이해하기 어려운 요소다. 바이러스 발생을 예상하고 대비한 기업은 아무 데도 없다. 하지만 바이러스는 당시 기업이 성장을 추진하지 않는 이유가 됐다. 비용절감을 위해 많은 기업의 전략은 성장 추진에서 사업 유지로 바뀌었다. 이것이 클라우드 전략을 정의하는 첫 번째 요소다. 즉 비용 조절 나아가 비용 민첩성이다.

두 번째는 데이터 접근과 데이터 사용이다. 비즈니스에서 데이터 사용은 완전히 새로워 보이지만 그렇지 않다. 모든 시대에서 모든 비즈니스는 데이터를 사용해야만 존재할 수 있다. 특히 데이터가 중앙에 저장되지 않으면 데이터 확인이 어렵기 때문에 데이터가 없다고 생각할 수 있다.

다소 특이한 예로 모차르트Mozart를 살펴보자. 컴퓨팅 개념이 등장하기 이전인 18세기 중반부터 후반까지 모차르트는 피아노부터 이탈리아 오페라까지 당대 모든 주요 음악 흐름을 학습해 이미 위대한 음악가로 인정받았다. 모차르트는 이 기존 음악을 결합시켜 독창적인 음악으로 창조했다. 여기서 기존 음악은 데이터다. 데이터를 새로운 음악으로 만드는 것을 분석의 한 형태로 볼 수 있다.

데이터는 핵심이다. 비즈니스가 접근할 수 있는 미가공 데이터뿐만 아니라 그러한 데이터 분석도 중요하다. 고객은 어디에 있는가? 고객의 요구는 무엇인가? 고객의 요구는 어떠한 상황에서 유효한가? 무엇이 고객의 요구를 변화시키는가? 이러한 고객 요구의 변화에 어떻게 대응할 것인가? 초기 요구 사항을 충족시키고 필요하면 변경 사항을 적용하는 데 얼마나 걸릴까? 이러한 질문의 답은 모두 데이터에서 나온다. 최근 우리는 많은 데이터 소스를 갖고 있다. 중요한 것은 기밀성, 개인정보 보호, 규정 준수 등을 고려해 비즈니스가 안전한 방법으로 데이터 소스를 사용하게 하는 것이다.

마지막 요소는 용기다. 주어진 시간과 세상의 모든 데이터로 특정 시점에서 결정할 용기가 필요하다. 방향을 선택하고 추진하라. 캐나다 유명 아이스하키 선수인 웨인 그레츠키 Wayne Gretzky는 이렇게 말했다.

"당신이 시도하지 않는 숫은 100% 실패다."

다음은 중요한 질문이다. 멀티 클라우드가 결정을 내리고 엔터프라이즈 전략을 실행하는 데 어떠한 도움이 되는가? 엔터프라이즈 수준에서는 최고 수준의 전략을 정의하는 4가지 구성 요소가 있다.

출처: 『Strategic Thinking and Action』(University of Virginia, 2018)

- 업계 내 위치
- 엔터프라이즈 핵심 역량
- 장기 계획
- 재무 구조

다음 절에서 자세히 살펴본다.

업계 내 위치

기업이 맨 먼저 할 일은 업계 내 자기 위치를 파악하는 것이다. 시장에 처음 진입한다면 맨 먼저 얻고 유지할 수 있는 위치를 파악해야 한다. 분석가는 업계의 경쟁업체, 신규 진입자의 위협, 대체재의 위협, 공급자의 교섭력, 구매자의 교섭력으로 구성된 마이클 포터 Michael Porter의 '다섯 가지 세력 모델Five Forces Model'을 자주 사용한다. 다섯 가지 세력 모델을 실행하기 위해서는 많은 데이터를 조사해야 한다. 한 번에 끝나는 것이 아니므로 끊임없이 분석해야 한다. 그렇게 나온 결과가 기업의 전략 변화를 이끈다. 디지털 시대에 전략의 변화는 급속도로 발생하므로 비즈니스 민첩성이 필요하다. 그림 2.1에서 다섯 가지 세력 모델을 알아보자.

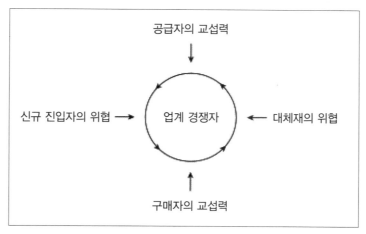

그림 2.1 마이클 포터의 다섯 가지 세력 모델

다섯 가지 세력 모델의 구성 요소인 대체재의 위협을 살펴보자. 최근 고객은 제품과 서비스를 쉽게 전환할 수 있다. 오늘 좋았던 상품이 내일은 온 데 간 데 없을 수 있다. 게다가 시장의 세계화, 인터넷으로 전 세계가 연결돼 있다는 사실로 고객은 더 저렴한 제품과 서비스를 찾아낼 수 있다. 제품과 서비스 구매를 위해 특정 위치에 더 이상 고정되지 않는다. 전 세계에서 구매할 수 있기 때문이다. 따라서 대체재의 위협 정도는 상상 이상이며 그 위협을 줄이기 위해서는 지속적인 전략 조정이 필요하다. 바로 TTM^Time to Market(제품 개발부터 출시까지 소요되는 시간)이다. 기업은 이러한 민첩성을 지원하는 플랫폼이 필요하다.

엔터프라이즈 핵심 역량

시장과 비즈니스가 지속적으로 변화하고 있어 핵심 역량을 정의하기는 쉽지 않다. 기업은 지난 수십 년 동안 T자 형이 됐다. 은행의 핵심 업무는 소비자와 기업의 자금을 예금으로 안전하게 보관하고 대출 상품을 제공하고 투자하는 것이었다. 이러한 업무를 위해 은행은 금융 전문가가 필요했지만 오늘날에는 완전히 변했다. 핵심 업무는 동일하지만 은행은 사람이 아닌 인터넷 사이트와 모바일 앱에서 디지털 방식으로 제공한다. 은행은 핵심 업무 수행을 위해 소프트웨어 개발자와 IT 엔지니어가 필요해졌다. 은행은 T자형 비즈니스로 변모했다.

장기 계획

업계 내 위치와 핵심 역량이 확실하다면 계획을 수립해야 한다. 기업은 5년 후 어느 위치에 있길 바라는가? 가장 어려운 질문이다. 데이터와 데이터 분석을 기반으로 시장이 어떻게 발전하고 기업이 그러한 변화를 어떻게 예상할 수 있는지를 결정해야 한다. 데이터는 중요하지만 매우 신속한 시장의 수요 변화를 따라 기업이 방향을 바꾸는 신속성이 되기도 한다.

재무 구조

마지막으로 모든 비즈니스에는 명확한 재무 구조가 있어야 한다. 기업이 어떠한 방법으로 자금을 조달하고 비즈니스 비용이 타 비즈니스 영역, 기업 내 조직, 자산과 어떠한 관련이 있는지는 재무 운영의 일부로 확인할 수 있지만 클라우드는 비즈니스의 전반적인 재무 흐름을 구체적으로 알려준다. 정확하고 일관된 네이밍과 태깅으로 IT 소비 관점에서 정확한 비즈니스 비용을 파악할 수 있다. 클라우드 모델의 최대 장점은 사용한 만큼 비용을 지불하는 것이다. 클라우드 시스템은 비즈니스와 같은 크기로 움직인다. 비즈니스가 증가하면 IT 소비가 증가하고 비즈니스가 감소하면 클라우드 시스템을 감축할 수 있다. 기존 IT가 정적인 반면 클라우드는 이를 통해 비용을 절감할 수 있다. 따라서 비즈니스에 클라우드를 사용하는 데 장애물이 없다. 하지만 (엔터프라이즈) 아키텍처 관점에서 많은 준비가 필요하다. 다음 절에서 자세히 알아본다.

▌비즈니스 요구 사항에 클라우드 기술 맞추기

기업은 민첩성과 비용절감을 위해 비즈니스를 클라우드로 마이그레이션하는 중이다. 클라우드 마이그레이션 계획은 비즈니스 절차, 운영, 재무, 기술 요구 사항을 포함한 비즈니스 계획에서 시작된다. 이때 비즈니스 요구 사항과 이러한 요구 사항의 IT 실행을 평가해야 한다. 계약을 아웃소싱할 때 서비스를 인수하는 기업은 예비 실사를 수행한다. 예비 실사란 '자산과 부채를 설정하고 상업적 가능성 평가를 위해 잠재적 구매자가 수행하는 사업에 대한 포괄적 평가'다(출처: https://www.lexico.com/en/definition/due_diligence). 이는 클라우드 마이그레이션이 시작하기에 너무 복잡하다고 생각하게 할 수 있지만, 비즈니스 계획 방법론으로 강력하게 추천된다. 잠재적 구매자를 클라우드 공급자로 바꾸자마자 아이디어가 떠오를 것이다.

비즈니스 계획

다음과 같은 항목이 있다.

- 애플리케이션, 서버, 네트워크 연결, 스토리지, 제3 공급자의 서비스를 포함한 전체 IT 환경 탐색
- IT 환경의 구성 요소를 비즈니스에 중요한 서비스에 맵핑
- IT 환경에서 상품, 공유 서비스, 구성 요소를 식별
- 상품 서비스와 중요한 비즈니스 서비스와 관련 있는 IT 지원 프로세스 평가. 이러한 평가에는 서비스 제공의 자동화 수준이 포함된다.

클라우드 서비스에 훌륭한 맵핑을 하기 위한 탐색 단계에서 정말 중요한 것은 애플리케이션과 IT 시스템의 서비스 수준과 성능 지표를 평가하는 것이다. 서비스 수준과 핵심 성과 지표KPI는 특정 비즈니스 요구 사항에 맞춰 애플리케이션과 기본 IT 기반 시설에 적용된다.

RTO[1]와 RPO[2] 목표, 비즈니스 연속성[BC], 요구 사항, 재해 복구[DR] 등을 포함한 가용성, 내구성, 백업 수준 지표를 고려해보자. 시스템은 연중무휴 감시되며 지원 창(컴퓨터)은 무엇일까? 이러한 모든 것을 고려해야 한다. 클라우드 배포 관점에서 서비스 수준과 여기서 파생된 서비스 수준 계약은 전혀 다를 수 있으며 특히 PaaS, SaaS 환경에서는 플랫폼(PaaS)과 애플리케이션(SaaS)의 관리 책임이 솔루션 공급자에게 전이된다.

CFO[3]에게 기업의 가장 중요한 것이 무엇인지 질문하면 재무 보고라고 대답할 것이다. 거기에 이의를 제기하는 것이 엔터프라이즈 아키텍트의 역할이다. 육류 공장에서 재무 보고 시스템이 가장 중요한 것은 아니다. 재무 보고를 할 수 없더라도 기업은 동작이 가능하다. 하지만 육류 가공 시스템이 멈추면 기업도 함께 멈추고 비즈니스에도 즉시 영향을 미친다. 클라우드 시스템으로 마이그레이션을 계획하는 것은 무엇을 의미하는가? 이러한 시스템을 클라우드 시스템에서 구동할 수 있는가? 가능하다면 언제 어떻게 할 수 있는가?

재무 설계

아직 끝나지 않았다. 비즈니스 계획 단계 다음에는 재무 분석을 수행해야 한다. 결국 클라우드 플랫폼으로 옮겨가는 주요 이유는 비용 제어다. 비용절감만 항상 클라우드로 이동하는 이유라는 말이 아니라 실제 비즈니스 활동에 비용을 반영하는 것이다. 따라서 비용 관점에서 클라우드 솔루션 사용 여부를 정하기 위해 비즈니스 사례를 들기는 쉽지 않다. 퍼블릭 클라우드 플랫폼은 총 소유 비용[TCO, Total Cost of Ownership] 계산기를 제공한다.

TCO는 실제 플랫폼을 소유할 때의 총 비용이고 모든 직·간접 비용을 포함해야 한다. 이는 TCO를 계산할 때 스토리지, 네트워크 구성 요소, 컴퓨팅, 소프트웨어 라이선스 등 시스템과 직접 관련 있는 모든 비용을 포함해야 한다는 뜻이다. 게다가 엔지니어, 서비스

---

1 Recovery Time Objective의 약자로 업무 중단 시점부터 복구돼 가동될 때까지의 시간 목표
2 Recovery Point Objective의 약자로 재해 발생 시 데이터 손실 수용을 허용하는 시점
3 Chief Financial Officer의 약자로 최고 재무 관리자

관리자, 시스템 관련 비용을 평가하는 회계사 인건비까지 고려해야 한다. 하지만 이러한 간접 비용은 가끔 전체 비용에 포함되지 않는다. 특히 클라우드에서는 모두 계산에 넣어야 한다. 예를 들어 서비스 관리와 재무 보고 자동화로 없앨 수 있는 비용은 무엇인지 생각해야 한다. 따라서 비용과 아키텍처를 만들기 위한 재무 계획을 평가할 때는 다뤄야 할 것이 많다.

- IT 인프라, 애플리케이션과 관련 있는 모든 직접 비용. (대여) 공간과 전력 등 호스팅 및 부동산 비용도 포함된다.
- IT 인프라, 애플리케이션 관련 작업을 수행하는 전 직원 인건비. 제3 업체 계약자와 직원 인건비도 포함된다.
- 시스템 관련 제3 업체 또는 공급업체 지원 관련 모든 라이선스 및 비용
- 이상적으로는 비용을 특정 비즈니스 절차, 조직, 사용자(그룹)에 할당할 수 있으므로 IT 운영 비용의 정확한 발생원을 알 수 있다.

아키텍처 초안을 작성할 때 모든 것이 중요한 이유는 무엇일까? 클라우드 재무 시작에서 중요한 것은 자본적 지출CapEx, Capital Expenditure을 운영 비용OpEx, Operational Expenditure으로 전환하는 것이다. 자본적 지출은 선행 투자를 고려한다. 물리 장치 또는 소프트웨어 라이선스 구매를 가정해보자. 이것은 일회성 지출로 가치는 경제 주기에 따라 낮아진다. OpEx는 일상적인 운영과 관련 있기 때문에 훨씬 세분화된다. OpEx는 조직의 일상 업무에 필수적인 더 작은 예산으로 분리된다. 대부분의 클라우드 배포에서 클라이언트는 실제 사용하는 만큼만 비용을 지불한다. 리소스가 유휴 상태로 변하면 종료되고 비용은 청구되지 않는다. 개발자는 필요하면 추가 리소스 사용을 결정할 수도 있다.

종량제PAYG, Pay As You Go 배포도 마찬가지이지만 많은 기업이 모든 시스템을 종량제로 실행하는 것이 불가능하다는 것을 깨달을 것이다. ERP 같은 크고 중요한 시스템의 인스턴스를 종료하면 안 된다. 따라서 기업에게는 이러한 시스템에서 장기간 고정된 인스턴스와 같이 상태를 저장할 수 있는 리소스를 사용하는 것이 더 유리하다. 이러한 경우 클라우드

공급자는 안정적인 소득을 올릴 수 있어 장기간 고정된 인스턴스에 대한 할인을 적용하거나 관세를 낮춘다. 기업 입장에서 고정된 인스턴스의 리소스 비용을 선불로 지불해야 할 수도 있다는 단점이 있다. 이것은 CapEx다. 다시 말해 기본적으로 클라우드는 OpEx가 아니다.

이 내용은 11장, '리소스 프로비저닝 및 사용 원칙 정의하기'에서 FinOps와 함께 훨씬 자세히 다룬다.

기술 계획

마지막으로 기초 아키텍처에서 시작하는 기술 계획을 알아보자. 예를 들어 집에 추가 방을 만들 계획을 세울 수는 있지만 집이 없다면 집부터 먼저 지어야 한다. 처음에는 집을 지탱할 견고한 뼈대가 필요하다. 그래야만 나중에 추가 방을 만들 수 있기 때문이다. 방은 집과 통합돼야 한다. 방을 집과 독립적으로 사용하는 것은 무의미하기 때문이다. 따라서 정보, 데이터 등이 포함된 훌륭한 계획이 필요하다.

멀티 클라우드 세계에서는 모든 것을 스스로 발견할 필요가 없다. 주요 클라우드 업체는 기반을 계획, 구축하는 데 도움이 되는 참조 아키텍처, 모범 사례, 이용 사례를 갖고 있어 대부분의 경우 신규 구성 요소와 솔루션에 맞출 수 있다. 따라서 미래를 위한 멀티 클라우드 환경의 계획, 설계, 관리를 차례대로 설명할 것이다. 다음 절에서 기초 아키텍처를 다룬다.

IT4IT

많은 조직은 비즈니스 관점에서 아키텍처를 제어하는 문제에 직면해 있다. IT4IT는 조직에 도움을 주는 프레임워크다. IT4IT는 TOGAF를 보완했기 때문에 The Open Group의 표준이 됐다. IT4IT는 IT 서비스 관리의 모범 사례를 제공하는 ITIL을 보완한다. IT4IT는 디지털 엔터프라이즈를 조정하고 관리한다. IT4IT는 신기술을 수용하고 채택하는 기업의 노력을 도와준다. IT4IT의 기본 개념은 네 가지 스트림으로 구성된다.

- **포트폴리오 전략**: 포트폴리오에는 기술 표준, 계획, 정책이 있다. 비즈니스의 IT 요구 사항을 다루고 IT 제공 사항에 맵핑한다.
- **배포 요구 사항**: 더 고품질의 표준에 도달하거나 소모 비용을 줄이기 위해 새로운 서비스를 만들어 구현하거나 기존 서비스를 조절하는 것이다. The Open Group에 따르면 이는 애자일 스크럼^Agile Scrum, 데브옵스^DevOps 같은 방법을 보완한다.
- **이행 요청**: 최종사용자가 서비스를 간단히 사용하게 해주는 것이다. 기업과 IT가 IaaS, PaaS, SaaS 구조를 채택하면 카탈로그 제공 및 관리를 통해 서비스를 중개하며 최종사용자의 요청을 신속히 처리할 수 있다.
- **수정 발견**: 서비스가 변경된다. 이러한 항목으로 모니터링, 관리, 수정, 변화를 주도하는 다른 운영이 가능하다.

그림 2.2는 IT4IT의 네 개 항목을 보여준다.

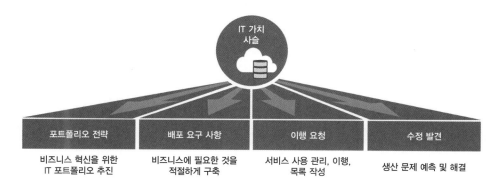

그림 2.2 IT4IT 가치 스트림(The Open Group)

▌ 비즈니스 전략에 집중한 클라우드 개발

모든 클라우드 아키텍트 또는 엔지니어는 개발 속도를 따라잡기 어렵다고 말한다. AWS와 애저는 1년 동안 각각의 클라우드 플랫폼에서 2천 개 이상의 기능을 추가한다. 이것은 주요 릴리스release이거나 미세한 수정일 수도 있다.

주요 릴리스 기능은 무엇일까? 애저의 애저 ARC, Bastion 또는 양자 컴퓨팅 엔진 브래킷으로 유명한 Lighthouse 그리고 컨테이너 호스트용 오픈 소스 운영 체제인 Bottlerocket을 생각해보자. GCP는 2019년 클라우드 런Cloud Run으로 서버리스 기술과 컨테이너화된 애플리케이션 개발, 데이터 관리 및 분석을 위한 12가지 오픈 소스를 통합했다. 2020년 3월 VMware는 VMware Cloud Foundation 4 with Pacific 같은 클라우드 통합 기능을 포함한 vSphere 7을 출시했고 멀티 클라우드 환경에서 컨테이너를 배포, 관리하기 위해 Bitnami, Pivotal Labs에서 제공하는 카탈로그 Tanzu Kubernetes Grid를 출시했다.

크고 작은 혁신이 지속적으로 일어나고 있다. 그중 소프트웨어에서 서비스로, 가상 머신에서 컨테이너로의 두 가지 큰 이동이 있었다. 3장 마지막 절에서 자세히 설명한다. 어쨌든 이러한 혁신, 릴리스, 새 기능을 따라잡기 위해 노력하라. 불가능하진 않지만 어려운 일이다. 이게 끝이 아니다. 대상 클라우드 플랫폼뿐만 아니라 애플리케이션을 마이그레이션하거나 개발하기 위해 실행해야 할 것이 많다. 새로운 기술과 툴Tool로 지속적으로 변경되는 XebiaLabs의 데브옵스 주기율 표를 보자.

클라우드 플랫폼 관리에 미숙한 영역이지만 깊은 기반을 다진 AIOps를 사용하는 첨단 기술을 책 후반부에서 다룬다. 모니터링 영역에서 유명해진 Splunk를 포함해 비교적 최근에 설립된 StackState(2015년 설립), Moogsoft(2011년 설립) 등에서 작년에 많은 툴이 출시됐다. AIOps는 주기율 표에 포함됐다.

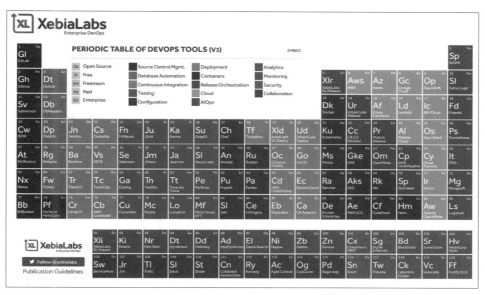

그림 2.3 XebiaLabs의 데브옵스 툴 주기율 표

https://xebialabs.com/periodic-table-of-devops-tools/에서 XebiaLabs의 데브옵스 툴 주기율 표의 대화형 버전을 확인해보자. 클라우드 네이티브 환경에 대한 전체 개요는 Cloud Native Computing Foundation의 Cloud Native Trail Map이 포함된 다음 웹 페이지에서 확인할 수 있다. https://landscape.cncf.io/.

모든 발전을 따라잡을 수는 없기 때문에 비즈니스는 특정 부분에 집중해야 하며 앞 절에서 다룬 전략에서 출발해야 한다. 출시된 모든 신기술에 현혹되면 안 된다. 클라우드 아키텍처를 관리할 때는 기초 아키텍처, 지연 비용, 기회 이점 세 가지를 고려해야 한다.

기초 아키텍처

모든 아키텍처는 기준이 되는 기초 아키텍처 또는 참조 아키텍처에서 출발한다. TOGAF 는 기술 참조 모델과 표준 정보 베이스 두 영역으로 구성된다. 기술 참조 모델은 일반적인 플랫폼 서비스를 다룬다. 멀티 클라우드 환경에서 기술 참조 모델은 플랫폼의 기본 설정이 된다. 예를 들어 애저에서는 일반적으로 허브 앤 스포크 모델을 배포한다. 허브에는 서로 다른 스포크의 모든 워크로드에 적용할 수 있는 일반적인 서비스가 포함돼 있다. 외부 (온프레미스 또는 인터넷), 요새 호스트^{Bastion Host4} 또는 점프 서버, 관리 서버, 중앙 관리 방화벽에 대한 연결 게이트웨이를 보자. AWS와 GCP에서 사용하는 용어는 다르지만 개념은 어느 정도 동일하다. 클라우드 서비스 안에서 클라이언트는 클라이언트가 소유, 관리하는 가상 데이터센터(프라이빗 클라우드)를 생성한다. 퍼블릭 클라우드의 프라이빗 섹션에서 전송 영역과 실제 워크로드를 가질 수 있는 구역이 생성된다.

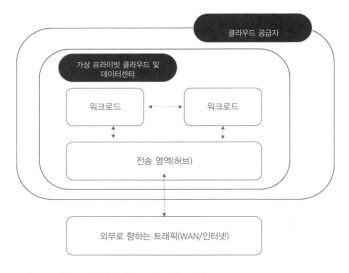

그림 2.4 가상 프라이빗 클라우드 및 데이터센터

이제 기초 아키텍처에서 기준이 될 가상 데이터센터를 어떻게 설정할지 정해야 한다. 새 애플리케이션이 나올 때마다 물리 데이터센터를 재구축하지 않는 것과 마찬가지로 퍼블릭 클라우드 위에 구축하는 가상 데이터에도 이러한 기준이 적용된다. 표준 정보 베이스는 기

---

4 공용 네트워크에 의도적으로 노출된 특수 컴퓨터

초 아키텍처를 구성하는 두 번째 요소다. TOGAF는 TOGAF Foundation Architecture에서 나온 특정 서비스 및 조직별 아키텍처의 다른 구성 요소를 정의하는 데 사용할 수 있는 표준 데이터베이스를 제공한다. 한마디로 표준을 포함하는 라이브러리^{Library}다. 멀티 클라우드에서 이것은 매우 광범위할 수 있다. 다음을 보자.

- 세분화, 네트워크 관리 수준을 포함한 통신, 네트워크 보안을 위한 네트워크 프로토콜 표준
- 운영 체제의 종류, 버전 등의 가상 머신 표준
- 스토리지 및 스토리지 프로토콜 표준. 클라우드 업체가 제공하는 스토리지 유형, 이용 사례를 고려한다.
- 보안 기준
- 준수 기준(예: 특정 비즈니스 도메인 또는 업종 지사에 적용할 수 있는 프레임워크 등)

 The Open Group에서 제공하는 SIB(Standards Information Base)를 사용할 수 있다. SIB에는 멀티 클라우드 아키텍처 초안을 작성할 때 참조할 수 있는 표준 목록이 포함돼 있다. SIB는 https://www.opengroup.org/sib.html에서 확인할 수 있다.

지연 비용

방금 기초 및 참조 아키텍처를 설정했지만 이제 어떠한 기술이 비즈니스에 적합한지 평가해 결정해야 한다. 모든 새로운 기술을 채택하는 것은 무의미하다. 이때 비즈니스 사례를 고려해야 한다. 비즈니스 사례는 리소스 소비가 특정 비즈니스에 필요한지 여부를 결정한다. 예를 들어 기업은 인터넷에서 특정 대역폭을 소비한다. 대역폭을 늘릴 수 있지만 비용이 든다. 기업은 추가 대역폭의 비용을 지불하지만 작업자가 일을 더 빨리 마칠 수 있다. 기업이 더 빠른 인터넷 연결에 투자해 작업자가 더 많이 일할 수 있다면 긍정적인 비즈니스 사례가 된다.

시장 수요가 발생할 때 기업이 재빨리 움직이지 않으면 기업은 시장의 일부를 잃고 수익도 잃는다. 새 기술을 받아들이거나 변화하는 요구를 따라가기 위해 애플리케이션 개발 속도를 높인다면 비용도 함께 발생한다. 이러한 비용은 특정 시기를 놓치고 제품을 출시하는 것과 부합한다. 이것이 지연 비용이다. 도널드 레이닛슨Donald Reinertsen의 저서 『Principles of Product Development Flow(제품 개발 흐름의 원칙)』(Celeritas Pub, 2009)에서 지연 비용을 언급했다.

> 큐 비용, 초과 용량 가치, 변동성 감소 가치를 평가하기 위해서는 지연 비용이 필요하다. 지연 비용은 많은 것을 해결하는 놀라운 힘을 갖는 열쇠다. 개발 조직의 사고방식을 완전히 바꾸는 것이다.

지연 비용은 주로 재무 변수로 사용하지만 클라우드 기술을 채택할 때 비즈니스 사례를 평가하는 좋은 요소가 된다. 민첩한 클라우드 리소스를 채택해 사용하면 지연 비용으로 인한 재정 위험을 낮출 수 있다.

기회 이점

지연 비용이 있으면 기회 이점도 있어야 한다. 적기에 변화가 채택되지 않아 지연 비용이 위험이 된다면 기회 이점은 미래 개발 관련 기술을 탐구해 비즈니스를 가속화한다. 이것은 매우 광범위하다. 소매업체가 고객이 상품을 주문할 때 사용하는 앱을 은행 서비스 제공에 사용한다고 가정해보자. 또는 테슬라TESLA 같은 자동차 회사가 보증 비즈니스로 변모한다고 가정해보자.

클라우드 서비스의 접근성과 쉬운 사용은 이러한 변화를 도와준다. 이것을 마케팅 용어로 블러링이라고 한다. 전통적 환경에서 소매업체가 고객에게 은행 서비스를 제공하는 데 큰 어려움이 있었지만 SaaS 금융 앱을 출시한다면 기술적으로 이러한 앱을 다른 앱과 통합하는 것이 어렵지 않다. 물론 중앙 금융관리기관의 은행 라이선스 요구 사항과 다른 재무 규정 준수 프레임워크 등을 고려한 것은 아니지만 전달하고 싶은 의미는 클라우드 기술을 통해 기업은 기술적 관점에서 다른 영역을 탐색하고 빨리 진입할 수 있게 됐다는 것이다.

AWS가 좋은 예다. 아마존Amazon은 원래 온라인 서점이었다. 아마존은 그들의 주문·배송 플랫폼으로 다른 기업에게 스토리지 시스템을 임대할 수 있다는 것을 알아냈다. 결국 아마존은 보유하고 있던 인프라를 활용했다. S3 스토리지는 최초의 AWS 클라우드 서비스로 출시됐고 AWS는 소매 핵심 비즈니스에 이어 선도적인 클라우드 공급자가 됐다. 이것이 진정한 기회 이점이었다. 지금까지 전략을 정의하는 방법을 알아봤다. 지금부터는 모든 것을 통합해 비즈니스 로드맵을 만들고 우리의 클라우드 전략에 맵핑해 다양한 배포 모델과 클라우드 개발 단계를 평가해 더 구체화시킨다.

▌ 포괄적 비즈니스 로드맵 작성

사업 전략과 로드맵을 작성하는 방법은 매우 많다. 그들을 통합하는 것은 불가능하지만 엔터프라이즈 아키텍트는 비즈니스 로드맵을 평가하는 방법을 알아야 한다.

1. 비즈니스가 시장을 공략하고 상품, 서비스를 제공하는 방법의 전략적 계획을 포함한 비즈니스 목표와 비전

2. 목적, 목표, 방향성. 특정 목표를 언제 어떻게 달성하고 목표 달성을 위해 자원이 얼마나 어떻게 필요한지를 설정하는 계획이 포함된다.

3. 강점, 약점, 기회, 위험SWOT, Strengths, Weaknesses, Opportunities, and Threats. SWOT 분석은 비즈니스가 적절한 시기에 올바른 행동을 하고 있는지 또는 전략적 관점에서 변경이 필요한지를 명시해준다.

4. 운영 우수성. 모든 비즈니스는 주기적으로 성과를 검토해야 한다. KPI 측정을 통해 수행할 수 있다(제 시간에 배송되는가? 고객만족도CSAT, Customer SATisfaction는 어떠한가?).

가장 일반적인 비즈니스 로드맵 요소는 다음과 같다.

- 수익

- 매출 총 이익

- 판매량

- 잠재적 고객 수

- 시장 출시 기간

- 고객 만족

- 브랜드 인지도

- 투자 수익

이것은 공유된 목표이며 모든 조직은 이러한 목표를 준수하고 계획을 비즈니스 목표와 일치시켜야 한다. 이러한 목표는 결국 비즈니스 로드맵에 포함된다. 큰 기업의 경우 로드맵이 복잡할 수 있지만 다음 스크린샷과 같이 간단한 경우도 있다.

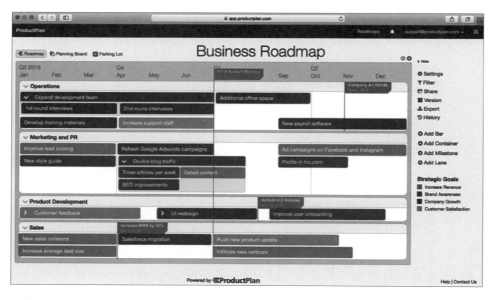

그림 2.5 비즈니스 로드맵 템플릿(ProductPlan)

IT는 개발, 리소스 계획, CRM 시스템, 홍보용 웹사이트, 고객 앱 등 모든 것의 기본이 된다. 그리고 최근 들어 요구 사항이 더 어려워지고 있다. 점점 수명이 짧아지고 속도가 빨라진다. IT는 오랫동안 막혀 있던 영역에서도 비즈니스를 촉진하는 데 사용할 수 있는 기술을 모두 갖췄다. IT는 더 이상 비용이 드는 요소가 아니라 비즈니스의 원동력으로 여겨진다.

▌ 비즈니스 로드맵과 클라우드 맞춤 전략 맵핑

대부분의 기업은 기존 IT 환경에서 클라우드 마이그레이션을 시작하지만 점점 더 많은 기업이 클라우드 네이티브 개발을 시작하고 있다. 어떠한 것도 배제할 필요 없이 기존 IT를 클라우드로 마이그레이션하는 동시에 클라우드 네이티브 개발 계획을 수립할 수 있다. 비즈니스는 서로 다른 속도로 실행되는 별도의 분리된 클라우드 트랙을 보유할 수 있다. 클라우드 네이티브 툴을 사용해 클라우드 환경에서 새로운 애플리케이션을 개발하는 것이 이치에 맞다.

그런 다음 기업은 기존 시스템을 클라우드 플랫폼으로 마이그레이션할 계획을 세울 수 있다. 그 방법은 여러 가지다. 이것을 다루면서 클라우드 플랫폼으로 마이그레이션을 시작하는 요인도 함께 알아본다. 여기서 하나의 로드맵으로 동작하지 않는다는 것이 중요하다. 하나의 로드맵일 수도 있지만 그 하나가 다른 속도, 다른 복잡성, 다른 접근법을 갖는 여러 트랙으로 구성된 로드맵일 수도 있다. 지금까지 엔터프라이즈 전략, 비즈니스 요구 사항, 재무 계획을 설명한 이유가 있다. 다양한 트랙이 포함된 로드맵 구성은 평가, 계획의 결과에 전적으로 의존하고 그것이 아키텍처다. 따라서 실수가 있으면 안 된다. 레드햇^{Redhat}의 기술 리더 래드헤시 발라크리시난^{Radhesh Balakrishnan}은 다음과 같이 말했다.

> "멀티 클라우드 전략을 통해 조직은 여러 클라우드 공급자의 클라우드 서비스를 사용해 기술적, 상업적으로 특정 워크로드 또는 애플리케이션 요구 사항을 충족시킬 수 있다."

"모든 부서, 팀, 비즈니스 기능, 애플리케이션, 워크로드가 성능, 개인정보 보호, 보안, 지리적 범위의 관점에서 비슷한 요구 사항이 있는 것은 아니다. 다양한 애플리케이션과 데이터 요구 사항을 충족시키는 여러 클라우드 공급자의 서비스를 사용할 수 있는 것은 클라우드 컴퓨팅 이 주요 흐름이 되면서 매우 중요해졌다."

비즈니스 요구 사항은 클라우드 마이그레이션 접근법을 이끈다. 다음 기술 전략을 알아 보자.

- **재호스트**Rehost : 애플리케이션, 데이터, 서버가 클라우드 플랫폼으로 이전 상태 그 대로 마이그레이션된다. Lift and shift라고도 하며 이점은 낮은 편이다. 이러한 전략에서는 클라우드 네이티브 서비스를 사용하지 않는다.

- **재플랫폼**Replatform : 애플리케이션, 데이터가 다른 기술 플랫폼으로 마이그레이션 되지만 아키텍처는 유지된다. 예를 들어 SQL 데이터베이스가 있는 애플리케이 션이 애저 SQL 서버가 있는 애저의 PaaS로 마이그레이션됐다면 애플리케이션 의 아키텍처는 변경되지 않는다.

- **재구매**Repurchase : 이러한 전략에서는 기존 애플리케이션이 SaaS로 대체된다. 실 제로 동일한 애플리케이션을 재구매하진 않는다. 다른 유형의 솔루션으로 대체 할 뿐이다.

- **리팩터링**Refactor : 기존 애플리케이션의 내부를 재설계하고 최적화한다. 클라우드 에서 최적화된 방식으로 작동하도록 애플리케이션의 일부를 수정하는 리팩터링 도 가능하다. 전체 리팩터링은 성능 관점에서 최적화를 위해 전체 애플리케이션 을 수정하고 비용을 절감한다. 리팩터링은 복잡한 방식이다. 일반적으로 리팩터 링은 PaaS, SaaS에서 사용한다.

- **재설계**Rearchitect : 리팩터링에서 한 단계 나아가 애플리케이션의 아키텍처가 수정 되지 않는다. 이러한 전략은 멀티 클라우드 환경을 사용하기 위한 아키텍처 재 설계로 구성된다.

- **재구축**^{Rebuild}: 이러한 전략에서 개발자는 최신 툴과 프레임워크를 사용해 새로운 클라우드 네이티브 애플리케이션을 처음부터 구축한다.
- **폐기**^{Retire}: 이러한 전략은 애플리케이션이 더 이상 필요하지 않은 경우에 사용된다. 애플리케이션을 폐기할 때 기본 인프라가 없어지기 전에 애플리케이션 데이터를 깨끗이 지우거나 보관해야 한다.
- **유지**^{Retain}: 변경되는 것은 없다. 기존 애플리케이션은 현재 플랫폼에 있는 그대로 관리된다.

많은 요소가 변수를 만들 수 있으므로 비즈니스 사례의 결과를 예상하기는 쉽지 않다. 가트너^{Gartner} 같은 기관에서 실행한 측정에 의하면 재호스트, 재플랫폼, 재구매의 경우 총 비용절감 효과가 약 20~40% 차이가 있다. 재설계, 재구축의 경우 비용을 더 많이 절감할 수 있다. 폐기 전략이 비용을 가장 많이 줄일 수 있지만 애플리케이션에서 제공하는 기능이 여전히 비즈니스에 중요하다면 구매, 구현, 채택, 개발 비용이 발생하는 다른 방법으로 해당 기능을 충족시켜야 한다. 비즈니스 사례를 만들고 올바른 전략을 선택할 때 이러한 모든 것을 검토해야 한다. 고수준에서는 이러한 전략을 3단계로 나눌 수 있다.

- **전통적**^{Traditional}: 조직에서는 개발자가 클라우드 플랫폼에서 클라우드 네이티브 툴을 직접 사용하는 개발을 허용하지만 여전히 대부분 기존 IT를 사용한다. 클라우드로 마이그레이션할 때 개발자는 두 가지 시나리오를 선택할 수 있다.
  - 시스템을 이전 상태 그대로 클라우드로 마이그레이션하고 클라우드에서 애플리케이션을 최신화한다.
  - 클라우드 플랫폼으로 마이그레이션하기 전에 애플리케이션을 최신화한다. 세 번째 시나리오는 두 가지를 섞은 것이다.
- **최적화**^{Rationalized}: 최적화 단계에서는 애플리케이션을 최신화하고 클라우드 플랫폼에서 사용하도록 최적화한다. 클라우드 네이티브 기술의 이득을 얻기 위해 PaaS, SaaS가 포함된 단계다.

- **동적**Dynamic: 애플리케이션이 완전히 클라우드 네이티브화돼 완벽하게 동적 상태가 된 마지막 단계다. 지속적인 통합 및 제공CI/CD이 뒷받침된 민첩한 워크스트림workstream으로 관리되고 컨테이너, 서버리스 솔루션을 사용해 완전한 확장이 가능하고 모든 것이 코드로 동작해 완전히 자동화돼 비즈니스가 요구하는 만큼 IT를 민첩하게 만든다.

다음 모델에서 전략의 3단계를 확인할 수 있다. 모델에서는 3단계를 순차적으로 표현했지만 반드시 그럴 필요는 없다.

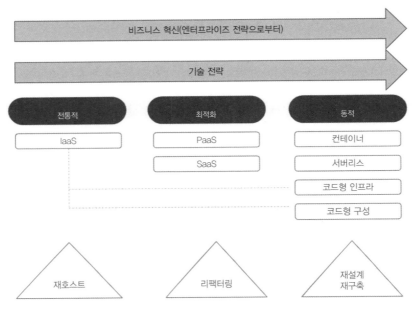

그림 2.6 비즈니스 혁신에 맞춘 기술 전략

이러한 모델은 향후 수년 동안 클라우드 전략을 지배할 세 가지 동향을 보여준다.

- **소프트웨어에서 서비스로의 이동**Software to Service: 기업은 소프트웨어에 투자할 이유가 더 이상 없으며 소프트웨어를 호스팅하기 위한 인프라에 투자할 필요도 없다. 그 대신 외부 공급자가 관리하는 소프트웨어를 사용한다. 그러면 구현 세부 사항을 걱정하고 소프트웨어 자체를 호스팅·관리하는 대신 외부 공급자의 소프트웨어를 사용해 비즈니스 요구 사항을 충족시키는 데 집중할 수 있다. 이러한 개념은 내생endogenous 성장 경제 이론을 기반으로 새로운 기술 개발과 생산효율성 향상을 통해 경제성장을 달성할 수 있다고 주장한다. Paas와 SaaS를 사용하면 효율성을 크게 높일 수 있다.

- **VM에서 컨테이너로의 이동**VM to Container: 가상화는 데이터센터에 효율성을 부여했지만 컨테이너는 컴퓨트 파워와 스토리지를 더 효율적으로 사용하도록 한다. VM은 여전히 게스트 운영 체제에서 많은 시스템 리소스를 사용하는 반면 컨테이너는 호스트 운영 체제를 사용하고 일부 지원 라이브러리만 추가적으로 사용한다. 컨테이너는 더 유연하기 때문에 효율적인 방식으로 소프트웨어를 배포하는 데 점점 더 많이 사용되고 있다. SAP 같이 규모가 큰 소프트웨어 기업도 이미 컨테이너를 사용해 구성 요소를 배포하고 있다. SAP Commerce는 Docker 이미지 인스턴스를 실행하는 Docker 컨테이너를 사용한다. 이미지는 SAP Commerce 설정 구성 요소 구조를 미러링하는 특수한 파일 구조 구성을 갖는다.

- **서버리스 컴퓨팅**Serverless Computing: 서버리스는 기반 인프라와 상관 없이 코드를 작성해 배포하는 것이다. 개발자는 처리 성능, 스토리지 등을 사용한 만큼만 비용을 지불한다. 일반적으로 트리거, 이벤트와 함께 동작한다. 애플리케이션은 이벤트(요청)를 등록하고 애플리케이션의 백엔드Backend에서 특정 파일 검색 같은 동작을 유발한다. 퍼블릭 클라우드 플랫폼은 애저 Functions, AWS 람다Lambda, Google Knative 등의 다양한 서버리스 솔루션을 제공한다. 비용 대비 최대의 확장성을 보장한다. 한 가지 짚고 넘어갈 점은 서버리스 개념이 점점 더 중요해지겠지만 모든 것을 서버리스로 구성하는 것은 기술적으로 불가능하다는 것이다.

12요소 앱

2장에서 논의할 마지막 주제는 12요소 앱The Twelve Factor APP이다. 모든 것이 통합된 방법론이다. 12요소 앱은 서버 인프라에서 추상화된 클라우드 플랫폼에 배포할 준비가 된 최신 앱을 구축하는 방법론이다. 12요소 앱은 서버리스 개념을 사용한다. 높은 추상화 단계로 인해 아키텍처나 개발 방법을 변경하지 않고 앱을 확장할 수 있다. 12요소 앱의 구성 방식은 마틴 파울러Martin Fowler의 『리팩토링』(한빛미디어, 2020)과 『Patterns of Enterprise Application Architecture』(Addison-Wesley Professional, 2002)에 기초한다. 클라우드 기술 관점에서 매우 오래 전인 2005년에 나왔지만 아키텍처 측면에서는 아직 밀접한 관련이 있다. 12요소는 다음과 같다.

1. **코드베이스**Code Base : 하나의 코드베이스가 여러 배포 버전에서 동작하고 제어 시스템에서 변화를 추적한다(코드형 인프라 포함).
2. **종속성**Dependencies : 종속성을 명시적으로 선언하고 분리한다.
3. **설정**Config : 환경에 설정을 저장한다(코드형 구성).
4. **백엔드 서비스**Backing Service : 백엔드 서비스를 연결된 리소스로 취급한다.
5. **빌드**Build, **릴리스**Release, **실행**Run : 철저하게 분리된 빌드와 실행 단계(파이프라인 관리, 릴리스 트레인).
6. **프로세스**Processes : 앱을 하나 또는 여러 개의 상태 비저장stateless 프로세스로 실행
7. **포트 바인딩**Port Binding : 포트 바인딩을 사용해 서비스를 공개한다.
8. **동시성**Concurrency : 프로세스 모델을 사용해 확장한다.
9. **폐기성**Disposability : 빠른 시작과 정상 종료로 안정성을 극대화한다.
10. **개발 및 프로덕션 환경 일치**Dev/Prod Parity : 개발, 스테이징, 프로덕션 환경을 최대한 비슷하게 유지한다.
11. **로그**Logs : 로그를 이벤트 스트림으로 취급한다.
12. **관리 프로세스**Admin Processes : 관리Admin/Management 작업을 일회성 프로세스로 실행한다.

자세한 12요소 관련 내용은 https://12factor.net에서 확인할 수 있다. 12요소 중 다수는 여러 프레임워크에 사용되고 데브옵스, SRE 등의 멀티 클라우드 거버넌스에 포함된다.

▌ 요약

2장에서는 엔터프라이즈 또는 비즈니스 전략을 분석하는 데 사용하는 방법론을 알아보고 클라우드 기술 로드맵에 맵핑했다. 그리고 클라우드·기술 공급자가 발표하는 새 릴리스와 기능을 모두 따라잡는 것이 불가능하다는 것을 알게 됐다. 또한 비즈니스 목표와 목적을 결정하고 미래지향적이면서 비즈니스 요구 사항에 맞춰 민첩하게 새 기능을 받아들일 수 있는 아키텍처를 정의해야 한다.

TOGAF, IT4IT 등의 프레임워크를 사용하는 엔터프라이즈 아키텍처는 탄탄하고 확장 가능한 멀티 클라우드 아키텍처를 설계하고 관리하는 데 도움이 된다. 또한 IT가 비즈니스 요구 사항과 함께 전통적인 환경에서 SaaS, 컨테이너, 서버리스 개념 등을 사용해 최적의 동적 환경으로 어떻게 변화하고 12요소 방법론을 사용할 수 있는지를 알아봤다. 3장에서는 더 기술적인 내용을 다루고 클라우드 연결과 네트워킹을 학습한다.

▌ 질문

1. 2장에서는 가용성, 내구성, 백업 수준(RTO/RPO 목표 포함)과 비즈니스 연속성[BC], 재해 복구[DR] 요구 사항을 다뤘다. 이러한 계량 또는 측정 항목을 뭐라고 부르는가?

2. 비즈니스 로드맵을 작성할 때 맨 먼저 정의해야 하는 것은?

3. 2장에서는 클라우드 전환 전략을 학습했다. 전략 중 두 가지는 재호스트[Rehost], 재플랫폼[Replatform]이다. 두 가지 전략을 더 답하라.

4. 2장에서는 클라우드 시장의 두 가지 주요 발전을 확인했다. 그중 하나는 서버리스 개념의 성장이다. 나머지 하나는 무엇인가?

▌ 참고문헌

- The Twelve-Factor App(https://12factor.net)
- Michael E. Porter, 『How Competitive Forces Shape Strategy』(Harvard Business School Press, 1979)

03

연결 설계하기

멀티 클라우드에서 중요한 이슈는 올바로 연결하는 것이다. 주요 모든 퍼블릭 클라우드 플랫폼에는 애저 ExpressRoute, AWS Direct Connect, Google Dedicated Interconnect, VMware NSX 같은 자체 연결 기술, 나아가 연결 요구 사항과 세부 사항이 있다. 멀티 클라우드에서 오류가 발생하는 주요 원인은 연결 문제다. 기업은 클라우드 환경 구축을 시작할 때 상세한 네트워크 계획이 있어야 한다.

3장에서는 다음 주제를 다룬다.

- VPN 및 Microsoft 애저, AWS, Google Cloud Platform 등의 주요 클라우드로의 직접 연결 방법 같은 다양한 연결 개념
- 비용, 보안, 인터넷 접근, 서비스 수준을 고려한 네트워크 토폴로지^{Topology} 설계
- 클라우드의 여러 가지 네트워크 프로토콜

▌멀티 클라우드에서의 연결 개념 – 연결은 매우 중요하다

스마트폰 예를 다시 생각해보자. 스마트폰을 상자에서 꺼내 맨 먼저 할 일은 외부와 연결하는 것이다. 클라우드에 연결하는 것도 마찬가지다. 모든 클라우드에서 작업할 수 있지만 회사는 사용자가 회사 도메인에서 특정 클라우드 서비스까지 안전하게 연결하길 원한다. 그러기 위해 프라이빗 네트워크^{VPN}, 직접 연결, 완전 관리형 브로커 서비스 세 가지 선택이 있다. 다음 절에서 자세히 알아본다.

VPN

가장 많이 사용되는 기술 중 하나다. 인터넷을 매개로 사용하는 터널이다. 특정 IP 주소 또는 IP 범위에서 퍼블릭 클라우드에 존재하는 게이트웨이 서버의 IP 주소로 연결한다. VPN을 이해하기 전에 퍼블릭 클라우드부터 알아야 한다. 애저, AWS, GCP^{Google Cloud Platform}, 기타 퍼블릭 클라우드에 서비스를 배포하는 경우(오픈 스택^{Open Stack}, IBM Cloud, 알리바바^{Alibaba} 등의 퍼블릭 클라우드가 더 있지만 개념은 거의 비슷하다) 데이터센터를 클라우드로 확장하는 것을 의미한다. 이때 데이터센터와 퍼블릭 클라우드 사이의 연결이 필요하다. 간단하고 비용이 적게 드는 방법은 VPN을 사용하는 것이다. 인터넷은 이미 있으므로 클라우드와 통신할 수 있는 IP 주소 또는 IP 범위를 할당해 터널만 만들어주면 된다. 터널은 사이트와 클라우드 사이 또는 단일 사용자와 클라우드 사이에 있을 수 있다(P2S VPN, Point-to-site VPN).

외부에서 모든 리소스를 연결하길 원하지 않는다면 퍼블릭 클라우드에서는 연결을 어느 지점에서 종료해야 한다. 이러한 방법은 권장되지 않는다. 기업은 일반적으로 직접 제어되지 않은 외부 연결로부터 워크로드를 보호하려고 한다. VPN을 설정할 때 VPN이 종료되는 게이트웨이를 사용해 퍼블릭 클라우드에 구역을 구성해야 한다. 게이트웨이에서 클라우드의 라우팅 규칙, 라우팅 테이블을 사용해 트래픽을 클라우드의 다른 리소스로 보낼 수 있다. 이는 기존 데이터센터에서 사용자가 시스템에 접속하기 위해 특정 연결 구역 또는 비무장 영역^{DMZ}을 거치는 것과 같은 개념이다. 그림 3.1의 아키텍처는 퍼블릭 클라우드의 VPN 연결의 기본 원칙을 설명한다.

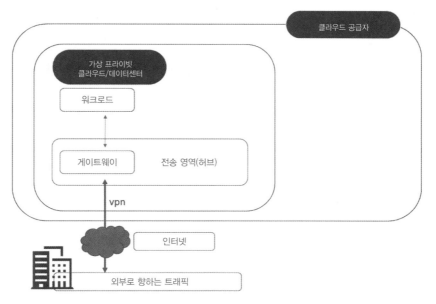

그림 3.1 VPN 연결의 기본적인 아키텍처

다음 절에서 애저, AWS, Google Cloud의 연결 개념과 아키텍처를 알아본다.

애저에서 연결 설계하기

Microsoft는 온프레미스 여러 데이터센터를 연결하기 위한 애저 VPN Gateway를 제공한다. 애저 VPN Gateway는 IPsec, IKE^{Internet Key Exchange}를 프로토콜로 사용한다. 어디든지 애저 환경에 리소스를 연결할 수 있도록 P2S 솔루션이 제공된다. 애저는 P2S VPN 연결에서 다음과 같은 프로토콜을 지원한다.

- SSL^{Secure Socket Layer}, TLS^{Transport Layer Security} 프로토콜 기반의 OpenVPN

- SSTP^{Secure Socket Tunneling Protocol}: Microsoft가 제공하며 Microsoft Windows만 지원한다.
- IPsec 기반의 IKEv2는 애플 맥^{Apple Mac}에서도 사용할 수 있다.

그림 3.2는 애저의 다양한 VPN 연결을 보여준다.

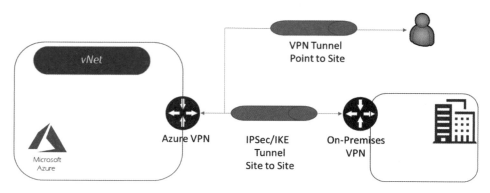

그림 3.2 애저의 P2S, S2S VPN 구조

이와 같이 VPN 구성은 빠르고 상대적으로 간단하다. 애저 VPN 구성을 위해서는 먼저 애저에서 가상 네트워크^{vNet} 게이트웨이를 설정해야 한다. 가입돼 있는 경우 애저 웹사이트 (https://portal.azure.com)에서 설정할 수 있다. 게이트웨이는 자체 vNet에 존재해야 하므로 vNet 지정이 필요하다. 게이트웨이는 애저 VPN의 종점^{Endpoint} 역할을 하므로 IP 주소가 필요하다. 이러한 IP 주소는 비즈니스에서 이미 보유한 애저 리소스 IP이거나 퍼블릭 IP 주소가 될 수 있다.

그런 다음 설정한 게이트웨이를 온프레미스 환경에 연결해야 한다. 연결을 위해 VPN 장치, 라우팅, 방화벽, 인증, 권한 부여, 높은 암호화 등의 여러 가지 기능을 지원하는 네트워크 장치가 필요하다. 여기에는 Citrix NetScaler, F5 BIG-IP, Brocade Serverlron, Juniper DX, Cisco ACE 등 엔터프라이즈 시장에서 주목받는 솔루션이 있다. 대부분의 주요 하드웨어 기업은 네트워크 트래픽이 적은 환경을 지원하기 위한 가상 장치를 보유하고 있다. NSX by VMware 같은 소프트웨어로 정의된^{software-defined} 네트워크 기술도 잊으면 안 된다.

신규 애저 게이트웨이 연결을 설정하고 명시된 주소 범위를 통해 게이트웨이로 향하는 트래픽을 애저로 라우팅할 수 있다는 것을 VPN 장치가 알도록 해주고 그 외 모든 트래픽은 차단해야 한다. 이것으로 특정 주소(범위)에서 지정된 주소로 데이터를 보내고 vNet 게이트웨이로 동작하는 애저의 종점에서 종료되는 터널이 생성된다. 게이트웨이에서 애저를 사용하면 트래픽은 내부적으로 라우팅된다. 그림 3.3은 애저 VPN 게이트웨이의 위치를 나타낸다.

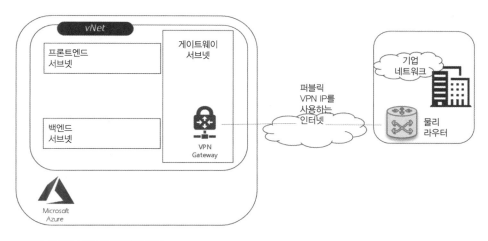

그림 3.3 애저의 VPN 게이트웨이 구성

> 애저의 VPN 연결 및 vNet 게이트웨이 설계 관련 자세한 내용은 https://docs.microsoft.com/en-us/azure/vpn-gateway/vpn-gateway-howto-site-to-site-resource-manager-portal(S2S)과 https://docs.microsoft.com/en-us/azure/vpn-gateway/vpn-gateway-howto-point-to-site-resource-manager-portal(P2S)에서 확인할 수 있다.

AWS에서 연결하기

AWS는 S2S 및 AWS의 P2P 솔루션인 클라이언트 VPN 두 가지 VPN 유형을 제공한다. S2S VPN은 AWS 글로벌 네트워크에 암호화된 터널을 제공한다. S2S VPN은 두 개의 터널이 있는 여러 가용 영역으로 구성된다. 하나는 트래픽이 흐르는 터널이고 나머지는 가용성을 위한 터널이다. 그런 다음 AWS는 VPN이 종료되는 지점에서 고객 게이트웨이와 터널 종점을 배포해야 한다. 여기에는 두 가지 선택이 있다.

- **가상 프라이빗 게이트웨이ᵛᴾᴳ를 사용하는 단일 S2S**: VPG는 가상 프라이빗 클라우드ᵛᴾᶜ를 외부 VPC가 아닌 환경에 연결한다. 이때 IPsec 프로토콜을 사용한다.

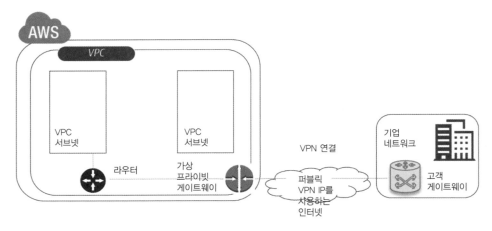

그림 3.4 AWS의 S2S 구성

- **전송 게이트웨이를 사용하는 단일 S2S**: 전송 게이트웨이를 사용하면 AWS의 여러 계정과 VPC에서 네트워크를 확장할 수 있다.

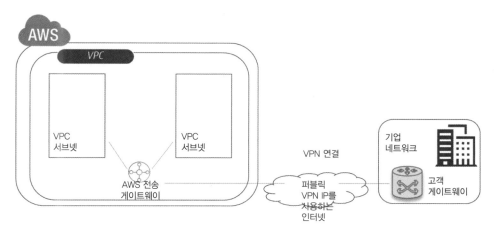

그림 3.5 AWS 전송 게이트웨이를 사용한 S2S 구성

 고객 게이트웨이, VPG, 실제 VPN 연결 설정 관련 자세한 내용은 https://docs.aws. amazon.com/vpn/latest/s2svpn/SetUpVPNConnection.html에 게시돼 있다.

S2S VPN으로 여러 사이트를 연결하기 위해 AWS는 허브 앤 스포크^{hub-and-spoke}(외곽 지점을 허브로 구성하고 이를 중심으로 일련의 스포크로 경로를 구성하는 방법) 모델에 기반하는 클라우드 허브^{Cloud Hub}를 제공한다. 클라우드 허브에는 다수의 고객 게이트웨이(예: 기업의 여러 지점)에 연결되는 VPG가 있다. 이것을 사용하기 위해 BGP^{Border Gateway Protocol} 설정 관련 네트워크 지식과 각 고객 게이트웨이의 ASN^{Autonomous System Number}이 필요하다. 그런 다음 다양한 연결에 대한 라우팅을 외부에 알려야 한다. 연결된 사이트가 중복된 IP 범위를 사용하면 안 되므로 IP 계획도 필요하다.

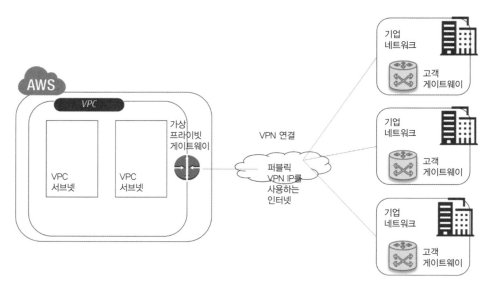

그림 3.6 AWS 클라우드 허브 구성

가속화된 S2S VPN 연결은 중요한 기능이다. 이러한 VPN 연결은 AWS Global Accelerator 를 사용해 온프레미스 네트워크(예: WAN)에서 고객 게이트웨이 장치에 가장 가까운 AWS 로 트래픽을 보낸다. 이러한 솔루션을 적용하기 위해서는 전송 게이트웨이를 사용해야 한 다. AWS는 이전에 언급했듯이 기본, 예비 두 가지 터널을 배포한다. 두 터널 모두 가속기 를 확보하고 AWS 글로벌 네트워크를 사용해 트래픽을 전송해 애플리케이션의 최고 성능 을 보장하는 가장 최적화된 경로를 탐색한다.

 AWS Global Accelerator 관련 자세한 내용은 https://docs.aws.amazon.com/vpn/latest/ s2svpn/accelerated-vpn.html에 게시돼 있다.

클라이언트 VPN은 AWS의 P2S VPN이고 OpenVPN을 사용해 모든 위치에서 AWS로의 암호화된 TLS 연결을 제공한다. 클라이언트 VPN이 종료되는 VPN 안에 서브넷을 할당해 야 한다. 이 서브넷을 클라이언트 VPN의 종점과 연결하면 VPN 세션을 만들 수 있다. 그림 3.7은 AWS에서 OpenVPN을 사용해 클라이언트 VPN을 설정하는 방법을 보여준다. VPC 피어링VPC peering(프라이빗 IP 주소를 사용해 두 VPC 간 트래픽을 라우팅할 수 있도록 해주는 두 VPC 사이의 네트워크 연결)을 사용하면 클라이언트를 AWS의 다른 VPC에 연결할 수 있다.

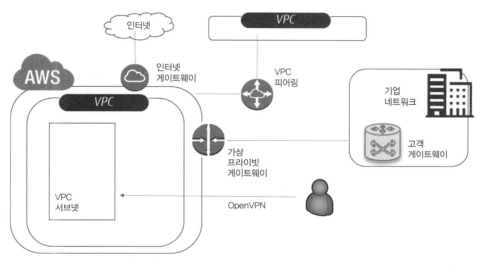

그림 3.7 AWS 클라이언트 VPN 구조

 고객 VPN 설정과 사용 관련 자세한 내용은 https://docs.aws.amazon.com/vpn/latest/clientvpn-admin/what-is.html에 게시돼 있다.

GCP에서 연결하기

마지막으로 Google Cloud VPN을 알아보자. AWS, 애저와 마찬가지로 GCP는 IPsec을 사용해 외부 환경을 GCP로 연결해준다. 연결을 위해 두 개의 게이트웨이가 배포된다. 하나는 트래픽을 암호화하고 다른 하나는 트래픽을 복호화한다. Google은 고가용성HA과 클래식 VPN 두 가지 유형의 클라우드 VPN을 제공한다. HA VPN을 사용해 온프레미스 네트워크를 단일 지역의 GCP의 VPC에 연결할 수 있다. 설정은 AWS, 애저와 일부 다른 부분이 있다.

GCP는 HA VPN 게이트웨이용 두 개의 퍼블릭 IP 주소를 자동으로 선택한다. 게이트웨이는 두 개의 인터페이스를 가지며 각각의 인터페이스에 대해 HA 지원에만 사용되는 주소 풀^{Pool} 안에 있는 고정 IP 주소 하나를 받는다. HA VPN 게이트웨이에 여러 터널을 연결할 수 있다. 당연히 HA VPN 게이트웨이와 연결하는 VPN 게이트웨이(네트워크 장치)도 온프레미스에 있어야 한다. 그림 3.8은 VPN이 HA Cloud VPN 게이트웨이를 사용해 기업 네트워크를 GCP 프로젝트에 연결하는 방법을 보여준다.

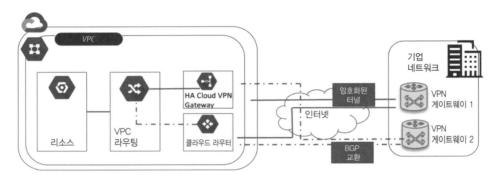

그림 3.8 Google 클라우드의 HA VPN 구성

HA VPN은 두 개의 인터페이스를 사용하지만 클래식 VPN 게이트웨이는 단일 외부 IP를 갖는 인터페이스 하나만 사용한다. 클래식 VPN을 사용하면 GCP 환경에서 전달 규칙 forwarding rule을 지정해야 하지만 HA VPN은 기본적으로 이것을 처리할 수 있다는 것이 두 설정의 차이점이다. 그림 3.9는 GCP 환경에서 트래픽을 보내는 데 필요한 라우팅 테이블을 포함한 기본 VPN 구성을 보여준다.

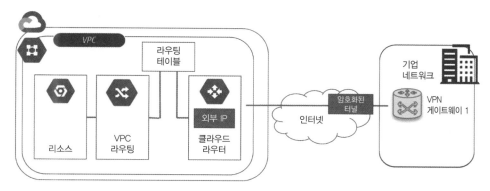

그림 3.9 Google 클라우드의 클래식 VPN 게이트웨이 구성

 Google Cloud VPN 솔루션 관련 자세한 내용은 https://cloud.google.com/vpn/docs/concepts/overview에 게시돼 있다.

지금까지 주요 클라우드 플랫폼인 애저, AWS, GCP가 제공하는 VPN 기술을 알아봤다. VPN은 인터넷을 매개체로 사용하며 기업은 가끔 자신의 플랫폼에 더 안정적이고 직접적인 연결을 원할 수도 있다. VPN은 비용적인 이점이 있지만 속도와 성능 면에서 아쉬운 점도 있다. 따라서 직접 연결이 더 나은 선택이 될 수 있다. 다음 절에서 다양한 플랫폼의 직접 연결 방법을 살펴본다.

직접 연결 개념 이해하기

VPN 터널은 인터넷을 매개체로 사용한다. 기업은 아무리 보호되고 암호화된 터널을 사용하더라도 자신의 트래픽이 인터넷을 통해 전송되는 것을 꺼리는 경우가 많다. 더 안정적이고 예측 가능하고 안전한 솔루션은 온프레미스의 라우터, 방화벽과 비즈니스의 클라우드 플랫폼 사이를 직접 연결하는 것이다. 직접 연결은 온프레미스 네트워크 장치에서 직접 라우팅되는 게이트웨이 장치로 한 번에 연결하는 케이블과 관련 있다. 앞선 클라우드 공급자는 모두 직접 연결 솔루션을 제공한다. Equinix, Interxion 등의 콜로케이션 colocation을 사용해 서로 다른 클라우드가 상호 연결할 수도 있다. 다음 절에서 직접 연결 솔루션을 다룬다.

애저 ExpressRoute

애저는 직접 연결 기술로 ExpressRoute를 제공한다. ExpressRoute에는 클라우드 exchange 콜로케이션, P2P 이더넷, Any-to-Any IPVPN 세 가지 유형이 있다. Express Route는 퍼블릭 인터넷을 트래픽 매개체로 사용하지 않으므로 IPVPN은 이상하게 들릴 수 있다.

Point-to-point Ethernet

P2P 이더넷 연결은 2계층에서 연결을 지원한다. OSI 모델에서 2계층은 데이터링크 계층 이고 3계층은 네트워크 계층이다. 3계층은 라우팅을 제공하며 정적, 동적 IP 라우팅을 수 행하는 반면 2계층은 스위칭만 수행한다. 3계층은 일반적으로 intra-VLAN 개념(서로 다른 VLAN을 라우팅해 통신할 수 있게 한다)이 포함돼 동작한다. 간단히 말해 3계층은 IP 주소를 사용하고 IP 주소 기반으로 트래픽을 라우팅할 수 있고 2계층은 IP 주소를 활용하지 못한 다. P2P 이더넷 ExpressRoute 연결은 3계층에서의 수행을 권장하고 실제 사례에서도 대 부분 3계층에서 일어난다.

Any-to-Any IPVPN

이러한 연결을 사용해 ExpressRoute는 회사의 광역 네트워크WAN를 애저와 통합해 온프 레미스 환경을 애저의 가상 데이터센터로 확장해 가상 데이터센터를 지점으로 활용하는 하나의 환경을 구성한다. 대부분의 회사는 통신사의 MPLS를 사용해 네트워크 연결을 만 든다. ExpressRoute는 3계층에서 이러한 네트워크를 애저에 연결한다.

애저 클라우드 exchange 콜로케이션

대부분의 기업은 애저 클라우드 교차 콜로케이션을 선호한다. 콜로케이션에 클라우드 exchange가 있는 경우 exchange의 연결을 사용할 수 있다. 일반적으로 이러한 연결은 3계층에서 동작한다. 호스팅된 환경은 종종 Meet-Me Room[MMR](회선 사업자와 회선 사용을 원하는 엔드 유저[End User]가 접하는 공간), 랙에서 exchange에 연결하거나 그 반대로 연결하고 애저로의 연결이 설정된다.

ExpressRoute를 사용하면 고객이 두 개의 10Gbps 또는 100Gbps 포트를 사용해 Microsoft 네트워크에 직접 연결할 수 있다. 대역폭은 50Mbps부터 최대 10Gbps까지 사용할 수 있다. 마지막으로 언급할 방식은 회로, 피어링으로 ExpressRoute를 설정하는 것이다. 회로는 온프레미스 환경과 애저, Office 365 등 Microsoft의 클라우드 서비스 간 논리적 연결을 의미한다. 연결은 연결 공급자를 통해 파트너 엣지 영역[partner edge zone]을 거쳐 활성화된다. 피어링은 Microsoft 피어링과 프라이빗 피어링 두 가지가 있다. Office 365, Dynamics 365 등 Microsoft 클라우드 서비스를 사용하는 경우 Microsoft 피어링이 필요하다. 애저 클라우드 플랫폼에 연결하기 위해서는 프라이빗 피어링을 사용해야 한다. 그림 3.10은 Microsoft 피어링과 애저 프라이빗 피어링의 차이를 보여준다.

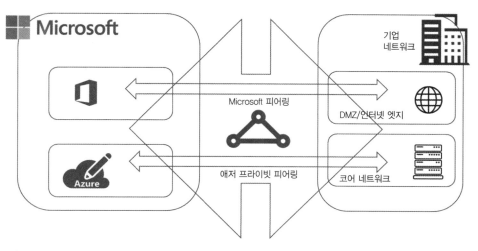

그림 3.10 Microsoft ExpressRoute의 개념

그럼 비즈니스는 도대체 무엇이 필요한가? 이는 사용 계획에 따라 다르다. 애저는 Office 365 등 SaaS 제품의 기본 플랫폼이 되기도 한다. ExpressRoute 사용 규모를 설정할 때 직원 수가 많은 기업에서 Office 365를 사용하는 경우 계획을 충분하게 고려해야 한다.

 자세한 ExpressRoute 관련 내용은 https://docs.microsoft.com/en-us/azure/expressroute/에 게시돼 있다.

AWS Direct Connect

AWS Direct Connect는 온프레미스에서 AWS로 직접 연결하는 기술이다. AWS Direct Connect는 라우터, 방화벽을 AWS 구역의 Direct Connect 서비스에 연결한다. 이러한 연결은 자신의 라우터와 연결 대상 라우터 사이에서 이뤄지고 Direct Connect 종점에 직접 연결된다. 종점은 AWS VPC의 VPG 또는 AWS 서비스에 연결된다. VPG로의 연결은 Microsoft 피어링을 사용하는 AWS 서비스로의 연결인 애저 프라이빗 피어링과 비교할 수도 있지만 기술적 차이가 있다. 이러한 피어링은 AWS 용어로 가상 인터페이스라고 한다. 요약하면 Direct Connect에는 두 가지 구성 요소가 있다.

- 온프레미스에서 Direct Connect 서비스로의 연결 그 자체
- AWS 서비스에 접근하기 위한 가상 인터페이스, AWS의 VPC로 접근하기 위한 가상 인터페이스, S2 또는 Glacier 스토리지 등 AWS 서비스에 접근하기 위한 가상 인터페이스

그림 3.11은 AWS Direct Connect의 기본 구성을 보여준다.

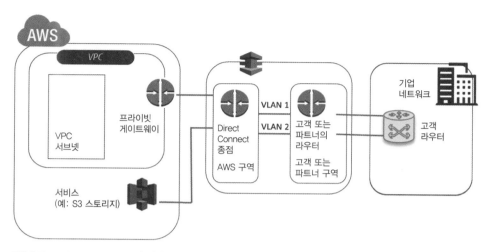

그림 3.11 AWS Direct Connect의 개념

Direct Connect는 고객이 AWS Direct Connect 파트너의 1Gbps/10Gbps 포트를 사용해 50/100/200/300/400/500Mbps의 속도로 연결할 수 있도록 한다. AWS Direct Connect 파트너 목록은 https://aws.amazon.com/directconnect/partners/에서 확인할 수 있다.

> 자세한 AWS Direct Connect 관련 내용은 https://docs.aws.amazon.com/directconnect/
> latest/UserGuide/Welcom.html#overview-components에서 확인할 수 있다.

Google 전용 연결

Google은 전용 연결Dedicated Interconnect을 제공한다. 개념은 AWS Direct Connect와 같다. 온프레미스 네트워크의 라우터와 Google 피어링 엣지 사이의 직접 연결이 생성된다. 이러한 연결은 콜로케이션 시설 안의 Google 피어링 영역에서 설정된다. 여기서부터 연결이 GCP 환경의 클라우드 라우터로 확장된다. 전용 연결은 단일 10G/100G 연결 또는 클라우드 라우터에 연결되는 연결 묶음을 제공한다. 서로 다른 위치 또는 장치에서 Google 로 여러 가지 연결을 하기 위해서는 별도 연결이 필요하다. 전용 연결은 그림 3.12에서 볼 수 있듯이 AWS Direct Connect와 매우 비슷하다.

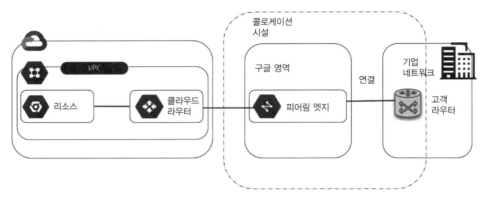

그림 3.12 Google 전용 연결의 개념

 자세한 Google 전용 연결 관련 내용은 https://cloud.google.com/interconnect/docs/concepts/dedicated-overview와 https://cloud.google.com/network-connectivity/docs/interconnect/concepts/overview에서 확인할 수 있다.

통신사, 통신중개사를 거치는 전용 연결 관리

많은 통신사는 AWS, 애저, GCP의 전용 연결을 지원한다. 대부분 기업은 이미 MPLS 또는 이더넷을 사용해 WAN 연결을 하고 있으므로 전용 연결을 선호한다. 통신사와 네트워크 공급자는 고객을 클라우드 공급업체의 피어링 구역에 연결할 수 있는 MMR 영역을 갖고 있다. 이를 클라우드 호텔이라고도 하지만 기본적으로 고객의 MPLS·이더넷 연결을 ExpressRoute, Direct Connect, 전용 연결에 연결할 수 있는 데이터센터 안의 구역이다.

이러한 솔루션은 많은 장점이 있다. 먼저 이러한 연결은 통신사에서 완전히 관리하므로 연결을 직접 설정하며 관리할 걱정이 별로 없다. 또한 통신사의 묶음 연결이므로 일반적으로 원하는 대역폭에서 세분화된 솔루션을 제공할 수 있다. 마지막으로 멀티 클라우드 기업은 하나의 연결 공급자가 지원하는 여러 클라우드 플랫폼으로의 여러 다중 연결을 설정할 수 있다. 기업은 데이터센터에 클라우드 공급자의 피어링·파트너 엣지 구역을 가지므로 가능하면 전용 연결을 사용해야 한다.

주요 호스팅 시설, 데이터센터 공급자, 콜로케이터colocator는 Equinix, Digital Realty, NTT 등의 클라우드 exchange를 지원한다. 이러한 회사는 인터넷을 통한 백본 연결을 포함한 연결 exchange, 데이터센터 관점에서 전 세계적인 커버리지coverage를 갖는다.

소프트웨어 정의 네트워킹

자동차 운전을 생각해보자. A에서 B로 가기 위한 도로를 만들었다. 도로 레이아웃(배치)은 국가마다 다를 수 있지만 도로의 기본 구조는 일반적으로 전 세계가 동일하다. 먼저 땅을 고르게 하고 자갈, 콘크리트 판, 타맥tarmac(아스팔트 포장재) 등을 위에 추가한다. 동일한 재료로 도로를 만든다면 더 잘 동작한다. 이러한 도로에서는 재료가 끊임 없이 변하는 도로에서보다 차가 부드럽게 움직일 것이다. 이러한 예는 네트워크에도 적용된다. 네트워크는 우리가 워크로드로 움직이는 길이다. 네트워크 토폴로지가 동일할 때 데이터와 워크로드가 더 쉽게 이동한다(장애물이 많지 않을수록 좋지만 보안과 관련 있을 수 있다). 이것이 바로 아키텍처다.

도로 비유에서 소프트웨어 정의 네트워킹을 일종의 마법 타맥으로 생각할 수 있다. 물리 네트워크 장치 위에 호모지니어스(동종) 네트워크를 만들어 물리 네트워크 토폴로지 변경 없이 서로 다른 플랫폼에서도 서로 다른 환경을 연결할 수 있다. 이것은 쉽게 들릴 수 있지만 실제로는 더 까다롭다. 충족시켜야 할 전제 조건이 많기 때문이다. 서버 사용과 스토리지 장치 사용을 가상화할 수 있다면 네트워크도 가상화할 수 있어야 한다는 개념에서 출발한다. 즉 네트워크는 하나의 물리 네트워크뿐만 아니라 여러 가지 다른 환경을 연결하는 다수의 네트워크를 의미할 수 있다.

Cisco ACI, HPE Aruba, Big Switch 등 많은 소프트웨어 정의 네트워킹^{SDN} 솔루션이 있지만 여기서는 SDN 및 소프트웨어 정의 데이터센터에서의 선도 기술인 VMware NSX를 다룬다. VMware NSX는 가상 네트워킹과 보안으로 구성된다. VMware NSX는 네트워크 하이퍼바이저로 동작하므로 실제 네트워크와 방화벽 등의 보안 장치에서 네트워크 로직(논리)을 추상화한다. 이로써 NSX는 미세 세분화를 가능케 하는 동시에 네트워크 계층을 활용해 다른 플랫폼으로도 확장이 가능하다. NSX는 VMware on AWS 기반 기술 중 하나다. 기업은 AWS에서 VPC를 만들고 NSX를 사용해 온프레미스 VMware 환경과 원활하게 연결해 온프레미스 네트워크와 보안 파라미터^{parameter}를 퍼블릭 클라우드로 확장할 수 있다.

> 이 책을 쓰는 시점에서 GCP, 애저도 VMC 프로젝트에 참여했다. 자세한 내용은 https://cloud.google.com/vmware, https://azure.microsoft.com/en-us/services/azure-vmware/에서 확인할 수 있다.

온프레미스와 AWS가 하나의 데이터센터를 이룬다. VMware의 말대로 VMware NSX Cloud는 단일 창^{Single pane of glass}에서 퍼블릭 클라우드에서의 클라우드 네이티브 워크로드, 온프레미스 워크로드를 보호하고 관리하는 공통적이고 일관된 솔루션을 제공한다. 다시 말해 NSX를 사용하면 기업이 항상 하나의 화면으로 AWS를 사용한 시스템과 온프레미스 환경을 관리할 수 있다는 것이다.

내부적으로는 AWS 글로벌 인프라 위에서 온프레미스 시스템과 AWS의 VPC 사이에 내장된 암호화된 IPSEC VPN을 사용해 동작한다. 그림 3.13은 VMware 기술을 사용해 온프레미스 데이터센터를 AWS로 확장하는 VMware on AWS의 고급 아키텍처를 보여준다.

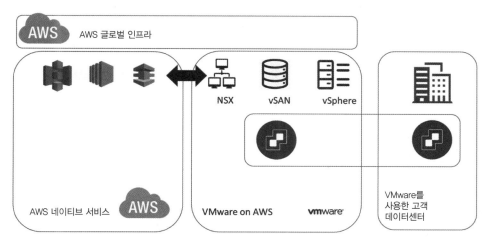

그림 3.13 VMware on AWS의 개념

지금까지 주요 플랫폼이 자신의 플랫폼에 연결할 수 있도록 제공하는 다양한 방법을 알아 봤다. 이러한 전용 연결은 VPN 터널링보다 신뢰할 수 있고 안정적인 솔루션이다. 다음 절 에서는 연결 솔루션을 구성할 때 고려해야 할 다양한 요소를 다룬다.

▌ 멀티 클라우드 관련 네트워크 토폴로지 설계하기

네트워크 토폴로지를 설계하기 전에 연결 관점에서 비즈니스에 필요한 것이 무엇인지부 터 알아야 한다. 그리고 VPN을 설계, 구현하거나 직접 연결을 구성할 때 고려해야 할 몇 가지 사항이 있다.

첫째, 현재 상황 파악이다. 회사는 네트워크를 이미 보유하고 있다. 이러한 네트워크가 어 떻게 구성돼 있는지 파악해야 한다. 사용자가 시스템에 어떻게 연결하는지, 인터넷에 어 떻게 접근하는지, 시스템이 트래픽을 어떻게 라우팅하는지, 시스템이 네트워크 관점에서 어떻게 보호되는지, 방화벽, 프록시, 리버스 프록시^{Reverse Proxy}는 어느 위치에 있는지를 퍼 블릭 클라우드 연결을 설계하기 전에 먼저 알아야 한다.

네트워크 설계를 위한 전제 조건

대부분의 회사는 통신사의 네트워크 서비스를 사용한다. 퍼블릭 클라우드 연결의 제공, 관리 측면에서 통신사가 어떠한 네트워크 기술을 지원하는지 먼저 파악해야 한다(예: 통신사가 데이터센터의 피어링 영역에서 직접 연결을 지원하는가?). 네트워크 구성을 설계할 때는 여러 부분을 고려해야 한다.

비용

2장에서 다뤘듯이 비용은 장비 구매에만 소비하는 것이 아니다. 100% 클라우드 기반 구성이 아니라면 연결 설정을 위해 온프레미스에 라우터와 방화벽이 필요하다. 이것은 CAPEX 비용이고 CAPEX는 일반적으로 고정된 기간 또는 없어지기 전까지 가치가 떨어지는 투자를 의미한다. 가상 라우터, 가상 방화벽 등 클라우드 안의 가상 장비에도 비용이 들어간다. 클라우드의 다른 구성 요소와 마찬가지로 사용한 만큼만 비용을 낼 수 있고 기업은 사용하는 서비스에 대해 월별 요금을 지불한다. 이 비용은 OPEX다. 또한 대역폭 사용에 대한 비용이 있다. 마지막으로 완전히 관리되는 서비스를 사용하지 않는 이상 솔루션을 구현하고 관리하는 엔지니어가 필요하며 그에 대한 비용이 든다.

비용 계산은 복잡할 수 있다. 퍼블릭 클라우드 공급자가 클라우드 플랫폼으로 들어오고 나가는 트래픽 자체 비용을 계산하는 것을 잊는 경우가 많다. 이러한 트래픽은 Gb 기준으로 매우 적은 양이지만 빠르게 증가할 수 있고 이러한 경우 인바운드, 아웃바운드 데이터 트래픽 비용이 많이 증가할 수 있다는 것을 알아야 한다. ExpressRoute, Direct Connect, 전용 연결은 아웃바운드 트래픽 요금만 청구한다. 그림 3.14 같이 애저 VPN Gateway를 구매한다고 가정해보자.

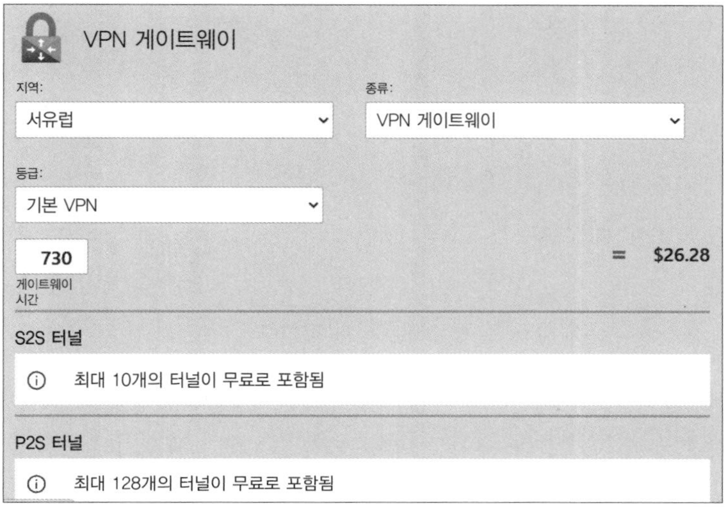

그림 3.14 애저 비용 관점에서 VPN Gateway 주문하기

여기서는 한 달 내내 연결이 필요하다고 가정하고 기본 VPN을 730시간 동안 사용하는 설정으로 주문했다. 10개를 초과한 S2S 터널 또는 128개를 초과한 P2S 터널을 구성하지 않으면 추가 비용은 들지 않는다. 이러한 경우 애저는 게이트웨이 비용인 월 26달러 28센트만 청구한다. 하지만 이게 끝이 아니다. 대역폭을 계산해야 한다. 최대 5Gb를 무료로 제공하지만 추가로 사용하려면 Gb당 0.09센트를 내야 한다. 이것은 간단한 예이지만 비용과 관련해 여러 가지를 고려해야 한다는 것을 알 수 있다. 이 연결에는 VPN 게이트웨이와 대역폭만 있지만 그게 전부다. 연결을 관리하고 보호하기 위해서는 다음 단계로 넘어간다.

보안

권한이 없는 사람이 클라우드 환경에 접근하지 못 하도록 연결을 보호해야 하는 것은 당연하다. VPN 서비스와 직접 연결 등의 연결은 IKE, IPsec, TLS로 암호화가 가능하다. 먼저 서비스가 기본으로 암호화돼 있는지 확인하라. Google Interconnect는 기본 암호화를 제공하지만 AWS Direct Connect는 그렇지 않다. 암호화 기능을 추가해야 한다. 그런 다음 설정을 확인해야 한다. 이러한 확인을 위해 암호화, 프로토콜에 대한 이해가 필요하다. 여기서 암호화는 전송 중인 데이터뿐만 아니라 저장 중인 데이터에도 적용된다.

그런 다음 연결이 정확하게 어디서 종료되는지를 고려해야 한다. 사용자는 실제 워크로드(애플리케이션)가 있는 동일한 영역에서 연결이 종료되는 것을 바라지 않으므로 네트워크 종점이 있는 클라우드 환경에 별도의 세그먼트segment(부분)를 두는 것이 좋다. 이 세그먼트는 수신, 발신 트래픽을 보호하고 가상 데이터센터 또는 VPC 안의 다른 세그먼트로 내부적으로 라우팅하기 위해 보호될 수 있다. 이러한 개념은 허브라고 표현되기도 한다.

클라우드 허브는 모든 연결이 만나고 트래픽을 올바른 방향으로 보내는 트래픽 제어 센터라고 생각할 수 있다. 여기서 올바른 방향은 지정된 주소 트래픽이 이동해야 하는 위치와 이동이 허용되는 위치다. 허브가 복잡하게 보일 수 있다. 기업은 각 연결에서 트래픽 규칙, 프로토콜, 정책, IP 계획, 방화벽 포트를 구체화하고 관리할 수 있어야 한다. 비즈니스가 하나의 플랫폼 안의 자신의 테넌트에 있다면 이것을 고려하지 않아도 될 수 있지만 많은 PaaS/SaaS 서비스가 테넌트 외부에서 연결돼 있으므로 적당한 방법으로 연결을 구성해야 한다.

기업은 클라우드에서 사용하는 퍼블릭 서비스 보안을 신경써야 한다. PaaS/SaaS는 퍼블릭 IP 사용이 필요할 수 있고 기업은 일반적으로 자신의 테넌트에서 퍼블릭 IP 사용을 허용하지 않는다. NAT^{Network Address Translation}로 이러한 문제를 해결할 수 있지만 NAT를 사용하면 다른 어려움이 발생한다. 클라우드 공급자는 이러한 문제를 고민하고 더 정교한 솔루션을 제공한다.

AWS는 이미 PrivateLink를 제공하고 있다. AWS PrivateLink는 아마존 네트워크에서 VPC, AWS 서비스, 온프레미스 애플리케이션 간의 안전한 프라이빗 연결을 제공한다. Microsoft는 2019년 말부터 애저용 Private Link를 제공한다. Private Link는 애저의 가상 환경과 Microsoft 또는 Microsoft 파트너의 PaaS 서비스 간의 프라이빗 연결을 제공한다. PaaS 서비스는 개인 링크를 사용해 퍼블릭 인터넷에 데이터를 노출하지 않는다.

Private Link는 프라이빗 종점을 사용하므로 NAT가 존재하는 게이트웨이(퍼블릭 주소를 프라이빗 주소로 변환)가 필요 없다.

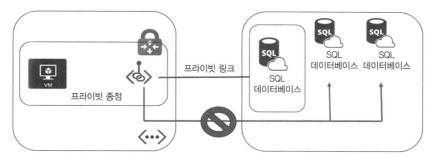

그림 3.15 애저 Private Link의 개념

인터넷 접근

인터넷 접근과 관련 있는 두 가지 선택지가 있다.

- **퍼블릭 클라우드로부터의 인터넷 브레이크아웃**breakout: 퍼블릭 클라우드를 거쳐 인터넷에 접근한다. 퍼블릭 클라우드 환경은 인터넷에 연결된다. 고수준의 보안 관리가 필요하다.
- **온프레미스 네트워크 또는 연결 공급자로부터의 인터넷 브레이크아웃**: 사용자가 클라우드가 아닌 회사 네트워크에서 인터넷에 접근한다. 클라우드 환경으로의 트래픽은 안전한 VPN 또는 직접 연결로만 허용된다.

여러 위치에 있는 규모가 큰 기업은 모든 위치에 있는 사용자가 가까운 인터넷으로 접근하도록 해 로컬 인터넷 브레이크아웃을 실행할 수 있다. 로컬 브레이크아웃은 WAN을 지나가는 트래픽 양을 감소시키기 위해 사용된다. SaaS 및 기타 클라우드 서비스의 사용이 빠른 속도로 증가하는 동시에 WAN, 인터넷을 거쳐 클라우드 서비스로 향하는 트래픽도 빠르게 증가할 것으로 예상된다. 따라서 로컬 인터넷 브레이크아웃은 기업에게 트래픽을 분산하기 위한 훌륭한 솔루션이다. 클라우드 안에서 움직이는 트래픽도 라우팅, 로드 밸런싱이 필요하다.

클라우드 공급자는 트래픽을 제어하고 로드 밸런싱하기 위한 기술과 백본이 있으며 DNS를 기반으로 대상 목적지에 트래픽이 제대로 도착했는지 확인한다. 이를 위해 애저는 Traffic Manager, AWS는 Route 53, GCP는 Cloud DNS를 제공한다.

서비스 수준 및 지원

AWS, 애저, Google 등의 퍼블릭 클라우드는 자신의 플랫폼 안 서비스에 대해 높은 서비스 수준을 제공한다. 하지만 이러한 고수준 서비스는 환경으로의 전용 연결이 있는 경우에만 보장될 수 있다. 인터넷을 매개체로 사용하는 VPN은 전용 연결보다 불안정하다. 하지만 이러한 연결은 설정하고 관리하기가 어려울 수 있다. 특히 연결 보안성을 고려하면 더 어렵다. 이를 해결하기 위해서는 적합한 기술을 갖는 네트워크 엔지니어가 필요하다. 기업은 어느 정도 수준의 기술 지원이 필요한지 파악해야 한다. 많은 경우 네트워크 공급자 또는 통신사가 제공하는 완전 관리 서비스를 사용하는 것이 좋다.

▌ 멀티 클라우드의 네트워크 프로토콜

3장에서 많은 용어와 약어를 다뤘다. 네트워크 엔지니어가 아니라면 약어가 익숙하지 않겠지만 BGP, ASN, TLS는 연결 동작 방법을 이해하는 데 중요한 용어다. 모든 퍼블릭 클라우드는 인터넷 기반이므로 인터넷이 없었다면 클라우드도 없었을 것이다. 따라서 IP, HTTP, HTTPS 프로토콜은 매우 중요하다. 클라우드 연결 관점에서 보면 고려해야 할 것이 더 많이 있다. 결과적으로 사용자는 안전하고 원하는 방향으로 연결이 설정되길 원한다. 또한 대상 리소스 간 통신을 설정하기 위해서는 연결을 활성화해야 한다. 올바로 통신하기 위해 이러한 과정이 필요하다. 클라우드 컴퓨팅은 네트워크 연결을 통해 인터넷에 호스팅된다. 이를 위해 필요하고 중요한 프로토콜은 다음과 같다.

- IP: 기본 인터넷 프로토콜
- HTTP/HTTPS: HTTP^{Hyper Text Transfer Protocol}는 80/8080 포트로 통신한다. HTTPS^{Hyper Text Transfer Protocol Secure}는 443 포트로 통신한다. 대부분의 API^{Application Programming Interface}는 HTTPS로 통신한다. 이러한 포트는 퍼블릭 클라우드에서 가장 일반적으로 사용된다.
- TCP/UDP: TCP^{Transmission Control Protocol}, UDP^{User Datagram Protocol}
- SMTP: SMTP^{Simple Mail Transfer Protocol}는 서버 간의 메일 통신에 사용되며 25포트로 통신한다.
- BGP: 주요 모든 클라우드 공급자가 사용한다. 클라우드 플랫폼 및 서비스 등 인터넷의 ASes^{Autonomous Systems} 사이에서 라우팅과 reachability information[1]을 교환하는 데 사용한다. BGP는 179포트로 통신한다.

그중 IP를 알아보자. IP는 IPv4, IPv6 두 가지가 있다. IPv6는 IPv4의 IP 주소 수가 제한되고 부족했기 때문에 필요했지만 NAT의 채택과 주요 기업이 사용하지 않는 IP 범위를 반납해 현재는 IP 주소 수 부족이 당장은 실질적인 문제가 되지 않는다. 하지만 현재와 미래에 수많은 IOT^{Internet of Things} 장치를 사용한다면 IPv6 사용이 다시 유용해질 것이다. Ipv6는 구조가 전혀 달라 더 복잡하다. IPv4 주소는 32비트 레이아웃으로 구성되며 Ipv6는 128비트 주소다.

IPv4 주소의 예로 196.128.X.X가 있다. 이것을 IPv6로 변환하면 0:0:0:0:0:ffff:c480:101이다. IPv4를 IPv6로 변환하는 것은 매우 복잡하다. 따라서 모든 클라우드 플랫폼은 IPv6를 지원하지만 모든 서비스에서 지원하진 않는다. 예를 들어 AWS에서는 기본 이외의 VPC를 생성하고 IPv4에서 사용하는 클래스를 기반으로 하는 기존 시스템을 대체하는 IP 주소 지정 방식인 CIDR^{Classless Inter-Domain Routing} 블록 관련 요청을 해야 한다. 퍼블릭 클라우드에서 IPv6를 사용하기 위해서는 다른 서비스에서 IPv6를 지원하는지 함께 확인해야

---

1 BGP 프로토콜에서 Prefix 및 그 길이로 목적지 네트워크를 표현한 정보다.

한다. 이번 절을 모두 마쳤을 때 클라우드 기술에서 사용하는 가장 중요한 네트워크와 통신 프로토콜의 기본을 이해해야 한다.

▌ 요약

3장에서는 퍼블릭 클라우드로의 연결에 관한 다양한 개념을 설명했다. 연결이 없으면 아무 것도 동작하지 않고 아무 것도 닿을 수 없다. VPN과 애저, AWS, GCP의 직접 연결의 주요 차이점을 학습했다. 중요한 것은 VPN 연결이 낮은 대역폭에서는 괜찮을 수 있지만 기업은 일반적으로 높은 대역폭이 필요하므로 직접 연결 솔루션으로의 전환을 고민해야 한다는 것이다. 비즈니스를 위한 연결 전략을 수립하기 위해서는 비용, 인터넷 접근, 보안, 서비스 수준 등을 고려해야 한다.

SDN 개념을 다뤘으며 VMware NSX를 사용해 온프레미스 네트워크를 퍼블릭 클라우드로 확장할 수 있다는 것도 알게 됐다. 연결은 가장 중요한 개념이므로 네트워크가 연결을 설정하고 트래픽을 활성화하는 데 사용하는 여러 프로토콜을 알아야 하며 클라우드 구성 요소가 실제로 적절하게 통신하는지 확인해야 한다. 마지막으로 IPv4와 IPv6의 차이, IPv6를 사용할 때의 지원 수준도 알아봤다. 이제 연결됐으니 멀티 클라우드에 배포할 서비스의 종류를 들여다볼 수 있다. 하지만 실제로 배포하기 전에 비즈니스에 제공할 서비스 카탈로그를 작성하고 디자인을 설계해야 한다. 이것이 4장의 주제다.

▌ 질문

1. 3장에서는 다양한 VPN 솔루션을 학습했다. 일반적으로 지정된 퍼블릭 클라우드에서 VPN을 종료하는 데 사용하는 기술 솔루션은 무엇인가?

2. 애저의 직접 연결 솔루션은 무엇인가?

3. SDN은 점점 더 많은 기업이 사용할 솔루션이다. SDN을 선도하는 기술은 무엇인가?

4. 퍼블릭 클라우드의 주요 문제는 퍼블릭 IP 주소로 퍼블릭 서비스를 사용하는 것이다. 회사는 퍼블릭 서비스를 사용하길 원하지만 퍼블릭 IP의 사용은 피하고 싶어한다. 이것을 가능케 하는 기술은 무엇인가?

멀티 클라우드를 위한
서비스 설계하기

모든 클라우드 공급자는 기업이 거버넌스 구현 및 서비스 배포를 하면서 클라우드에서 서비스 수준과 핵심 성과 지표KPI, Key Performance Indicators를 제어할 수 있는 클라우드 채택 프레임워크cloud adoption framework를 제공한다. 멀티 클라우드 환경에서 기업은 여러 공급자가 제공하는 서로 다른 클라우드 구성 요소의 거버넌스를 구현하는 방법을 생각해야 하지만 단일 환경으로도 관리할 수 있다.

4장에서는 ID부터 시작해 통합 서비스 설계와 거버넌스 모델의 기본 요소를 다룬다. 클라우드의 전부는 ID(신분)다. 사용자, VM, 코드 조각 여러 가지 생각이 필요하다. 멀티 클라우드 거버넌스의 여러 가지 요소를 알아보고 클라우드 채택의 다양한 단계를 살펴본다. 클라우드에서 ID가 얼마나 중요한 개념인지와 다중 클라우드 환경을 위한 서비스와 거버넌스를 설계하는 방법도 설명한다.

4장에서는 다음 주제를 다룬다.

- 멀티 클라우드 환경을 위한 스캐폴드scaffold(비계: 높은 곳에서 공사할 수 있도록 설치한 임시 가설물) 소개
- 클라우드 채택 단계
- 비즈니스 KPI를 클라우드 SLA로 변환
- 클라우드 채택 프레임워크를 사용해 여러 클라우드 공급자를 조율
- 클라우드에서의 ID와 역할 이해
- 서비스 설계와 거버넌스 모델 생성

▌ 멀티 클라우드 환경을 위한 스캐폴드 소개하기

많은 기업이 아무 계획 없이 비즈니스에 클라우드를 사용하려고 한다는 사실을 알게 된다면 놀랄 것이다. 계획 없이 시작하면 매우 어려운 일이다. 먼저 가입하고 리소스 배포를 시작한다. 작은 환경에서는 잘 동작할 수 있어도 얼마 지나지 않아 힘들어지는 것을 확인할수 있다. 단지 건물, 이더넷 케이블, 서버 랙을 갖고 데이터센터 구축을 시작할 수는 없다. 아무 계획도 없이 퍼블릭 클라우드에서 구축을 시작한다면 많은 어려움이 생길 것이다.

1장, '멀티 클라우드 소개하기'에서 알아봤듯이 비즈니스에는 명확한 비용 개요, 클라우드에서 누가 무엇을 언제 왜 하는지에 대한 구분이 필요하며 기존 데이터센터에서 기업이보호하는 것과 같이 데이터와 자산의 보안이 필요하다. 보안은 가장 중요한 요소다. 데이터센터를 구축하는 것은 이 책에서 중요하다. 퍼블릭 클라우드를 사용해 구축하고 있지만이는 데이터센터다. 데이터센터로 여겨라.

이것을 주요 모든 클라우드 공급업체도 알기 때문에 클라우드 채택 프레임워크를 내놨다. 클라우드 채택 프레임워크는 비즈니스가 계획을 수립하는 데 도움이 되고 클라우드 배포를 제어하는 데도 도움이 된다. 이러한 여러 클라우드 채택 프레임워크는 특정 부분에서

다르지만 많은 공통점이 있다. 이번 절의 제목에 포함돼 있는 용어인 스캐폴드를 알아보자. 스캐폴드의 정확한 뜻은 건물의 건설, 유지를 지원하는 구조로 IT에서 스캐폴드는 애저에 배포된 환경의 빌드, 관리를 지원하기 위해 Microsoft에서 채택했다. 클라우드는 임시 구조는 아니지만 의미상 적절한 용어. 스캐폴드는 클라우드 랜딩 존에서 환경을 구축하고 관리하기 위한 토대로 사용되는 구조다. 스캐폴드는 여러 가지 요소로 구성되며 다음 절에서 살펴본다.

ID 및 접근 관리

누가 무엇을 언제 왜 할 수 있을까? 이러한 질문은 퍼블릭 클라우드의 핵심이므로 4장 후반부 '클라우드에서의 ID와 역할 이해하기' 절에서 더 자세히 다룬다. 명심해야 할 것은 클라우드의 모든 것이 ID라는 것이다. 사람뿐만 아니라 특정 작업을 수행할 수 있는 리소스, 기능, API, 시스템, 워크로드, 데이터베이스에서도 ID의 개념을 사용할 수 있다. 이러한 모든 리소스는 고유하게 식별돼 사용자 환경에서 인증돼야 한다.

그런 다음 작업을 실행할 수 있는 권한을 부여받아야 하는 ID에 특정 접근 규칙을 설정해야 한다. Active Directory 또는 OpenLDAP 등의 ID 디렉터리 시스템은 ID 공급자 또는 ID 저장소로서 중요하다. 다만 퍼블릭 클라우드 환경에서 이러한 저장소를 사용할 것인지 또는 ID 저장소와 통신하는 환경에서 인증, 권한 부여 메커니즘을 사용할 것인지 판단해야 한다. 앞에서 말한 대로 4장 후반부 '클라우드에서의 ID와 역할 이해하기' 절에서 자세히 알아본다.

보안

과감하게 말해 애저, AWS, GCP 등의 플랫폼은 세계에서 가장 안전한 플랫폼이다. 수많은 기업이 이러한 플랫폼에서 시스템을 호스팅하므로 안전해야만 한다. 하지만 보안은 비즈니스 자체의 책임이다. 클라우드 플랫폼은 환경 보호용 툴을 제공한다. 툴을 사용할지 여부는 비즈니스가 결정해야 한다. 보안은 정책에서 출발한다. 일반적으로 기업은 시스템 보안 관련 권장 사항 또는 의무와 함께 제공되는 특정 프레임워크를 지켜야 한다. 이러한 산업 표준으로는 CIS^{Center for Internet Security} 등의 수평적 보안 기준이 있다. CIS 기준은 범위가 넓고 클라우드 리소스 강화 측면에서 많은 부분과 관련 있다. 기준에는 점수를 매기는 항목과 매기지 않는 항목이 있는데 점수를 매기는 항목이 가장 중요하다. 채점자는 기준을 충족시키지 못하는 항목에 표시한다.

MITRE ATT&CK라는 프레임워크를 더 알아보자. 기준을 만드는 것 자체는 좋지만 실제 공격 방법과 공격에 이용된 취약점을 파악하지 않고 어떻게 보안을 지킬 수 있을까? MITRE ATT&CK는 보안 공격과 알려진 취약점에 관해 실세계의 관찰을 통해 지속적으로 평가되는 지식 베이스^{knowledge base}(지적 활동과 경험을 통해 축적된 전문 지식과 문제 해결에 필요한 사실과 규칙 등이 저장돼 있는 데이터베이스)다. 여기서 핵심은 '실세계^{real-world}'다. 주요 퍼블릭 클라우드(애저, AWS, GCP)뿐만 아니라 이러한 플랫폼 위에서 동작하는 쿠버네티스 등 컨테이너 오케스트레이션에 사용하는 플랫폼에서도 실제 공격을 추적해 막는다.

 MITRE ATT&CK 메트릭스는 https://attack.mitre.org/에서 확인할 수 있다.

클라우드 보안은 다룰 것이 많다. 16장, '데이터 보안 정책 정의하기'에서 클라우드 보안 관련 모범 사례를 알아본다.

비용 관리

퍼블릭 클라우드는 자체 데이터센터에서 실행하는 기존 스택과 같이 비용이 저렴하지 않다. 비즈니스가 파라미터를 전혀 변경하지 않고 기존 워크로드에서 퍼블릭 클라우드로 전환하기로 결정한다면 퍼블릭 클라우드에서 워크로드를 연중무휴 호스팅하는 것이 온프레미스 시스템에 두는 것보다 비용이 더 많이 든다는 것을 알게 될 것이다. 여기 두 가지 설명이 있다.

- 기업은 온프레미스 시스템에서 호스팅하는 워크로드 관련 모든 비용을 완벽하게 계산하지 않는 경우가 많다. 보통 전기, 냉각뿐만 아니라 특히 변화와 관련 있는 노동을 고려하지 않는다.
- 기업은 온프레미스 시스템을 사용하는 것과 같이 퍼블릭 클라우드를 사용하지만 유연성 관점에서 클라우드 기능을 사용하지 않는다. 모든 워크로드가 쉴 새 없이 동작할 필요는 없다. 클라우드 시스템은 기업이 사용하는 실제 리소스만큼만 비용을 지불하는 종량제 모델을 제공한다. CPU, 메모리, 스토리지, 네트워크 대역폭에 모두 적용된다.

비용 관리가 가장 중요하다. 기업은 클라우드에서 비즈니스가 사용하는 모든 것을 완벽하게 통제하고 싶어한다. 이것은 IAM과 깊은 관련이 있다. 작업자가 플랫폼에 대한 전체 접근 권한을 갖고 있고 데이터 레이크 등 규모가 큰 데이터 플랫폼을 위한 대용량 스토리지 환경을 등록한다면 기업은 그 비용을 지불해야 한다. 여기서 두 가지 문제가 발생한다.

- 첫째, 작업자가 해당 작업을 수행할 권한이 있는가?
- 둘째, 기업이 해당 환경 예산을 할당했는가?

작업자가 권한을 갖고 있고 예산을 사용할 수 있다고 가정해보자. 그런 다음 실제 소비량을 파악하고 추적할 수 있어야 하며 필요한 경우 환경을 사용하는 특정 부서에 비용을 청구할 수 있을 것이다. 이러한 이유로 리소스를 식별할 수 있어야 하는 것이다. 여기서 네이밍과 태깅이 필요하다. 모든 리소스를 이름으로 고유하게 식별할 수 있는지 확인해야 한다. 태그는 특정 리소스 관련 정보를 제공하는 데 사용한다. 예를 들어 누군가 리소스를 갖고 있기 때문에 그러한 리소스를 사용하기 위해서는 비용을 지불해야 한다.

12장, '네이밍 규칙 및 자산 태그 지정 기준 정의하기'에서 네이밍과 태깅 지정 기준을 정의하는 방법 관련 모범 사례를 보여준다. 13장, '청구서 검증 및 관리하기'에서는 과금 및 비용 관리를 알아본다.

모니터링

비즈니스는 플랫폼을 시각적으로 확인할 수 있어야 한다. 무엇이 일어나고 무엇이 원인인가? 성능 및 보안 관점에서 환경은 여전히 제대로 동작하는가? 클라우드 공급자는 애저 Monitor, AWS CloudWatch, Google Cloud Monitoring(이전에는 Stackdriver였다), vRealize for VMware 등의 기본 모니터링 플랫폼을 제공한다. 모니터링 에이전트는 데이터(로그)와 메트릭을 수집하고 경고 정책을 사용하고 대시보드를 사용해 시각화할 수 있는 로그 분석 공간에 저장할 수 있다.

기본 툴셋과 제품군의 많은 대안이 있다. Splunk, Datadog이 이에 해당한다. 여기서 일부는 약간 새로울 수 있는 AIOps 도메인에서 동작한다. AIOps는 모니터링 이상의 것을 수행한다. AIOps는 지표와 로그에 대한 지능형 분석을 지원한다. 19장, 'AIOps를 사용해 멀티 클라우드 환경 최적화하기'에서 AIOps를 다룬다. AIOps는 멀티 클라우드 환경에서 입지가 점점 올라갈 것이다.

자동화

IT에서 비용이 가장 많이 드는 부분은 노동이다. 이것이 많은 기업이 IT를 아웃소싱할 때 오프쇼어링off-shoring(아웃소싱의 한 형태로 기업이 경비 절감을 위해 생산, 용역, 일자리를 해외로 내보내는 현상)을 시작하는 원인이 됐지만 IT는 기업의 핵심 비즈니스가 됐다. 최근 은행은 IT 회사가 됐다. 1990년대 후반과 2000년대 초 IT를 완전히 아웃소싱했지만 지금은 IT 기능을 내부로 옮겼다. 하지만 비용절감 시도는 계속되고 있다. 코드형 인프라, 코드형 구성, 코드를 저장하는 저장소, 데브옵스 파이프라인을 사용해 완전히 자동화된 코드 배포 등의 개념으로 기업은 최대 자동화를 시도한다. 이렇게 함으로써 노동량이 최소로 유지된다.

다소 애매한 말일 수도 있지만 비용이 자동화를 해야 하는 유일한 이유는 아니다. 자동화는 인간의 노동보다 장애 내성이 떨어지는 경우가 많다(로봇이 더 잘한다). 자동화는 완벽하게 시험된 경우에만 동작한다. 그리고 초기 코드와 자동화 스크립트를 만들기 위해서는 여전히 훌륭한 개발자가 필요하다. 클라우드는 비즈니스를 더 쉽게 하도록 만들어주는 훌륭한 자동화 툴을 많이 제공하지만 자동화는 툴과 기술에 대한 것만은 아니다. 자동화는 프로세스에 관한 것이기도 하다. Google에서 나온 사이트 신뢰성 엔지니어링^{SRE, Site Reliability Engineering} 등의 방법론은 많은 관심을 받고 있다. 20장, '멀티 클라우드에 사이트 신뢰성 엔지니어링 도입하기'에서 자세히 설명한다.

 다양한 클라우드 공급자의 클라우드 채택 프레임워크는 다음 웹페이지에서 확인할 수 있다.

애저 - https://azure.microsoft.com/en-us/cloud-adoption-framework/#cloud-adoption-journey

AWS - http://aws.amazon.com/professional-services/CAF/

GCP - https://cloud.google.com/adoption-framework

이러한 요소는 대부분의 클라우드 채택 프레임워크에 설명돼 있다. 다음 절에서는 클라우드 채택과 관련 있는 다양한 단계를 밟아가며 알아본다.

▌ 클라우드 채택 단계

클라우드 랜딩 존이라는 용어를 들어봤을 것이다. 랜딩 존은 결국 워크로드가 호스팅되는 기반 환경이다. 집을 생각해보자. 많은 기둥이 기반이 되고 그 위에 현관(이 집에는 뒷문이 없어야 한다), 복도, 많은 방이 있다. 방에 장식이나 가구는 없다. 이 모든 것이 아직 설계, 구현되지 않았고 방을 원하는 방법으로 꾸미기 위해 모든 종류의 솔루션을 선택할 수 있는 큰 상점(포털)이 있다. 마지막으로 실제 입주자를 집으로 이동시킨다. 그리고 입주자는 방에서 방으로 이동할 것이다. 여기서 스캐폴드가 없으면 처음부터 집을 짓기 어렵다는 것을 알아야 한다. 이것이 클라우드 채택 프레임워크의 핵심이다. 클라우드 기술을 선택하는 방법에 관한 것이며 이것을 긴 여행으로 언급하기도 한다. 채택은 클라우드 플랫폼의 종류와 상관 없이 많은 단계로 정의된다. 그림 4.1은 클라우드 채택의 여러 단계를 보여준다.

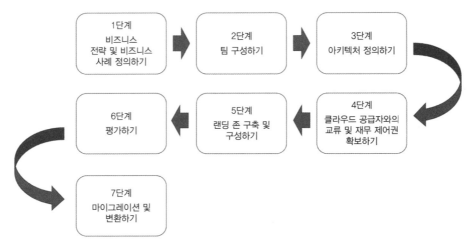

그림 4.1 클라우드 채택의 7단계

다음 절에서 각 단계를 자세히 알아본다.

1단계 – 비즈니스 전략 및 비즈니스 사례 정의하기

2장, '멀티 클라우드 전략을 사용해 비즈니스 가속화하기'에서 비즈니스 전략과 비즈니스 사례를 만드는 방법을 자세히 알아봤다. 기업은 확실한 목표를 갖고 클라우드 제품이 가치를 더할 수 있는 지점을 파악해야 한다. 또한 재호스트, 재플랫폼, 재구축 등의 기술 전략도 다뤘다. TCO 관점에서 재구축이 항상 최선의 솔루션인 것은 아니다. 비즈니스는 애플리케이션을 클라우드 네이티브 환경으로 재설계하고 재구축하는 데 상당한 노력이 필요하다는 것을 잊는 경우가 있다. 이러한 설계, 구축 비용을 고려해야 한다. 하지만 네이티브 환경은 유연성과 민첩성 측면에서 비즈니스 이점이 있다. 한마디로 1단계는 전체 채택 과정에서 매우 중요하다.

2단계 - 팀 구성하기

팀 구성 문제를 즉시 해결해보자. 애플리케이션 코딩부터 인프라 구성까지 클라우드 안의 모든 것을 할 수 있는 T자형 전문가는 없다. T가 넓어질수록 T 아래의 스트로크stroke는 얇아진다. 다시 말해 모든 클라우드 플랫폼에 대한 일반적이고 기본적인 지식을 갖는 전문가는 특정 클라우드 기술에 대한 고수준의 지식을 갖고 있지 못할 가능성이 크다. 또한 소프트웨어 개발자는 네트워크 엔지니어가 아니며 그 반대도 마찬가지다.

AWS 또는 애저에서 클라우드 환경을 설계하고 구축하는 훈련을 받은 사람은 워크로드, 데이터베이스를 배포하는 방법과 연결 관련 기본적인 지식을 갖고 있겠지만 방화벽 규칙, 특정 라우팅 관련 지식은 높지 않을 가능성이 크다. 반대로 방화벽 전문가는 파이썬Python 코딩을 잘하지 못할 것이다. 팀에 이러한 유형의 사람이 있다면 떠나지 않도록 잘 대우하라. 하지만 여러 기술을 혼합한 팀이 있을 것이다. 클라우드에도 인프라 설계 및 구성에 대해 잘 훈련된 개발자와 스태프가 필요하다.

일부 채택 프레임워크에서는 이것을 우수한 클라우드 센터 또는 Cloud Adoption Office(AWS에서 사용한다)라고 부른다. Cloud Adoption Office는 필요한 모든 기술이 하나로 모인 팀이다. 클라우드 기술 채택에서 이러한 우수성 중심을 형성하는 것은 중요한 단계다.

3단계 - 아키텍처 정의하기

3단계는 워크로드가 호스팅되는 기반 플랫폼인 랜딩 존을 정의하는 단계다. 3장에서 연결을 알아봤다. 모든 것은 클라우드 플랫폼을 연결하는 데서 시작된다. 일반적으로 연결은 인바운드, 아웃바운드 트래픽이 방화벽, 프록시, 게이트웨이를 거쳐 규제되고 필터링되는 중앙 장소인 전송 영역 또는 허브에서 종료된다. 랜딩 존은 클라우드 플랫폼 관리자가 환경에 진입하는 장소가 된다. 대부분의 관리자는 API 또는 콘솔을 사용해 시스템에 접근하지만 다른 시스템에 접근하기 전 환경 입구를 구성하는 서버인 점프 서버, 요새 서버(Bastion 서버), 디딤돌stepping stone(Bastion 서버와 동일한 역할을 한다) 서버 등을 사용하는 것이 좋다. 일반적으로 시스템 통합자 같은 제3자는 이러한 유형의 서버를 사용한다. 다시 말해 전송 영역 또는 허브는 아키텍처에서 매우 중요하다.

그런 다음 비즈니스 전략에 따라 아키텍처를 정의한다. 이것은 클라우드 환경이 설정되는 방법을 정의한다. 비즈니스에 부서 또는 제품 라인이 있다면 부서 또는 제품 라인별로 다른 구독 또는 VPCVirtual Private Cloud를 사용해 비즈니스 레이아웃에 맞는 클라우드 환경을 구성하는 것이 좋을 수도 있다.

전체 비즈니스에서 일반적으로 사용되는 애플리케이션이 있을 것이다. Office 애플리케이션이 좋은 예다. 일반적으로 사용되는 애플리케이션이 하나의 별도 구독으로 호스팅되는가? 관리자의 접근은 어떠한가? 각 부서에 워크로드를 제어하는 자체 관리자가 있는가? 비즈니스가 민첩한 작업 방식을 채택했는가 아니면 모든 인프라를 관리하는 하나의 중앙 IT 부서가 있는가? 보안 정책은 누가 담당하는가? 이러한 질문의 답은 부서 또는 작업 그룹에 따라 다를 수 있다. 보안 정책은 클라우드에 적합하지 않거나 클라우드 네이티브 환경에 적용할 수 없다. 클라우드 SME의 피드백에 따라 업데이트해야 할 수도 있다.

바로 구분할 수 있는 한 가지 차이점은 기록 시스템과 참여 시스템의 차이다. 두 용어 모두 Microsoft가 처음 사용했다. 기록 시스템은 일반적으로 데이터를 갖는 백엔드 시스템이다. 참여 시스템은 데이터에 접근하고 데이터를 사용해 작업하고 데이터를 전달하는 데 사용되는 프론트엔드 시스템이다. 이러한 설정은 종종 1계층을 접근 계층, 2계층을 작업자(미들웨어), 3계층을 데이터베이스 계층으로 구분하는 환경의 계층화에 반영된다. 아키텍처의 일반적인 규칙은 데이터베이스가 데이터베이스에 접근하는 애플리케이션에 인접해야 한다는 것이다. 클라우드에서는 데이터베이스 엔진으로 PaaSPlatform as a Service를 사용하므로 다르게 동작할 수 있다.

다음은 클라우드 채택 프레임워크에서 다루는 질문 유형이다. 이러한 질문은 관련성이 매우 높기 때문에 시작 전에 답변이 필요하다. 그리고 모두 아키텍처에 대한 것이다. 포괄적인 클라우드 청사진에 비즈니스를 맵핑하는 것이다. 5장, '엔터프라이즈 클라우드 아키텍처 관리하기'는 모두 아키텍처 관련 내용을 다룬다.

4단계 - 클라우드 공급자와의 교류 및 재무 제어권 확보하기

4단계에서는 환경을 구축할 클라우드 플랫폼과 IaaS^{Infrastructure as a Service}, PaaS, SaaS^{Software as a Service}, 컨테이너, 서버리스 중 사용할 솔루션을 선택한다. 이러한 솔루션은 3단계에서 정의한 아키텍처에서 비롯돼야 한다. 그리고 생산 또는 구매 결정을 해야 한다. 기본 솔루션을 사용할 수 있는지 아니면 비즈니스 요구 사항에 맞춘 뭔가를 개발해야 할 것인지를 선택해야 한다. 4단계에서는 생산 또는 구매 분석과 함께 자동으로 따라오는 비즈니스 사례를 정의해야 한다.

예를 들어 IaaS에 가상 머신^{VM, Virtual Machine}을 배포하는 경우 VM의 수명을 고려해야 한다. 1년 이상 유지가 필요한 VM은 종량제 배포 모델보다 예약 인스턴스에서 호스팅하는 것이 효율적이다. 클라우드 공급자는 예약 인스턴스에 대해 꽤 많은 할인을 제공한다. 예약 인스턴스는 장기 약정 계약이므로 수입이 보장되기 때문이다. 하지만 예약 인스턴스를 사용할 때는 주의가 필요하다. 약정을 파기하는 데 비용이 들기 때문이다. 재무 관리자와 함께 비용을 제대로 설계해야 한다.

개발 환경은 일반적으로 짧은 기간 동안 존재하지만 클라우드 공급자는 비즈니스가 클라우드 플랫폼에서 최대한 많이 개발하길 원하고 개발자가 관심을 보일 만한 특별한 라이선스를 제공한다. 다시 말해 클라우드 공급자는 그들의 플랫폼을 사용하도록 하기 위해 애쓴다. 자신의 플랫폼에 워크로드를 가져오기 위해 모든 종류의 안내, 툴, 마이그레이션 방법을 제공하는 많은 프로그램을 제공한다.

5단계 - 랜딩 존 구축 및 구성하기

실제로 랜딩 존 구축에는 많은 선택지가 있다. 랜딩 존은 기본 플랫폼이며 일반적으로 전송 영역 또는 허브와 VNet, VPC 또는 프로젝트의 기본 구성이다. 사용자는 처음부터 최대한 자동화하길 원한다. 따라서 구성 요소가 코드 기반인 경우에만 자동화가 가능하므로 코드형 인프라, 코드형 구성으로 작업할 것이다. 8장, '자동화 툴 및 프로세스 정의하기'에서 자동화를 다룬다. 하지만 각각의 클라우드 공급자의 포털을 사용해 구축을 시작하는 다른 방법이 있다. 워크로드가 적고 규모가 작은 간단한 환경을 구축하는 경우에는 이러한 포털이 좋은 방법이지만 기업에서 포털로 클라우드 환경을 구축하는 것은 좋은 생각이 아니다. 클라우드 플랫폼 탐색을 시작하는 것은 매우 좋지만 기업이 변화하고 환경이 성장함에 따라 워크로드를 자동화하고 관리하는 더 유연한 방법이 필요하다.

이전에 말했듯이 사용자는 최대 자동화를 원한다. 자동화를 위해 기초 인프라를 코딩하고 그것을 마스터 코드로 정의한다. 마스터 코드는 저장소에 저장된다. 이제 인프라 구성 요소를 배포하면 저장소에서 코드를 가져올 수 있다. 가끔 특정 비즈니스 요구 사항에 따라 코드를 변경해야 할 수도 있다. 이때 변경되고 승인된 코드를 마스터 저장소에 병합한다면 문제가 없다. 이러한 방식으로 작업해 그림 4.2와 같은 인프라 파이프라인을 배포한다.

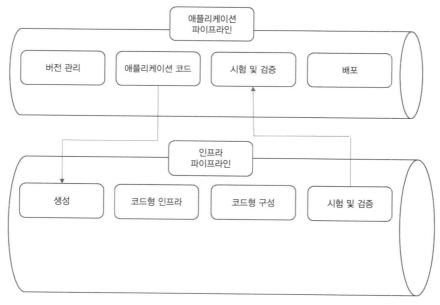

그림 4.2 기본적인 파이프라인 구조

멀티 클라우드 환경에서 여러 클라우드 플랫폼으로 확장할 수 있는 저장소와 파이프라인을 보유하는 것은 가장 중요할 수 있다. AWS, 애저, GCP의 기본 개념은 비슷하지만 적용된 기술은 다른 점이 있다. 대안으로 Ansible, Chef, Puppet, SaltStack 등이 있지만 이들은 구성 툴이며 Terraform 등의 프로비저닝 툴과 다르게 동작한다. 물론 CloudFormation 같은 대안이 있지만 이 시점에서는 모든 플랫폼을 지원할 때 Terraform보다 제한적인 부분이 많다. 진정한 상호 호환(작동 시스템 관련 지식이 없어도 기능을 수행할 수 있도록 해주는 기술)을 언급할 때는 컨테이너와 쿠버네티스를 명확하게 말해야 한다.

두 가지 변화를 기억하는가? VM에서 컨테이너로 변화하는 것이 그중 하나다. VM과 컨테이너의 가장 큰 차이점은 운영 체제다. VM은 자체 운영 체제가 필요하지만 컨테이너는 호스트의 운영 체제를 사용한다. 따라서 컨테이너는 VM보다 훨씬 가볍고 유연하고 상호 호환된다. 모든 플랫폼에서 컨테이너를 사용할 수 있지만 컨테이너를 관리하기 위해서는 오케스트레이션 플랫폼이 필요하다. 쿠버네티스는 이러한 기능을 제공한다. 애저 쿠버네티스 서비스AKS, Azure Kubernetes Services, AWS의 엘라스틱 쿠버네티스 서비스EKS, Elastic Kubernetes Services, VMware의 중심 쿠버네티스 서비스PKS, Pivotal Kubernetes Services를 사용해 모든 플랫폼에 쿠버네티스를 등록할 수 있다. 그림 4.3은 VM과 컨테이너의 개념적 차이를 보여준다.

그림 4.3 가상 머신 대 컨테이너

5장에서 랜딩 존 구축 및 구성하기를 더 자세히 알아본다.

6단계 - 평가하기

평가 단계는 대상 클라우드 환경으로 적절하게 마이그레이션하는 데 중요한 단계다. 랜딩 존에서 애플리케이션 마이그레이션 또는 재구축을 시작하기 전에 현재 우리가 가진 것이 무엇인지 알아야 한다. 무엇보다 중요한 것은 비즈니스 전략을 평가하는 것이다. 비즈니스의 목표가 무엇이고 목표를 이루기 위해 무엇이 필요한지 알아야 한다. 그런 다음 현재 IT 자산이 비즈니스 전략을 실행할 준비가 됐는지, 어떠한 애플리케이션이 있고 어떠한 비즈니스 기능을 제공하는지, 애플리케이션 및 기본 인프라가 최신인지 아니면 서비스가 종료됐는지, 어떠한 지원 계약이 돼 있고 클라우드로 전환할 때 계약을 연장해야 하는지 종료해야 하는지 등의 질문에 답해야 한다.

적합한 평가는 시간이 걸릴 수 있지만 건너뛰면 안 된다. 최종 목표는 명확해야 한다. 모든 기업은 데이터에 기반한 결정을 내리는 디지털 기업이 되려고 한다. 데이터를 안전한 방법으로 공개하고 최대한 유연하고 확장 가능한 환경을 만들어 비즈니스 속도를 따라갈 수 있어야 한다. 문제는 수년 동안 구축된 기존 IT 환경이다. 모든 것이 문서화된다면 다행이지만 현실적으로 문서가 최신 상태가 아닐 가능성이 크다. 적절한 평가 없이 변환을 시작한다면 마치 벽이 실제로 얼마나 안정됐는지 모르는 상태에서 오래된 벽에서 벽돌을 꺼내기 시작하는 것과 같다. 다시 말해 여기에도 스캐폴드가 필요하다.

7단계 - 마이그레이션 및 변환하기

데브옵스는 에픽^{epic}과 기능으로 구성된다. 간단히 말해 에픽은 애플리케이션 또는 애플리케이션 그룹의 변화가 특징인 새로운 아키텍처를 구현하는 것이다. 데브옵스 팀은 평가 단계에서 얻은 지식을 기술 전략과 결합해 제한된 수의 스프린트에서 실행하고 완료할 수 있는 작업으로 기능을 세분화해 훌륭한 개선을 수행할 수 있어야 한다. 18장, 'CI/CD 파이프라인 설계 및 구현하기'에서 더 자세히 다룬다. 18장에서는 지속적인 통합 및 지속적인 제공CI/CD 파이프라인도 설명한다.

변환 단계에서 중요한 두 가지는 실행과 종료 전략이다. 실행하기 전에 테스트가 필요하며 훌륭한 테스트는 매우 중요하다. 유닛, 통합 최종사용자 테스트의 전체 테스트 사이클을 실행하는 것이 좋다. 프로세스 관점에서 어떠한 회사도 모든 테스트 결과가 만족스러울 때까지는 어떠한 것도 실행하면 안 된다. 종료 전략도 마찬가지다. 어떠한 회사도 명확하게 정의된 종료 전략 없이는 어떠한 것도 실행하면 안 된다. 종료 전략이란 클라우드에서 환경을 원래 상태로 다시 되돌리거나 이동하는 방법을 말한다. 이는 재구축을 고려하는 또 하나의 이유이며 설계한 대로 작동하지 않을 때에 대한 대비로 기존 환경을 남길 수 있다. 당연히 테스트는 잘못되는 것을 방지해야 하지만 뭔가 잘못될 것을 항상 생각해야 한다.

▌ 비즈니스 KPI를 클라우드 SLA로 변환하기

클라우드 인프라는 비즈니스에 대해 블랙박스가 돼야 한다. 인프라는 수도꼭지를 트는 것과 같다. 클라우드 인프라는 어디에나 존재하므로 일부 IT 회사에서는 클라우드 인프라를 운영하는 것을 액체 형태 또는 유동적 IT라고 부른다. 그 결과 SLA의 중심이 비즈니스 자체로 넘어갔다. 또한 이것은 클라우드 채택의 일부다. 기업이 채택 프로세스를 따라가면서 많은 비즈니스도 다른 작업 방식을 채택하고 있다. 클라우드에 유연하고 민첩한 인프라를 가질 수 있다면 환경과 애플리케이션 개발 속도를 높일 수 있다. 하지만 클라우드에서도 서비스 수준 목표와 KPI를 고려해야 한다.

클라우드 SLA를 알아보자. SLA에서 다뤄야 하는 것은 무엇인가? A는 협약을 의미하고 법적 관점에서 보면 계약이 된다. 따라서 SLA는 일반적으로 계약에 속하는 형식과 내용을 포함한다. 계약 기간, 시작 날짜, 계약 체결 당사자의 법적 실체 및 근무 시간의 정의가 있다. 더 중요한 것은 KPI에 대한 합의다. 사용하고 비용을 지불하는 클라우드 서비스에 기대하는 것은 무엇인가? 잘못되거나 특정 서비스에 대한 지원이 필요한 경우 누구에게 연락해야 하는가? 정확한 서비스 범위는 어떻게 되는가?

이러한 질문은 IT 서비스 계약의 일반적인 주제이지만 퍼블릭 클라우드 서비스를 사용할 때는 같은 방식으로 동작하지 않는다. SLA의 문제는 일반적으로 비즈니스에 딱 맞게 된다는 것이다. 비즈니스는 IT 서비스를 계약하고 공급자는 비즈니스의 요구에 맞게 서비스를 운영한다. 많은 IT 공급자가 서비스 효율성의 극대화를 위해 최대한 표준화하고 자동화하지만 아직 수정하고 조정할 여지가 있다. 퍼블릭 클라우드에서는 이러한 수정이 제한된다. 회사는 그들의 요구 사항에 맞게 선택할 수 있는 많은 서비스가 있지만 개별 서비스는 아직 있는 그대로다. 일반적으로 클라우드 공급자는 서비스별 SLA를 제공한다. 멀티 클라우드 환경에서 서비스별 SLA 협상은 사실상 불가능하다.

이는 모두 서비스 설계의 일부다. 비즈니스는 요구 사항을 충족시키는 데 필요한 구성 요소를 선택하고 구성 요소가 목표에 적절한지 평가해야 한다. 구성 요소(서비스 자체)는 변경할 수 없다. IaaS는 약간 여유롭지만 PaaS, SaaS는 솔루션을 구매하자마자 서비스가 제공된다. 기업은 SaaS 솔루션이 실제로 필요한 기능을 제공하고 필요한 서비스 수준을 제공하는지 확인해야 한다.

IT의 공통적인 KPI는 가용성, 내구성, 복구 시간 목표^{RTO, Recovery Time Objective}다. 이러한 KPI가 주요 퍼블릭 클라우드에서 어떻게 동작하는지 알아본다. 가용성의 정의는 특정 시스템을 실제로 사용할 수 있는 시간이다. 가용성은 전체 범위에서 측정돼야 한다. 예를 들어 운영 체제가 있는 VM은 살아 있고 기능적으로는 정상으로 보이지만 VM 및 운영 체제에서 실행되는 하나의 소프트웨어 구성 요소에 오류가 있으면 애플리케이션을 사용할 수 없게 돼 사용자는 서비스를 사용할 수 없다. VM 및 운영 체제는 동작 중이고 사용 가능하지만 애플리케이션은 동작하지 않는 상태다. 이는 전체 시스템을 사용할 수 없다는 의미이며 심각한 결과를 초래한다. 또한 애플리케이션의 전반적인 가용성을 99.9% 수준으로 얻기 위해서는 플랫폼의 가용성은 99.9% 미만이 될 수 없다는 것을 뜻하고 아무 것도 잘못되면 안 된다.

기존 데이터센터에서는 가용성 보장을 위해 특정 솔루션을 구현해야만 했다. 네트워크, 컴퓨팅 계층, 스토리지 시스템이 필요한 가용성을 제공할 수 있는지 확인해야 한다. 주로 애저, AWS, GCP가 이러한 문제를 해결한다. 이러한 플랫폼에서 전반적인 가용성을 보장해주는 것은 아니지만 애저, AWS, Google Cloud의 하이퍼스케일러^{hyperscaler}(대규모 데이터센터를 운영하는 업체)는 제품의 각 구성 요소의 서비스 수준을 제공한다. 예를 들어 애저의 단일 인스턴스 VM에는 99.9% 보장된 연결이 있다. 이는 VM에 대한 연결을 보장한다는 의미다. 또한 VM에 연결된 모든 디스크에 대해 프리미엄 스토리지를 사용해야 한다.

애저에 가용성, 구역, 지역을 추가해 시스템 가용성을 높일 수 있다. 구역은 애저 지역의 별도 데이터센터다. 이 책을 쓰는 현 시점에서 애저에는 58개 지역이 있다. 한마디로 애저의 전 세계 지역에서 시스템이 항상 온라인 상태인지 확인할 수 있지만 애저 백본을 통해 로드 밸런싱 및 트래픽 관리자를 사용해 이러한 솔루션을 구현하는 것은 상당한 노력이 필요하다. 다음과 같은 사항을 고려해야 한다.

- 비즈니스 요구 사항(시스템은 중요하고 높은 가용성이 필요한가?)
- 파생된 기술적 설계
- 비즈니스 사례(고가용성 솔루션이 단일 VM보다 더 많은 비용이 소요되므로)

공급자 간 서비스 수준을 비교하기는 어렵다. 기본 개념은 비슷하지만 차이점도 존재한다. 애저와 AWS가 자신의 컴퓨팅 서비스 수준을 설명하는 것을 살펴보자. 애저는 VM을 사용하고 AWS는 엘라스틱 컴퓨트 클라우드^{EC2, Elastic Compute Cloud}를 사용한다. 애저와 AWS 모두 인스턴스의 보장된 월별 가동 시간을 충족시키지 않고 시스템 인프라(기계 자체)를 사용할 수 없는 경우 서비스 크레딧을 제공한다. 1개월 동안 가동 시간이 99.99% 미만으로 떨어지면 고객은 월별 과금 사이클 동안 10%의 서비스 크레딧을 받는다. Google은 99.5% 미만으로 떨어질 때 크레딧을 계산한다.

Google이 플랫폼에 SRE를 채택했기 때문에 GCP에서 모든 서비스 수준은 서비스 수준 목표(SLOs)로 정의된다. GCP용 SLA에서 서비스 수준 표시자(SLI) 및 오차 할당(error budget) 등의 몇 가지 다른 용어를 확인할 수 있다. 20장, '멀티 클라우드에 사이트 신뢰성 엔지니어링 도입하기'에서 더 자세히 알아본다.

한 번 더 말하면 서비스 수준 관련 요구 사항은 비즈니스에서 출발해야 한다. 각 비즈니스 기능과 시스템에 대한 요구 사항은 명확해야 한다. 요구 사항은 궁극적으로 아키텍처 및 시스템 설계를 주도한다. 클라우드 플랫폼은 클라우드 설계를 구성하는 다양한 서비스를 제공해 요구 사항을 충족시키는지 확인한다. 더 세게 말하면 하이퍼스케일러는 궁극적으로 탄력적인 시스템을 보유할 가능성을 제공한다. 기존 데이터센터에서 장애 복구^{DR,} Disaster Recovery 및 비즈니스 연속성은 회사에 최소 두 개의 데이터센터가 있어야 한다는 것을 의미했지만 클라우드 플랫폼은 이것을 서비스 형태로 제공한다. 애저, AWS, GCP는 전 세계적으로 사용 가능한 플랫폼이므로 많은 투자를 하지 않고도 전 세계에서 시스템을 사용할 수 있다.

데이터센터는 사용 가능한 상태로 준비돼 있다. 클라우드 공급자는 백업을 실행하고 결과를 다른 지역에 저장하는 솔루션을 제공하거나 선호하는 제품을 지속적으로 사용할 수 있도록 자신의 포털에서 제3업체의 솔루션을 제공한다. 하지만 비즈니스가 중요한 서비스와 시스템을 정의하고 복구 시간, 복구 지점에 대한 용어를 정의해야 한다는 것이 중요하다. 비즈니스는 DR 메트릭을 정의해야 하며 DR 계획을 실행해야 할 때의 프로세스를 정의해야 한다. 기술적 솔루션으로 이러한 요구 사항을 충족시키는 것은 IT의 역할이다.

예를 들어 주요 지역의 생산 시스템에서 완벽하게 미러링된 웜 스탠바이 시스템^{warm standby} ^{system}(Primary 시스템에서 간헐적으로 업데이트 정보를 받는 시스템)을 사용할 예정인지, 보조 지역을 사용할 예정인지, 사용한다면 어떠한 지역이어야 하는지 등의 질문의 답을 내야 한다. 여기서 GDPR^{General Data Protection Regulation} 또는 세계 다른 지역의 데이터 보호 프레임워크 같은 규정 준수 및 공개 규정이 중요한 역할을 한다. 아니면 제2지역의 시스템을 선택할 것인가?

한 가지 선택은 다른 지역에 승인 시스템을 배포하고 DR에서 페일오버failover(시스템 대체 작동)가 발생하는 경우 승인 시스템을 생산에 활용하는 것이다. 이는 승인 시스템이 생산과 비슷하다는 뜻이다. 시스템을 얼마나 자주 백업해야 하는가? 일주일에 전체 백업 한 번? 증분 백업incremental backup(변경된 부분만 추가로 백업하는 백업 방식)을 사용한다면 얼마나 자주 사용하는가? 백업 데이터 저장 기간은? 보관은 어떠한가? 클라우드 플랫폼에 배포하는 것은 비교적 쉽지만 사용 가능한 모든 솔루션을 구현하는 데 매우 조심해야 할 이유가 있다. 기존 데이터센터(자본 지출 또는 CAPEX 투자에 실제 현금 지출)에서처럼 초기 투자 관련 문제가 아니고 매월 서비스(운영 비용 또는 OPEX) 비용이 청구된다. 한마디로 클라우드에는 계획이 필요하다. 이는 다음 절의 서비스 설계 생성에서 살펴본다.

▌ 클라우드 채택 프레임워크를 사용해 여러 클라우드 공급자 조율하기

멀티 클라우드에서 단일 창이라는 용어는 큰 힘을 갖는다. 단일 창이란 무슨 뜻일까? VMware를 실행하는 프라이빗 클라우드와 AWS의 퍼블릭 클라우드 플랫폼으로 구성된 멀티 클라우드 환경과 함께 다른 공급자의 SaaS 솔루션을 사용한다고 가정해보자. 이러한 모든 구성 요소에서 발생하는 모든 것을 어떻게 확인할 수 있는가? 클라우드 공급자가 패치, 업그레이드 등을 지원하므로 그러한 걱정은 하지 않아도 된다. SaaS 솔루션에서 공급자는 물리 호스트에서 운영 체제, 소프트웨어에 걸친 전체 범위를 처리하지만 회사에 책임이 있는 항목도 항상 존재한다. IAM 및 보안 정책 등이 그렇다. 누가 언제 무엇에 접근할 수 있는가?

이것이 다양한 솔루션과 플랫폼으로 구성된 새롭고 복잡한 현실인 멀티 클라우드 환경이다. 멀티 클라우드 환경을 어떻게 관리할 수 있을까? 관리자는 다른 모든 환경에 로그인해야 할 것이다. 아마도 관리자는 구성 요소를 관리할 다양한 모니터링 솔루션과 툴을 사용해야 할 것이다. 이러한 업무는 많은 노력과 다방면의 기술이 필요하다. 이는 효율적이지 않다. 효율적으로 처리하기 위해서는 하나로 모든 것을 처리하는 단일 창이 필요하다. 단일 창의 정의를 알아보자.

TechTarget(https://searchconvergedinfrastructure.techtarget.com/definition/single-pane-of-glass)에 따르면 단일 창은 통합된 화면에 여러 소스의 데이터를 표시하는 관리 콘솔이다. 여기서 창은 컴퓨터 모니터나 모바일 장치 화면을 가리킨다. 이러한 정의의 단점은 오직 기술적 관점에서 IT 환경의 다른 모든 기술 구성 요소를 볼 수 있는 단 하나의 시스템으로 규정한다는 것이다. 하지만 단일 창은 단일 모니터링 시스템일 뿐만 아니라 통합 프로세스 및 통합 자동화에 관한 것이기도 하다. 통합 프로세스와 통합 자동화는 왜 중요할까? 통합된 자동화 방법이 없으면 IT 환경에서 다양한 구성 요소의 리소스 배포 및 관리를 자동화하는 데 많은 작업이 필요하다. 따라서 단일 창은 삼각형으로 시각화할 수 있다.

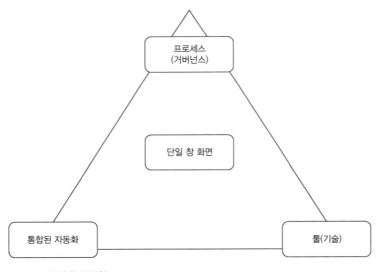

그림 4.4 단일 창 삼각형

Now 플랫폼에는 BMC Helix Multi-Cloud Management와 ServiceNow 등의 단일 창 방식을 사용하는 완전한 IT 서비스 관리 시스템이 있다. 더 많은 대안이 있지만 ITSM 시스템에 대한 가트너^{Gartner}의 Magical Quadrant에 따르면 위의 두 기술이 시장의 리더로 인정받고 있다. 이제 ITSM을 알아보자. 툴(기술)도 물론 중요하지만 프로세스도 중요하다. IT 서비스 관리ITSM, IT Service Management 프로세스는 최소한 다음과 같은 프로세스를 포함한다.

- **사고 관리**: 플랫폼 자체 또는 플랫폼에서 호스팅되는 리소스 안에서의 사고 추적 및 해결
- **문제 관리**: 반복되는 사고 추적 및 해결
- **변경 관리**: 플랫폼 또는 플랫폼에서 호스팅되는 리소스의 변경 내용 추적 및 제어
- **구성 관리**: 플랫폼 및 플랫폼에서 호스팅되는 리소스 상태 추적

ITSM의 기본은 지식이며 플랫폼에 형태, 구성 방법, 플랫폼 자산 유형, 플랫폼에 배포되는 자산과 리소스를 확실히 알아야 한다. 자산과 리소스를 구성 항목이라고도 칭하며 CMDBConfiguration Management Database 또는 마스터 저장소MDRs, Master Data Records에서 모두 수집되고 추적된다. 여기서 클라우드의 어려움이 나타난다. 확장 가능하고 유연한 리소스와 컨테이너, 서버리스 기능 같이 단기간만 존재할 수 있는 리소스에서 CMDB나 마스터 저장소가 원하는 만큼 정확하지 않을 수 있다. 하지만 유망한 ITSM 시스템에는 실시간으로 반응하고 자산 데이터를 수집하는 다양한 클라우드에 대한 모니터링 툴에서 사용 가능한 API를 제공한다.

클라우드의 민첩성은 멀티 클라우드 환경에서 변경 관리를 가장 중요한 프로세스로 만든다. 코드형 인프라 및 코드형 구성을 사용하는 파이프라인이 이를 도와준다. 마스터 분기점에서 코드를 분기, 테스트, 검증, 병합하는 방법의 확실한 프로세스가 있다면 변경 사항을 완전히 되돌릴 수 있다. 하지만 개발자가 프로세스를 하나라도 빠뜨린다면 무엇이 잘못됐는지 모른 채 더 나빠질 가능성이 크다.

모든 클라우드 채택 프레임워크는 클라우드가 제공하는 기술 외에 거버넌스, 프로세스의 중요성을 강조한다. 모든 프레임워크는 비즈니스 위험 개요부터 거버넌스로 접근한다. IT에서 하는 일에 동의하지 않는다면 비즈니스는 결국 위험에 빠질 것이다. 기본적으로 서

비스 관리의 최종 목표는 IT 거버넌스의 부재 때문에 발생하는 비즈니스 위험을 줄이는 것이다. IT 거버넌스와 ITSM은 기술 제공자 사이에서 좋은 의미로 쓰이는 공통 언어다.

여기서 단일 창 개념을 접목해보자. ITSM에서 정의한 통합 프로세스가 있다. ITSM에 관한 다른 프레임워크(ITL, Cobit 등)가 있지만 이들은 모두 동일한 원칙을 사용한다. 지금부터 하나의 대시보드로 ITSM을 사용해 모든 자산과 리소스의 라이프사이클을 관리할 수 있을까? BMC Helix와 ServiceNow를 툴로 이미 확인했다. 여기서 툴을 플랫폼으로 자동화할 수 있을까? 다시 말해 완전한 교차 플랫폼cross-platform된 자동화가 가능한가? 이것이 바로 가트너가 초자동화hyperautomation라고 명명한 것이다.

최근 들어 자동화는 보통 구성 요소 단위로 실행되지만 최상의 경우 플랫폼 단위로 실행될 수도 있다. 이 정도로는 반복적으로 실행되는 수동 업무를 줄인다는 자동화의 최종 목표를 달성할 수 없다. 사람의 노동은 줄지 않으며 그로 인한 휴먼 에러 위험도 줄지 않는다. 반대로 자동화를 서로 다른 플랫폼 위의 서로 다른 툴셋으로 나누고 별도의 워크플로우, 일정, 스크립트를 사용해 더 많은 일을 수행하고 실패 위험을 발생시키고 있다. 초자동화는 이러한 문제를 해결할 수 있다. 초자동화는 모든 비즈니스 프로세스를 자동화하고 단일 자동화 플랫폼에서 관리되는 하나의 자동화 라이프사이클로 통합한다.

가트너는 이러한 플랫폼을 HDIMHybrid Digital Infrastructure Management라고 부른다. 머신 러닝, RPARobotic Process Automation, 후속 AIOps는 HDIM의 핵심 기술이다. 한 가지 말하자면 이 책을 쓴 시점은 2020년 4월이고 AI를 지원하는 자동화와 HDIM은 2023년 광범위하게 채택될 만큼 발전할 것으로 전망한다. 한마디로 애저, AWS, GCP 클라우드 채택 프레임워크의 원리는 모두 동일하다. 공통적인 IT 서비스 관리 언어를 사용하기 때문이다. 따라서 여러 플랫폼 간 프로세스를 조정할 수 있다.

한 가지 숙제는 다양한 플랫폼을 제어하고 클라우드 플랫폼 전체에 하나의 자동화 소스(초자동화)를 포함하는 단일 대시보드를 구현하는 것이다. 클라우드의 발전 속도로 인해 점점 더 복잡해지고 있지만 앞으로 수년 동안 AIOps의 증가, 채택을 포함해 더 많은 툴과 자동화 엔진이 출시될 것으로 예상된다.

▌ 클라우드에서의 ID와 역할 이해하기

클라우드에서 모든 것은 ID를 갖는다. ID와 관련해 수행해야 할 일은 인증과 권한 부여다. 인증하기 위해서는 ID 저장소가 필요하다. 대부분의 기업은 ID 저장소로 AD^{Active Directory}를 사용하고 AD는 사람과 컴퓨터의 ID를 저장하는 중앙 위치가 된다. 기술을 드릴 다운 drill down(더 많은 정보를 찾기 위해 관련 텍스트나 아이콘 등을 클릭해 마치 뚫고 들어가듯 검색하는 것)하진 않겠지만 AD로 작업한다면 알아둬야 할 몇 가지가 있다.

먼저 AD는 도메인과 함께 동작한다. 리소스(VM 또는 기타 가상 장치)를 클라우드 플랫폼에 배포할 수 있지만 클라우드 플랫폼이 비즈니스 도메인의 일부가 아니면 그렇게 유용하진 않다. 따라서 핵심 중 하나는 클라우드 플랫폼의 리소스를 도메인에 포함시키는 것이다. 리소스를 도메인에 포함시키기 위해서는 클라우드 플랫폼에서 도메인 컨트롤러를 사용해 도메인 서비스를 배포하거나 기존 도메인 서비스에 대한 클라우드 리소스 접근을 허용해야 한다. 이것으로 비즈니스를 클라우드 플랫폼으로 확장한다.

이러한 과정은 쉽게 들리겠지만 실제로는 어렵다. 애저, AWS, GCP는 퍼블릭 클라우드 플랫폼이다. Microsoft, 아마존, Google은 기본적으로 특정 부분에서 워크로드를 호스팅하는 비즈니스인 제3자에게 자신의 플랫폼의 많은 비중을 제공하고 있다. 하지만 여전히 각각의 클라우드 제공자가 소유하고 제어하는 플랫폼 안에 있다. 플랫폼의 기본 도메인은 onmicrosoft.com 또는 aws.amazon.com이다. 플랫폼에서 제공하는 모든 (퍼블릭) 서비스를 생각한다면 이해가 될 것이다. 플랫폼에서 자체 도메인 생성을 원한다면 등록된 도메인 이름을 플랫폼에 연결해 구분해야 한다.

예를 들어 myfavdogbiscuit.com이라는 회사가 있다고 가정해보자. 그러면 애저에서 myfavdogbiscuit.onmicrosoft.com으로 도메인을 생성할 수 있다. AWS와 GCP에서도 마찬가지다. 클라우드 플랫폼의 도메인이 비즈니스 도메인에 연결된 경우 클라우드 도메인에 배포된 리소스는 도메인에 포함될 수 있다. 이러한 연결은 도메인 컨트롤러에서 제공한다. 그림 4.5는 AD Federation에 대한 고수준 개념을 보여준다.

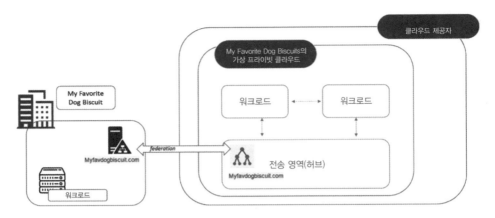

그림 4.5 AD Federation

AD에는 도메인 안에서 허용되는 모든 리소스와 사용자가 있다. 인증은 승인을 통해 이뤄진다. 도메인에서 ID가 인식되고 거부된다. AD는 Kerberos를 이용해 ID를 확인한다. 모든 클라우드 공급자가 AD, LDAP^{Lightweight Directory Access Protocol} 표준, Kerberos를 지원한다는 사실은 중요하다.

디렉터리에서 리소스나 사용자를 식별할 수 없는 경우 접근 권한을 부여하지 않는다면 일반적으로 해당 도메인에 접근할 수 없다. 사용자가 도메인에 계정이 없지만 플랫폼 내 리소스에 접근해야 하는 경우가 해당된다. 비즈니스-소비자 연결^{B2C Connection, business-to-consumer connection}을 사용해 접근 권한을 부여할 수 있다. 이러한 B2C 연결을 애저에서는 B2C라고 부르고 AWS에서는 Cognito, GCP에서는 Cloud ID라고 부른다.

지금까지 디렉터리를 사용해 사용자와 리소스를 식별했지만 이제 우리가 원하거나 승인된 작업만 리소스가 수행할 수 있는지 확인해야 한다. 이것을 권한 부여라고 한다. 권한 부여는 특정 기준을 충족시킬 때 리소스가 수행할 수 있도록 승인된 작업을 지정한다. 첫 번째로 리소스가 주장하는 신원을 확실히 해야 한다. 로그인하는 사용자는 다중 인증을 하는 것이 바람직하다. 컴퓨팅 리소스는 일반적으로 키를 기반으로 하는 다른 방법 즉 리소스를 식별하는 복잡하고 고유한 해시를 사용해 인증한다.

지금까지 환경에서 사용자와 시스템 ID를 정의했다. 환경에서 허용되는 ID를 정의하기 위해서는 RBAC^{Role-Based Access Control}이 필요하다. 애저의 RBAC, AWS의 IAM, GCP의 Cloud ID를 사용하면 환경에 대한 접근과 환경에서 ID가 수행할 수 있는 작업을 관리할 수 있고 특정 RBAC 정책을 적용하는 ID를 각각 나눌 수도 있다. 모든 클라우드 플랫폼이 AD와 기본 프로토콜을 지원한다는 사실을 알게 됐다. 따라서 다양한 클라우드 도메인과 AD를 연결할 수 있다. 애저에서는 AD를 애저 AD에 연동할 수 있다. AD와 애저 AD는 비슷한 솔루션으로 보이지만 전혀 다르다. AD는 실제 디렉터리이지만 애저 AD는 애저에서 ID를 확인하는 툴일 뿐이다. 애저 AD에는 Kerberos 같이 AD에 있는 인증 메커니즘이 없다. 애저 AD는 AD를 사용해 인증하는데 다른 플랫폼이 AD와 연동하는 방법과 매우 비슷하다. AWS, GCP 모두 AD와 연동할 수 있는 ID가 필요하다. 다시 말해 사용자의 AD는 항상 관리를 위한 단일 소스인 ID 저장소로 유지된다. 15장에서는 ID, 접근 관리, 계정 연합을 다룬다. 15장에서는 RBAC 외에 특권 접근, 적격 계정도 알아본다.

▌ 서비스 설계와 거버넌스 모델 생성하기

마지막으로 할 것은 이전에 했던 모든 과정을 멀티 클라우드 환경을 위한 서비스 설계와 거버넌스 모델로 합치는 것이다. 서비스 설계란 무엇인가? 이러한 질문에 답하기 위해 지금까지 학습한 모든 내용을 확인해보자. 요구 사항, ID, 접근 관리, 거버넌스, 비용, 보안 등 모든 주제를 포함한 설계가 필요하다.

요구 사항

요구 사항에는 여러 구성 요소가 포함된 서비스 대상이 있다. 퍼블릭 클라우드에서 환경을 배포할 때는 보통 서비스 대상이라는 퍼블릭 클라우드 플랫폼을 포함시켜야 한다. Microsoft Online Services의 SLA는 Microsoft가 애저에서 제공하는 서비스에 대해 수행하는 SLA과 KPI를 설명한다. https://azure.microsoft.com/en-us/support/legal/sla/에 게시돼 있다. AWS의 SLA는 https://aws.amazon.com/legal/service-level/agreements/에서 확인할 수 있고 Google의 SLA는 https://cloud.google.com/terms/sla/에 있다.

SLA는 클라우드 플랫폼에서 제공하는 서비스를 포함하지만 비즈니스가 클라우드 네이티브 서비스 위에 구축한 서비스를 포함하진 않는다. 예를 들어 비즈니스가 프론트엔드, 작업자의 역할, 데이터베이스를 사용해 계층화된 애플리케이션을 구축하고 애플리케이션을 최종사용자 그룹의 서비스로 정의할 때는 서비스 대상으로서 별도의 문서화가 필요하다. 다음으로 서비스 대상에서 다루는 관련 요구 사항을 알아보자.

- **연속성 요구 사항**: 연속성은 비즈니스에 중요한 서비스와 많은 관련이 있다. 연속성은 RTO/RPO, 백업 전략, 비즈니스 연속성 계획, DR 측정을 다루는 별도 절에서 설명한다.

- **규정 준수 요구 사항**: 회사가 제한하는 규정 준수 프레임워크를 열거해야 한다. 여기에는 EU GDPR 등의 개인정보 보호 관련 프레임워크와 ISO 27001 같은 보안 표준을 포함한다. Microsoft, AWS, Google은 미국 기반 회사다. 일부 비 미국 산업지역(일반적으로 EU 국가)에서는 미국 기반 공급자와의 업무 수행이 엄격한 통제 하에서만 허용된다. 이는 알리바바Alibaba 등 중국 퍼블릭 클라우드 공급자에게도 동일하게 적용된다. 회사는 퍼블릭 클라우드에 서비스를 배포하거나 클라우드 서비스를 구매하기 전에 항상 법률 상담을 받아야 한다.

- **아키텍처 및 인터페이스 요구 사항**: 기업은 상품을 생산하거나 서비스를 제공하는 방법을 설명하는 엔터프라이즈 아키텍처를 갖는다. 당연히 비즈니스 아키텍처는 클라우드 배포의 중요한 요소다. 비즈니스 아키텍처에는 구성 요소 또는 제3 서비스 공급자와 함께 비즈니스가 갖는 다양한 인터페이스도 포함된다. 또한 공급업체, HR, 물류, 재무 보고 등 회사의 전체 생산 또는 제공 프로세스 안의 인터페이스가 포함된다.

- **운영 요구 사항**: 운영 요구 사항에서는 라이프사이클 정책과 유지·관리를 다뤄야 한다. 비즈니스에서 설정하는 중요한 요구 사항은 IT 환경의 모든 변경이 멈추는 블랙아웃 기간이다. 연말 마감 또는 생산 사이클의 피크 지점이 해당한다. 라이프사이클에는 IT 환경 구성 요소의 업그레이드, 업데이트, 패치, 수정 관련 모든 정책이 포함된다.
- **연속성과 같이 모든 기본 클라우드 플랫폼에 종속**: 클라우드 공급자는 구성 요소 다운 시간을 없애기 위해 인프라에 적용할 수 있는 다양한 툴, 설정, 정책을 제공한다. 로드 밸런싱, 백본 서비스, 다양한 스택 위의 계획 구성 요소, 구역(데이터센터), 지역 등은 계획을 했든 안 했든 환경이 다운되는 것을 방지하는 방법이다. 이러한 서비스에는 모두 비용이 필요하므로 기업은 적절한 수준의 구성 요소 보호와 관련 운영 요구 사항을 설정하기 위해 무엇이 비즈니스에 중요한지 파악해야 한다.
- **보안 및 접근 요구 사항**: 클라우드 플랫폼은 플랫폼에 배포된 리소스 보호를 위해 고수준의 보안 툴을 제공하지만 보안 정책 및 관련 요구 사항은 실제로 클라우드를 사용하는 비즈니스에서 정의해야 한다. 모든 것은 누가 무엇을 왜 어떻게 접근해야 하는가에서 시작된다. 관리자 계정에 적합한 RBAC 모델을 구현해야 한다.

다음으로 RAIDRisks, Assumptions, Issues, Dependencies와 서비스 분해를 살펴보자.

RAID

서비스 설계와 거버넌스 모델은 RAID 로그를 포함해야 한다. RAID 로그는 항상 정확한 상태를 포함하도록 유지돼야 하고 원칙, 정책, 적용된 비즈니스 및 기술 아키텍처를 조절하고 조정할 수 있는 입력을 제공해야 한다.

서비스 분해

다음은 서비스 분해 즉 서비스의 제품 해체라고 하기도 한다. 클라우드 환경에서 무엇을 사용할 것인가?

- **데이터 구성 요소**: 어떠한 데이터가 어디에 어떠한 형식으로 어떠한 클라우드 기술을 사용해 저장됐는가? SQL, NoSQL 데이터베이스, 데이터 레이크, 파일, 큐 외에도 애저의 Blob, S3, Glacier, Google Cloud Storage 등 각 클라우드 솔루션 관점에서도 생각해보자.

- **애플리케이션 구성 요소**: 환경에서 어떠한 애플리케이션이 지원되며 어떻게 구축되고 구성되는가? 이는 게시해야 할 서비스를 정의하고 비즈니스에 중요하고 중요하지 않은 시스템 사이에 확실한 정의가 있는지를 확인한다. 훌륭한 방법은 시스템을 금, 은, 동으로 나누는 것이다. 금은 비즈니스에 중요한 시스템, 은은 기타 중요한 생산 및 테스트 시스템, 동은 개발 시스템에 비유한다. 하지만 시스템을 분류할 때는 주의해야 한다. 개발 시스템은 비용 관점에서 중요할 수 있다. 100명의 엔지니어가 시간 압박 하에서 특정 시스템을 개발해야 하는데 개발 시스템을 사용할 수 없다고 생각해보라. 엔지니어는 할 일이 사라지고 많은 비용이 들 것이다. 따라서 비즈니스 사례의 중요성은 아무리 강조해도 지나치지 않다.

- **인프라 구성 요소**: VM, 로드밸런서, 네트워크 장치, 방화벽, 데이터베이스, 스토리지 등이다. 인프라 구성 요소가 CMDB 또는 MDR를 구성한다는 사실을 기억하자.

- **클라우드 네이티브 구성 요소**: PaaS 서비스, 컨테이너, 서버리스 기능을 생각해보자. 그리고 포털, CLI 또는 PowerShell, Terraform 등의 코드 인터페이스를 사용해 클라우드 구성 요소를 관리하는 방법을 떠올려보자.

- **보안 구성 요소**: 보안은 모든 계층에 내재돼야 한다. 데이터는 전송 및 유휴 상태에서 모두 보호돼야 하고 애플리케이션은 인가되지 않은 접근으로부터 보호돼야 하고 인프라는 확고해져야 하고 모든 리소스에서 모니터링과 경고가 활성화돼야

한다. 전형적으로 백업과 복원 모두 보안 구성 요소의 일부다. 백업과 복원은 IT 자산 보호와 관련 있지만 최종적으로 데이터와 시스템의 손실을 방지해 비즈니스를 보호한다. 그런 다음 비즈니스에 중요한 기능, 애플리케이션, 시스템을 위한 비즈니스 연속성 및 장애 복구^{BCDR, Business Continuity and Disaster Recovery} 계획을 세워야 한다. BCDR 계획에서 RPO/RTO와 백업 보관 시간 관점에서의 요구 사항은 이러한 중요한 시스템의 아키텍처 및 설계와 관련 있는 입력으로 사용된다.

이전에도 다뤘듯이 이 책은 TOGAF^{The Open Group Architecture Framework}, ADM^{Architecture Development Method} 주기(비즈니스 요구 사항, 데이터, 애플리케이션, 최신 기술)를 따른다. 보안은 모든 계층의 일부로 포함된다. 보안 정책은 나중에 별도로 설명한다.

역할과 책임

지금부터는 서비스 설계 관점에서 다양한 서비스 구성 요소에서 누가 무엇을 하는지, 역할과 특정 역할에서 ID가 수행할 수 있는 작업이 무엇인지 정의한다. 다음 절에서 두 가지 모델을 자세히 설명한다.

거버넌스 모델

서비스 관련 요구 사항을 정의하고 서비스를 설계, 제공, 제어하는 것과 관련 있는 개체를 정의하는 모델이다. 보고 라인과 에스컬레이션을 포함한다. 첫 번째 라인은 요구 사항 설정이고 두 번째 라인은 비즈니스와 IT를 연결하는 역할을 하는 엔터프라이즈 아키텍처를 구성하는 계층이며 세 번째 라인은 IT 제공 조직이다. 모든 라인은 위험과 변경 제어에 대한 입력으로 감사를 받으며 제어된다.

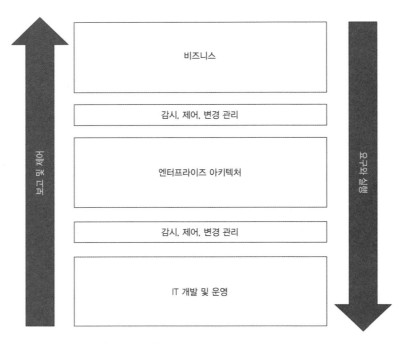

그림 4.6 거버넌스 모델(고수준의 예)

지원 모델

다양한 구성 요소를 지원하는 주체를 설명한다. 전적으로 내부 IT 운영부서나 제3자가 지원할 수 있도록 하는 계약이 필요하다. 아마도 기업은 클라우드 제공자의 지원이 필요할 것이다. 지원 모델은 지원받아야 하는 수준을 정의한다. 이슈에 대해 클라우드 제공자의 전문가와 상담할 정도로 충분할 수도 있지만 기업이 클라우드 운영을 아웃소싱했다면 완전한 지원이 필요할 수도 있다.

지원 모델에서 생각해야 할 중요한 주제는 기업이 플랫폼에서 비즈니스를 실행하는 데 필요한 전문성 수준이다. 2장, '멀티 클라우드 전략을 사용해 비즈니스 가속화하기'에서 이미 말했듯이 기업이 IT를 받아들이는 관점이 많이 바뀌었기 때문에 IT 운영을 인소싱하는 추세가 됐다. 대부분의 기업에서 IT는 핵심 요소가 됐다. 점점 더 많은 기업이 클라우드에 서비스를 배포하기 때문에 자체적으로 훌륭한 클라우드 센터를 구축하고 있지만 분야별 전문지식과 클라우드 제공자의 지원을 함께 받고 있다. 전체 주기의 모든 단계를 거치면 서비스 범위, 서비스 제공 방법, 서비스 지원 주체가 정확하게 설명된 서비스 카탈로그가 만들어진다.

프로세스

여기서는 어떠한 프로세스가 있고 프로세스가 어떻게 관리되는지를 다룬다. 관련 프로세스를 모두 나열하고 설명할 수 있어야 한다.

- 사고 관리
- 문제 관리
- 변경 관리
- 구성 관리
- 자산 관리, CMDB(MDR)
- 구성 관리
- 보고
- 지식 베이스

위에 나열한 것은 ITSM에서 사용하는 표준 프로세스다. 클라우드 환경에서는 자동화 프로세스를 별도 주제로 분류하는 것이 낫다. 데브옵스에서는 모든 코드와 스크립트를 중앙 저장소에 저장해야 한다. 지식 베이스는 저장소의 위키페이지^{Wikipages}에 저장할 수 있다. 제어된 코드 베이스와 지식 베이스가 포함된 데브옵스 파이프라인은 ITSM 프로세스와 ITSM 툴에서 통합돼야 한다. 여기서도 사용자가 항상 단일 창을 사용해 시각적으로 모든 것을 확인하길 원한다는 것을 잊으면 안 된다.

아직 다루지 않은 중요한 프로세스가 있다. 바로 요구와 요구 이행이다. 요구는 비즈니스 수요에서 시작된다. 다음 단계는 수요를 분석하고 비즈니스 위험 평가를 수행하는 것이다. 이 단계에서 비즈니스 기능의 중요도가 결정되고 필요한 데이터에 맵핑된다. 그런 다음 요구가 비즈니스 정책과 보안 기준에 맵핑된다. 그리고 나서 서비스 분해에서 설명한 대로 RBAC가 구현되고 리소스가 서비스에 맞춰 배포되는 것을 고려해 IT 구성 요소를 개발하고 배포하는 방법에 관한 파라미터를 설정한다. 이러한 프로세스를 요구 이행이라고 한다. 특정 리소스에 다른 서비스를 사용해야 한다면 서비스 카탈로그가 변경된다.

비용

여기서는 비용 유형과 비용을 모니터링하고 평가하는 방법을 알아본다. 그리고 비즈니스 안에서 비용이 할당되는 방법을 자세히 설명하는 지불 거절chargeback 모델을 설명한다. 지불 거절은 일반적으로 퍼블릭 클라우드 안에서의 구독 모델, RBAC 설계, 리소스에 배포된 네이밍 및 태깅 표준을 기반으로 한다. 비용은 주기적으로 평가돼야 하고 기업은 비용과 관련해 명확한 통제 권한을 위임받아야 한다. 예산을 설정하고 관리 비용을 경고하는 방법을 구현해야 한다. 필요하다면 IT 지출 한도를 설정해야 한다. 누가 비용을 어디서 무엇으로 어떻게 소비하는지 모르는 것을 뜻하는 아멕스 아마게돈Amex Armageddon을 알아보자. 모르는 사이에 하둡Hadoop 클러스터가 실행될 수 있다.

퍼블릭 클라우드 비용은 VM 또는 연결 요금 관점에서 배포된 리소스별 비용이 아니다. 데이터 송·수신도 네트워크 연결, 방화벽, 데이터베이스 사용 등의 항목으로 비용이 청구된다. 많은 부분에서 비용을 지불해야 하며 비용은 사용자가 배포하는 솔루션에 달려 있다. '모든 길은 로마로 통한다'라는 속담과 비슷하다. 비용을 고려할 때 라이선스는 반드시 포함시켜야 한다. 많은 소프트웨어에서 라이선스가 필요하지만 퍼블릭 클라우드는 라이선스에 확장성을 부여한다.

기업용 라이선스를 사용하는 소프트웨어에서 확장scale up, 축소scale down, 증설scale out이 가능한지 확인해보자. 퍼블릭 클라우드는 기업용 계약, 프리미엄 계약, 리셀러resellers를 통한 계약 등 서로 다른 조건의 다양한 라이선스 모델을 제공한다. 13장, '청구서 검증 및 관리하기'에서는 FinOps, 재무 운영, 비용 관리, 라이선스, 과금, 재무 제어를 다룬다. 비즈니스 재무 제어가 포함돼야 하며 멀티 클라우드 환경에서의 FinOps를 알아야 한다.

보안

지금까지 보안을 많이 강조했다. 보안은 본질적이며 이러한 말은 보안이 비즈니스에서 엔터프라이즈 아키텍처를 통한 플랫폼의 실제 배포와 관리까지 모든 멀티 클라우드 환경의 계층의 일부로 존재한다는 뜻이다. 그리고 보안은 모든 단일 서비스와 서비스 구성 요소에 포함된다. 이번 절에서는 다양한 클라우드 솔루션 사용에 대한 비즈니스 위험 평가와 위험을 낮추는 방법을 알아본다. 위험을 낮추기 위해 기업이 반드시 준수해야 하는 비즈니스 보안 프레임워크와 클라우드 제공자가 적극 지원하고 그들의 표준에 통합한 보안 프레임워크 사이의 차이 분석을 수행한다.

주요 클라우드 플랫폼이 대부분의 업계 최고 수준의 프레임워크를 지원하지만 감사 때 증명하는 것은 기업의 책임이다. 따라서 환경을 감사하는 방법(내·외부적으로)과 감사 빈도, 감사 결과를 경감시키기 위한 프로세스를 함께 설명한다. 이러한 경감 행동은 변경 자체, 조절된 솔루션, 서비스 카탈로그의 변경을 문서화하기 위해 변경 프로세스를 지켜야 한다. 내부 감사와 CISO가 항상 포함돼야 한다는 점이 중요하다. 17장, '보안 모니터링 구현 및 통합하기'에서 보안 운영의 종류인 SecOps를 자세히 설명한다. 5장에서는 아키텍처를 깊이 다룬다.

▌ 요약

4장에서는 클라우드 채택 프레임워크의 주요 항목을 학습했고 여러 가지 프레임워크가 공통점이 있다는 사실을 알게 됐다. 애플리케이션을 클라우드 플랫폼으로 마이그레이션을 수행하고 변환할 수 있는 시점까지의 클라우드 도입 7단계를 알아봤다. 멀티 클라우드 환경에서는 제어 및 관리가 어렵다. 이러한 문제를 해결하기 위해 단일 창 방식을 사용할 수 있고 단일 창을 구현할 수 있는 소수 툴도 있다.

플랫폼의 다른 리소스에 대해 누가 무엇을 언제 왜 수행할 수 있도록 승인됐는지를 파악하기 위해 사용자 환경의 ID를 이해하는 것이 매우 중요하다. ID는 거버넌스 모델을 설정하는 핵심이 된다. 거버넌스 모델은 서비스 설계의 기초다. 4장 후반부에서 서비스 설계의 여러 가지 요소를 살펴봤다. 당연히 모든 것은 아키텍처에서 시작되며 5장, '아키텍처 생성 및 관리하기'에서 자세히 학습한다.

▌ 질문

1. "비즈니스 환경을 퍼블릭 클라우드로 마이그레이션할 계획이 있다. 여기서 평가는 퍼블릭 클라우드에서 대상 환경을 설계하는 데 중요한 단계다." 참인가, 거짓인가?
2. "비즈니스에 클라우드 채택 프로그램을 사용할 계획이 있다. 여기서 비용 관리를 클라우드 채택 프레임워크의 일부로 고려해야 한다." 참인가, 거짓인가?
3. IAM은 클라우드 플랫폼으로 전환하는 데 중요한 역할을 한다. 엔터프라이즈 환경에서 ID 디렉터리로 가장 많이 사용되는 환경은 무엇인가?

▌ 참고문헌

지금까지 설명한 주제에 대해 4장에 포함된 URL과 다음 책을 참고해 더 자세히 확인할 수 있다.

- Jochen Nickel, 『Mastering Identity and Access Management with Microsoft Azure — Second Edition』(Packt, 2019)
- Zeal Vora, 『Enterprise Cloud Security and Governance』(Packt, 2017)

05

엔터프라이즈
클라우드 아키텍처 관리하기

4장에서 다양한 클라우드 기술 전략을 학습했고 ID 및 접근 관리 모델을 알아봤고 거버넌스 원칙을 포함한 서비스 모델과 멀티 클라우드 네트워크 토폴로지도 만들었다. 이제 무엇을 해야 하는가? 지금부터는 기업으로서 멀티 클라우드에서 IT 환경을 관리한다. 멀티 클라우드의 IT 환경을 성공적으로 관리하기 위해서는 엔터프라이즈 아키텍처를 유지하는 데 많은 노력이 필요하다. 따라서 5장에서는 멀티 클라우드 아키텍처의 유지·보호를 다룬다.

5장에서는 TOGAF^{The Open Group Architecture Framework}를 사용해 멀티 클라우드를 위한 엔터프라이즈 아키텍처를 갖추는 방법론을 설명한다. 보안, 데이터, 애플리케이션 등 다양한 도메인 관련 아키텍처 원칙을 정의하는 방법을 학습하고 여러 단계를 거쳐 아키텍처를 계획하고 생성하는 방법도 알아본다. 마지막으로 아키텍처 검증의 필요성과 검증 방법을 탐구한다.

5장에서는 다음 주제를 다룬다.

- 멀티 클라우드 아키텍처 원칙 정의하기
- 아키텍처 아티팩트artifact(유물) 생성하기
- 멀티 클라우드 아키텍처 안에서의 작업과 위험 방지
- 변경 관리와 검증
- 아키텍처 검증

▌ 멀티 클라우드 아키텍처 원칙 정의하기

5장은 엔터프라이즈 아키텍처에서 다시 시작한다. TOGAF의 ADM 주기는 모든 엔터프라이즈 아키텍처를 시작하는 데 사용되는 안내 및 프레임워크다. 2장, '멀티 클라우드 전략을 사용해 비즈니스 가속화하기'에서 아키텍처의 생산 주기는 비즈니스에서 시작되지만 실제로 비즈니스 아키텍처를 정의하기 전에 2단계를 거쳐야 한다는 것을 배웠다. 프레임워크를 설정하는 예비 단계가 있으며 예비 단계에는 아키텍처 원칙이 있다. 그림 5.1은 예비 단계가 실제 주기의 첫 번째 단계에 반영되는 것을 보여준다.

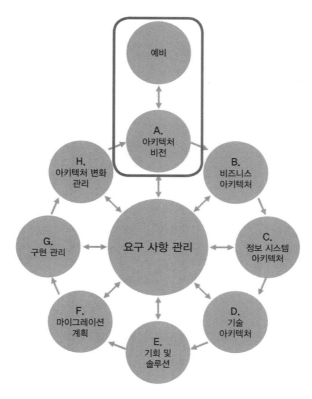

그림 5.1 TOGAF ADM 주기에서의 예비 단계와 아키텍처 비전

예비 단계의 핵심은 아키텍처를 실행하는 가이드라인인 아키텍처 원칙이다. 많은 원칙이 있으므로 맨 먼저 할 일은 비즈니스에 적합한 원칙 그룹을 생성하는 것이다. 원칙을 통해 비즈니스 목표를 달성할 수 있어야 한다는 것을 알아야 한다. '클라우드 우선'이 비즈니스 전략이 아니듯 클라우드로 전환하는 것은 비즈니스의 목표가 아니다. 클라우드 전환과 클라우드 우선은 기술 구문일 뿐이며 그 이상을 의미하지 않는다. 원칙은 그 이상을 해야 한다. 원칙은 아키텍처 결정을 도와줘야 하고 내구성과 일관성이 있어야 한다.

기업이 비즈니스 기능과 애플리케이션을 호스팅할 때 클라우드를 플랫폼으로 선택하기로 결정하면 유연성, 민첩성, 비용효율성 등의 원칙을 고려한다. 비용효율성의 의미가 궁금할 수 있다. 일반적으로 비즈니스는 워크로드를 클라우드 플랫폼으로 이동하는 것이 온프레미스에 그대로 유지하는 것보다 비용이 적게 든다고 생각한다. 실제로 비용이 적게 들 수도 있지만 애매한 원칙을 사용해 만들어진 잘못된 아키텍처 결정을 따라 클라우드에서 잘못된 결정을 내린다면 비용이 더 많이 들 수 있다. 따라서 모든 원칙을 고려해야 한다.

- 원칙이 비즈니스 목표를 지원하는가?
- 원칙이 여러 가지 의미로 해석되지 않도록 명확한가?
- 원칙이 명확하게 정의된 솔루션을 이끌어내는가?

다음은 원칙을 정의하기 위해 분류된 그룹이다.

- 비즈니스
- 보안, 규정 준수
- 데이터 원칙
- 애플리케이션 원칙
- 인프라 및 기술 원칙
- 사용성
- 프로세스

아래에서 각 그룹을 자세히 설명한다.

비즈니스 원칙

비즈니스 원칙은 비즈니스 유닛이 목표와 전략을 설정하는 데서 시작된다. 비즈니스 원칙은 비즈니스 미션 선언을 준수하고 단기적, 장기적으로 달성하려는 목표를 설명한다. 다음과 같은 주제가 여기에 포함될 수 있다.

- 빠른 고객 응대
- 신제품 출시 속도 향상TTM, Time To Market
- 상품 또는 서비스 품질의 향상
- 직원과의 많은 교류
- 새로운 웹사이트 또는 웹 마켓 출시 등의 실제 디지털 목표

목표는 SMART여야 한다. SMART는 구체적specific이고 측정 가능measurable하고 달성 가능attainable하고 관련relevant 있고 시기 적절timely해야 한다는 뜻이다. 예를 들어 SMART 공식 목표가 '6월 1일 북미 지역에서 상품 X가 웹마켓에서 출시되는 것'일 수 있다. 정의된 지역의 구체적인 제품으로 범위가 한정되고 특정 날짜를 대상으로 한다. 이러한 예시 목표는 SMART로 측정할 수 있다.

이는 TOGAF ADM의 B 단계에서 수행하는 작업이다. 비즈니스 아키텍처를 완성하는 아키텍처 개발 방법 단계다. 이 책은 TOGAF에 관한 것은 아니지만 엔터프라이즈 아키텍처를 실행하기 위해서는 일관된 참조를 하는 것이 바람직하다. TOGAF는 이러한 경우 표준으로 생각할 수 있다. 비즈니스 원칙은 비즈니스가 내리는 비즈니스 목표와 전략적 결정을 이끈다. 따라서 비즈니스 원칙은 모든 후속 아키텍처 단계의 전제 조건이 된다.

보안 및 규정 준수

보안 및 규정 준수는 모든 아키텍처에서 중요하지만 원칙은 간단하다. 보안 및 규정 준수 원칙은 아키텍처의 모든 단일 요소에서 매우 중요하므로 비즈니스 원칙 다음으로 중요한 원칙 그룹이다. 최근 들어 제로 트러스트zero trust와 설계된 보안이 중요해지고 있다. 제로 트러스트와 보안 설계는 원칙이 될 수 있다. 제로 트러스트를 지키는 조직은 네트워크와 플랫폼 안의 어떠한 것도 신뢰하지 않는다. 모든 장치, 애플리케이션, 사용자를 감시한다. 플랫폼은 장치, 애플리케이션, 사용자가 플랫폼 또는 네트워크 내부에 존재하지 않도록 미세 세분화돼 있다. 여기서 문제는 제로 트러스트를 단지 기술적 방법으로 여기는

것이다. 제로 트러스트는 기술적 방법이 아닌 중요한 비즈니스 원칙이며 보안을 다른 관점에서 바라본다. 제로 트러스트는 조직이 공격받았다고 가정하고 실제 피해가 무엇인지 파악한다. 이는 MITRE ATT&CK 등의 프레임워크가 보안을 바라보는 시각이기도 하다.

설계된 보안은 환경의 모든 구성 요소가 그 자체의 아키텍처(내장된 보안)로 보호되도록 설계되는 것을 의미한다. 설계된 보안은 네트워크 장치를 포함한 플랫폼과 시스템이 강화되고 코드가 암호화 또는 해시를 통해 공격으로부터 보호되는 것을 의미한다. 또한 아키텍처 자체가 이미 미세 세분화돼 있고 보안 프레임워크가 적용됐다는 것을 의미한다. 여기에 사용되는 프레임워크에는 CIS^{Center for Internet Security}가 있다. CIS는 IT 스택의 여러 계층에 대한 다양한 공격을 방어하는 20개의 중요한 보안 제어를 제공한다. CIS가 스스로 말했듯이 CIS는 모든 공격을 방어하진 못한다. 조직은 어떠한 보안 통제 방법을 어느 정도의 크기로 구현해야 할지 분석해야 한다.

제어 13(데이터 보호)을 선택했다고 가정해보자. 제어는 전송 중인 데이터와 저장된 데이터를 암호화할 것을 권고한다. CIS는 조직이 어떠한 종류의 HSMs^{Hardware Security Modules}를 사용해야 하고 어떠한 수준의 암호화를 사용해야 하는지는 알려주지 않는다. 단지 조직이 암호화를 사용하고 안전하게 보관된 암호화 키로 데이터를 보호해야 한다고 설명만 한다. 암호화 수준과 유형을 결정하는 것은 아키텍트의 역할이다.

규정 준수 원칙과 관련해 비즈니스가 준수해야 하는 국제적, 국가적, 지역 법률, 산업 규정을 확실히 알아야 한다. 여기에는 (개인) 데이터의 저장, 사용과 직접적인 관련이 있는 개인정보 보호 관련 법률과 규정이 포함된다. 규정 준수 원칙의 예로 아키텍처가 GDPR^{General Data Protection Regulation}을 준수해야 한다는 것이 있다. 이러한 원칙은 단 6개 단어로만 구성돼 있지만 데이터가 저장되는 환경(기록 시스템)과 이러한 데이터에 접근하는 방법(참여 시스템)을 보호하고 안전하게 하는 많은 작업을 의미한다. 이러한 원칙에 필요한 기술이 데이터베이스, 데이터 암호화, 데이터 접근을 위한 인증 및 권한 부여는 아니다. 멀티 클라우드에서는 기존 데이터센터와 비교하면 더 어려운 요소가 많다. 다양한 클라우드, PaaS,

SaaS 솔루션을 사용하면 데이터를 스토리지와 데이터 사용량 관점에서 어느 곳이든 배치할 수 있다.

데이터 원칙

앞에서 설명했듯이 멀티 클라우드 환경에서 흥미롭지만 어려운 부분이 바로 데이터 원칙이다. 데이터 원칙은 데이터 기밀성과 데이터 보호와 관련 있다. 5장 전반부에서 클라우드 환경의 두 가지 중요한 기술 용어를 간단히 설명했다.

- **기록 시스템**Systems of record : 데이터를 관리하고 정보를 저장하는 시스템이다. 즉 데이터를 보유하는 시스템이다. 클라우드에는 일반적으로 데이터베이스가 있지만 클라우드 플랫폼은 확장성이 있으므로 수많은 데이터 소스를 연결하는 다수의 데이터베이스로 구성된 거대한 데이터 저장소를 배포할 수 있다. 즉 퍼블릭 클라우드는 데이터 레이크를 호스팅하는 데 적합한 플랫폼이다.
- **참여 시스템**Systems of engagement : 데이터를 수집하고 접근하는 데 사용하는 시스템으로 다양한 시스템이 있다. 이메일, 공동 작업 플랫폼, 콘텐츠 관리 시스템, 데이터를 수집한 후 중앙 데이터 플랫폼으로 전송하고 데이터 플랫폼에서 데이터를 검색하는 모바일 애플리케이션 또는 IOT 장치 등이 포함된다.

그림 5.2는 ERPEnterprise Resource Planning, CMSContent Management, CRMCustomer Relationship Management 시스템을 기록 시스템의 예로 사용해 기록 시스템과 참여 시스템의 대략적인 개요를 보여준다.

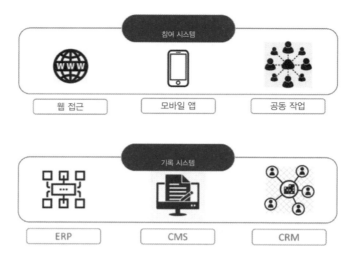

그림 5.2 참여 시스템, 기록 시스템의 간단한 예

기록 시스템과 참여 시스템 생태계는 규모가 크고 점점 성장하고 있다. 로우 데이터를 보관하는 큰 규모의 데이터 저장소인 데이터 레이크는 전에 설명한 바 있다. 이러한 데이터로 작업하기 위해서는 데이터 과학자^{data scientist}가 분석을 수행하기 위한 정밀한 데이터세트를 정의해야 한다. 애저는 Data Factory와 Databricks, AWS는 EMR과 Athena, Google은 BigQuery로 이러한 작업을 지원한다.

모든 업무와 비즈니스 결정이 실제 데이터로 이뤄지므로 빅데이터와 데이터 분석은 비즈니스가 데이터 중심화를 추진하는 과정에서 점점 중요해지고 있다. 클라우드는 페타바이트 단위의 데이터를 저장할 수 있고 시스템은 이러한 작업을 유발하기 위해 데이터를 빠르게 분석할 수 있어야 하므로 모델에 새로운 계층이 존재한다고 생각하는 아키텍트가 많아지고 있다. 새로운 계층은 머신 러닝과 인공지능^{AI, Artificial Intelligence}을 활용한 '지능 시스템'을 갖게 된다. 애저는 애저 ML, AWS는 SageMaker, Google은 Cloud AI로 AI 기반 솔루션을 제공한다. 그림 5.3에서 새로운 계층인 지능 시스템을 확인할 수 있다.

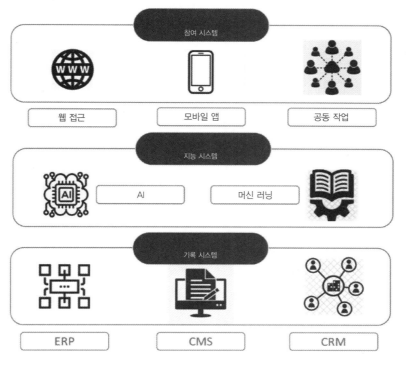

그림 5.3 지능 시스템 계층의 간단한 예

기록 시스템과 참여 시스템의 기본 리소스 유형은 제한이 없다. 물리 서버에서 가상 머신, 컨테이너, 여러 기능까지 뭐든지 될 수 있다. 기록 시스템과 참여 시스템은 특정 리소스의 기능과만 관련 있다.

애플리케이션 원칙

데이터는 그 자체로 존재할 수 없다. TOGAF 단계 C에서는 데이터와 애플리케이션을 하나의 아키텍처 단계로 그룹화한다. 최신 애플리케이션에서 주요 애플리케이션 원칙 중 하나는 스티븐 스피웍Steven Spewak의 엔터프라이즈 아키텍처 계획의 권장 사항을 준수해 데이터 기반 접근법을 사용하는 것이다. 1992년에 나온 개념이지만 이 접근법은 멀티 클라우드 환경에서 지금까지도 관련이 매우 깊다. 스피웍도 말했듯이 비즈니스 미션은 모든 아키텍처에서 가장 중요한 요소다. 비즈니스 미션은 데이터 중심이다. 기업은 데이터 기반으로 의사결정을 하므로 데이터는 관련성, 접근 가능성, 사용 가능성이 있어야 한다.

이러한 원칙은 비즈니스에 데이터를 드러내는 애플리케이션과 관련 있다. 애플리케이션은 데이터의 질을 보호하고 데이터에 접근할 수 있도록 하며 데이터를 사용할 수 있는지 확인해야 한다. 물론 데이터 접근성과 관련해 많은 논쟁이 있을 수 있다. 다만 애플리케이션 아키텍처와 관련 있는 유일한 원칙은 데이터에 접근할 수 있도록 한다는 것이다. 누가 어떠한 조건에서 데이터에 접근하는지는 보안 원칙이다.

멀티 클라우드에서는 스토리지 데이터와 애플리케이션 형식이 변경된다. 스피웍은 인터넷이 발달하고 클라우드 개념이 생기기 전인 1990년대 초 자신의 방법론을 저술했다. 최근에 나온 애플리케이션은 일반적으로 단일 구조^{monolithic} 또는 클라이언트-서버 기반이 아니지만 기업은 아직도 레거시 아키텍처를 사용하는 대규모 애플리케이션을 보유할 수 있다. 클라우드 네이티브 앱은 역할과 기능으로 정의되며 코드 기반 모듈화와 마이크로서비스 사용 원칙을 기반으로 한다.

클라우드 네이티브 앱은 API를 사용하거나 다른 앱의 특정 기능을 호출해 다른 앱과 통신한다. 클라우드 네이티브 앱은 같은 플랫폼에서 실행할 필요가 없으며 어디서든 호스팅될 수 있다. 몇몇 아키텍트는 메인 프레임의 단일 구조 애플리케이션이 복잡하다고 여기는 경향이 있으므로 이를 멀티 클라우드의 복잡한 앱이 어떻게 활용되는지를 알아내는 지침으로 사용한다. 하지만 다수의 애플리케이션 아키텍처 원칙은 여전히 유효하다. 기술은 변할 수 있지만 애플리케이션 기능은 여전히 데이터를 렌더링하고 접근을 가능하게 하고 데이터를 사용할 수 있도록 해 비즈니스를 지원하는 것이다.

최근 애플리케이션의 주요 원칙은 클라우드 네이티브 기술의 구체적인 특성을 고려한다. 최신 앱은 이동성을 지원하고 열린 표준을 사용해 플랫폼 독립적이어야 하고 상호 운용성을 지원하고 확장할 수 있어야 한다. 앱은 사용자가 언제 어디서든 앱과 함께 작업할 수 있도록 해야 한다. 중요한 사항은 애플리케이션에 대한 요구 사항이 엄청난 속도로 바뀐다는 것이다. 사용자는 점점 더 많은 것을 앱에게 요구하므로 개발 파이프라인에서 매우 빠른 속도로 변경 사항을 적용할 수 있도록 민첩하게 설계해야 한다. 클라우드 기술은 이것을 지원한다. 코드를 쉽게 변경할 수 있다. 하지만 이를 위해서는 애플리케이션이 런북^{runbook} (에러 방지와 후일의 시스템 변경이나 프로그램 수정에 대비하기 위해 프로그램 구성과 처리 순서 등을 작성해 놓은 문서)을 포함해 제대로 설계되고 문서화돼 있어야 한다.

인프라 및 기술 원칙

마지막으로 기계, 전선, 너트, 볼트 등의 실제 기술에 도달한다. 당연히 여기서 언급한 너트, 볼트는 가상의 너트, 볼트를 의미한다. 데이터는 멀티 클라우드 환경의 여러 장소에 저장되고 애플리케이션이 클라우드 네이티브로 구축됐기 때문에 기본 인프라가 클라우드 네이티브를 지원해야 한다. 이는 TOGAF에서 D 단계이며 아키텍처 개발 단계로 플랫폼 위치, 네트워크 토폴로지, 특정 애플리케이션과 데이터 저장소에 사용할 인프라 구성 요소, 시스템 상호 종속성으로 구성된다.

멀티 클라우드에서는 애플리케이션과 데이터가 존재하는 랜딩 존 구성에서 시작된다. 3장, '연결 설계하기'에서 설명했듯이 이는 연결에서 시작된다. 따라서 네트워크 아키텍처는 인프라 및 기술 아키텍처에서 자세히 다뤄야 할 첫 번째 구성 요소다. 여기서 함정은 기술 표준으로 사용할 제품을 정의할 때까지 인프라와 기술이 준수해야 하는 원칙을 포함한 긴 목록을 아키텍트가 만들어낸다는 것이다. 하지만 제품이 포함된 카탈로그는 포트폴리오의 일부다. 원칙은 구속되지 않으면서 일반적이고 지침이 돼야 한다. 기술 표준과 제품 목록은 원칙이 아니라는 말이다. 일반적인 원칙은 최첨단 기술과 관련 있을 수도 있다. 첨단 기술은 새롭고 검증되지 않았고 실험적인 기술이므로 환경에 배포할 때 불안정하고 신뢰할 수 없어 위험을 초래할 수 있다.

인프라 관련 다른 중요한 원칙은 확장 가능성(확장, 축소, 증설)이 있고 미세 세분화가 가능해야 한다는 것이다. 이전에 이미 인프라에 대한 구체적인 요구 사항을 설정하는 12요소 앱을 설명한 바 있다. 12요소 앱이 원칙으로 사용될 수 있다. 12요소 앱의 원칙은 2005년에 만들어졌지만 2장, '멀티 클라우드 전략을 사용해 비즈니스 가속화하기'에서 이미 결론 내린 대로 여전히 매우 정확하고 관련이 깊다. 12요소 앱은 인프라에 대한 다음과 같은 세 가지 주요 요구 사항을 설정한다.

- 앱은 서로 다른 플랫폼 간의 이식이 가능하므로 플랫폼에 제한되지 않고 특정 시스템 설정 서버에 종속되지 않는다.
- 애플리케이션 개발 단계와 생산 단계는 거의 차이가 없으므로 지속적인 개발과 배포가 가능하다. 앱이 배포된 플랫폼은 개발과 배포를 지원해야 한다(모든 것이 기본적으로 코드 기반이라는 것을 의미한다).
- 앱은 자신의 아키텍처를 크게 변경하지 않고 확장이 가능하다.

다음 절에서는 사용성과 프로세스 원칙을 알아보고 클라우드 환경으로의 이동과 전환도 학습한다.

사용성 원칙

사용성 원칙 그룹은 멀티 클라우드 아키텍처에서 특이하게 보일 수 있다. 일반적으로 사용성은 명확한 인터페이스와 사용자 관점에서 투명한 앱 탐색을 통한 앱 사용의 편의성과 관련 있다. 하지만 이는 아키텍처에 대한 제약이 있다는 것을 뜻한다. 사용성을 위해서는 멀티 클라우드 환경에서 호스팅되는 애플리케이션에 사용자가 접근할 수 있어야 한다. 결국 애플리케이션에 접근하는 방법과 접근해야만 하는 방법을 고려해야 한다. 이러한 방법은 연결, 라우팅과 밀접한 관련이 있다. 사용자가 인터넷으로 접근해야 하는지 아니면 사무실 네트워크에서만 특정 앱에 접근할 수 있는지, 만약 그렇다면 클라우드 네트워크에서 DMZ를 설계해야 하는지 그리고 멀티 클라우드에서 점프박스jump box(점프 서버, 점프 호스트와 같은 의미다)를 어디에 둘지 등을 모두 고려해야 한다.

멀티 클라우드 애플리케이션의 구성 요소는 여러 플랫폼에서 만들 수 있다. 사용자는 이를 신경쓰지 말아야 한다. 기본 기술 설정은 사용자에게 완전히 투명해야 한다. 이 투명함은 기술 투명성이라는 아키텍처적 결정을 시사한다. 아키텍트는 비즈니스 요구 사항에서 데이터의 안전한 사용과 최종사용자의 애플리케이션에 대한 보호된 접근성을 제공하기 위해 지속적으로 노력해야 한다. 이것이 완벽한 아키텍처를 이끌어낸다.

프로세스 원칙

마지막 원칙 그룹은 프로세스 그룹이다. 프로세스 그룹은 ITSM^{IT System Management} 프로세스에 관한 것이 아니라 멀티 클라우드 배포와 자동화 프로세스에 관한 것이다. 최대한 자동화하는 것은 멀티 클라우드 원칙 중 하나다. 대부분 수동으로 수행하는 작업을 자동화된 워크플로우에 정의해야 한다. 코드 전용 원칙이 정의돼 있다면 추후 코드베이스나 마스터 분기점에서 작업해야 하는 원칙을 정할 수 있다. 코드를 나누고 변경해야 할 경우 변경된 코드는 마스터 코드로 커밋^{commit}(저장소에 소스 코드 일부의 최신 변경 사항을 추가해 이러한 변경 사항을 저장소의 최상위 리비전^{head revision}의 일부로 만들어주는 것)할 수 있다. 마스터 코드는 승인 및 생산과 완전히 분리된 환경에서 테스트를 수행한 경우에만 커밋할 수 있다. 이는 환경의 라이프사이클 프로세스와 관련 있다.

따라서 프로세스는 작업 방법에 더 집중한다.

최근 많은 기업이 애자일, 데브옵스 방식을 사용하고 있다. 이들이 정의된 방법이라면 원칙으로 나열돼야 한다. 예를 들어 개발은 SAFe^{Scaled Agile Framework} 또는 스포티파이^{Spotify} 모델로 수행된다. 이러한 원칙에 따라 기업은 팀, 작업 패키지, 에픽, 기능, 제품 잔고 등이 계획되는 방법을 정의해야 한다. 하지만 이는 더 이상 원칙의 일부가 아니라 원칙의 결과다. 원칙을 너무 복잡하게 만드는 것은 위험하다. 특히 프로세스에서는 실제 프로세스를 설명하지 않고 원칙을 설명하는 것이 중요하다.

전환 및 변환

지금까지 학습한 내용이 아키텍처 비전 즉 아키텍처의 최종 상태와 아키텍처의 목표에 대한 고수준의 이해로 연결돼야 한다. 하지만 아키텍처는 최종 상태에 관한 설명이나 청사진 그 이상을 의미한다. 아키텍처는 최종 상태에 어떻게 도달할 것인가에 대한 가이드인 로드맵도 제공해야 한다. 지금부터 IT 프로그램이 전형적으로 실행되는 방식인 전환과 변환을 알아본다.

최종 상태를 완전한 클라우드 채택으로 가정해보자. 이는 기업이 모든 IT 시스템, 데이터, 애플리케이션을 클라우드에 갖고 있다는 뜻이다. 모든 것이 코드 기반이고 CI/CD 파이프라인에서 자동화, 배포, 관리된다. 그리고 컨테이너와 서버리스 기능 등의 기본 기술을 채택했다. 2장, '멀티 클라우드 전략을 사용해 비즈니스 가속화하기'에서 이러한 단계를 동적 단계로 정의했지만 이는 기술 단계다. 동적 단계는 아키텍처 최종 상태의 일부가 될 수 있지만 이 동적 기술이 비즈니스 요구 사항을 충족시키고 최종 상태에서 환경을 운영할 준비가 돼 있는지 확인해야 한다. 이러한 최종 상태를 FMO^{Future Mode of Operation}라고 한다.

그렇다면 FMO로 어떻게 도달할 수 있는가? 처음에는 CMO^{Current Mode of Operation}나 PMO^{Present Mode of Operation} 등의 현재 상태를 파악해야 한다. 기존 환경을 적절하게 평가하는 것은 기업의 IT 환경에 존재하는 인프라, 연결, 데이터, 애플리케이션에 대한 명확한 통찰력을 얻는 방법이다. 여기서부터 FMO로의 전환과 변환 설계를 시작할 수 있다. 그림 5.4는 이전에 설명한 스피워의 방법론을 CMO-FMO 계획과 결합한 것이다.

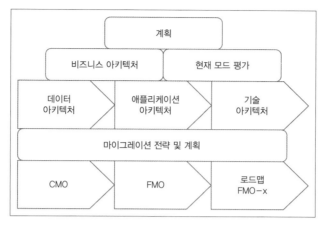

그림 5.4 전환 계획과 결합된 스피웍(Spewak)의 엔터프라이즈 아키텍처 모델

애플리케이션 변경 없이 IaaS나 베어 메탈을 사용해 퍼블릭 클라우드로 이동하기만 하면 전환이라고 할 수 있다. 기술 단계는 표준 단계가 된다. 전환은 워크로드를 이동시키는 것을 의미하지만 기술이나 서비스 관점에서 변경되는 것이 없다. 게다가 클라우드 기술을 사용해 더 민첩한 환경, 더 유연하고 비용-효율적이 되는 것도 아니다. 이것을 달성하기 위해서는 변환을 해야 한다. 데이터와 애플리케이션의 기반 기술을 변경해야 한다. 이것은 아키텍처를 통해 고려해야 하고 다음 질문에 답할 수 있어야 한다. 왜 변해야 하는가? 무엇을 변경하는가? 애플리케이션을 어떻게 변경하는가? 동작하지 않는 경우 원래대로 되돌릴 방법은 무엇인가?

전환 및 변환 관점에서 다뤄야 할 논의 사항이 있다. 한 번 더 말하자면 전환은 기본 기술과 서비스를 변경하지 않는다. 환경을 A에서 B로 이동시킬 뿐이다. 그런데 이러한 전환이 퍼블릭 클라우드로의 전환인 경우에도 마찬가지일까? 애플리케이션을 애저, AWS, GCP로 이동하는 것은 기본 플랫폼이나 서비스를 변경하는 것을 의미한다. 애플리케이션을 주요 퍼블릭 클라우드로 이동하면 서비스는 거의 변하게 된다. 지금 우리는 퍼블릭 클라우드 제공자라는 제3자를 우리 환경에 들이고 있다. 따라서 클라우드 제공자와 우리 환경에 대해 합의하고 있는 것이다. 이는 애플리케이션이 퍼블릭 클라우드에서 호스팅되는 방법에 대한 조건과 기간으로 구성된다. 이것은 확실한 변경 관리 프로세스에서 아키텍처가 다뤄야 할 사항이다.

█ 아키텍처 아티팩트 생성하기

아키텍처를 설명하는 문서 계층은 엔터프라이즈 아키텍처로 시작된다. 이것이 아키텍처 아티팩트다. IT 환경의 다양한 구성 요소를 다루는 고수준 설계와 저수준 설계가 엔터프라이즈 아키텍처 다음을 이룬다. 이에 관해서는 다음 절에서 더 자세히 알아본다. 이번 절에서는 아티팩트 생성을 간략하게 소개할 뿐이다. https://publication.opengroup. org/i093에서 아티팩트 샘플을 확인하고 관련 템플릿이 포함된 ZIP 파일을 다운로드할 수 있다.

비즈니스 비전 생성하기

비즈니스 비전을 생성하는 데 수 년이 걸릴 수도 있지만 아키텍처에서 여전히 중요한 아티팩트다. 비즈니스 비전은 비즈니스가 달성하려는 목표를 설정한다. 비즈니스 비전이 아키텍처 결정을 이끌 것이므로 비즈니스 비전은 장기적 전망이 돼야 한다. 클라우드 환경은 서비스의 민첩한 배포를 도와주지만 임시적인 배포가 되면 안 된다.

비즈니스 비전은 재정, 서비스 및 제품의 질, 비즈니스의 지속 가능성, 목표가 되는 비즈니스 및 시장 도메인의 잠재적 성장 관점에서의 장기적 목표에 집중한다. 비즈니스 비전은 엔터프라이즈 아키텍처의 입력이 된다. 엔터프라이즈 아키텍트는 비전의 관점을 제공하는 중요한 사람이지만 비즈니스 비전은 아키텍트가 작성하지 않는 유일한 문서다. 비전은 현실적이고 도달할 수 있어야 한다. 아키텍처는 비전을 도와주고 목표 달성을 이끌어야 한다.

엔터프라이즈 아키텍처

아키텍트가 작성하는 첫 번째 문서로 엔터프라이즈 또는 비즈니스 아키텍트가 주도하는 아키텍트 팀이 만들어낸 것이다. 아키텍트는 도메인 아키텍트와 함께 작업할 것이다. 도메인 설계자는 클라우드 아키텍트이거나 클라우드 네이티브 개발 전문 아키텍트일 수 있다. 엔터프라이즈 아키텍처는 비즈니스 구조와 프로세스를 설명하고 이를 정보의 사용과 필요에 접목한다. 즉 엔터프라이즈 아키텍처는 비즈니스와 IT를 연결한다.

원칙 카탈로그

원칙 카탈로그는 이후 개발될 모든 아키텍처에 적용돼야 하는 모든 아키텍처 원칙이 포함된다. 5장, 첫 번째 절에서 자세히 언급했다. 원칙은 아키텍처 도메인별로 구성된다.

요구 사항 카탈로그

요구 사항 카탈로그는 비즈니스 비전에 명시돼 있고 목표 달성을 위해 기업이 제시한 모든 요구 사항을 포함한다. 비즈니스 비전에서 요구 사항 카탈로그로 옮기는 것은 힘든 일이므로 엔터프라이즈 아키텍처와 원칙 카탈로그를 작성하는 중간 단계가 있다. 여기서 비즈니스 기능은 데이터 및 애플리케이션 기능의 사용과 관련 있는 요구 사항으로 변환돼야 한다. 지금까지 모든 것이 자세히 결정된 것이 아니므로 요구 사항 카탈로그에는 가정과 제약 사항도 포함된다. 마지막으로 요구 사항 카탈로그는 비즈니스 요구 사항의 솔루션을 포함한다.

고수준 설계

고수준 설계는 TOGAF의 공식 문서는 아니다. TOGAF는 솔루션 개념 도표를 다룬다. 실제로 많은 사람이 도표만 보고 의미를 이해하기 힘들어한다. 고수준 설계는 솔루션 개념을 제공하고 요구 사항을 충족시키기 위해 특정 개념을 선택한 이유를 포함한다. 고수준 설계는 전형적으로 데이터, 애플리케이션, 기술 등의 아키텍처 도메인 단위로 만들어진다. 클라우드 개념은 이러한 각 아키텍처 도메인의 일부다. 네트워킹, 컴퓨팅, 스토리지는 기술 설계에 적합한 개념이다. 데이터 논리와 데이터 스트림은 데이터 설계의 일부다. 애플리케이션 기능은 애플리케이션 설계에서 언급돼야 한다.

저수준 설계

저수준 설계는 구성 요소별 핵심 세부 정보를 포함하는 문서다. 데이터 관련 저수준 설계는 데이터 보안과 데이터 전송으로 구성된다. 애플리케이션 설계에는 필요한 소프트웨어 엔지니어링 도표와 분포 양식이 포함된다. 기술 설계에는 사용된 포트, IP 계획 및 통신 프로토콜, 플랫폼 패턴 및 세분화 처리 장치(VM, 컨테이너 등), 스토리지 분할, 인터페이스 등 핵심 및 경계(네트워크 및 보안)의 세부 정보가 포함된다.

4장, '멀티 클라우드를 위한 서비스 설계하기'에서 모든 것을 코드화하는 데 합의했다. 하지만 모든 것을 캐비닛이나 서랍에 보관된 문서에 기록하고 다시 볼 수 없게 하는 것은 말이 안 된다. 즉 아키텍처를 문서화하는 것은 중요하지만 위키Wiki에서 쉽게 검색할 수 있고 함께 작업하거나 배포할 수 있는 관련 코드에 직접 연결할 수도 있다. 데브옵스 파이프라인에서 작업하고 위키에 문서를 보유한다면 아티팩트를 생성하고 유지하는 주기는 결코 멈추지 않는다. 코드와 위키는 쉽게 유지할 수 있으며 많은 양의 일반 문서보다 애자일하다. 아티팩트는 지속적으로 업데이트된다. 이것이 연속적 아키텍처의 기본 원칙이다(참조: Murat Erder, Pierre Pureur, 『Continuous Architecture』(Addison-Wesley Professional, 2015)). 연속적 아키텍처는 솔루션에 집중하지 않는데 그럴 만한 합당한 이유가 있다.

멀티 클라우드에는 사용 가능한 수많은 솔루션과 솔루션 구성 요소(PaaS를 생각해보라)가 이미 있고 앞으로도 무수하게 나올 것이다. 연속적 아키텍처는 아키텍처 자체의 질에 집중하고 데브옵스 파이프라인과 마찬가지로 솔루션을 설계, 빌드, 테스트, 배포하는 방법을 포함한다. 또한 아키텍처의 연속성 검증에 중점을 두며 5장 마지막 절, '아키텍처 검증하기'에서 자세히 다룬다.

▌ 멀티 클라우드 아키텍처 안에서의 작업과 위험 방지하기

지금까지 아키텍처의 다양한 구성 요소와 달성해야 할 목표를 알아봤다. 아키텍처와 서비스 설계에 관한 조건과 전제 조건을 살펴봤고 이는 모두 비즈니스 요구에서 시작된다는 것을 알게 됐다. 그런 다음 클라우드 환경을 위한 아키텍처의 기본 원칙을 학습했다. 지금부터는 실제로 아키텍처를 통합하는 것을 다룬다. 이러한 통합은 어디서부터 시작해야 하는가? Visio(Microsoft가 제공하는 그림이나 도표를 그리는 소프트웨어)를 실행하고 작업할 클라우드 플랫폼의 스텐실을 로드한다고 대답할 수도 있지만 좋은 방법은 아니다. 통합에는 많은 고민이 필요하다. 요구 사항을 확실히 알고 원칙에 합의했다면 5단계를 거쳐 멀티 클라우드 아키텍처를 생성한다.

1단계 – 보안 아키텍처

이전에 말한 대로 보안과 개인정보 보호와 관련해 많은 논쟁거리가 있다. 이 책을 쓰는 현시점(2020년 4월)에서 전 세계는 코로나 바이러스의 위협 속에 있고 많은 국가에서 코로나 19 환자와 접촉한 경우 경고 앱을 사용해 대응하고 있다. 일부 국가에서는 이러한 앱의 개인정보 보호에 대해 논쟁 중이다. 이러한 앱은 보안 및 개인정보 보호 원칙을 지키며 설계해야 한다. 항상 무엇을 어느 정도까지 보호해야 하는지 혹시 공식화할 수 있다면 어느 범위까지 해야 하는지 고민해야 한다. 코로나 바이러스에 대해 이러한 질문은 도덕적 범위의 질문이었지만 아키텍처 설계에서는 가장 낮은 단계에서 고려된다. 우리가 보호해야 하는 데이터와 데이터 보호 방법에 대한 관점에서 시작한다.

보안 아키텍처에서는 데이터 보호에 집중한다. 데이터는 멀티 클라우드 환경에서 가장 중요한 자산이다. 아키텍처에는 데이터 무결성data integrity을 보호하는 목표가 있어야 한다. 보안 아키텍처를 고려할 때 발생할 수 있는 위험 시각에서 생각하는 것은 좋은 방법이 될 수 있다. 데이터를 어떠한 방법으로 보호하고 애플리케이션이 공격받는 것을 어떻게 방지하고 보안 정책, 모니터링, 후속 경고 관점에서의 프로세스는 어떻게 되는가? 후자는 SecOpsSecurity Operation의 주제이기도 하다.

보안 아키텍처를 설계하는 것은 쉽지 않다. 서로 다른 계층을 살펴보고 각 계층을 보호하는 방법이 무엇이고 어떻게 구현할지를 결정해야 한다. 다음은 계층을 자세히 설명한다.

- **경계**: 환경의 외부 경계를 의미하며 첫 번째 접근 계층이다. 일반적으로 경계는 방어의 첫 번째 계층이다. 환경에 수많은 요청을 해 결국 환경이 무너지게 만드는 DDoSDistributed Denial of Service 공격은 경계 계층을 대상으로 하는 경우가 많다.

- **네트워크**: 스위치, 라우터, 라우팅 테이블, 피어링(환경 내부와 직접 통신할 수 있는 요소), 미세 세분화된 VLAN, vNet, 프로젝트 등이 있다. 이러한 서비스는 클라우드 플랫폼에서 관리하지만 더 강화하는 방법을 고려해야 한다. 모니터링이 되지 않거나 명확하게 정의되지 않은 사용 없이는 포트나 경로가 열려 있지 않는 것을 의미한다. 이러한 예는 클라우드 네트워크에서의 트래픽을 허용하는 라우팅 테이블, 피어링, 보안 그룹, 기타 서비스 게이트웨이에 적용된다. 포트와 경로를 열린 상태로 두면 공격을 받을 수 있는데 대표적인 공격으로 무차별 대입 공격brute-force attack이 있다. 무차별 공격에서 공격자는 단순하게 대문(라우터, 스위치, 방화벽)을 공격하기 시작하고 열린 대문을 찾을 때까지 장치의 모든 포트에 접근한다.

- **컴퓨팅**: 가상 머신과 가상 머신의 강화를 의미한다. 가상 머신은 바이러스, 기타 악성 소프트웨어로부터 보호돼야 한다. 그러기 위해서는 시스템을 강화해야 한다.

- **애플리케이션**: 애플리케이션과 애플리케이션 안의 기타 구성 요소를 보호한다. 웹 부분과 작업자의 역할을 생각해보자. 이러한 구성 요소는 하나의 애플리케이션

을 형성하지만 미세 세분화, 미세 서비스를 사용할 때 보안 원칙은 각각의 구성 요소에 대한 보호 조치를 취할 수도 있다.

- **데이터**: 데이터 저장, 접근, 암호화, 암호화 키를 의미하며 이들은 가장 큰 자산이다. 아키텍처에서 가장 깊은 계층이지만 공격자가 항상 공격 대상으로 삼는 중요한 보물이다. 해커가 다른 방어 계층에서 취약점을 찾아 공격에 성공하면 결국 데이터에 접근하게 된다. 방어 계층을 제대로 설정했더라도 데이터 무결성을 보호할 방법을 적용해야 한다.

보호 방법이 애저 보안 센터^{Azure Security Center} 등의 툴과 클라우드에서 방어 계층을 설정할 때 사용할 수 있는 툴셋에 관한 것은 아니다. 툴은 팀의 요구 사항을 충족시킬 수 있다. 보안 요구 사항을 충족시키는 데 사용하는 툴은 클라우드마다 다를 수 있지만 요구 사항이 충족될 정도로 충분해야 한다. 보안 아키텍처는 특정 툴이 충족시켜야 하는 요구 사항으로 이어질 수 있지만 먼저 계층을 보호하고 서로 다른 계층에서 일어날 수 있는 공격을 고려해야 한다.

2단계 – 확장성 아키텍처

퍼블릭 클라우드의 강력한 기능은 확장성이다. 기존에는 개발자가 실제 작업을 시작하려면 데이터센터에서 하드웨어가 준비될 때까지 기다려야 했지만 이제는 용량을 바로 확보할 수 있다. 하지만 여기서의 확장성은 그 이상을 의미한다. 퍼블릭 클라우드의 완전한 민첩성과 유연성에 관한 것이고 비즈니스 요구 사항이 요청할 때마다 증설, 확장, 축소할 수 있다. 이러한 용어의 의미를 살펴보자.

증설은 수평 확장이라고도 한다. 일반적으로 환경을 증설할 때는 가상 머신 등의 시스템을 환경에 추가한다. 확장은 수직 확장이라고도 하며 일반적으로 CPU, 메모리, 스토리지 시스템의 디스크 등의 리소스를 시스템에 추가한다. 물론 그와 반대로 리소스를 시스템에서 제거해 축소할 수도 있다. 퍼블릭 클라우드에서는 사용한 만큼만 비용을 내므로 환경을 축소하면 비용이 바로 감소할 것이다. 기존 온프레미스 환경에 있는 물리 장치에 투자한 경우 비용은 바로 감소하지 않는다. 물리 장치 사용량을 줄일 수는 있지만 이러한 비용은 CAPEX이므로 낮출 수가 없다.

 퍼블릭 클라우드는 다양한 배포 모델을 제공한다. 종량제는 그중 하나다. 애저, AWS, GCP는 기업이 3~5년 동안 서비스를 사용할 수 있는 기간제 인스턴스 모델도 제공한다. 클라우드 공급자는 기간제 인스턴스에 할인해주지만 기업은 계약 기간만큼 인스턴스 사용을 보장해야 한다. 해지 위약금을 지불하지 않으면 기간제 인스턴스 시스템 축소는 대부분 허용되지 않는다.

확장성 아키텍처의 일반적인 도메인은 가상 머신, 데이터베이스, 스토리지이지만 네트워크, 보안 장치도 고려해야 한다. 환경을 확장하고 증설해달라는 비즈니스 요구 사항이 늘어나면 처리량도 늘어난다. 처리량이 증가하면 스위치, 방화벽 등의 네트워크 장치에 영향을 미치며 이들도 함께 확장돼야 한다. 확장 관련 문제를 처음부터 예방하기 위해서는 클라우드 플랫폼의 기본 서비스를 사용해야 한다. 다음은 확장성 아키텍처에 포함해야 하는 사항이다.

- **확장 유닛 정의**: 확장 유닛은 확장성 패턴과 관련 있다. 확장이 다른 부분에 영향을 미친다는 사실을 알아야 한다. 가상 머신을 증설하면 가상 머신이 사용하는 디스크도 확장해야 하므로 스토리지 사용량에 영향을 미친다.

  아키텍트는 다음과 같은 질문에도 답해야 한다. 애플리케이션은 확장성을 처리할 수 있는가 아니면 기본 리소스의 증설, 확장, 축소가 애플리케이션의 성능에 영향을 미치지 않는 구조로 애플리케이션을 재설계해야 하는가? 백업 솔루션은 확장을 인지하는가? 확장 유닛을 정의하는 것은 중요하다. 확장 유닛은 메모리, 디스크, 데이터베이스 인스턴스, 스토리지 계정, Blob, bucket 등의 스토리지 유닛을 포함한 가상 머신일 수도 있다. 확장 유닛이 확장되는 방식과 확장을 시작하는 계기를 설계해야 한다.

- **자동 확장 허용**: 클라우드의 기본 원칙 중 하나는 할 수 있는 만큼 최대한 자동화하는 것이다. 확장 유닛을 정의한 다음에는 확장 유닛에 대한 자동 확장을 허용할지 아니면 환경에 리소스를 동적으로 추가, 제거하는 자동화된 프로세스를 허용할지를 결정해야 한다. 애플리케이션 아키텍처는 처음부터 확장성을 지원해야 한다. 자동 확장은 여기서 더 나아간다. 자동 확장에는 다음과 같은 내용이 중요하다.

  - 자동 확장 프로세스를 실행하는 조건
  - 자동 확장의 임계치로 확장, 증설, 축소할 수 있는 리소스 수준을 뜻한다. 비즈니스는 이와 관련 있는 비용을 고려해야 한다.

  확장 관점에서 모니터링은 이슈가 될 수 있다. 모든 자산은 CMDB 또는 마스터 데이터 기록에 저장된다. CMDB에 실시간으로 제공되는 기본 API가 없다면 관리자는 자동으로 확장되는 시스템에 추가 리소스가 필요하다는 사실을 바로 알아낼 수 없다.

- **파티셔닝**: 파티셔닝은 확장성 아키텍처를 고려할 때 유용하다. 애플리케이션과 데이터를 파티션으로 나누면 확장성을 제어하고 관리하는 것이 쉬워지고 대규모 환경에서 혼잡이 발생하는 것을 방지할 수 있다. 혼잡은 애플리케이션 구성 요소가 동일한 확장 기술을 사용하지만 가끔 비용을 제어하기 위해 설정된 임계값 때문에 리소스가 제한된 경우 발생할 수 있다.

다음은 시스템이 확장성 외에도 고가용성을 갖도록 아키텍처를 설계하는 방법이다.

3단계 – 가용성 아키텍처

애저, AWS, GCP 등의 플랫폼은 가까이 있고 바로 사용할 수 있다. 애저, AWS, GCP는 전 세계에서 호환되므로 항상 플랫폼을 사용할 수 있다. 이러한 플랫폼은 고가용성을 갖지만 서비스 중단으로 어려움을 겪기도 한다. 서비스 중단은 드물게 발생한다. 비즈니스는 위험을 감수할 수 있는지, 위험을 줄이는 데 드는 비용이 어느 정도인지, 위험을 줄이는 데 투자할 생각이 있는지 여부를 결정해야 한다. 이는 매우 고수준의 비즈니스 결정이고 비즈니스 연속성에 관한 것이다.

먼저 클라우드 플랫폼에 높은 가용성이 있다고 가정해보자. 그렇다면 지금부터는 클라우드 플랫폼에 배포된 시스템의 가용성을 고려해야 한다. 가용성 관련 요구 사항도 비즈니스 요구 사항에서 나온다. 비즈니스에서 가장 중요한 시스템이 무엇인지 CFO에게 질문하면 재무 시스템이라고 대답할 것이다. 하지만 자동차 제조사 CFO에게 똑같은 질문을 하면 자동차를 조립하는 생산 시스템이라고 대답할 것이다. 이러한 시스템이 멈추면 비즈니스가 멈춘다. 재무 시스템이 멈추면 CFO가 재무보고서를 확인할 수는 없지만 생산 프로세스가 바로 멈추는 것은 아니다. 하지만 여전히 CFO는 가용성을 위한 특정 아키텍처를 요구하는 중요한 시스템을 결정하는 중요한 사람이다.

가용성은 접근성, 유지, 복구에 관한 것이다. 가용성 설계는 다른 계층에서 수행해야 한다. 일반적으로 컴퓨팅, 애플리케이션, 데이트 계층에서 이뤄지지만 하나의 계층에 대해서만 가용성을 설계하는 것은 말이 안 된다. 가상 머신에 장애가 발생하면 애플리케이션과 데이터베이스에 접근할 수 없고 결국 사용할 수가 없기 때문이다. 결국 애플리케이션부터 인프라까지 모든 부분에서 가용성을 설계해야 한다. 애플리케이션의 가용성이 99.9% 여야 하는 경우 기본 인프라 비율은 더 높아져야 한다. 기본 인프라는 컴퓨팅, 스토리지, 네트워크 등으로 구성된다.

훌륭한 가용성 설계는 각 구성 요소의 장애에 대처할 뿐만 아니라 애플리케이션이 비즈니스와 최종사용자가 함께 동의한 가용성에 따라 동작할 수 있도록 보장한다. 하지만 여전히 오류가 발생할 수 있으므로 시스템을 복구할 수 있어야 한다. 복구에는 두 가지 파라미터가 있다.

- **RPO**Recovery Point Objective: 최대 허용 데이터 손실 시간이다. 예를 들어 RPO는 1시간의 데이터 손실로 결정할 수 있다. 다시 말해 장애가 발생한 후 1시간 안에 처리된 데이터는 복구할 수 없지만 이 정도는 허용한다는 뜻이다.

- RTO^{Recovery Time Objective}: 비즈니스에서 허용하는 최대 다운 시간이다.

RPO와 RTO는 백업, 데이터 보존, 복구 솔루션을 설계할 때 중요한 요소다. 비즈니스에 최대 1시간의 RPO가 필요한 경우 매 시간 백업을 수행해야 한다. 백업을 위한 기술로는 스냅샷이나 증분 백업을 사용할 수 있다. 전체 백업을 매 시간 수행하면 시스템에 많은 부하가 걸리고 비즈니스에 많은 양의 백업 스토리지가 필요해진다. 비즈니스에 어떠한 환경이 중대하고 복잡한 백업 솔루션이 필요한지 결정하는 것은 중요하다. 일반적으로 환경 관련 데이터도 오래 저장해야 한다. 퍼블릭 클라우드는 2주의 백업 데이터 저장 기간 표준을 제공한다. 기간을 늘릴 수 있지만 별도로 구성해야 하며 비용도 당연히 증가한다. 하나 더 알아둬야 할 것은 데이터를 복원할 수 있을 때만 데이터 백업이 의미 있다는 것이다. 따라서 백업과 복원 절차를 퍼블릭 클라우드 환경에서도 자주 테스트해야 한다.

운용성 아키텍처

운용성 아키텍처는 자동화뿐만 아니라 모니터링과 로깅도 다룬다. 모니터링에서는 모니터링 툴을 선택하는 것이 아니라 모니터링할 항목과 범위를 결정한다. 멀티 클라우드에서는 멀티 클라우드 환경에 배포된 모든 구성 요소에서 무슨 일이 일어나고 있는지 확인해야 하므로 모니터링은 교차 플랫폼^{cross-platform}이어야 한다. 종종 최종사용자 관점에서 시스템을 바라보는 e2e 모니터링^{end-to-end monitoring}이라고도 한다. E2e 모니터링은 시스템 상태뿐만 아니라 시스템이 해야 할 일을 잘 수행하는지, 버그, 충돌, 행이 없는지 확인한다. 그리고 시스템 성능도 확인한다. 최종사용자 관점에서 시스템이 느려지는 것이 가장 많이 체감될 수 있기 때문이다.

아키텍트는 1초 안에 응답하는 시스템을 신속하다고 정의할 수 있지만 최종사용자는 그렇게 느끼지 않을 수 있다. 아키텍트와 최종사용자가 시스템 성능과 응답이 느리다는 데 동의하더라도 성능 저하의 원인을 어떻게 확인할 것인지를 결정해야 한다. 최종사용자 관점에서 모든 환경을 모니터링하는 것을 e2e라고 한다. 여기에는 전체 시스템 체인을 통해 트랜잭션transaction을 보내고 트랜잭션이 얼마나 빠른 속도로 처리되는지 확인해 시스템의 상태heartbeat와 성능을 측정하는 e2e 모니터링 환경이 있다. 일반적으로 이러한 e2e 모니터링은 사용자 환경 안의 여러 구성 요소에 에이전트를 배포한다. 에이전트 배포 방식의 경우 에이전트가 CPU, 메모리 등의 추가 리소스를 요구하면서 발생하는 오버헤드를 생각해야 한다. 그리고 시스템에 여러 에이전트와 패키지가 실행될 수 있으므로 모니터링 에이전트는 가능하면 작은 크기여야 한다. 바이러스 검사 등의 종점 보호를 생각해보자.

모니터링 시스템은 로그를 생성한다. 사용자는 이러한 로그를 저장할 위치와 기간을 설계해야 한다. 로그 저장 기간은 시스템이 감사를 받는 경우 중요하다. 감사자가 로그를 요구할 수 있기 때문이다.

운용성에서 마지막으로 다룰 주제는 자동화다. 자동화를 언급하려면 4장에서 간단히 학습한 CI/CD 파이프라인의 아키텍처 설정도 설명해야 한다. 기본적으로 자동화는 환경에서 최대효율성을 이끌어내는 것이다. 리소스 배포에만 그치는 것이 아니라 리소스 운영에도 적용된다. 효율성 관련 예로 VM이 사용되지 않는 경우 자동으로 종료되는 것이 있다. 예를 들어 낮에는 사용되지만 밤에는 중지되는 VM이 있을 수 있다. 아키텍트는 이러한 VM에서 실행되는 애플리케이션과 데이터베이스가 이러한 자동효율성을 지원하는지 확인해야 한다. 모든 애플리케이션과 데이터베이스가 중지 모드로 간단히 전환될 수는 없다. 복잡한 데이터베이스는 테이블을 생성하고 동기화하는 데 많은 시간이 걸린다.

통합 아키텍처

멀티 클라우드 환경에서 해결해야 할 가장 큰 과제는 통합이다. 서로 다른 플랫폼에 있는 시스템은 서로 통신할 수 있어야 한다. 통신을 위해서는 통합 아키텍처가 필요하다. 애플리케이션 아키텍처에서 통합 설정을 위해 사용하는 일반적인 기술은 APIsApplication Programming Interfaces다. 기본 인프라는 API를 지원해야 하고 특정 통신 프로토콜을 허용해야 하고 방화벽 통과 허용과 같은 작업으로 통신 경로를 활성화해야 한다.

통합 아키텍처는 API 자체도 고려해야 한다. 어떠한 계층에서 통신하고 어떠한 유형의 API(프라이빗, 특정 파트너 API, 퍼블릭)인지 생각해야 한다. 대부분의 클라우드 제공자는 RESTful API를 사용하고 RESTful API에 대한 접근은 API 토큰 또는 인증서를 통해서만 가능하다. 대부분 XML 또는 JSON을 API 형식으로 사용한다.

통합 아키텍처의 첫 단계는 무엇과 통신하고 특정 규칙과 트리거를 사용해 단방향, 양방향, 다방향 등으로 구성되는 통신 유형 중 어느 것을 사용할 수 있는지를 정의하는 것이다. 멀티 클라우드에서는 이벤트 중심 아키텍처가 점점 떠오르고 있다. 연결은 특정 요구사항이 충족될 때만 실행되므로 이벤트를 통해 통신을 시작할 수 있다. 이러한 방식을 사용하면 연결이 항상 개방돼 있는 것이 아니므로 인기가 높아지고 있다. 연결과 통신은 이벤트를 호출할 때만 실행된다.

Apache KaTha는 이 분야에서 앞선 기술이다. KaTha는 실시간 데이터 스트림을 처리한다. 다른 시스템과 연결된 데이터 피드를 가져오고 내보낼 수 있다. 이벤트에 의해 발생된 데이터 피드를 수신, 저장, 전송한다. 퍼블릭 클라우드에서 KaTha는 종종 메시지 브로커와 데이터 스트리밍에 사용된다. 애저는 데이터 스트리밍과 애플리케이션 통합을 위해 자체적으로 Event Hub와 Logic Apps를 제공하며 AWS는 Kinesis, Google은 GCP Google Pub 및 Sub를 제공한다.

 KaTha와 애저, AWS, Google의 통합 아키텍처 기술을 자세히 다루는 것은 이번 절의 범위는 아니지만 Scott Logic의 앤드류 카(Andrew Caar)가 KaTha와 Event Hubs, Kinesis, Google Pub 및 Sub를 비교한 블로그에서 확인할 수 있다. https://blog.scottlogic.com/2018/04/17/comparing-big-data-messaging.html

확장성, 가용성, 운용성 설계는 2부의 주요 주제인 BaseOps에서 다시 자세히 다룬다.

아키텍처 위험

아키텍처 단계를 건너뛰는 것은 쉽고 매력적이지만 아키텍처에서 작업할 때 가장 큰 함정이 된다. 어떠한 문제의 해결 방법을 이미 알고 있다고 가정해보자. 임시 솔루션을 사용하거나 먼저 수정하고 나중에 이야기하는 방법을 사용하면 많은 아키텍처적 변경이 구현된다. 문서화되지 않은 경우 임시 솔루션이 가장 영구적일 수 있다. 긴급한 수정이 비즈니스를 유지시키는 유일한 방법이라면 이러한 방식을 고수해도 되지만 변경이 문서화되고 아키텍처의 변화로 이어질 때 긴급 수정이 아키텍처에 적합한지 아니면 아키텍처와 아키텍처 원칙을 준수하는 영구적 솔루션을 설계해야 할지를 평가해 결정해야 한다.

최신 기술에는 블리딩^{bleeding} 또는 최첨단이라는 다른 위험이 도사리고 있다. 분명하게 좋은 기회가 될 수 있지만 매우 새로운 것이므로 안정성 면에서 문제가 될 수 있다. 주요 모든 클라우드 플랫폼은 새로운 기술을 발표하고 모두에게 공개하기 전에 프라이빗, 퍼블릭 검토 단계를 거치는 라이프사이클을 갖고 있다. 이러한 플랫폼을 사용하는 조직은 새로운 기술을 먼저 테스트하고 애저, AWS, GCP에 디버깅과 개선 관련 피드백을 할 수 있다.

신기술은 처음부터 요구 사항에 맞는 형태일 수는 없지만 조직은 이러한 기술이 나중에 장점과 비즈니스 이점을 만들어낼 수 있는지를 알고 싶어한다. 베타 버전과 기능을 테스트하는 환경을 구축하는 것은 좋지만 벌써부터 아키텍처의 일부로 여기면 안 된다. 마지막 위험은 모든 것을 너무 복잡하게 하는 것이다. 항상 한 발 물러나 하나의 원칙을 기본 지침으로 삼아야 한다. 원칙은 정확하고 완벽해야 하지만 가능하면 단순해야 한다.

▌ 변경 관리와 검증

사용자 환경의 시스템에서 일어나는 변경 사항은 아키텍처에서 제어된다. 가끔 변경은 아키텍처에 영향을 미치므로 아키텍처를 변경해야 할 수도 있다. 이는 멀티 클라우드 환경에서 많이 발생한다. 클라우드 플랫폼은 사용 관점에서 유연하므로 아키텍처를 고정할 수 없다. 사용자는 환경을 개선할 수 있으며 이러한 개선 사항을 문서화해 아키텍처에 포함시킬 수 있어야 한다. 여기서 개선은 문제를 수정하거나 완화한 것을 의미할 수 있다. 어느 것이든 개선의 결과로 발생한 변경 사항을 검증하고 추적할 수 있어야 한다. 따라서 변경 관리는 아키텍처 유지에 매우 중요하다.

TOGAF의 H 단계와 함께 변경 관리를 알아보자. H 단계는 변경 관리에 관한 것이다. 변경 내용을 추적하고 변경 내용이 아키텍처에 미치는 영향을 제어한다. 하지만 적절한 변경 관리 단계를 다루기 전에 IT에 어떠한 종류의 변경이 있는지부터 먼저 알아야 한다. 다행스럽게도 일반적으로 IT 조직에서는 표준 변경, 비표준 변경 두 가지 유형으로 나뉘므로 간단히 설명할 수 있다. 카탈로그는 여기서도 매우 중요하다. 표준 변경은 카탈로그에서 가져올 수 있다. 카탈로그는 표준 운영, 출시, 라이프사이클 관리의 일부로 아키텍처에서 예상되는 변경을 포함해야 한다. VM을 추가하는 것이 표준 변경이 될 수 있다. 일반적으로 표준 변경은 저장소나 코드 파이프라인에서 완전 자동화됐거나 스크립트화된 매우 단순한 작업이다. 하지만 비표준 변경은 더 복잡하다. 카탈로그나 저장소에 정의되지 않았거나 단순한 작업을 계획할 때 필요한 여러 후속 작업으로 이뤄진다.

모든 표준 변경과 비표준 변경에서 변경 요청은 변경 관리를 실행하는 요인이다. 변경 요청에는 변화 추진이라는 원인이 있다. 아키텍처 변경 관리에서 변화를 추진하는 데는 항상 비즈니스 전후 사정이 있다. 예를 들어 새로운 서비스 출시까지 필요한 기간이 너무 길 수 있다. 이러한 문제는 시스템을 원하는 정도로 빠르게 배포할 수 없어 발생할 가능성이 있으므로 시스템 배포 속도를 높여야 한다. 배포 속도를 높이기 위해 자동화나 간단한 시스템 설계를 솔루션으로 사용할 수 있다.

앞에서 설명한 예가 다음 단계인 아키텍처 목표 정의다. 아키텍처 목표 정의는 비즈니스 목표(서비스를 더 신속히 출시하는 것)와 비즈니스 요구 사항(시스템의 빠른 배포가 필요한 것)을 정의하는 데서 출발해 솔루션(자동화)을 이끌어낸다. 실제 아키텍처 목표를 정의하기 전에 알아둬야 할 두 가지 사항이 있다.

변화의 정확한 영향 수준과 영향을 받는 사람을 고려해야 한다. 이해관계자가 누구이고 변화 관련자의 관심사가 무엇인지 알아야 한다. 변화에 포함된 이해관계자는 변화에 대해 부정적 의견을 낼 가능성이 있고 이러한 의견은 변경의 제약 사항에 추가돼야 한다. 이러한 제약은 예산이나 시간과 관련 있을 수 있다. 비즈니스가 변화에 적응하지 못하는 기간을 생각해보자. 요약하면 아키텍처 관련 변경 관리는 다음과 같이 구성된다.

- 변경 요청
- 변경 요청은 비즈니스 전후 사정 안에서 변경 요인을 통해 분석된다.
- 변경으로 달성할 수 있는 비즈니스 목표 정의
- 아키텍처 목표 정의
- 이해관계자 구분과 이해관계자의 걱정 파악
- 변경 관련 걱정과 제약 평가

아키텍처 관련 모든 변경 사항을 검증하고 감사하기 위해서는 모든 단계를 문서화해야 한다. 변경 사항은 항상 검색이 가능해야 한다. 일반적으로 환경의 개별 변경 사항은 서비스를 통해 추적되지만 변경 사항은 클라우드 플랫폼 안의 여러 변경으로 구성될 수 있다. 변경 사항에 대한 전체적인 추적을 실행하고 누가 무엇을 했는지 확인하기 위해서는 정밀한 모니터링이 필요하다. 하지만 여전히 가능하면 최대로 문서화하는 것이 중요하다.

▌ 아키텍처 검증하기

소프트웨어 개발에서 아키텍처를 검증하는 것은 일반적이지만 모든 아키텍처를 검증해야 한다. 검증으로 얻을 수 있는 것은 무엇이고 검증의 목표는 무엇인가? 가장 중요한 목표는 품질 관리다. 두 번째 목표는 개선할 수 있는 부분을 찾아내는 것이다. 검증은 비즈니스 목표를 달성하고 모든 원칙과 요구 사항을 준수하며 지속적인 개선을 할 수 있는 아키텍처를 보장하기 위해 이뤄진다.

아키텍처 검증은 감사가 아니므로 동료의 검토로 첫 번째 검증을 수행하는 것이 바람직하다. 여기서의 동료는 아키텍처 수립에 참여하지 않은 아키텍트와 엔지니어가 해당된다. 또한 클라우드 아키텍처에 대한 외부 검토를 받는 것이 좋다. 이러한 외부 검토는 Microsoft, AWS, Google 등 다양한 기업의 클라우드 솔루션 아키텍트가 수행할 수 있다. 이러한 설계자는 AZRA^Azure Reference Architecture나 AWS Well-Architected Framework 등 플랫폼의 참조 아키텍처와 모범 사례를 바탕으로 아키텍처를 검증한다. Microsoft, AWS, Google은 모범 사례 적용 여부를 확인하고 아키텍처에 더 나은 솔루션을 적용하는 데 도움이 되는 전문 컨설팅 서비스를 제공한다. 이러한 서비스를 사용하기 위해 클라우드 공급자와 지원 계약이 별도로 필요하지만 컨설팅을 받는 것은 나쁘지 않다. 다음은 반드시 검증해야 할 최소 항목이다.

- **보안**: 보안 전문가와 보안 담당자가 함께 검증 프로세스를 수행한다.
- **상호운용성**: 멀티 클라우드 환경에서 보안 다음으로 검증해야 할 중요한 요소다. 서로 통신할 수 없는 플랫폼이나 시스템을 원하지 않으므로 플랫폼과 시스템이 제대로 생성된 인터페이스로 통신할 수 있어야 한다.
- **확장성**: 멀티 클라우드의 핵심이다. 클라우드 환경은 확장 관점에서 많은 가능성을 포함한다. 5장에서 학습했듯이 확장 집합을 정의하고 애플리케이션이 확장을 지원하는지 확인하고 확장 요인^trigger과 임계치를 정의해야 한다. 가능하면 확장을 자동화하는 것이 좋다.
- **가용성**: 시스템의 가용성이 보장되는지, 백업 프로세스와 백업 정책이 요구 사항을 충족시키는지, RTO/RPO 값 안에서 시스템을 복원할 수 있는지를 검증해야 한다.

한마디로 아키텍처 검증은 아키텍처가 올바른 단계를 거치고 모범 사례를 잘 따랐는지 확인하는 중요한 단계다.

▌ 요약

작업을 클라우드에서 바로 시작하는 것은 쉽지만 기업에서는 이러한 방식의 작업을 지속할 수 없다. 5장에서는 멀티 클라우드에서 충분하게 고려되고 설계된 아키텍처에 따라 작업해야 한다는 것을 학습했다. 그러기 위해 아키텍처 비전을 생성하고 데이터, 애플리케이션, 기본 인프라 등의 다양한 도메인에 대한 원칙을 설정해야 한다. 그리고 가용성, 확장성, 상호운용성 관점에서 클라우드 환경을 위한 아키텍처를 구체적으로 만들어주는 주제를 알아봤다. 아키텍처를 설계했다면 관리도 해야 한다. 아키텍처에서 작업하는 경우 변경 관리에 신경을 많이 써야 한다. 마지막으로 아키텍처 작업을 동료나 다른 공급자의 전문가로부터 검증받는 것이 바람직하다.

지금까지 아키텍처 생성의 여러 단계를 다뤘고 여러 클라우드 플랫폼에서 엔터프라이즈 아키텍처를 정의하는 방법을 알아봤다. 아키텍처가 어떠한 형태로 만들어질 것인지 결정하는 다양한 도메인에서 원칙을 정의해야 한다는 것을 학습했다. 아키텍처의 모든 것은 비즈니스에 의해 이뤄지며 아키텍처를 검증하는 것이 중요하다는 것을 기억해야 한다. 6장에서는 랜딩 존 설계를 다룬다.

▌ 질문

1. 클라우드 아키텍처에는 기록 시스템, 참여 시스템 두 가지 계층이 있다. 여기에 계층을 하나 더 추가할 수 있다. 이 계층의 이름은 무엇인가?
2. 아키텍처를 생성하는 첫 번째 아티팩트는 무엇인가?
3. 변경에는 표준 변경, 비표준 변경 두 가지 유형이 있다. 참인가, 거짓인가?

▌ 참고문헌

- The Open Group Architecture Framework 공식 페이지: https://www.opengroup.org/togaf
- Steven Spewak, 『Enterprise Architecture Planning』(John Wiley & Sons Inc, 1993)

BaseOps를 통해 올바른 기초 설정하기

기초 운영BaseOps, Basic Operations은 랜딩 존의 시작부터 관리까지 포함해 기초를 올바로 설정하고 유지하는 것이다.

2부는 다음 네 개 장으로 구성된다.

- 6장, 랜딩 존 설계, 구현, 관리하기
- 7장, 성능 및 복구성 설계하기
- 8장, 자동화 툴 및 프로세스 정의하기
- 9장, 모니터링과 관리 툴 정의하고 사용하기

06

랜딩 존 설계, 구현, 관리하기

2부에서는 멀티 클라우드, BaseOps의 기본 운영을 설명한다. 랜딩 존(모든 클라우드 환경의 기본) 관리부터 기초까지 학습할 것이다. 비즈니스가 클라우드 환경에서 워크로드를 마이그레이션하거나 애플리케이션을 개발하기 위해서는 먼저 기초를 정의해야 한다. 랜딩 존의 모범 사례로는 애저의 허브 앤 스포크 모델, AWS의 AWS Landing Zone, Google Cloud의 프로젝트 정의가 있다. 멀티 클라우드에서 랜딩 존은 멀티 클라우드 개념과 기술을 넘어 확장된다.

6장에서는 주요 클라우드 플랫폼의 랜딩 존을 설계하는 방법을 알아보고 랜딩 존을 관리하기 위한 BaseOps 원칙을 탐구한다. 애저, AWS, GCP에서 랜딩 존을 설계하는 방법, 랜딩 존 관리 정책을 설계하는 방법, 랜딩 존에서 계정을 다루는 방법을 알아본다. 그리고 오케스트레이션으로 하나의 콘솔에서 여러 클라우드를 관리할 수 있는 플랫폼도 학습한다.

6장에서는 주요 클라우드 공급자인 애저, AWS, GCP의 기본 개념을 다룬다. 그리고 주요 클라우드의 기초 랜딩 존을 설계하고 멀티 클라우드의 기본 환경을 관리하고 코드형 인프라와 코드형 구성을 연구해 다양한 클라우드 플랫폼 리소스에서 정책을 추출하는 방법을 배우고 클라우드 안에서 구분의 필요성을 이해하도록 한다. 6장에서는 다음 주제를 다룬다.

- BaseOps 기본 개념 이해하기
- 멀티 클라우드 랜딩 존과 청사진 생성하기
- 정책으로 랜딩 존 관리하기
- 멀티 클라우드를 위한 정책 오케스트레이션하기
- 글로벌 관리 – 구분의 필요성

■ BaseOps 기본 개념 이해하기

BaseOps라는 용어를 모르더라도 그 의미가 기본 운영이라는 것을 유추할 수 있다. 클라우드 환경에서는 BaseOps를 클라우드 운영이라고 부른다. BaseOps는 주로 주요 클라우드 제공자가 네트워크, 컴퓨팅, 스토리지, PaaS, SaaS 등 다양한 계층에서 제공하는 클라우드 서비스를 최적으로 사용해 가장 효율적인 방법으로 클라우드 환경을 운영하는 것이다. BaseOps의 주요 목표는 조직에서의 클라우드 시스템 사용과 다음과 같은 작업을 안전하게 수행할 수 있도록 하는 것이다.

- 네트워크 용량 모니터링 및 트래픽 라우팅
- 컴퓨트 리소스 용량 모니터링 및 컴퓨트 리소스를 비즈니스 요구 사항에 맞게 조정
- 백업 상태를 확인해 리소스의 가용성을 모니터링하고 필요할 때 시스템을 복구할 수 있도록 하는 것
- 서비스 수준에서 시스템을 관리하고 KPI^{Key Performance Indicator}를 사용

- 시스템이 최대로 자동화돼 있다면 BaseOps의 일부도 파이프라인을 모니터링하고 관리할 수 있다.

이러한 모든 것은 서비스 품질과 관련 있다. 서비스 품질은 비즈니스 목표에서 나온 서비스 수준과 KPI로 정의된다. 투명한 절차, 숙련된 작업자, 적절한 툴로 고품질을 제공하기 위해서는 BaseOps를 활성화해야 한다. 클라우드 환경에 시스템을 배포해야 하는 비즈니스적 이유는 이미 설명했다. 유연성, 민첩성, 비용효율성을 갖기 위해서다. 이러한 목표는 표준화, 자동화를 완료해야만 달성할 수 있다. 모든 반복적인 작업은 자동화돼야 한다. 작업을 분류하고 자동화된 작업이 제대로 실행되는지 모니터링하는 것은 BaseOps의 일부다. 자동화 프로세스 자체는 개발이지만 개발자가 만들어낸 모든 것을 실행할 수 있도록 데브옵스를 우선 도입해야 한다. 두 팀 모두 같은 목표를 갖고 있다. 모범 사례를 따라 클라우드 시스템을 보호하고 관리하는 것이다. 다음 절에서 설명하는 활동을 수행해 목표를 달성할 수 있다.

랜딩 존 정의 및 구현하기

랜딩 존은 BaseOps 도메인에서 가장 중요하며 다른 모든 것의 기초가 된다. 랜딩 존은 워크로드, 애플리케이션, 데이터 리소스를 호스팅하는 지정된 클라우드 플랫폼 환경이다. 랜딩 존 생성의 원칙은 코드를 통해 완전히 프로비저닝된다는 것이다. 다시 말해 랜딩 존에는 애플리케이션과 데이터 기능 배포를 시작할 수 있는 일관된 환경을 만드는 요소가 포함돼 있다. 이는 4장, '멀티 클라우드를 위한 서비스 설계하기'에서 스캐폴드를 설명하면서 잠시 언급했다. 6장, '멀티 클라우드 랜딩 존과 청사진 생성하기' 절에서 애저, AWS, GCP에서 랜딩 영역을 생성하는 방법을 살펴본다.

기본 인프라의 표준과 정책 정의하기

기본 인프라는 네트워킹과 호스팅, 컴퓨팅이 가능한 환경과 스토리지 리소스로 구성된다. 이러한 기본 인프라를 컴퓨트 노드, 스토리지 장치, 스위치를 포함하는 물리 시스템인 HCI와 비교해 컴퓨트 노드와 스토리지가 실제로 통신할 수 있는지 확인할 수 있다. HCI가 외부와 통신할 수 있도록 하기 위해서는 라우터만 추가하면 된다. 클라우드에서도 크게 다르지 않다. 기본 인프라는 트래픽을 활성화하기 위한 컴퓨트 노드, 스토리지 노드, 스위치로 구성된다. HCI와의 차이점은 클라우드에서는 모든 구성 요소가 코드로 이뤄졌다는 것이다. 하지만 이미 배웠듯이 이 정도로 끝나지 않는다. 클라우드에서 외부로 통신하고 외부에서 클라우드에 접근할 수 있도록 허용하는 영역이 필요하다. 그런 다음 클라우드 환경에 접근하는 사람을 제어해야 한다. 따라서 기본 인프라에는 계정이 필요하고 계정을 안전한 방법으로 프로비저닝하는 방법도 함께 필요하다. 기본 인프라의 표준과 정책을 정의할 때 선택할 수 있는 수많은 목록이 있다. 랜딩 존 개념을 사용하면 이러한 선택을 훨씬 빨리 할 수 있다. 기본 인프라는 다음과 같은 다섯 가지 요소로 구성된다.

- 네트워크
- 컴퓨트 노드
- 스토리지 노드
- 계정
- 방어(보안)

클라우드 공급자도 위의 다섯 가지 요소가 기본 인프라의 구성 요소임을 인지하고 이를 코드 기반으로 제공하고 있다. 그리고 청사진, 템플릿, 코드 편집기, 커맨드라인 프로그래밍, 포털 등을 통해 구성 요소 배포 방법에 대한 다양한 선택을 제공한다. 이러한 선택을 위해 6장에서는 랜딩 존 솔루션을 학습한다. 표준 아키텍처 원칙 정의(아키텍처 패턴 및 참조 아키텍처) 비즈니스를 위한 참조 아키텍처를 정의하는 방법은 밖에서부터 생각하는 것이다. 아키텍처를 원(동그라미)이라고 생각해보자. 바깥쪽 원은 모든 비즈니스 요구 사항과 원칙이 모이는 비즈니스 구역이다. 비즈니스 구역은 다음 원을 이루는 솔루션 구역을 이끌어낸다. 솔루션 구역은 솔루션 포트폴리오를 정의하는 구역이다. 비즈니스가 수많은 데이터 집합(비즈니스 요구 사항)을 분석해야 하는 경우 데이터 레이크가 훌륭한 솔루션이 될 수 있다.

솔루션 구역은 외부 비즈니스 구역과 내부 플랫폼 구역 사이에 포함된다. 애저를 플랫폼으로 사용하는 경우 특정 데이터 레이크 요구 사항에 대한 솔루션으로 애저 Data Factory를 사용할 수 있다. 제3 플랫폼, PaaS, SaaS 등을 사용할 수도 있지만 어느 것을 사용하든 솔루션이 비즈니스 요구 사항에 맵핑된다는 것이 원칙이다. 이것으로 솔루션을 구성하는 특정 구성 요소를 포함하는 솔루션 포트폴리오를 생성한다. 아키텍처의 핵심인 맨 안쪽 원은 통합 구역으로 다른 원의 전체 생태계를 관리한다. 보안은 모든 단일 계층 또는 원에 항상 포함돼야 한다. 따라서 전체 모델의 경계는 보안 구역에 의해 설정된다.

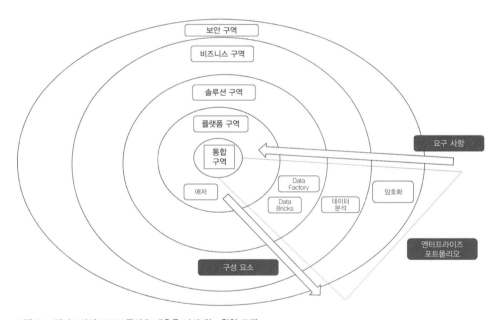

그림 6.1 엔터프라이즈 포트폴리오 계층을 나타내는 원형 모델

그림 6.1은 데이터 분석이 필요한 비즈니스의 원형 모델 예다. 애저를 플랫폼으로 사용하는 환경에서는 Data Factory, Data Bricks를 솔루션으로 사용한다. 전체 범위는 엔터프라이즈 포트폴리오를 구성한다.

기본 인프라 관리하기

랜딩 존 배포 후에도 관리해야 할 것이 많이 남아 있다. 네트워크의 경우 최소한 다음과 같은 요소를 관리해야 한다.

- 가상 네트워크(vNet, VPC, 서브넷, 퍼블릭 구역, 프라이빗 구역) 프로비저닝, 구성, 관리
- NAT^{Network Address Translation}, NAC^{Network Access Control}, ACL^{Access Control Lists}, 트래픽 관리 시스템 프로비저닝 및 관리
- VPN 또는 전용 연결을 위한 로드밸런싱, 네트워크 피어링, 네트워크 게이트웨이 프로비저닝 및 관리
- DNS 프로비저닝 및 관리
- 네트워크 모니터링
- 네트워크 기능 관련 사고 감지, 연구, 해결

컴퓨팅에서 관리해야 할 요소는 다음과 같다.

- 가상 머신 프로비저닝, 구성, 운영. 운영 체제를 관리하는 것을 포함한다(윈도우, 리눅스 등)
- 가상 머신 기능 관련 사고 감지, 연구, 해결
- 패치 관리
- 백업 운영(전체, 반복, 스냅샷)
- 모니터링, 로깅, 상태 점검, 사전 점검 및 유지

클라우드에서 컴퓨팅은 가상 머신 외에도 컨테이너, 컨테이너 오케스트레이션, 기능, 서버리스 컴퓨팅 등을 포함한다. 하지만 랜딩 존에서는 종종 이러한 서비스가 즉시 배포되지 않는다. 컨테이너 플랫폼을 기본 인프라의 일부로 배포하는 방법을 고려할 수 있다. VM에서 컨테이너로 점점 이동하는 추세이므로 랜딩 존을 설정하는 동안 이러한 변화를 준비해야 한다.

컨테이너를 기본 인프라로 배포하는 경우 쿠버네티스 클러스터 설정이 대부분 포함된다. 애저에서는 AKS 클러스터를 호스팅할 리소스 그룹을 생성하는 애저 쿠버네티스 서비스AKS, Azure Kubernetes Services를 사용해 클러스터 설정을 수행한다. AWS는 엘라스틱 쿠버네티스 서비스EKS, Elastic Kubernetes Services로 자체 클러스터 서비스를 제공한다. GCP는 구글 쿠버네티스 엔진GKE, Google Kubernetes Engine을 제공한다. 쿠버네티스 DNS 등의 많은 필수 구성 요소가 클러스터를 설정할 때 함께 배포된다. 클러스터가 실행되면 클러스터 노드, 팟(애플리케이션 컨테이너 집합), 컨테이너 배포를 시작할 수 있다. 멀티 클라우드 플랫폼에서 쿠버네티스 플랫폼을 관리하기 위해서는 랜처Rancher 또는 VMware의 Tanzu Mission Control 등의 솔루션을 사용할 수 있다. 스토리지에서 관리해야 할 요소는 다음과 같다.

- 관리된 가상 머신 디스크를 포함한 스토리지 프로비저닝, 구성, 운영
- 스토리지 리소스 기능 관련 사고 감지, 연구, 해결
- 로컬 및 다양한 스토리지 솔루션의 이중화 유형(영역, 지역, 글로벌 이중화) 모니터링, 로깅, 상태 점검과 용량 확인, 조정(용량 할당) 등의 사전 확인 및 유지

그런 다음 계정을 관리하고 랜딩 존(클라우드 환경과 모든 구성 요소)이 안전한지 확인해야 한다. 계정 관리에는 클라우드 환경에 접근해야 하는 계정, 계정 그룹 생성이 포함된다. 일반적으로 Active Directory에서 생성된다. 6장, '글로벌 관리 – 구분의 필요성' 절에서 관리자 계정과 글로벌 관리자 계정의 사용을 깊이 있게 다룬다. 보안은 계정, ID, 접근 관리는 물론 강화(외부의 위협으로부터 시스템을 보호), 종점 보호, 취약점 관리 등과도 많은 관련이 있다. 모든 보안 위험을 방지, 감지, 평가, 경감하기 위해서는 처음부터 모든 계층에 보안을 포함시켜야 한다. 이는 SecOps의 일부다. 4부에서 클라우드 환경 보안을 다룬다.

인프라 자동화 툴, 프로세스 정의 및 관리하기(코드형 인프라, 코드형 구성)

클라우드에서 모든 일은 코드로 이뤄진다. 물리 하드웨어를 더 이상 구매할 필요가 없다. 하드웨어를 코드로 나타내기만 하면 된다. 그렇다고 관리할 필요가 없다는 뜻은 아니다. 가장 효율적으로 코드를 관리하기 위해서는 마스터 코드 저장소가 필요하다. 마스터 코드 저장소는 인프라 구성 요소를 정의하는 코드와 보안 및 규정 준수 관점에서 원칙을 고수하기 위해 인프라 구성 요소를 설정하는 방법으로 이뤄진다. 이것이 '상태'라는 것이다.

애저, AWS, Google은 코드형 인프라와 코드형 구성을 쉽게 해주는 기본 툴과 원하는 상태^{desire state}로의 배포를 자동화하는 툴을 제공한다. 애저는 애저 데브옵스^{Azure DevOps}와 애저 Automation이 있고 모두 ARM^{Azure Resource Manager}과 함께 동작한다. AWS는 Cloud Formation, Google은 Cloud Resource Manager와 Cloud Deployment Manager를 제공한다. 이러한 제품은 모두 각자의 플랫폼에 종속돼 있지만 클라우드 시장은 이러한 플랫폼에 사용할 수 있는 제3의 툴을 제공한다. 6장 후반부 '멀티 클라우드를 위한 정책 오케스트레이션하기' 절에서 몇 가지 주요 툴을 알아본다. 깃허브^{GitHub}, 애저 데브옵스, AWS CodeCommit, GCP Cloud Repositories 같은 툴을 사용해 소스 코드를 관리할 수 있다.

모니터링, 관리 툴 정의 및 배포하기

모니터링 필요성은 지속적으로 설명했고 지금부터는 모니터링에 사용할 수 있는 툴을 알아본다. 주요 클라우드 플랫폼은 모니터링을 위한 기본 툴을 제공한다. 애저는 애저 Monitoring, Application Insights, Log Analytics를, AWS는 AWS CloudTrail, CloudWatch를, GCP는 Google Stackdriver monitoring을 각각 제공한다. 여기서 Splunk, Nagios 등의 제3의 툴을 사용할 수도 있다. 제3의 툴은 기본 플랫폼과 독립적으로 작동하므로 이점이 있다. 어떠한 툴이 다른 것보다 뛰어나다는 뜻이 아니다. 아키텍트가 요구 사항에 맞는 툴과 적당한 예산을 결정해야 한다는 것이다.

보안은 더 특별하다. 클라우드 플랫폼은 플랫폼에 대한 넓은 보안 모니터링을 구현하기 위해 많은 노력을 해왔다. 모니터링은 탐지에만 그치지 않고 경감 조치를 이끌어내야 한다. 실제로 취약성이나 틈을 발견하고 공격하는 데 걸리는 시간은 매우 짧을 수 있으므로 빠른 조치를 취해야 한다. 여기서 SIEM^{Security Incident and Event Management}이 동작한다. SIEM 시스템은 빠르게 발전 중이며 지능형 솔루션을 포함하고 있다.

SIEM의 예로 애저 Sentinel이 있다. 애저 Sentinel은 정책이 저장되고 관리되는 애저 보안 센터^{Azure Security Center}와 함께 동작하고 애저 플랫폼에서 엔터프라이즈가 호스팅하는 환경의 작업 분석도 수행한다. 그리고 공격을 자동으로 방어할 수 있다. 예를 들어 영국에서 로그인하는 계정과 싱가포르에서 로그인하는 계정을 바로 차단할 수 있다. 다시 말해 모니터링 시스템은 점점 더 정교해지고 개발 속도도 빨라지고 있다.

운영 지원

위에서 설명한 모든 것을 고려했다면 이제 누가 이러한 작업을 수행할 것인지 결정해야 한다. 이러한 작업을 수행하기 위해서는 멀티 클라우드 환경을 관리하는 기술을 갖는 전문가가 필요하다. 이전에 말했듯이 T자형 엔지니어나 관리자는 찾아내기 매우 어렵다. 대부분의 기업은 일반적이고 더 구체적인 기술을 갖는 개발자와 운영자 그룹을 결성한다. 일부는 이러한 그룹을 CCoE^{Cloud Center of Excellence}라고 하며 기업의 클라우드화 또는 클라우드 채택 프로세스에서 중요한 단계로 생각한다. 여기서 CCoE가 수행해야 할 역할을 구분하고 CCoE 구성원을 참여시키는 것이다. CCoE는 환경을 구축해 관리할 수 있어야 하고 새로운 클라우드 네이티브 솔루션을 전파하는 역할도 함께 수행해야 한다.

 CCoE 결성에 대해 설명한 아마존의 엔터프라이즈 전략가 마크 슈워츠(Mark Schwartz)의 블로그 게시물을 참조하라. https://aws.amazon.com/blogs/enterprise-strategy/using-a-cloud-center-of-excellence-ccoe-to-transform-the-entire-enterprise/

이번 절에서 멀티 클라우드에서의 운영 설정을 위해 무엇을 해야 하는지 배웠다. 다음은 클라우드 플랫폼에 랜딩 존을 구축하는 부분이다.

▎ 멀티 클라우드 랜딩 존과 청사진 생성하기

주요 모든 클라우드 공급자는 각자의 플랫폼에 랜딩 존을 생성할 때 사용할 수 있는 방법론을 제공한다. 이번 절에서는 애저, AWS, GCP의 랜딩 존 개념을 알아본다.

애저에서의 랜딩 존 구성하기

애저의 랜딩 존은 클라우드 채택 프레임워크의 일부이고 워크로드를 애저 플랫폼으로 구축하거나 마이그레이션하는 작업을 시작할 수 있도록 해주는 서비스 집합을 구현한다.

이전에 스캐폴드를 설명할 때 집짓기에 비유했다. 랜딩 존을 빈 집이라고 가정해보자. 집에는 가구를 배치할 수 있는 방과 집에 접근할 수 있는 현관이 있다. 방은 특정 요구 사항을 충족시킬 수 있도록 설계돼 있다. 주방에는 조리기구와 수도꼭지가 연결돼 있다. 욕실도 마찬가지다. 수도꼭지, 샤워기, 욕조, 젖어도 손상되지 않는 바닥이 있다. 이러한 집을 랜딩 구역에 비유할 수 있다. 랜딩 구역에는 외부와 연결하기 위해 이미 특정 용도로 설정된 방이 있다.

사용하기 위해 이렇게 방을 준비하는 것을 Microsoft는 리팩터링이라고 부른다. CAF는 보안, ID, 접근 관리, 네이밍 규칙, 비용 관리 등을 설정하는 부분에서 비즈니스를 도와준다. 이러한 모든 요소는 랜딩 존의 일부로 배포된다. 랜딩 존 구축이 끝나면 RBAC^{Role-Based Access Control}이 존재하는 위치와 플랫폼에서 발생하는 비용의 내용을 알 수 있는 안전하고 네이밍과 태깅 규칙을 정의하는 기본 플랫폼이 만들어진다. 그렇다면 랜딩 존 구축을 위해서는 무엇을 해야 할까?

먼저 애저 구독을 한 다음 시스템을 호스팅하는 환경의 여러 부분인 방을 배포해야 한다.

일반적으로 애저에서는 허브 앤 스포크 모델을 배포한다. 이는 애저가 모니터링, 백업 서비스 같이 여러 방에서 사용하는 공유 서비스를 제공하기 때문이다. 공유 서비스는 허브에 위치한다. 스포크는 허브에 연결돼 허브에서 공유 서비스를 사용할 수 있고 각각의 스포크에 서비스를 개별적으로 배포할 필요가 없는 것이 장점이다.

랜딩 존은 코드로 구성된다. 랜딩 존은 코드형 인프라이므로 처음부터 완전히 코드로 애저 아키텍처를 구성한다. 코드로 구성하기 위해서는 JSON 형식의 ARM 템플릿을 사용한다. 실제로 이렇게 하면 코드를 정형화blueprint해 매우 일정한 방식으로 새로운 스포크를 만들어낼 수 있다. 정형화된 코드에는 스포크가 허브에 연결되는 방식과 공유 서비스가 사용되는 방식을 나타내는 코드를 포함한다. 애저는 랜딩 존을 매우 신속히 구성하도록 다양한 샘플 랜딩 존 청사진을 제공한다. 하지만 이러한 청사진이 비즈니스의 보안 요구 사항과 규정 준수를 충족시키는지 확인해야 한다. 랜딩 존 청사진에는 다음과 같은 사항을 포함한다.

- 게이트웨이, 애저 Firewall, 애저 Bastion 서버(관리자가 클라우드 환경에 진입하는 데 사용하는 관리 서버. Jumpbox)의 서브넷을 포함한 가상 네트워크
- 로깅, 모니터링을 위한 스토리지 계정
- 애저 Migrate 프로젝트

이렇게 랜딩 존을 구성했다면 민감한 데이터와 필수 애플리케이션을 호스팅하는 정도로는 아직 충분하지 않다. 청사진은 사용자가 이미 애저 Active Directory 인스턴스와 연결됐다고 생각한다. 그리고 애저 정책을 적용할 필요가 없다고 생각한다. 즉 빈 방 몇 개만 있는 빈 집일 뿐이다. 따라서 기준선과 정책을 추가로 구현해야 한다. 랜딩 존을 리팩터링하고 서비스를 추가해 성능, 안정성, 비용효율성, 보안을 개선하면 실제 워크로드를 호스팅할 수 있다.

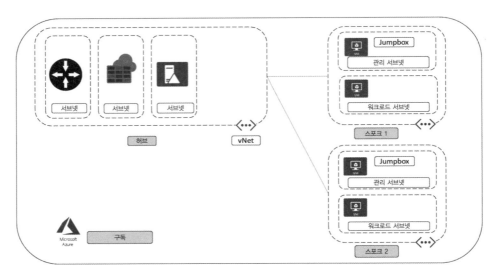

그림 6.2 Azure 랜딩 존의 기본 구성

그림 6.2는 일반적인 서비스를 호스팅하는 허브와 두 개의 스포크가 포함된 애저의 랜딩
존의 기본 구성이다. 스포크에는 관리 서브넷과 워크로드 서브넷 두 개의 서브넷이 있다.

 자세한 애저 랜딩 존 관련 내용은 https://docs.microsoft.com/en-us/azure/cloud-
adoption-framework/ready/landing-zone/에서 확인할 수 있다.

AWS에서 랜딩 존 생성하기

AWS는 Node.js 런타임 기반의 완전한 솔루션인 AWS Landing Zone을 제공한다. 애저
처럼 AWS도 환경을 설정할 수 있는 다양한 솔루션을 제공한다. 모든 솔루션에는 설계 결
정이 필요하다. 구성 시간을 단축하기 위해 AWS Landing Zone은 기본 구성을 바로 설
정한다. 이를 활성화하기 위해 AWS Landing Zone은 통합 인증^{single sign-on}(한 번의 인증 과
정으로 여러 컴퓨터상의 자원을 이용 가능하게 하는 인증 기능)을 사용해 새로운 계정을 프로비저

닝하고 구성하는 AWS AVM^Account Vending Machine을 배포한다.

AWS 환경이 구성되는 방식을 알아야 위의 내용을 알 수 있다. 애저의 허브 앤 스포크 방식과 유사하지만 AWS는 계정을 사용해 구성한다. AWS Landing Zone은 AWS의 클라우드 채택 프레임워크를 따르는 네 개의 계정으로 구성된다.

- **조직 계정**^Organization account: 멤버 계정과 랜딩 존의 구성을 관리하는 데 사용되는 계정이다. S3 스토리지 버킷의 매니페스트 파일^manifest file(컴퓨팅에서 집합의 일부 또는 논리 정연한 단위인 파일 그룹을 위한 메타데이터를 포함하는 파일)을 포함한다. 매니페스트 파일은 지역과 조직 정책 관련 파라미터를 설정한다. 매니페스트 파일은 애저의 ARM과 유사한 서비스인 AWS CloudFormation을 참조한다. Cloud Formation은 Ec2 컴퓨팅 인스턴스와 아마존 데이터베이스 등의 AWS 리소스 생성, 배포, 관리를 지원하고 CloudFormation은 코드형 인프라를 지원한다.
- **공유 서비스 계정**^Shared services account: AWS Landing Zone은 통합 인증^SSO으로 연결된 계정을 관리한다. SSO 통합과 AWS가 관리하는 AD는 공유 서비스 계정에서 호스팅된다. AWS Landing Zone은 랜딩 존이 생성된 VPC의 새로운 계정을 자동으로 피어링한다. 이러한 작업에서 AVM이 중요한 역할을 한다.
- **로그 아카이브 계정**^Log archive account: AWS 랜딩 존에서는 CloudTrail, Config Logs를 사용한다. CloudTrail은 생성된 AWS 환경에서의 계정 활동을 모니터링하고 로깅한다. CloudTrail은 VPC에 배포된 인프라에서 발생하는 모든 활동을 저장하는데 CloudWatch와는 약간 다르다. CloudWatch는 AWS 환경의 모든 리소스와 애플리케이션을 모니터링하고 CloudTrail은 계정 활동을 추적해 S3 스토리지 버킷에 이러한 계정 활동을 로깅한다.
- **보안 계정**^Security account: AWS Landing Zone의 교차 계정 역할을 하고 AWS가 제공하는 보안 서비스인 GuardDuty, 아마존 SNS에 대한 주요 볼트^key vault(계정을 저장하는 디렉터리)를 갖는다. GuardDuty는 보안 알림을 전송하는 SNS^Simple Notification Service이며 위험 감지를 위한 서비스다. 그림 6.3은 AWS 랜딩 존의 구

성을 보여준다.

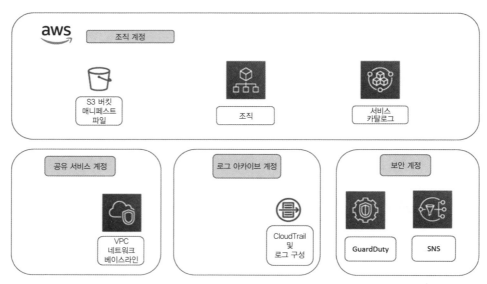

그림 6.3 AWS Landing Zone 솔루션

AWS Landing Zone에서 AVM^Account Vending Machine은 아직 설명하지 않았다. AVM은 랜딩 존 설정에서 중요한 역할을 한다. AVM은 미리 정의된 네트워크 및 보안 기준을 사용해 랜딩 존에서 기본 계정을 생성한다. 내부적으로 AVM은 미리 구성된 설정을 통해 계정이 배포되는 지점에서 유닛을 구성하고 그때 Node.js 템플릿을 사용한다. 여기서 생성되는 구성 요소 중 하나인 AWS SSO 디렉터리가 AWS 계정에 대한 연동 접근을 허용한다.

 자세한 AWS Landing Zone 관련 설명은 https://aws.amazon.com/solutions/aws-landing-zone/에서 확인할 수 있다.

GCP에서 랜딩 존 생성하기

GCP는 애저, AWS와 많은 차이점이 있지만 허브 앤 스포크 모델을 적용할 수 있다. GCP가 클라우드에 대해 다른 전망을 갖고 있다는 것을 확인할 수 있다. GCP는 기존 리소스를 사용해 IaaS보다 Container에 더 집중한다. Google은 GKE를 사용한 GCP 프로젝트에서 쿠버네티스 클러스터를 배포하는 랜딩 존을 제공한다. 물론 VM도 배포할 수 있다. 랜딩 존에서 VPC^{Virtual Private Cloud}를 생성하고 쿠버네티스 네트워크 정책을 설정한다.

쿠버네티스 네트워크 정책은 쿠버네티스 환경에서 고립 및 비고립 팟^{Pod}(쿠버네티스에서 생성하고 관리할 수 있는 배포 가능한 가장 작은 컴퓨팅 단위)을 생성한다. 고립된 팟은 네트워크 정책을 추가함으로써 생성된다. 고립된 팟은 여러 개의 컨테이너를 보유하고 인가받은 트래픽만 허용한다. 고립되지 않은 팟은 모든 소스의 모든 트래픽을 허용한다.

네트워크 정책으로 팟에 IP 블록과 트래픽 허용 및 반려 규칙을 할당할 수 있다. 다음은 팟이 실제로 애플리케이션, 데이터베이스를 실행할 수 있도록 랜딩 존의 쿠버네티스 환경에 대해 서비스 정의를 수행하는 것이다. 랜딩 존을 생성하는 마지막 단계는 GKE에서 사용할 DNS를 구성하는 것이다.

앞에서 설명한 대로 Google은 쿠버네티스와 컨테이너의 사용에 비중을 두므로 GCP는 이러한 인프라를 실행하는 데 최적화돼 있다. 컨테이너 사용을 원하지 않으면 GCP에서 직접 프로젝트를 생성해야 한다. Deployment Manager와 gcloud 명령 라인^{gcloud command line}을 사용해 이를 수행할 수 있다. Deployment Manager는 애저의 ARM과 유사하다. 다른 GCP 서비스의 API를 사용해 플랫폼에서 리소스를 생성하고 관리한다. Google Cloud 포털 안의 Cloud Shell을 사용해 여기에 접근할 수 있지만 GCP는 몇 가지 유용한 툴도 함께 제공한다. 유닉스^{Unix} 명령 라인 프로그래밍에 숙달된 사람은 이러한 방식의 작업이 쉬울 것이다.

맨 먼저 Compute Engine API와 Deployment Manager API를 활성화해야 한다. Cloud SDK를 설치하면 Deployment Manager와 작동하는 gcloud 명령 라인 툴을 사용할 수 있다. 이제 gcloud를 사용할 수 있으므로 'gcloud config set project' 명령과 프로젝트 이름 또는 ID를 사용해 프로젝트를 시작할 수 있다. 완성된 명령의 예는 다음과 같다.

```
gcloud config set project [프로젝트 이름]
```

그런 다음 리소스를 배포할 구역을 설정해야 한다. 명령 형식은 동일하다. gcloud config set compute/region 뒤에 지역 ID를 넣어주면 된다. 'gcloud config set compute/region [region ID]'가 완성된 명령의 예다. 샘플을 Deployment Manager GitHub 저장소에서 가져올 수도 있다. Deployment Manager GitHub 저장소에는 샘플을 사용하는 방법에 대한 문서도 게시돼 있다.

Deployment Manager GitHub 저장소를 프로젝트에 복제하기 위해서는 'git clone https://github.com/GoogleCloudPlatform/deploymentmanager-samples' 명령을 수행하거나 https://github.com/terraform-google-modules/terraform-google-migrate를 방문하면 된다. 더 많은 방법이 있지만 방금 소개한 두 가지 방법이 가장 널리 사용된다.

그림 6.4는 GCP 프로젝트의 기본 설정을 보여준다.

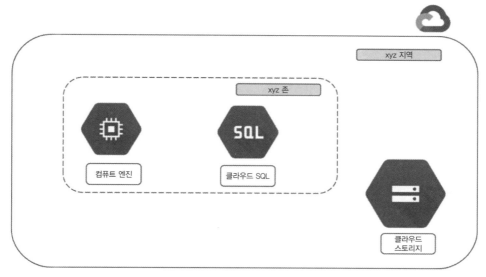

그림 6.4 Compute Engine과 Cloud SQL을 사용한 GCP 프로젝트의 기본 설정

지금까지 세 가지 주요 클라우드 플랫폼의 랜딩 존 설정을 알아봤고 기본 개념은 서로 유사하지만 그 안에 차이점도 있다는 것을 알게 됐다. 이제 정책을 사용해 랜딩 존을 관리하는 방법과 여러 플랫폼에서 정책을 오케스트레이션하는 방법을 학습한다.

▌ 정책으로 랜딩 존 관리하기

클라우드 플랫폼에서는 코드로 작업해야 한다. 클라우드에서 일어나는 모든 작업은 소프트웨어와 코드에 기반한다. 코드로 작업하는 것은 클라우드 인프라를 매우 민첩하게 하지만 랜딩 존이나 기본 환경을 정의하는 코드와 코드 관리법에는 확실한 지침이 필요하다. 코드도 IT의 다른 것과 마찬가지로 유지·관리^{maintenance}가 필요하다. 기존 데이터센터와 기존 시스템에는 시스템을 업데이트하고 업그레이드할 수 있는 유지·관리 기간^{maintenance window}이 있는데 클라우드에서는 약간 다르다.

클라우드에서 별도의 유지·관리 기간 없이 필요할 때마다 유지·관리를 수행한다. 전 세계 수많은 고객으로부터 유지·관리 기간 동의를 받을 수 없기 때문이다. 플랫폼을 건강하게 유지·개선하고 새 기능을 추가하기 위해 필요한 모든 작업을 수행한다. 기업은 유지·관리 활동이 서비스에 영향을 미치는 것을 피하기 위해 코드가 항상 안전한지 확인해야 한다.

기업이 자체 가상 클라우드나 프로젝트 안에서 플랫폼에 배포한 시스템이 있을 수 있다. 이러한 시스템도 유지·관리가 필요하다. VM을 실행한 경우 종종 패치를 해야 한다. 이러한 경우 코드를 패치한다. 패치 작업을 할 때 관리자는 특정 보안 설정을 멈추거나 시스템이 수행하는 특정 기능에 필요한 디스크나 중요한 코드를 실수로 삭제하면 안 된다. 이는 랜딩 존 설정 초기부터 주의해야 한다. 시작부터 관리해야 한다. 관리를 위해 정책과 관리 툴을 사용할 수 있다. 이 섹션에서는 랜딩 존을 설정했다. 다음에는 랜딩 존 관리법을 알아본다.

AWS에서 기본 운영 관리하기

AWS는 CloudFormation Guardrails를 제공한다. CloudFormation Guardrails가 사용자의 환경을 레일 위에 유지하므로 이름과 맞는 기능을 갖고 있다. Guardrail에는 JSON 형식으로 정책을 설정하는 네 가지 주요 기능이 있다. 정책을 생성하기 위해 AWS는 Policy Generator를 제공한다. Policy Generator에서 사용자는 우선 정책 유형을 정의하고 그다음 정책을 적용하는 시점을 의미하는 정책 조건을 정의한다.

- **종료 보호**Termination protection: 스택과 중첩된nested 스택과 관련 있다. 스택은 AWS Management Console에서 하나의 단위로 관리할 수 있는 AWS 리소스 모음이다. 스택의 예로 프론트엔드 서버, S3 버킷을 사용하는 데이터베이스 인스턴스, 네트워크 규칙으로 구성된 애플리케이션을 들 수 있다. 종료 보호 기능을 활성화하면 스택이 의도치 않게 삭제되는 것으로부터 보호할 수 있다. 종료 보호는 기본적으로 비활성화돼 있으므로 관리 콘솔이나 명령으로 활성화해야 한다.

- **삭제 정책**Deletion policies: 종료 보호는 전체 스택을 포함하는 반면 삭제 정책은 특정 리소스를 대상으로 한다. 삭제 정책을 활성화하기 위해서는 CloudFormation 템플릿에 Deletion Policy 속성attribute을 설정해야 한다. 삭제 정책은 많은 기능을 제공한다. 예를 들어 삭제 정책에는 리소스가 삭제될 때 AWS 계정의 속성으로 남아 있게 하는 유지 옵션이 있다. CloudFormation으로 리소스가 삭제되기 전에 스냅샷을 찍을 수도 있다. 규정 준수와 감사 의무 관점에서 삭제 정책을 제대로 아는 것은 매우 중요하다. 삭제 정책은 리소스 단위로 설정된다.
- **스택 정책**Stack policies: 전체 스택 또는 리소스 그룹에 대한 작업을 정의하도록 설정된다. 예를 들어 모든 데이터베이스 인스턴스를 업데이트하는 작업이 있다.
- **IAM 정책**IAM policies: 접근 제어를 정의한다. 예를 들어 누가 언제 무엇을 할 수 있도록 허용할 것인지를 설정한다. 접근 제어는 전체 스택, 특정 리소스 그룹, 단일 리소스에 각각 세분화해 설정할 수 있고 특정 태스크만 사용자가 가질 수 있는 역할을 정의하는 것을 허용한다. 다시 말해 접근 제어는 RBAC를 관리한다. 6장, '글로벌 관리 – 구분의 필요성' 절에서 IAM과 직무 분리를 다룬다.

 자세한 AWS의 Guardrails 정책 관련 내용은 https://aws.amazon.com/blogs/mt/aws-cloudformation-guardrails-protecting-your-stacks-and-ensuring-safer-updates/에서 확인할 수 있다.

애저에서 기본 운영 관리하기

애저의 운영 관리를 설명하기 위해서는 애저의 랜딩 존에 대한 서비스인 TDD Test-Driven Development를 먼저 살펴봐야 한다. TDD는 소프트웨어 코드의 품질 향상을 추구하므로 소프트웨어 개발 분야에서 많이 알려져 있다. 이전에 설명했듯이 애저에서는 랜딩 존을 구축하는 반복적인 방법인 리팩터링을 사용해 랜딩 존을 확장한다. 애저는 TDD와 랜딩 존 리팩터링을 지원하는 여러 툴을 제공한다.

- **애저 정책**: 애저에 배포될 리소스가 비즈니스 규칙에 적합한지를 검증한다. 비즈니스 규칙은 비용 파라미터 및 임계값과 강화 및 다른 리소스와의 정합성 등의 보안 파라미터로 정의될 수 있다. 예를 들어 특정 ARM 템플릿이 배포에 사용됐는지 알아낼 수 있다. 그리고 정책을 그룹화해 랜딩 존 등 특정 범위에 할당할 수 있는 이니셔티브^{initiative}(특정 목표나 목적으로 그룹화되는 애저 정책 정의 또는 규칙의 컬렉션)를 만들 수 있다. 정책에는 리소스 변경을 거부하거나 유효성 검사 후 배포해야 하는 절차가 포함될 수 있다. 애저 정책은 TDD를 실행하는 데 사용할 수 있는 기본 이니셔티브를 제공한다. 기본 이니셔티브는 비즈니스 규칙에 대해 랜딩 존에서 계획한 리소스의 유효성을 검사한다. 유효성 검사가 성공적으로 끝나면 리소스 배포를 수락한다.

- **애저 청사진**: 청사진은 하나의 패키지에 정책, 이니셔티브, 배포 구성을 통합해 기업이 서로 다른 구독 환경에서 여러 랜딩 존을 배포하는 경우 반복해 사용할 수 있다. Microsoft 애저는 테스트, 배포 템플릿 관련 정책을 포함해 많은 청사진 샘플을 제공한다. 이러한 방법은 애저 데브옵스로 청사진을 쉽게 불러올 수 있으므로 일관성 있는 코드 저장소를 갖는 CI/CD 파이프라인을 처음부터 보유할 수 있다는 장점이 있다.

- **애저 그래프**^{Azure Graph}: 애저 Landing Zone은 리팩터링 원칙을 바탕으로 배포된다. 따라서 다양하게 반복해 랜딩 존을 확장할 수 있다. TTD 원칙으로 작업하므로 반복이 성공적이었는지, 리소스가 제대로 배포됐는지, 환경이 상호 운용성을 충족하는지를 테스트해야 한다. 애저는 테스트를 위해 Graph를 제공한다. Graph는 랜딩 존 구성을 검증하기 위해 테스트 집합을 생성한다. 애저 그래프^{Azure Graph}는 Graph에서 사용하는 설정과 코딩을 하는 것이 어려우므로 쿼리 샘플을 함께 제공한다.

- **Azure quickstart 템플릿**: 배포를 가장 빠르게 진행하기 위해서는 랜딩 존 자체 및 관련 리소스 배포에 대한 기본 설정을 제공하는 quickstart 템플릿을 사용할 수 있다.

> 애저 Landing Zone의 테스트 기반 개발 관련 자세한 내용은 https://docs.microsoft.com/en-us/azure/cloud-adoption-framework/ready/considerations/azure-test-driven-development에서 확인할 수 있다.

모든 경우에서 애저는 JSON 기반의 ARM 템플릿을 사용한다.

GCP에서 기본 운영 관리하기

이전에 언급했듯이 GCP는 퍼블릭 클라우드와 랜딩 존 관점에서 약간 다르다. Google은 쿠버네티스를 사용하는 컨테이너 기술에 중점을 더 두지만 GCP는 GCP에 배포된 환경에 대한 정책 설정에 많은 기능을 제공한다. 대부분의 정책은 IAM 정책을 사용하는 조직과 리소스로 구성된다.

- **조직**[Organization]: GCP는 제약 조건을 사용해 정책을 설정한다. 제약 조건은 서비스 정의에 추가되는 속성이다. 예를 들어 GCP 프로젝트에 VM을 배포하는 Compute Engine을 사용한다고 가정해보자. Compute Engine 프로젝트에서는 운영 체제에 로그인하는 것이 기본적으로 불가능하다. 로그인이 가능하도록 참 또는 거짓으로 모든 논리를 표현하는 불리언[Boolean] 제약 조건을 설정한다. 이러한 예에서는 Compute Engine을 True로 설정하면 된다. 그런 다음 로그인이 비활성화되는 것을 방지하는 정책을 설정해야 하는데 다음과 같은 구문으로 가능하다. 'constraints/compute.requireOsLogin'. GCP의 많은 정책과 제약 조건이 이러한 원칙에 따라 동작한다.

- **리소스 정책**: 클라우드 IAM 정책은 JSON 또는 YAML 형식의 모든 GCP 리소스에 대한 접근 제어를 설정한다. 모든 정책은 바인딩, 감사 구성, 베타데이터로 정의된다. 이해하기 어려울 수 있지만 각각의 개념을 먼저 이해하면 된다. 먼저 바인딩은 멤버, 역할, 조건으로 구성된다. 멤버는 모든 ID가 될 수 있다. 클라우드에서는 모든 것이 ID다. ID는 사용자 또는 다른 리소스에 접근하고 특정 작업을 수행할 권한을 갖도록 하는 클라우드 환경의 리소스일 수 있다. 즉 멤버는 ID다 (사용자, 서비스 계정, 리소스, 리소스 그룹). 멤버는 멤버가 갖는 권한을 정의하는 역할에 결합된다. 멤버가 역할을 수행할 수 있는 조건과 타당한 제약 조건을 설정해야 한다. 지금까지 설명한 모든 것이 바인딩을 구성한다. 하지만 바인딩도 정책의 일부일 뿐이다. 정책과 메타데이터를 기록하는 AuditConfig가 있다. 메타데이터에서 가장 중요한 필드는 etag다. etag 필드는 프로젝트의 다양한 리소스에서 정책이 동일한 방법으로 사용되는 것을 보장한다. 하나의 시스템에서 정책이 변경된 경우 etag 필드는 정책이 일정하게 유지되도록 한다. 정책이 일정하게 적용되지 않으면 리소스 배포가 실패한다. 정책은 여러 가지 바인딩을 포함할 수 있고 GCP 안에서 서로 다른 수준으로 설정할 수 있지만 한계가 있다. GCP는 정책당 최대 1,500명의 멤버를 허용한다. 정책 사용 관련 모범 사례와 문서를 확실히 검토해야 한다.

지금까지 서로 다른 클라우드에서 랜딩 존의 기본 운영BaseOps을 활성화해 정책을 생성하는 방법을 알아봤다. 다음은 단일 저장소를 활용해 멀티 클라우드 설정에서 정책을 오케스트레이션하는 방법을 알아본다.

▌ 멀티 클라우드를 위한 정책 오케스트레이션하기

지금까지 주요 클라우드 플랫폼에서 정책을 설정하는 다양한 방법을 학습했다. 멀티 클라우드에게 필요한 것은 모든 정책을 저장하고 관리할 수 있는 단일 저장소다. 이것이 가능하냐고 묻는다면 기술적으로 가능하다고 대답할 것이다. 모든 클라우드 공급자는 프로그래밍 형식으로 JSON을 지원한다. 여기서 문제는 플랫폼 간의 정책 배포 개념이 모두 다르다는 것이다. 이러한 문제를 어떻게 해결할 수 있을까?

이러한 문제를 해결하기 위해서는 코드 자체에서 계층과 추상적인 논리 관점에서 생각을 시작해야 한다. 정책에는 특정 논리가 있다. 보안 관점에서 보면 인터넷 보안 센터의 기준인 CIS의 지침에 따라 환경의 모든 VM을 강화해야 한다고 정의할 수 있다. 이는 VM의 실행 형식, 운영 체제의 종류, VM이 호스팅되는 플랫폼의 종류와 무관하다. 다만 CIS 프레임워크의 권장 사항을 준수해 VM을 강화하기만 하면 된다. 이러한 정책은 VM을 배포하는 코드로부터 완전히 추상화된다. 이렇게 하면 정책 자체를 단일 저장소에 저장할 수 있다. 그런 다음 대상 클라우드 플랫폼에 VM을 배포하는 데 필요한 특정 코드를 추가하는 작업만 해주면 된다.

이는 기본적으로 HashiCorp의 Terraform 애플리케이션이 수행하는 작업이다. Terraform은 단일 소스에서 다양한 클라우드 플랫폼에 코드형 인프라를 배포할 수 있도록 코드에서 정책을 추상화한다. 추상화를 위해 원하는 상태의 정의를 사용한다. 인프라 리소스를 생성하는 코드는 해당 리소스의 실제 구성으로부터 완전히 추상화된다. Terraform은 멱등성idempotent(연산을 여러 번 적용하더라도 결과가 달라지지 않는 성질)과 수렴성convergent(한군데로 모이는 성질)을 갖고 있다. 다시 말해 환경을 원하는 상태로 돌리는 데 필요한 변경 사항만 적용된다는 뜻이다.

이러한 부분은 원하는 상태 구성DSC, Desire State Configuration을 이해하는 데 도움이 된다. DSC는 Microsoft 파워셸PowerShell과 관련 있는 경우가 많다. DSC가 윈도우 서버Windows Server 2012 R2에 사용됐으므로 이는 이치에 맞다. 하지만 최근 '원하는 상태'라는 용어가 인프라의 실제 구성으로부터 코드형 인프라를 추상화하는 데 더 자주 사용된다. 일반적으로 원하는 상태는 CI/CD 파이프라인에서 사용된다. 개발 팀은 필요한 시스템을 구축할 수 있으며 이러한 시스템을 생산 단계로 넘기면 원하는 상태가 배포된다. 예를 들어 백업 에이전트 설치 또는 리소스 모니터링이 있다. 그림 6.5는 간단한 '원하는 상태' 모델을 나타낸다.

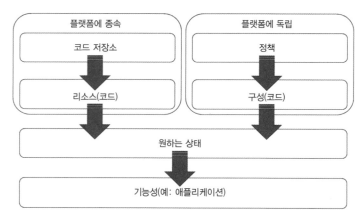

그림 6.5 코드형 인프라 및 코드형 구성을 사용한 '원하는 상태' 모델(고수준)

Terraform으로 돌아가보자. Terraform이 사용하는 구문으로 리소스와 공급자를 완벽하게 추상화할 수 있다. VM에서 컨테이너까지 모든 유형의 리소스뿐만 아니라 DNS 등의 특정 서비스를 가질 수 있는 블록을 정의한다. 이러한 블록은 HCLHashiCorp Configuration Language에 정의돼 있다. 그런 다음 블록을 대상 클라우드에 배포해야 한다. 배포는 클라우드에서 프로젝트를 초기화해 수행한다. 초기화를 위해 Terraform init 명령을 사용한다. Init은 Terraform 구성 파일을 확인해 다양한 클라우드 또는 서비스에 연결하는 데 필요한 공급자를 불러온다.

그런 다음 실행 계획을 만드는 데 필요한 Terraform plan 명령을 사용해야 한다. 이러한 명령은 구성 파일에 지정된 '원하는 상태'를 만드는 데 필요한 작업을 결정한다. 마지막으로 원하는 상태에 도달하기 위해 작업을 배포하는 Terraform apply 명령을 사용해야 한다. Terraform은 블록을 클라우드에 적용하고 상태 파일을 생성한다. 상태 파일은 나중에 발생하는 변경 사항을 인프라에 적용하는 데 사용된다. 그리고 변경 사항이 Terraform 소프트웨어에 의해 자동으로 생성되는 실행 계획에 적용되기 전에 실제 환경을 새로 고침해 상태 파일을 업데이트한다. 이러한 방법으로 Terraform은 항상 배포된 코드를 최신 버전으로 유지하고 환경을 동기화한다.

Terraform으로 Azure, AWS, GCP에 랜딩 존을 배포할 수 있다. Azure에서는 작업 로그와 Azure Security Center 구독을 활성화하는 기본 설정이 만들어진다. AWS에서 Terraform HCL 스크립트는 6장에서 다룬 AWS Landing Zone 솔루션을 호출한다. https://docs.microsoft.com/en-us/azure/cloud-adoption-framework/ready/landing-zone/terraform-landing-zone에서 Azure에서 사용할 수 있는 Terraform 코드를 확인할 수 있다. AWS에서 사용할 수 있는 코드는 Mitoc Group이 GitHub에 게시했다. https://github.com/MitocGroup/terraform-aws-landing-zone에서 확인할 수 있다.

Chef, Puppet 등의 구성 툴을 잘 알고 있다면 Terraform과 다른 툴의 기능에 비슷한 부분이 있다는 것을 알아챌 수 있다. Terraform과 다른 툴의 차이점은 Terraform은 실제로 새로운 인프라 리소스를 프로비저닝하는 반면 대부분의 다른 툴은 기존에 배포된 리소스에 구성 설정을 추가하는 데 집중한다는 것이다. 하지만 구성 툴이 필요없다는 말은 아니다. 다른 구성 툴도 여러 사용 사례가 있다.

멀티 클라우드의 핵심은 단일 창이므로 단일 창을 계속 다룰 것이다. 하지만 단일 창 개념은 복잡하다. ServiceNow 등의 회사는 기업이 단일 콘솔에서 멀티 클라우드 오케스트레이션을 할 수 있는 플랫폼을 제작한다는 목표가 있다. 이 책을 쓰는 현 시점에서 ServiceNow의 최신 버전은 Orlando다. ServiceNow에는 클라우드 간의 정책을 생성하고 관리하기 위한 중앙집중식 프로세스를 제공하는 Policy and Compliance Management 제품이 포함돼 있다.

한마디로 요약하면 서로 다른 클라우드 플랫폼에 상호 호환되는 코드와 정책을 배포할 수 있지만 툴이 필요하다. 지금까지 몇 가지 주요 툴을 알아봤다. 모든 것에는 기능과 정책으로부터 인프라 리소스를 추상화해 리소스의 원하는 상태를 만드는 데 대한 이해가 필요하다.

▌ 글로벌 관리 – 구분의 필요성

클라우드 모델에서 구분을 설명할 때는 보통 매트릭스와 IaaS, PaaS, Saas에서 누가 무엇에 책임이 있는지를 보여주는 책임 도형delineation을 참조한다. 그림 6.6은 매트릭스의 예다.

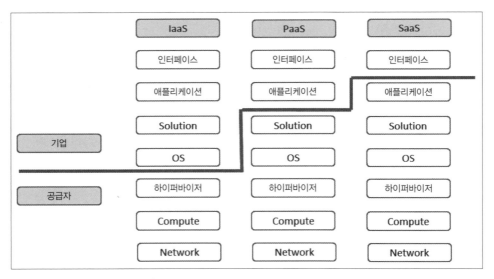

그림 6.6 클라우드 배포의 구분 모델

하지만 멀티 클라우드에서는 더 세분화된 모델이 필요하다. 6장에서 정책을 다뤘고 지금까지 배운 것으로 멀티 클라우드 환경에서 책임과 관련해 정확한 구분을 설정하는 것이 쉽지 않다고 결론내릴 수 있다.

솔루션 스택을 살펴보자. SaaS 솔루션에서 솔루션이 준수해야 할 특정 보안, 규정 준수 정책이 존재할 수 있다. 운영 체제도 강화 측면에서 문제가 이미 발생하고 있을 수도 있다 (예: PaaS 공급자의 모니터링 에이전트가 허용되는가? 에이전트를 모니터링 솔루션과 함께 실행할 수 있는가 아니면 시스템에 많은 오버헤드가 발생해 불가능한가?). 즉 멀티 클라우드 환경은 흑백으로 구분할 수 없다. 많은 색으로 구분해야 한다.

그렇다면 기업에 적합한 구분 모델을 어떻게 파악할 수 있을까? 정답은 아키텍처다. 먼저 모든 자산을 관리하는 여러 글로벌 관리자가 필요없다는 것을 알아야 한다. 이는 멀티 클라우드의 함정이다. 특정 작업을 실행하기 위해 글로벌 관리자 권한이 필요한 데이터베이스 관리자가 있을 수 있고 그러한 역할을 갖는 서비스 계정 솔루션도 있을 수 있다. 이렇게 되면 글로벌 관리자가 다수가 된다. 시스템이 환경에서 최고로 높은 접근 권한을 요청하는 경우 이러한 요청을 거절하고 소프트웨어 공급자와 개발자에게 문의해야 한다.

이러한 경우 최소 권한 정책PoLP, Policy of Least Privilege을 사용하면 좋다. PoLP는 모든 ID에 해당 ID에 할당된 작업을 수행하는 데 필요한 최소한의 접근 권한만 부여한다. 여기서 ID는 사용자가 아니어도 되고 환경의 모든 리소스일 수 있다. ID가 사용자인 경우 LPUA^{Least-Privileged User Account or Access}라고 부른다. PoLP는 사용자나 ID가 데이터에 접근할 권한을 얻은 경우에만 데이터에 접근할 수 있으므로 데이터 보호에 도움이 된다. 이 외에도 PoLP를 사용해야 할 이유는 많다. PoLP는 시스템의 위험과 약점을 최소화하므로 시스템이 건강하게 유지되도록 해준다. 약점은 의도하지 않은 것이거나 공격의 결과로 나타난 것일 수도 있다. 항상 최소 권한 규칙을 따라야 한다. 15장, 'ID 및 접근 관리 구현하기'에서 더 자세히 살펴본다. 이러한 원칙과 관련해 더 고려할 사항이 있다. 이러한 고려 사항은 제어로 변환되고 결국 BaseOps의 일부인 결과물이 된다. 다음 표는 제어와 결과물을 보여준다.

제어	결과물
사용자 및 관리자 계정이 각자의 라이프사이클에서 생성, 유지, 폐기되는 방법을 설명하는 정책 문서의 사용이 가능해지고 활성화된다.	정책 및 승인
데이터 또는 시스템 소유자의 접근 위임을 포함하는 RBAC 인증 매트릭스의 사용이 가능하다.	인증 매트릭스
사용자 계정은 PLUA를 준수하는 승인 절차를 거쳐 생성된다.	사용자 계정 목록
계정의 지속적인 유효성을 보장하기 위해 계정이 활성화 상태이고 역할이 제대로 적용돼 있는지 등을 확인하는 주기적인 점검을 수행한다.	체크리스트
시스템 리소스에 대한 허가받지 않은 모든 접근(시도)은 기록되고 CISO와 보안 관리자에게 보고된다. CISO와 보안 관리자는 이를 주기적으로 검토한다.	비인가 접근 시도 보고

책임의 구분과 분리는 ID, 접근 관리와 깊은 관련이 있다. 15장, 'ID 및 접근 관리 구현하기'에서 자세히 알아본다.

▌ 요약

6장에서는 다양한 주요 클라우드 플랫폼에서 랜딩 존을 설계하고 구성했다. 각 플랫폼에서 랜딩 존의 기본 원칙은 유사할 수 있지만 구현 방법은 모두 다르다. 그런 다음 코드형 인프라 및 코드형 구성의 원칙을 학습했다. Terraform 등의 툴을 사용하면 리소스 코드로부터 추상화된 구성 정책을 사용해 단일 코드베이스에서 멀티 클라우드를 관리할 수 있다. 그런 다음 정책을 정의하는 방법과 정책을 적용해 랜딩 존을 관리하는 방법을 탐구했다. 마지막으로 멀티 클라우드에서 중복 구분 모델의 필요성을 알아봤다. 모든 것은 기초를 올바로 다지는 BaseOps 개념에 포함된다. 기초를 올바로 유지하기 위해서는 환경이 탄력적이고 건강한지 확인해야 한다. 이러한 내용은 7장에서 가용성, 확장성 생성과 함께 자세히 다룬다.

▌ 질문

1. 클라우드 기본 인프라는 다섯 가지 주요 도메인으로 구성되며 네트워크, 컴퓨트, 스토리지가 그중 세 가지를 이룬다. 나머지 두 가지는 무엇인가?
2. 애저의 랜딩 존에 대한 모범 사례 배포 모델은 무엇인가?
3. AWS는 Landing Zone 서비스를 제공한다. Landing Zone은 네 개의 계정을 등록한다. SSO가 관리되는 계정은 무엇인가?
4. ID, 접근 관리를 관리하는 훌륭한 방법으로 PoLP가 있다. PoLP는 무엇의 약자인가?

▌ 참고문헌

- Ajit Pratap Kundan, 『VMware Cross-Cloud Architecture』(Packt, 2018)
- Ritesh Modi, 『Azure for Architects – Third Edition』(Packt, 2020)
- 케빈 잭슨, 스콧 고슬링, 『클라우드 컴퓨팅 솔루션 아키텍팅』(에이콘, 2021)

07

성능 및 복구성 설계하기

멀티 클라우드 아키텍처에서 멀티 클라우드 환경의 성능과 복구성은 중요한 주제다. 클라우드 공급자는 여러 가지 솔루션을 제공한다. 기업은 비즈니스 요구 사항에 맞고 사용 불가능하거나 안전하지 않은 환경의 위험을 경감시키는 솔루션을 선택해야 한다. 여기에는 가용성을 향상시키는 방법, 중단이 발생했을 때 데이터 손실을 방지하는 방법, 장애 복구를 준비하는 방법 등이 포함된다. 이는 클라우드 환경 변화와 비즈니스 위험을 제대로 알고 있다면 해결할 수 있는 문제다.

7장에서는 복구성과 성능 관련 비즈니스 요구 사항을 알아보고 검증한다. 그런 다음 애저, AWS, GCP의 백업 및 장애 복구 솔루션을 자세히 다룬다. 그리고 지원 툴과 지원 계획을 사용해 환경을 최적화하는 방법도 학습한다. 7장 후반부에서는 클라우드 환경에서 성능을 측정하기 위해 KPI를 정의하는 방법을 설명한다.

7장에서는 다음 주제를 다룬다.

- 비즈니스 요구 사항
- 여러 클라우드 플랫폼에서의 복구 솔루션
- 멀티 클라우드 환경 최적화
- 퍼블릭 클라우드에서의 성능 KPI

▌ 비즈니스 요구 사항

6장, '랜딩 존 설계, 구현, 관리하기'에서 가용성, 백업, 재해 복구를 간단히 언급했다. 7장에서는 사용자 환경을 사용 가능 및 접근 가능 상태로 유지하기 위해 클라우드 플랫폼이 제공하는 다양한 솔루션과 요구 사항을 자세히 설명하고 솔루션을 안전하게 사용할 수 있는지 확인한다. 솔루션과 다양한 기술을 탐구하기 전에 요구 사항이 명확하게 정의되지 않은 경우 비즈니스에 내재된 잠재적 위험이 무엇인지부터 먼저 알아야 한다. 멀티 클라우드에서는 엔터프라이즈 아키텍처 원리에 기반한 다양한 수준에서 위험을 인지한다.

데이터 위험

데이터와 관련해 가장 큰 위험은 데이터 소유권이 누구에게 있는지 애매하다는 것이다. 데이터 소유권은 계약은 물론 클라우드 공급자와 함께 문서화되고 규제돼야 한다. GDPR^{General Data Protection Regulation} 등의 국제, 국내 법률과 프레임워크에서 이미 데이터 소유권 관련 규정을 정의하고 있지만 서비스 계약에도 소유권 관련 항목을 포함시켜야 한다. 이러한 과정에서 법무 부서와 담당자를 참여시키자.

그런 다음 데이터가 비즈니스 데이터인지, 메타데이터인지, 일반 데이터인지 구분해야 한다. 일반 데이터의 예로 클라우드에서 호스팅하는 VM의 모니터링 로그를 들 수 있다. 이러한 모든 유형의 데이터에는 법률 및 규정 준수 면에서 지켜야 할 별도 규칙이 존재할 수 있다. 그리고 데이터의 정확한 위치를 파악하고 문서화해야 한다. 애저, AWS, GCP는 전 세계 범위의 서비스를 하고 있고 용량을 지원할 수 있는 데이터센터에서 리소스와 스토리지를 끌어와 용량을 최대로 최적화한다. 이러한 방법은 위험할 수 있다.

예를 들어 많은 유럽 국가는 특정 데이터가 EU^{European Union}(유럽연합)의 경계를 벗어날 수 없도록 하고 있다. 즉 EU 경계 안에 있는 클라우드 데이터센터에 데이터를 저장해야 한다. 따라서 퍼블릭 클라우드에서의 위치(데이터센터가 있는 지역과 실제 국가)를 지정해야 한다. 그리고 데이터를 복구할 때는 원하는 형식과 상태로 복구해야 한다. 손상되거나 완전하지 않은 데이터는 위험하다. 주기적으로 복구 테스트를 실행하고 복구 계획과 실제 테스트 결과를 검증해야 한다. 이러한 활동은 데이터 무결성^{data integrity}(데이터의 정확성과 일관성을 유지.보증하는 것)을 유지하기 위해 수행하고 트랜잭션 데이터에서 특히 중요하다. 트랜잭션을 복구하는 경우 모든 트랜잭션이 복구됐는지 확인해야 하고 복구하는 도중 트랜잭션이 두 배가 되도록 하면 안 된다. 이러한 이유로 특히 SaaS에서는 데이터 품질의 책임이 누구에게 있는지를 정의해야 한다.

이러한 모든 요구 사항을 구조화하기 위해서는 데이터 분류 모델을 만드는 것부터 시작하는 것이 좋다. 분류는 특정 데이터 집합의 기밀성, 무결성, 가용성을 보장하기 위해 배포해야 하는 솔루션의 종류를 결정하는 데 도움을 준다. 가장 일반적으로 사용되는 데이터 카테고리로는 퍼블릭 데이터, 회사 기밀 데이터, 개인 데이터가 있다.

애플리케이션 위험

최근 들어 SaaS를 많이 사용하는 추세로 점점 변하고 있다. 많은 기업이 IaaS보다 PaaS를, PaaS보다 SaaS를 사용하는 전략을 보유하고 있다. 운용성 면에서 SaaS는 장점이 있지만 그에 따른 위험도 있다. SaaS에서 애플리케이션 자체를 포함한 전체 솔루션 스택은 공급자가 관리한다. SaaS는 대부분 공유된 구성 요소와 함께 동작하므로 애플리케이션에 다른 누군가가 접근할 수 있는지 또는 애플리케이션으로 데이터에 접근할 수 있는지 등의 위험에 대비해야 한다. 이러한 위험을 완화하는 솔루션으로 SaaS에서 자체 애플리케이션 런타임을 보유하는 것이 있다.

운용 프로그램 자체를 포함한 전체 스택을 공급자가 관리한다는 사실과 관련 있는 또 다른 위험은 공급자가 말 그대로 사라진다는 것이다. 이 책을 쓰는 현 시점에서 전 세계는 코로나 바이러스 때문에 힘들어하고 있으며 규모가 작은 많은 회사가 생존하기 위해 노력하고 있다. 전 세계가 심각한 위기 상황에서 비즈니스와 IT가 점점 어려워질 때 회사가 제자리에 굳건하게 있을 거라는 보장을 할 수가 없다. SaaS 공급자의 요청으로 솔루션 개발이 중단되거나 급기야 비즈니스를 종료해야 할 경우 언제든지 데이터를 보호할 수 있도록 준비해야 한다. 또한 애플리케이션 동작이 실패해 복원해야 할 상황이 생길 수도 있다. 이러한 상황에서 애플리케이션 코드를 검색하고 애플리케이션을 정상으로 복원할 수 있는지 확인해야 한다.

기술 위험

사용자는 데이터센터, 스토리지 계층, 컴퓨트 계층, 네트워크 계층 등의 구성 요소를 공유하는 클라우드 플랫폼에서 환경을 구성한다. 환경을 구성하는 것은 오직 사일로silo(전체적으로 통합되지 않고 따로따로 활용된다)뿐이다. 이는 사용자가 공유 서비스의 특정 영역인 분리된 환경을 구성하고 있다는 뜻이다. 이러한 영역은 나중에 가상 데이터센터가 될 것이지만 사용자는 여전히 애저, AWS, GCP, 다른 클라우드의 기본 인프라를 사용하고 있다.

주인이 있는 정원 안 작은 부분의 땅에 울타리를 치고 우리 소유라고 주장한다고 가정해 보자. 이때 우리의 동의 없이 그 땅에 아무도 들어가지 못하도록 하기 위해서는 어떻게 해야 할까? 이 질문의 답으로 클라우드에서는 계정 관리, IAM, 방화벽, 네트워크 세분화 등을 기술 솔루션으로 제공한다.

주요 클라우드 공급자도 중단되는 경우가 있을 수 있다. 따라서 기업이 자신의 환경에 가용성을 항상 유지하는 것은 자신의 책임이며 이를 위해 여러 데이터센터, 영역, 기타 글로벌 지역을 사용할 때 중복 솔루션을 사용할 수 있다. 모니터링은 반드시 필요하지만 스택에서 한 가지만 확인하거나 잘못된 것을 보고 있다면 그 의미가 퇴색된다. 잘못된 모니터링 구성은 위험하다. 보안과 마찬가지로 플랫폼은 고객에게 툴을 제공하지만 툴을 사용해 구성하는 것은 플랫폼에서 환경을 포스팅하는 기업의 몫이다.

보안에서 가장 큰 위험 중 하나는 보안 취약점이다. 퍼블릭 클라우드는 잘 보호되는 편이지만 사용자 환경 보호는 항상 사용자의 책임이다. 클라우드는 수많은 시스템을 호스팅하는 플랫폼이므로 해커의 좋은 먹잇감이 된다는 사실을 기억해야 한다. 이러한 이유로 마이크로소프트, 구글, 아마존은 플랫폼 보호에 많은 투자를 하고 있다. 이러한 플랫폼에서 구성된 환경이 적절하게 보호되는지 확인하고 종점 보호, 시스템 강화, 네트워크 세분화, 방화벽, 취약점 검사, 경고, 침입 감지 및 방지 등을 구현해야 한다. 그리고 시스템에서 발생하는 모든 일을 확인할 수 있어야 한다. 하지만 너무 복잡하게 만들면 안 된다. 보호는 필요하지만 관리하고 알 수 있는 정도로 유지해야 한다. 가장 큰 문제는 무엇을 어느 정도 범위까지 보호하고 어느 정도의 비용을 보호에 사용할 것인지 등을 결정하는 것이다. 여기서부터 비즈니스 요구 사항 수집이 시작된다.

기술, 애플리케이션, 데이터 위험을 설명했지만 이는 결국 비즈니스 요구 사항과 관련 있다. 비즈니스 요구 사항은 위험을 포함한 데이터, 애플리케이션, 기술을 주도한다. 지금부터 비즈니스 요구 사항을 수집하는 방법을 알아보자. 먼저 아키텍처를 생성하고 환경을 설계하고 알맞은 정책을 구현하고 멀티 클라우드 자산을 최종 상품으로 구성하는 데 도움이 되는 모든 관련 정보를 수집해야 한다. 이러한 작업은 한 번에 끝나지 않는다. 요구 사항은 지속적으로 변경되며 특히 클라우드에서는 요구 사항이 점점 더 빠른 속도로 변경된다. 따라서 요구 사항 수집은 지속적이고 반복적인 절차다. 다음은 필요한 정보를 수집하는 데 사용할 수 있는 몇 가지 주요 기술이다.

- **평가**Assessment: 평가를 수행하는 훌륭한 방법은 애플리케이션 계층에서 복구성과 성능을 평가하고 있는지를 확인하는 것이다. 애플리케이션이 무엇을 리소스로 사용하고 그 리소스를 어떠한 파라미터에 적용하는지, 백업이 어떠한 방법으로 수행되는지, 복원 절차는 무엇인지, 환경을 주기적으로 감사하는지, 감사 결과는 무엇이며 기록, 채점, 해결됐는지 여부를 평가하고 출·퇴근 시간, 비즈니스 시작 시간, 일반 시간 등 다른 조건에서의 성능에 대한 최종사용자의 경험을 포함시켜야 한다.
- **이해관계자 인터뷰**Stakeholder interviews: 이해관계자 인터뷰는 비즈니스 요구 사항이 무엇인지를 파악하는 좋은 방법이지만 주의해야 한다. 이해관계자는 비즈니스에 중요한 시스템이 무엇인지 등의 질문에 다르게 답할 수 있다.[1]
- **워크샵**Workshop: 워크샵은 기존 아키텍처, 시스템 설계, 요구 사항의 근거, 요구 사항을 더 자세히 파악하는 데 큰 도움이 될 수 있고 결정할 기회를 제공한다. 모든 이해관계자는 한군데서 논의하게 된다. 논의가 너무 길어질 수 있다는 것이 워크샵의 위험이다. 진행자는 논의를 적절하게 조절해 원하는 결과를 얻는 데 도움을 줘야 한다.

요구 사항이 있으면 솔루션의 기능 파라미터에 맞출 수 있다. 비즈니스에 중요한 환경은 연중무휴 사용해야 한다는 요구 사항을 포함시킬 수 있다. 시스템은 모든 트랜잭션이 일정 규모 금액의 가치가 있는 여러 트랜잭션을 보유할 수 있다. 트랜잭션의 손실은 기업이 재정적 손실을 입고 있다는 뜻이다. 시스템은 분 당 많은 트랜잭션을 처리하므로 분 당 데이터 손실이 실제 재정적 피해를 나타낸다. 즉 이러한 시스템에는 기업이 수용할 수 있는 최대 데이터 손실량을 뜻하는 RPORecovery Point Objective를 0에 가깝게 설정해야 한다. 즉 시스템이 가용성, 중복성, 장애 복구 솔루션으로 보호되는 구조로 설계돼야 한다. 0에 가까운 RPO를 보장하는 솔루션으로는 DLPData Loss Prevention를 포함한 솔루션이 있다. 하지만 이러한 솔루션은 중요한 시스템에만 항상 적용되진 않는다.

---

1 6장에 그러한 예가 있다. 재무 책임자는 재무 시스템. 일반 직원은 생산관리 시스템이 가장 중요한 시스템이라고 답한다.

많은 개발자가 사용하는 개발 시스템을 생각해보자. 이러한 개발 시스템을 사용할 수 없게 된다면 기업은 엄청난 재정적 손실을 입을 것이다. 프로젝트가 지연돼 새로운 서비스나 제품의 출시를 늦추게 된다. 또한 개발자는 시스템이 멈춘 동안 일하지 못 하지만 기업은 개발자에게 비용을 여전히 지불해야 한다. 위에서 언급한 내용은 비즈니스 사례, 기업이 수용할 수 있는 위험, 위험을 줄이기 위해 기업이 지불하는 비용에 대한 것이다.

▋ 여러 클라우드 플랫폼에서의 복구 솔루션

7장에서는 성능과 복구성을 알아본다. 지금까지 비즈니스 요구 사항을 수집하고 위험을 인지했으므로 요구 사항에 맞는 솔루션을 도출할 수 있다. 요구 사항에 맞는 솔루션을 선택하는 가장 좋은 방법은 시스템, 복구성 관련 요구 사항, 복구성을 위해 선택한 기술 등을 포함한 매트릭스를 생성하는 것이다. 다음 표는 매우 간단한 매트릭스의 예다(표에 있는 숫자는 임의로 제시한 것이다).

시스템 또는 시스템 그룹 및 카테고리	비즈니스 수준	RTO	RPO	솔루션
애플리케이션 X	매우 중요	2시간 미만	2시간 미만	예비(페일오버) 시스템, DR
애플리케이션 Y	중요	2시간 초과, 8시간 미만	2시간 초과, 8시간 미만	일별 전체 백업 수행, 증분 스냅샷 생성
애플리케이션 Z	중요하지 않음	48시간 미만	48시간 미만	주별 백업 수행, 일별 증분

복구성이 있는 시스템은 시스템 중단을 버틸 수 있도록 설계된다. 시스템이 아무리 잘 설계되고 구성됐더라도 장애와 중단은 언제든지 발생할 수 있다. 따라서 복구성은 중복성과 가용성 등의 품질 속성과 관련 있다.

애저 백업, Site Recovery를 사용한 애저 클라우드에서의 백업 생성

애저 백업Backup은 스냅샷으로 동작한다. 우선 백업 실행 일정을 정의해야 한다. 애저는 백업 실행 일정에 따라 백업을 시작한다. 백업 작업을 처음 실행할 때는 백업 VM 스냅샷 확장이 사용자 환경의 시스템에 프로비저닝된다. 애저는 윈도우Window, 리눅스Linux VM에 대한 스냅샷 확장을 각각 제공한다. 동작 방법은 서로 다르다. 윈도우 스냅샷 확장은 윈도우 VSSVolume Shadow Copy Services와 함께 동작한다. 스냅샷 확장은 VSS 볼륨의 전체 복사본을 사용한다. 리눅스에서는 백업이 기본 시스템 파일의 스냅샷을 생성함으로써 동작한다. 그런 다음 VM에 연결된 디스크를 백업할 수 있다. 이때 스냅샷이 백업 볼트로 전송된다. 운영 체제, 디스크 백업은 애저 Disk Encryption을 사용해 암호화된다. 그림 7.1은 애저 백업의 기본 설정을 보여준다.

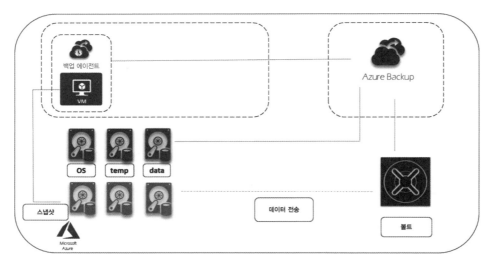

그림 7.1 애저 기본 백업 구성 요소의 개요

애저 환경 안에 있는 시스템은 당연히 백업할 수 있지만 애저 클라우드 밖에 있는 시스템에 대해서도 애저 백업을 사용할 수 있다.

애저 외 시스템 백업

애저 백업을 사용하면 애저가 아닌 환경에서 호스팅되는 시스템을 백업할 수 있다. MARS^{Microsoft Azure Recovery Services}는 기타 환경에서 실행되는 시스템을 백업하기 위한 간단한 솔루션이다. 이러한 솔루션을 사용하기 위해서는 먼저 애저 포털^{Azure Portal}에서 Recovery Services 볼트를 생성하고 백업 목표를 정의해야 한다.

그다음에는 온프레미스 장치나 애저 외부의 장치에 설치해야 하는 볼트 자격 증명^{credential}과 에이전트 설치 관리자를 다운로드받아야 한다. 볼트 자격 증명을 사용해 장치를 등록하고 백업 계획을 실행한다. 더 다양하게 적용할 수 있는 솔루션으로 MABS^{Microsoft Azure Backup Server}가 있다. MABS는 Windows Server 2016 또는 Windows Server 2019를 실행하는 실제 VM이며 애저 안팎의 환경 안에서 백업을 관리한다. MABS를 사용하면 SQL Server, SharePoint, Exchange, VMware VM를 포함한 다양한 시스템에서 하나의 콘솔로 백업을 실행할 수 있다. MABS도 MARS와 동일하게 복구 볼트를 사용하지만 기본적으로 MABS에서 백업은 지역적으로 중복된^{geo-redundant}(여러 물리적 위치에 다중화해 복구성을 높인다) 설정에 저장된다. 그림 7.2는 MABS 설정을 보여준다.

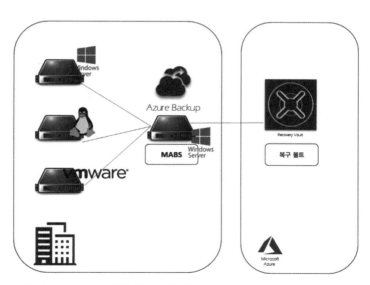

그림 7.2 Microsoft 애저 백업 서버 설정의 개요

애저와 다른 클라우드 공급자에 대한 복구 솔루션을 설명하기 전에 일반적인 장애 복구 프로세스부터 먼저 알아보자. 장애 복구 프로세스는 감지, 대응, 복원 3단계로 구성된다. 먼저 주요 시스템에 문제가 발생해 사용할 수 없는 상태에 빠진 것을 감지할 모니터링 방법이 필요하다. 그다음에는 시스템의 기능을 대신할 예비 시스템으로의 페일오버 등의 장애조치를 취하고 비즈니스 연속성이 보호되고 있는지 확인해야 한다. 마지막으로 장애 발생 이전 상태로 시스템을 복원해야 한다. 복원 단계에서는 시스템이 복원될 수 없을 만큼 손상됐는지 여부도 함께 확인해야 한다.

복원은 복구 프로세스에서 매우 중요한 단계다. 복원은 시스템이 원래 동작하던 상태로 완전히 되돌리는 것을 의미할 수도 있지만 중요한 서비스만 우선 복원하는 부분 복원을 의미할 수도 있다. 복구에는 콜드 예비 시스템^{cold standby}, 웜 예비 시스템^{warm standby}을 사용할 수 있다. 콜드 예비 시스템을 사용하면 사용자가 필요할 때 동작시킬 수 있는 예비 시스템을 보유하게 된다. 콜드 예비 시스템은 장애 발생 전까지 종료 상태로 유지된다. 웜 예비 시스템은 항상 실행 중이지만 서비스 모드로 동작하진 않는다. 웜 예비 시스템은 사전 동작에 필요한 만큼 리소스를 항상 공급받으므로 콜드 예비 시스템[2]보다 동작 속도가 빠르다.

- **웜 예비 시스템**: 동작 중인 시스템에 고장이 발생한 후 다시 수 초 안에 동작할 수 있도록 예열 상태로 대기하는 방식
- **핫 예비 시스템**: 내용 교체 프로그램이나 데이터를 언제든지 꺼낼 수 있는 상태로 컴퓨터를 대기시켜 놓고 현재 사용 중인 컴퓨터에 고장이 발생하면 즉시 전환시킬 수 있는 시스템)

---

2 이중화 시스템에서 현재 사용 중인 시스템에 장애가 발생했을 때 운용자가 예비 시스템의 전원을 넣어 초기 프로그램 처리를 진행하면서 현재 사용 중인 시스템의 운용을 계속하는 방식이다.

애저 Site Recovery

ASR^{Azure Site Recovery}은 애저에서의 장애 복구 설정을 지원하는 솔루션을 제공한다. 기본적으로 ASR은 사용자 환경의 워크로드 사본을 생성하고 애저 안의 다른 위치에 배포한다. 시스템 중단이 발생해 환경을 호스팅하는 데 사용하던 위치를 더 이상 사용할 수 없게 되면 ASR은 시스템 사본을 배포한 예비 위치로의 복구를 수행한다. 원래 위치를 다시 사용할 수 있게 되면 ASR은 원래 위치로의 복구를 즉시 수행한다. 하지만 실제로는 이렇게 간단하지 않다. 복구 계획을 설계하고 워크로드가 실제로 애플리케이션, 데이터 계층에서 장애 조치를 취할 수 있는지를 평가해야 한다. 그다음에는 네트워크와 경계 보안 파라미터를 정확하게 설정해야 한다(가장 어려운 부분이다). 이러한 파라미터는 라우팅, 예약 IP 주소 지정, DNS, 방화벽 규칙 복제 등을 포함한다.

애저는 트래픽 관리자를 통한 DNS 라우팅 등의 솔루션을 제공하므로 페일오버 상황의 DNS 전환을 지원하지만 실제 구현을 위해서는 엔지니어링과 테스트가 필요하다. 마지막으로 어느 곳을 예비 위치로 선택할지 결정해야 한다. 애저가 서비스하는 대부분의 지역에는 이중 구역(데이터센터)이 존재하지만 단일 구역인 일부 지역이 있으므로 이러한 경우 페일오버를 위해 예비 위치로 다른 지역을 선택해야 한다. 여기서도 규정 준수를 항상 확인해야 한다. 그림 7.3은 ASR의 기본 개념을 보여준다. ASR에서는 소스 환경에서 캐시 스토리지 계정을 설정해야 한다. 복제 도중 일어나는 VM의 변경 사항은 복제 환경의 스토리지로 전송되기 전 캐시에 우선 저장된다.

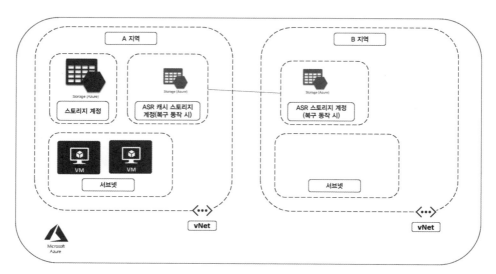

그림 7.3 ASR의 개요

> **TIP** 자세한 ASR 관련 내용은 https://docs.microsoft.com/en-us/azure/site-recovery/에서 확인할 수 있다.

지금까지 애저를 알아봤다. 지금부터는 AWS, GCP의 백업 및 장애 복구를 학습한다.

AWS의 백업 및 장애 복구하기

AWS의 백업 및 장애 복구 솔루션과 정책과 태그 기반으로 백업하는 방법을 학습하자. 그리고 AWS에 사용할 수 있는 하이브리드 솔루션도 알아본다.

정책 기반 백업 계획 생성하기

AWS도 애저와 마찬가지로 백업 규칙, 주기, 기간을 포함한 백업 계획을 먼저 수립하고 백업 볼트와 백업을 전송해야 하는 대상을 정의하고 생성해야 한다. 백업 볼트는 전체 설정에서 매우 중요하다. 백업 볼트는 백업이 구성되고 백업 규칙이 저장되는 장소다. 또한 백업 볼트에서는 백업을 암호화하는 데 사용할 수 있는 암호화 키를 정의할 수 있다. 암호화 키는 AWS KMS^{Key Management Service}로 생성된다. AWS는 기본 볼트를 제공하지만 기업 스스로 자체 볼트를 설정할 수 있다.

이것으로 AWS에서의 백업 정책인 백업 계획을 정의했다. 이제 백업 정책을 AWS의 리소스에 적용할 수 있다. 각각의 리소스 그룹에 특정 비즈니스 요구 사항을 충족시키기 위한 백업 정책을 정의할 수 있다. 백업 계획 또는 백업 정책을 정의하고 저장소를 생성했다면 리소스를 백업 계획에 할당할 수 있다. 리소스에는 EC2 컴퓨팅, DynamoDB 테이블, EBS^{Elastic Block Store} 스토리지 볼륨, EFS^{Elastic File System} 폴더, RDS^{Relational Database Service} 인스턴스, Storage Gateway 볼륨 등이 있다.

태그 기반 백업 계획 생성하기

AWS 리소스에 백업 계획 또는 백업 정책을 적용하기 위해서는 태그를 백업 계획과 백업 리소스에 지정하면 된다. 태그 통합으로 리소스를 구성하고 리소스에 적합한 백업 계획을 적용할 수 있다. 백업 계획을 적용하면 특정 태그가 부착된 모든 리소스가 할당된다. 중요한 리소스 정책을 설정한 경우 중요한 리소스를 분류하기 위한 파라미터로 'BusinessCritical'이라는 태그를 사용할 수 있다. 그러고 나서 'BusinessCritical'에 대한 백업 계획을 정의한다면 'BusinessCritical' 태그가 부착된 모든 리소스가 해당 백업 계획에 할당된다. 그림 7.4는 AWS 백업의 기본 개념을 보여준다.

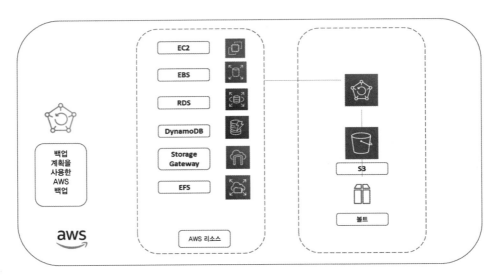

그림 7.4 AWS 백업의 개요

AWS도 애저와 유사하게 AWS의 하이브리드 솔루션을 사용해 AWS 밖에 있는 시스템을 백업할 수 있다.

AWS 하이브리드 백업하기

AWS는 리소스를 백업하는 것을 AWS 스스로 네이티브 백업이라고 명명하지만 이러한 솔루션을 온프레미스 워크로드에도 사용할 수 있다. 이것을 하이브리드 백업이라고 부른다. 하이브리드 백업을 사용하기 위해서는 AWS Storage Gateway도 함께 사용해야 한다. AWS Storage Gateway는 애저 백업에서 설명했던 Microsoft의 MABS에 대응된다. 온프레미스 시스템은 기본적으로 NFS^{Network File System}, SMB^{Server Message Block}, iSCSI^{internet Small Computer System Interface} 등의 표준 스토리지 프로토콜을 사용해 물리 장치나 가상 장치에 연결된다. 장치(여기서는 스토리지 게이트웨이를 의미한다)는 백업을 저장할 수 있는 AWS S3 클라우드 스토리지에 연결한다. 네이티브 백업에서 사용하는 백업 계획을 하이브리드 백업에서도 동일하게 사용할 수 있다. 그림 7.5는 하이브리드 백업의 원리를 보여준다.

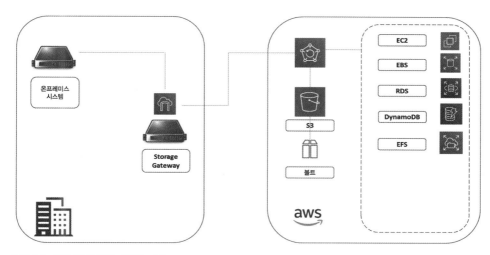

그림 7.5 AWS 하이브리드 백업의 개요

지금부터 AWS의 장애 복구 방법을 알아본다.

AWS의 장애 복구 방법과 교차 지역 백업

AWS는 교차 지역cross-region 백업을 지원한다. 교차 지역 백업은 백업 계획에 맞춰 백업을 생성하고 이 백업을 여러 AWS 지역에 복제한다. 백업은 데이터 계층에서 일어난다. RDS, EFS, EBS, Storage Gateway 볼륨 등 AWS의 모든 데이터 서비스에 교차 지역 백업을 실행할 수 있다. 앞 절 내용에서 유추할 수 있듯이 Storage Gateway가 포함된 경우 온프레미스에 백업된 데이터에도 교차 지역 백업을 설정할 수 있다. 또한 AWS는 BCDR^{Business} Continuity and Disaster Recovery 솔루션인 CloudEndure DR^{Disaster Recovery}을 제공한다.

CloudEndure DR은 스냅샷으로 동작하진 않지만 장애 복구를 위해 대상 시스템에 꾸준한 데이터 보호를 하며 소스 시스템과 지속적으로 동기화한다. CloudEndure DR을 사용하면 2초 미만으로 복구할 수 있고 데이터 손실도 거의 일어나지 않는다. CloudEndure는 하이퍼바이저의 종류와 상관 없이 물리 및 가상의 다양한 시스템에 사용할 수 있다. 또

한 CloudEndure는 Oracle, SAP 등의 엔터프라이즈 애플리케이션을 지원한다. 그림 7.6
은 CloudEndure의 동작 방법을 보여준다.

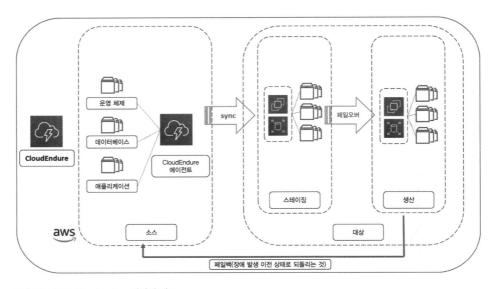

그림 7.6 AWS CloudEndure 개념의 개요

CloudEndure는 소스 시스템과 AWS 스테이징 영역에서 에이전트를 사용하고 스테이징
영역에서 시스템 복제본은 저비용 인스턴스에 저장된다. 페일오버 상황에서 DR 시스템
은 스테이징 영역에서 부팅되고 동기화된다. 페일백은 AWS의 DR 시스템에서 동작한다.

> 자세한 AWS 백업 관련 내용은 https://docs.aws.amazon.com/aws-backup/latest/
> devguide/whatisbackup.html에 게시돼 있고 CloudEndure 관련 문서는 https://aws.
> amazon.com/cloudendure-disaster-recovery/에서 확인할 수 있다.

GCP 백업 계획 생성하기

GCP는 스냅샷을 사용해 백업을 실행한다. 첫 번째 스냅샷은 전체 백업을 한 다음 스냅샷 부터는 증분 백업(마지막 스냅샷 이후 변경된 내용만 백업하는 것)을 수행한다. GCP Compute Engine에서 사용자 데이터를 백업하기 위해서는 영수 디스크 스냅샷을 생성해야 한다. 다른 영역이나 지역에 있는 영구 디스크에 데이터를 복제할 수 있으므로 지역 중복성을 가지며 튼튼한 솔루션을 만들 수 있다.

GCP에서도 AWS, 애저와 마찬가지로 우선 백업 계획(GCP에서는 스냅샷 스케줄이라고 한다)을 설계해 백업이 기본 주기로 실행되도록 해야 한다. 그다음에는 백업 저장 위치를 설정해야 한다. 기본적으로 GCP는 소스 데이터에 가장 가까운 지역에 저장한다. 가용성을 더 높이기 위해서는 영구 디스크를 저장할 다른 지역을 직접 선택하는 것이 좋다.

또한 GCP는 제약 조건으로 동작한다. 예를 들어 데이터를 특정 지역 밖에 저장할 수 없다는 제약 조건을 포함한 정책을 정의하고 그 지역 밖의 장소를 선택하면 정책에 따라 백업이 실행되지 않는다. GCP는 백업하기 전에 디스크 버퍼를 플러시flush(버퍼에 있는 내용을 디스크로 전송하고 버퍼를 비우는 것)할 것을 권장한다. 스냅샷 생성 전에 애플리케이션을 반드시 멈출 필요는 없지만 애플리케이션을 중단하면 애플리케이션이 디스크에 데이터를 기록하지 않으므로 GCP는 애플리케이션 중단을 권장한다. 애플리케이션을 중단하면 스냅샷이 생성되기 전에 디스크 버퍼를 플러시하고 파일을 동기화할 수 있다.

GCP는 SSH를 사용해 디스크 및 sudo 동기화 프로세스를 실행할 수 있으므로 유닉스 프로그래머에게 익숙할 수 있다. 모든 작업은 명령 라인 인터페이스로 수행된다. 또한 GCP에서는 윈도우 기반 시스템을 실행할 수 있고 마찬가지로 백업할 수 있다. GCP는 윈도우 환경을 지원하기 위해 VSSVolume Shadow Copy Services of Windows를 사용한다. GCP는 백업 전에 파일 시스템 마운트를 해제하고 스냅샷을 생성할 것을 권장한다. 이러한 작업에서 파워셸 PowerShell을 사용할 수 있다.

> **TIP** GCP의 Compute Engine 백업 관련 자세한 내용은 https://cloud.google.com/compute/docs/disks/create-snapshots에서 확인할 수 있다.
>
> 윈도우 시스템의 스냅샷 생성 관련 자세한 내용은 https://cloud.google.com/compute/docs/instances/windows/creating-windows-persistent-disk-snapshot에서 확인할 수 있다.

장애 복구 계획

GCP는 DR 전략 계획을 세울 때 우선 RTO, RPO를 정의할 수 있도록 한다. 요구 사항에 기반해 전략을 실행하기 위해 GCP 안에서 구성 요소를 정의한다. 구성 요소로는 Compute Engine, Cloud Storage 등이 포함된다. Compute Engine에서는 VM을 배포하고 장애로부터 VM으로 보호하는 방법을 정의할 수 있다. Compute Engine의 핵심 구성 요소는 영구 디스크, 라이브 마이그레이션, 가상 디스크 추출이다. 영구 디스크와 관련해서는 이전에 GCP 백업에서 설명한 내용을 확인하면 된다.

라이브 마이그레이션은 VM을 다른 호스트에 동작 상태 그대로 마이그레이션해 VM을 동작 상태로 유지한다. 가상 디스크 추출을 사용하면 모든 유형의 VM에서 디스크를 추출해 Compute Engine에서 새 VM을 생성할 수 있다. 만들어진 새로운 VM은 기존 VM과 동일한 구성을 갖는다. 여기서 사용할 수 있는 디스크Disk 형식으로는 VMware의 VMDK Virtual Machine Disk, Microsoft의 VHD Virtual Hard Drive, RAW가 있다.

GCP는 사전 정의된 DR 솔루션을 제공하지 않는다. GCP는 GKE를 사용한 컨테이너 분야에 관심이 더 많다. GKE는 컨테이너에서 사용하는 높은 가용성을 갖는 클러스터를 생성하는 데 사용할 수 있는 여러 가지 기본 제공 기능이 있다. 노드 자동 복구 기능은 클러스터 노드의 상태를 확인한다. 노드가 10분 안에 응답하지 않으면 자동으로 복구한다. 멀티 지역 설정에서 노드를 실행하는 경우 GKE는 클러스터 간의 로드밸런싱 솔루션으로 Anthos용 멀티 클러스터 수신을 제공한다. 이전에는 KubeMI Kubernetes Multicluster Ingress가 이러한 기능을 제공하는 솔루션이었다. 모든 구성을 위해 GCP 지역에서의 트래픽을 라우팅하고 DNS가 정확한 환경을 표시하는지 확인하는 솔루션이 필요하다. 이러한 솔루션으로는 Anycast를 사용한 Cloud DNS, Google Global Network, Traffic Director 등이 있다. Google은 복잡한 DR 인프라 솔루션을 설계할 때 제3의 툴을 고려할 것을 조언한다. 이러한 툴로는 Spinnaker를 사용한 Ansible, Google Cloud의 Chef를 사용한 Zero-to-Deploy 등이 있다.

 TIP GCP의 장애 복구 관련 자세한 내용은 https://cloud.google.com/solutions/dr-scenarios-planning-guide에서 확인할 수 있다.

지금까지 클라우드 공급자의 자체 백업 솔루션을 확인했다. 하지만 이러한 공급자 자체 솔루션을 사용하면 클라우드 공급자의 툴에 완전히 종속된다는 단점이 있다. 통합 관점에서는 나쁘지 않을 수 있지만 많은 기업은 제3의 툴을 사용한 백업과 DR 기술을 선호한다. 다른 툴을 사용해 백업과 DR을 수행하는 이유는 규정 준수뿐만 아니라 기술적 관점에서도 찾을 수 있다. 제3의 툴 중 일부는 엔터프라이즈 백업 솔루션에 특화돼 있고 수많은 서로 다른 유형의 시스템과 데이터를 처리할 수 있다. 즉 모든 클라우드에 호환 가능하다는 뜻이다. 이러한 툴의 예로는 Cohesity, Rubrik, Commvault, Veeam 등이 있다.

▎ 멀티 클라우드 환경 최적화하기

시스템이 사용 가능해야 하는 것은 당연히 중요하지만 시스템 성능이 나쁘다면 별 쓸모가 없을 것이다. 따라서 클라우드 환경을 최적화해 성능을 높이는 작업이 필요하다. 최근 들어 성능은 IT 분야에서 가장 어려운 용어가 됐다. 좋은 성능 또는 허용 가능한 성능이란 무엇을 뜻하는가? 이러한 질문의 답은 하나로 정의할 수 없고 시스템 유형과 비즈니스가 설정한 SLA마다 다르다. 하지만 사용자는 모든 시스템이 자신의 요청에 빨리 답하길 바란다. 성능도 당연히 비즈니스 사례와 관련 있다. 기업이 허용할 수 있을 만큼 받아들이는 것은 무엇이고 성능 향상 비용은 얼마나 들고 기업이 성능 향상에 투자할 생각이 있는지를 고려해야 한다. 클라우드 공급자는 클라우드 플랫폼에서 호스팅되는 환경을 최적화하는 데 사용할 수 있는 툴을 제공한다. 다음 절에서 최적화 툴과 툴 사용법을 간단히 알아본다.

AWS에서 Trusted Advisor를 사용해 최적화하기

AWS와 다른 클라우드 플랫폼의 기능을 최대한 활용하는 것은 쉽지 않다. 따라서 클라우드 제공자는 많은 교육과 자격증을 발급하는 프로그램을 주최한다. 클라우드 플랫폼에서 할 수 있는 일은 무수하고 클라우드 제공자의 포트폴리오는 점점 더 커지고 있다. 클라우드에서 환경을 구성할 때 몇몇 지침을 사용할 수 있다. AWS는 Trusted Advisor로 지침을 제공한다. Trusted Advisor는 배포를 인지하고 이러한 배포를 AWS 안의 모범 사례와 비교해 권장 사항을 알려준다. Trusted Advisor는 비용 최적화, 보안, 성능, 내결함성, 서비스 한도 설정에 도움이 된다.

Trusted Advisor를 사용하기 전에 지원 계획을 선택해야 한다. Root 계정에 대한 MFA Multi-Factor Authentication와 IAM 사용 등의 몇 가지 점검은 무료로 사용할 수 있다. 또한 S3(스토리지) 버킷 사용 권한 확인도 무료다. 그리고 AWS Trusted Advisor를 포함한 7가지 중요 점검에 대한 기본 지원은 항상 포함돼 있는데 주로 보안과 관련 있다. Personal Health Dashboard도 기본 지원으로 사용할 수 있다.

지원 계획에는 개발자, 비즈니스, 엔터프라이즈 세 가지 수준이 있다. 엔터프라이즈는 가장 많은 항목을 지원하고 프레임워크와 관련 있는 모든 점검, 검토, 권고, AWS 지원 팀과의 연락을 연중무휴 제공하지만 비용이 발생한다. 매월 100만 달러를 AWS에게 지불하는 기업이 엔터프라이즈 지원 계획을 사용한다면 매월 약 70달러의 요금이 청구된다. 지원 계획 사용 비용은 AWS에 배포한 리소스 크기에 따라 달라진다. 개발자, 비즈니스 지원 계획은 요금이 훨씬 저렴하다. 개발자 지원 계획은 매월 약 30달러면 사용할 수 있다.

Trusted Advisor에는 AWS에서 배포할 수 있는 모든 것에 대한 권고 서비스가 포함돼 있다. 하지만 서비스 한도와 성능 면에도 많은 기능이 있다. 서비스 한도는 여러 서비스의 볼륨과 용량을 확인한다. 서비스 한도의 80%에 도달하면 경고 표시를 하고 용량이 더 큰 VM 인스턴스 제공, 대역폭 증가, 새로운 데이터베이스 클러스터 배포 등을 제안해 사용자가 문제를 해결할 수 있도록 한다. Trusted Advisor는 리소스 사용률을 확인해 사용률이 성능에 미치는 영향을 파악한다.

 TIP Trusted Advisor에 대한 전체 체크리스트는 https://aws.amazon.com/premiumsupport/technology/trusted-advisor/best-practice-checklist/에서 확인할 수 있다.

AWS의 리소스 상태에 대한 중요 정보를 제공하는 서비스인 Personal Health Dashboard도 있다. Personal Health Dashboard는 문제가 발생하고 리소스에 영향을 미칠 때 사용자에게 알림을 표시하는 것뿐만 아니라 문제 해결 방법도 제안한다. 또한 사전에 계획된 변경이 리소스 가용성에 영향을 미칠 가능성이 있는 경우 사용자에게 미리 알려준다. Personal Health Dashboard는 AWS CloudWatch는 물론 Splunk, Datadog 등 제3의 툴과도 통합된다.

애저 Advisor를 사용한 환경 최적화하기

애저도 AWS와 마찬가지로 애저 Advisor를 제공해 환경 최적화를 도와주는 지원 계획과 툴을 제공한다. 지원 계획과 툴의 서비스 범위는 공급자별로 다르므로 비교하는 것은 의미가 없다. 애저 Advisor는 모든 지원 계획에 추가 비용이 들지 않는다. 애저는 기본, 개발자, 표준, 전문가 다이렉트 네 가지 유형의 지원 계획을 제공한다. 기본 계획은 무료이고 전문가 다이렉트는 가장 넓은 범위의 지원을 하며 월 1천 달러가 청구된다. 하지만 앞에서 설명했듯이 전문가 다이렉트 계획을 AWS의 엔터프라이즈 계획과 비교하는 것은 의미가 없다. 모든 공급자는 유·무료 서비스를 제공하고 어떠한 서비스가 유·무료인지 차이만 있을 뿐이다.

애저 Advisor는 추가 비용 없이 제공된다. 애저 Advisor는 비용, 고가용성, 성능, 보안에 대한 권장 사항을 제공한다. 대시보드를 애저 포털Azure Portal에서 생성할 수 있으며 애저에 배포한 리소스 상태의 개요와 개선을 위한 권장 사항을 바로 제공한다. 고가용성을 위해 애저 Advisor는 VM이 가용성 집합에 배포돼 있는지 확인해 VM의 내결함성을 수정할 것을 관리자에게 권고한다.

애저 Policy, 애저 Automation을 사용해 이러한 작업을 자동화할 수 있지만 그렇게 안 하는 이유가 있다. 수정 작업은 추가 비용이 발생할 수 있고 기업은 비용 조절을 원하기 때문이다. Policy and Automation으로 자동화하는 것은 비용과 예산 등을 고려해 비즈니스 의사결정과 아키텍처 솔루션으로 결정돼야 한다.

애저 Advisor는 여러 가지 모범 사례를 제공한다. 성능 관점에서 앱에 관리 디스크 사용을 시작하고 스토리지 재설계를 수행하고 VNet의 크기를 늘리는 것이 좋다. 수동 또는 자동화로 후속 작업을 하는 것은 항상 사용자의 몫이다. 다양한 클라우드 공급자는 많은 툴을 제공하므로 플랫폼 자체와 플랫폼에 배포한 환경을 자세히 모니터링할 수 있다. 애저 Advisor와 함께 애저 Monitor를 사용해 리소스를 보호하고 애저 Service Health를 사용해 애저 서비스의 상태를 모니터링할 수 있다. 애저는 애저 보안 센터Azure Security Center와 보통 Sentinel로 알려진 Azure-native SIEMSecurity Information and Event Manager을 보안 특화 모니터링 툴로 제공한다. 이러한 모니터링 툴은 보통 종량제(모니터링 항목당 요금) 방식으로 요금을 청구한다. 9장, '모니터링과 관리 툴 정의하고 사용하기'에서 주요 클라우드의 다양한 모니터링 방법을 알아본다.

 자세한 애저 Advisor 관련 내용은 https://docs.microsoft.com/en-us/azure/advisor/advisor-get-started에서 확인할 수 있다.

GCP Cloud Trace, Cloud Debugger를 사용해 최적화하기

GCP는 환경 최적화를 위해 Cloud Trace, Cloud Debugger를 제공한다. 둘 다 포털에서 접근할 수 있다. 이것으로 GCP가 클라우드 네이티브와 네이티브 앱과 밀접한 관련이 있다는 것을 알 수 있다.

Cloud Trace는 최적화 툴이다. Cloud Trace는 VM, 컨테이너, 앱 엔진^{App Engine}, GCP의 네이티브 앱 환경에서의 배포 등의 인스턴스 종류와 상관 없이 GCP 인스턴스에서 호스팅하는 애플리케이션의 지연 시간 데이터를 수집한다. Cloud Trace는 사용자나 기타 서비스로부터 요청이 도착한 시점과 해당 요청이 처리되는 시점 사이에 소요된 시간을 측정한다. 또한 로그를 저장하고 로그 분석을 제공하므로 많은 시간에 걸쳐 성능이 어떻게 향상됐는지 확인할 수 있다. Cloud Trace는 앱 엔진, 로드밸런서, API에서 데이터를 수집하는 트랜잭션 클라이언트를 사용한다. Cloud Trace는 앱 성능, 앱 간의 종속성, 성능 개선 방법의 힌트를 제공한다.

Cloud Trace는 GCP 자산은 물론 Google이 아닌 자산과도 동작한다. AWS, 애저에서도 JSON을 사용한 REST API로 Cloud Trace를 사용할 수 있다. Cloud Debugger는 GCP에서 실행하는 앱 코드를 디버깅하는 또 다른 툴이다. Cloud Debugger는 애플리케이션이 실행되는 동안 코드를 분석한다. Cloud Debugger를 소스 코드에서 바로 사용할 수도 있지만 보통 코드 스냅샷을 생성해 분석을 수행한다.

Cloud Debugger는 깃허브^{GitHub} 같은 버전 관리 툴과 통합된다. Cloud Debugger는 GKE의 컨테이너에서 실행되는 애플리케이션을 코딩할 때 사용하는 언어는 대부분 지원한다. 여기에는 자바^{Java}, 파이썬^{Python}, Go, Node.js, Ruby, PHP, .Net Core가 포함된다. 이 책을 쓰는 현 시점에서 .Net Core는 Compute Engine 환경에서는 아직 지원되지 않는다. Cloud Trace와 Cloud Debugger는 GCP 운영 제품군(이전의 Stackdriver다)이며 유료로 제공된다.

퍼블릭 클라우드에서의 성능 KPI

성능은 어려운 주제다. 더 자세한 의미로 서비스 수준 계약에서 논쟁을 일으킬 만한 항목을 하나 뽑는다면 바로 성능일 것이다. KPI 관점에서 성능이 무엇인지 목표 측면에서 명확하게 정의해야 한다. 무엇이 성능을 정의하는가? 바로 사용자 경험이다. 애플리케이션이 요청에 응답하고 처리하는 속도는 얼마나 빠른가? 빠름은 측정할 수 있는 단위가 아니다.

나이든 사람은 휴대폰 앱이 10초 안에 응답하는 것도 빠르다고 느낄 수 있지만 젊은이는 1초도 길다고 생각할 수 있다. 즉 '빠르다'라는 기준이 서로 다르다는 뜻이다. 따라서 측정할 수 있는 '빠름'에 대한 정의를 내리고 동의를 얻어야 한다. 이때 가용성을 충족시키지 못하면 측정할 대상 자체가 사라지므로 복구성이 여전히 우선돼야 한다. 그렇다면 무엇을 측정해야 하는가? 다음은 몇 가지 주요 측정 대상 지표다.

- CPU 및 메모리^{CPU and memory}: 모든 클라우드 공급자는 여러 가지 인스턴스 크기를 제공한다. 특정 워크로드에서 어떠한 크기의 인스턴스가 필요한지를 확인해야 한다. 규모가 큰 워크플로우 프로세스를 메모리에서 실행하는 애플리케이션은 많은 메모리가 필요하다. SAP S4 및 HANA 인스턴스에는 최대 32GB의 RAM이 필요할 수 있다. 많은 메모리가 필요한 워크로드를 위해 애저, AWS, GCP는 규모가 크고 메모리 최적화된 인스턴스를 제공한다. 다른 예로 무거운 이미징과 렌더링 프로세스를 실행하는 애플리케이션의 경우 GPU를 사용한 그래픽 워크로드를 위한 인스턴스가 필요하다. 즉 적절한 인스턴스 유형과 인프라 선택 및 크기 조정이 필요하다. 중요한 애플리케이션에 CPU와 메모리를 낮게 설정하고 공

급자에게 성능 저하의 책임을 전가할 수는 없다. Advisor 툴을 사용해 모범 사례를 적용할 수 있다. 11장, '리소스 프로비저닝 및 사용 원칙 정의하기'에서 더 자세히 알아본다.

- **응답성**Responsiveness: 요청에 대한 응답을 서버가 받는 데 시간이 얼마나 걸리는가? 이러한 응답 시간을 결정하는 많은 원인이 있다. 이러한 원인으로 우선 전체 애플리케이션 스택의 정확한 네트워크 구성, 라우팅, 종속성이 있다. 이는 낮은 대역폭의 VPN으로 연결했는지 또는 고속 전용 연결로 연결했는지 여부와 관련이 있다. 또한 로드밸런싱과도 관련이 있다. 트래픽이 많은 시간에 부하가 증가하면 이를 처리할 수 있어야 한다. 클라우드 환경에서는 자동화된 확장과 증설이 가능하다. 따라서 로드밸런싱 솔루션의 적절한 구성이 필요하다.

- **IO 처리량**IO throughput: IO 처리량은 서버 또는 환경의 처리율 지표다. 처리량은 RPSRequests Per Second, 동시 접속 사용자 수, 리소스(서버, 연결, 방화벽, 로드밸런서) 사용량 지표다. 크기 조정은 아키텍처의 핵심 요소다. 솔루션이 기술적으로 제대로 설계됐더라도 크기 조정이 정확하지 않으면 애플리케이션이 제대로 작동하지 않거나 아예 사용할 수 없게 된다. Advisor 툴은 환경 설정, 리소스 크기 조절, 애플리케이션(코드) 최적화에 큰 도움을 준다.

성능에 대한 KPI를 정의하는 데 가장 중요한 것은 모든 이해관계자(비즈니스, 개발자, 관리자)가 성능이 무엇이고 어떠한 방법으로 측정돼야 하는지 이해하고 동의하는 것이다.

▍ 요약

7장에서는 복구성과 성능의 정의를 다뤘다. 여러 클라우드 공급자가 제공하는 다양한 백업과 장애 복구 솔루션을 알아봤다. 또한 클라우드 공급자가 제공하는 권고 툴을 사용해 환경을 최적화하는 방법도 학습했다. 그런 다음 비즈니스, 데이터, 애플리케이션, 기술 등의 다양한 계층에서 위험을 파악하는 방법을 탐구했고 위험을 줄이는 데 사용할 수 있는 여러 방법도 알아봤다. 가장 큰 위험 중 하나는 백업에서 데이터를 복구할 수 없거나 다른 시스템으로 페일오버할 수 없어 시스템을 '잃는' 것이다.

데이터 손실과 비즈니스 손실을 유발하는 시스템 다운을 방지하기 위해서는 환경에서 복원성을 설계해야 한다. 중요한 시스템의 경우 장애 복구를 우선 생각할 수 있지만 최소한의 백업 솔루션은 갖추고 있어야 한다. 그래서 7장에서 주요 클라우드 플랫폼의 백업 및 장애 복구 솔루션을 학습한 것이다. 그리고 클라우드 네이티브의 권고 툴을 사용해 클라우드 환경을 최적화하는 방법도 배웠다. 마지막으로 KPI 및 KPI를 사용해 클라우드에서 시스템 성능을 측정하는 방법도 알아봤다. 8장에서는 클라우드에서의 자동화 및 자동화 툴을 사용하는 방법을 다룬다. 또한 자동화 파이프라인에서의 코드형 인프라와 코드형 구성의 개념도 살펴본다.

▍ 질문

1. RPO와 RTO는 각각 무엇의 약자인가?
2. GCP에서 실행되는 애플리케이션 코드의 오류를 캡처하기 위해서는 어떠한 툴을 사용해야 하는가?
3. 다음은 참인가, 거짓인가? "온프레미스에서 호스팅되는 시스템에서도 애저와 AWS의 백업 솔루션을 사용할 수 있다."

▍ 참고문헌

- Alan Rodrigues, 'Reliability and Resilience on AWS'(Packt, 2018)
- Rajkumar Balakrishan, 'Architecting for High Availability on Azure'(Packt, 2019)

08

자동화 툴 및 프로세스 정의하기

클라우드 환경은 거의 모든 것을 자동화할 수 있다는 장점이 있다. 사용자는 클라우드 환경에서 수동으로 작업하는 것을 바라지 않으며 인프라 관리를 최대한 자동화하려고 한다. 이때 클라우드 간cross-cloud 자동화를 어떠한 방법으로 하고 자동화하기 위해 어떠한 프로세스를 따르고 자동화 템플릿 관리의 책임은 누구에게 있는지 등의 질문에 답해야 한다.

8장에서는 계층에서 환경을 추상화하는 자동화의 주요 원칙을 소개하고 애저, AWS, Google Cloud 등 주요 클라우드 공급자의 플랫폼에 통합된 자동화 툴도 알아본다. 또한 소스 코드를 단일 저장소에 저장하는 것으로 시작해 자동화 프로세스를 설계하는 방법과 저장된 코드에 버전 관리를 적용하는 방법도 다룬다. 그리고 자동화를 정의할 때 고려할 주요 함정도 설명한다.

8장에서는 다음 주제를 다룬다.

- 클라우드 간 인프라 자동화하기
- 코드 저장소와 워크플로우를 사용한 자동화 프로세스 생성하기
- 자동화 툴 사용하기
- 멀티 클라우드를 위한 자동화 설계하기

▌ 클라우드 간 인프라 자동화

자동화를 탐구하기 전에 우선 IT의 모든 구성 요소를 가상화해야 한다. 물리 장치를 자동화하기 위해서는 로봇이나 드론이 필요하다. 즉 자동화는 가상화로부터 시작되므로 VMware 등의 기업이 클라우드 업계에서 중요한 역할을 하고 있다. 가상화 기술을 제공하는 기업(대표적으로 VMware)의 소프트웨어 정의 데이터센터^{SDDC, Software-Defined Data Center} 개념은 클라우드 구축의 청사진이 된다. 사용자는 컴퓨팅, 스토리지, 네트워크 등의 전체 스택을 가상화해야 한다.

가상화된 요소만 저장소에 저장할 수 있고 요청 즉시^{on-demand} 프로그래밍적인 프로비저닝을 수행할 수 있다. 하지만 사용자는 진정한 멀티 클라우드를 원하므로 가상화된 요소의 상호 운용성이 자동화의 중요한 열쇠가 된다. 가상화는 자동화의 시작점이 되고 사용자는 모든 요소가 상호 호환되고 플랫폼에 종속적이지 않길 원한다. 하지만 실제로 주요 클라우드 공급자의 퍼블릭 클라우드에서조차 시스템이 물리 인프라 설정에 종속돼 있다는 사실을 확인할 수 있다. 가상 머신을 예로 들면 하이퍼바이저를 사용해 물리 호스트의 프로세서(CPU)와 메모리를 다수의 가상 머신이 공유할 수 있지만 모든 가상 머신이 여전히 게스트 운영 체제를 필요로 한다.

이러한 문제를 극복할 솔루션은 컨테이너 사용이다. 4장, '멀티 클라우드를 위한 서비스 설계하기'에서 설명했듯이 컨테이너에는 게스트 운영 체제가 없다. 물리 호스트의 운영

체제를 함께 사용한다. 하지만 컨테이너에는 컨테이너를 호스팅하고 오케스트레이션할 수 있는 플랫폼이 필요하다. 대표적인 플랫폼으로 쿠버네티스가 있다. 주요 플랫폼은 모두 쿠버네티스 서비스^{AKS}, EKS, PKS, GKE를 지원하지만 컨테이너를 사용하기 위해서는 인프라의 구축과 구성이 필요하다. 즉 컨테이너를 사용하더라도 인프라를 구축해야 한다는 뜻이다.

결국 계층 추상화가 필요하다. 애플리케이션 계층이 인프라 계층에 종속되지 않는지 확인해야 한다. 즉 애플리케이션 자신이 호스팅되는 인프라를 눈치채지 못해야 한다. 여기에 어떠한 계층이 있는지 살펴보자.

- **접근 계층**Access layer: 접근 계층은 네트워크와 인터페이스로 구성된다. 애플리케이션이 서로 통신하거나 데이터베이스 등 다른 요소와 통신할 수 있도록 해주는 연결과 외부로부터 클라우드 플랫폼에서 호스팅되는 환경으로 연결하기 위해서는 네트워크가 필요하다. 접근 계층은 서비스 계층과의 상호연결을 포함한다. 여기에는 실제 포털이나 서비스 계층에서 서비스를 주문하고 구성할 때 사용하는 모든 명령 인터페이스가 포함된다.

- **애플리케이션 계층**Application layer: 애플리케이션 계층은 애플리케이션 코드와 애플리케이션 구성 코드를 포함한다. 애플리케이션 계층은 다른 모든 계층과 완전히 분리된다.

- **서비스 계층**Services layer: 서비스 계층에는 IaaS^{Infrastructure as a Service}, PaaS^{Platform as a Service}, SaaS^{Software as a Service}가 배치된다. IaaS에는 서버 또는 스토리지 서비스가 포함된다. PaaS에는 AWS Elastic Beanstalk 또는 RedHat OpenShift 등의 관리형 서비스가 포함된다. SaaS에는 오피스 자동화(예: Office 365) 등의 전체 스택 비즈니스 서비스가 포함된다.

- **리소스 계층**Resource layer: 리소스 계층은 서비스 계층에 존재하는 서비스에 대한 구성 요소를 포함한다. 리소스 계층에는 CPU, 디스크, 네트워크 인터페이스 카드 NIC 등의 물리 리소스 풀이 있다. 물리 리소스는 서버를 구축하고 네트워크 연결

을 통해 접근할 수 있도록 하는 데 필요한 모든 리소스를 가리킨다. 리소스 계층에는 운영 체제 및 런타임 스크립트 등의 논리 리소스 풀도 포함된다.

그림 8.1은 데이터센터 가상화를 위한 추상화 개념과 클라우드 플랫폼에서의 환경 배포에 대한 논리적 구성을 보여준다.

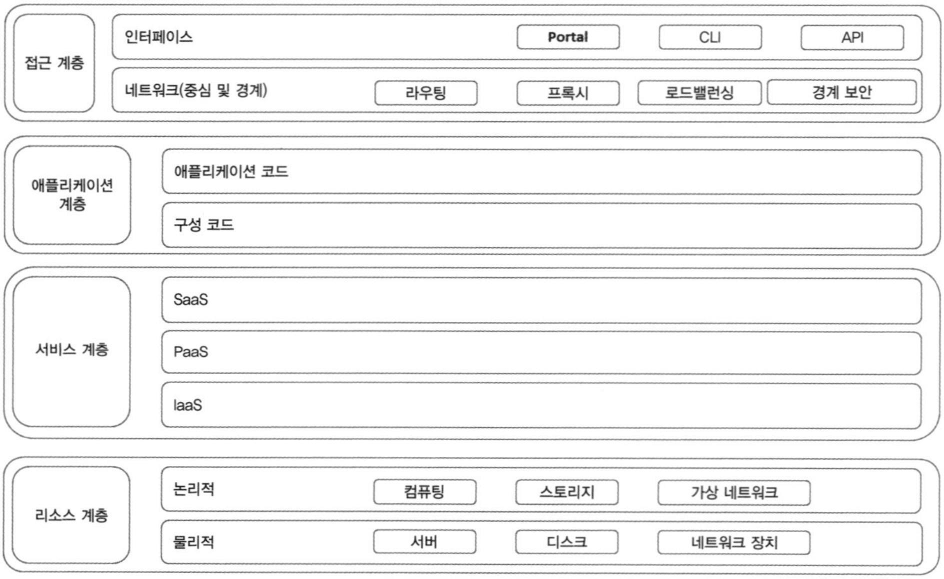

접근 계층
인터페이스
Portal
CLI
API
네트워크(중심 및 경계)
라우팅
프록시
로드밸런싱
경계 보안
애플리케이션 계층
애플리케이션 코드
구성 코드
서비스 계층
SaaS
PaaS
IaaS
리소스 계층
논리적
컴퓨팅
스토리지
가상 네트워크
물리적
서버
디스크
네트워크 장치

그림 8.1 환경 안에서의 논리적 계층 추상화 모델

코드형 인프라 즉 인프라를 코드로 정의하는 방법을 발견하기 전에는 IT 환경 구축이 매우 어렵고 비용이 많이 드는 프로세스였다. 아키텍처 정의 외에도 데이터센터에 필요한 물리 시스템의 크기를 적절하게 조정할 필요가 있었다. 물리 시스템의 크기를 잘못 조정하거나 잘못된 물리 시스템을 구매하면 용량이 부족하거나 너무 많은 상황에 처할 수 있다. 물리 시스템을 구매하고 데이터센터에 설치한 다음 실제 워크로드 배포를 시작할 수 있었다. 이러한 전체 과정에는 최소 2개월이 소요됐지만 이제는 전체 데이터센터를 가상화하는 기술이 있고 애저, AWS, Google Cloud가 제공하는 기존 데이터센터를 사용할 수도 있다.

주요 클라우드 공급자는 환경을 구성하기 위해 리소스, 서비스, 접근 계층에서 사용할 수 있는 구성 요소가 코드라는 것을 이미 알아챘다. 남은 것은 코드를 함께 배치하는 작업이다. 클라우드 자동화는 모든 것을 통합하는 단계다. 여러 계층의 코드를 함께 배치하는 방법을 파악했고 자주 수행하고 싶다면 프로세스를 자동화해야 한다. 자동화하면 시간과 비용이 절약되고 수동 작업에 비해 오류 위험이 감소한다. 다음 절에서는 자동화 프로세스 및 자동화 프로세스에 카탈로그와 라이브러리를 사용하는 방법을 다룬다.

▌ 코드 저장소와 워크플로우를 사용해 자동화 프로세스 생성하기

4장, '멀티 클라우드를 위한 서비스 설계하기'에서 지속적 통합[CI]과 지속적 제공[CD] 파이프라인을 간단히 설명했다. 지금부터는 CI/CD 파이프라인이 자동화에서 중요한 역할을 하므로 더 자세히 알아본다. 그림 8.2는 파이프라인의 개요를 보여준다.

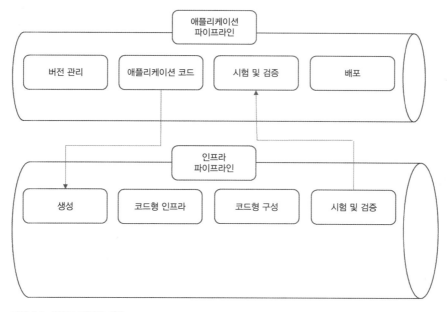

그림 8.2 CI/CD 개념의 개요

파이프라인은 버전 관리와 실제 애플리케이션 코드로 시작한다. 버전을 관리하기 위해서는 소스 코드가 필요하다. 소스 코드는 대부분 소스 코드 저장소에 저장된다. 독립 저장소의 예로는 깃허브GitHub, BitBucket, GitLab 등을 포함하는 깃Git이 있다. 하지만 모든 클라우드는 자체 저장소를 보유하고 있으며 기업은 자체 저장소를 온프레미스 환경에서 호스팅할 수 있다. 자동화 파이프라인 구성은 코드 변경 또는 코드 포크fork(하나의 소프트웨어 소스 코드를 통째 복사해 독립적인 새로운 소프트웨어를 개발하는 것)를 요청하면서 시작된다. 포크를 수행함으로써 코드를 추가로 개발할 수 있는 분기를 생성한다. 포크 코드는 검증과 테스트를 할 때 마스터 분기에 다시 반환될 수 있다.

어떠한 경우이든 요청은 다음 단계를 위한 코드를 준비하는 CI 파이프 프로세스를 유발한다. 이는 코드가 환경에 배포될 수 있는 구성 요소로 패키징되는 빌드 단계다. 이러한 패키지에는 애플리케이션 코드뿐만 아니라 코드가 배포될 필수 리소스도 포함된다. 리소스는 가상 머신, 스토리지 블록, 컨테이너가 될 수 있다. 마지막으로 배포 전에 원하는 상태와 정책 면에서 모든 패키지에 대한 테스트와 검증을 수행해야 한다. 테스트와 검증이 끝나면 전체 배포 프로세스가 완료된다. 다음은 클라우드 환경에서 인프라를 자동화하는 일반적인 프로세스다.

- 가상 머신 오토 프로비저닝auto-provisioning
- 인프라 구성 요소에 원하는 상태 구성DSC, Desired State Configuration 배포하기
- 백업 스케줄 배포하기
- 확장 및 페일오버 시나리오(예: 장애 복구)를 위한 워크플로우 자동화

자동화에서 가장 중요한 작업은 코드형 인프라IaC, Infrastructure as Code를 생성하고 저장소에 저장하는 것이다. 자동화 툴을 사용해 저장소에서 특정 IaC 항목을 포크할 수 있다. 계층의 추상화가 중요한 이유가 바로 여기에 있다. 가상 머신, 스토리지 블록, 네트워크 파라미터, 컨테이너 등의 모든 항목은 코드로 정의된다. 자동화 툴은 애플리케이션 코드와 애플리케이션 코드를 실행하도록 정의된 패키지에 따라 구성 요소를 배치하는 방법과 구성 요소를 환경에 배포하는 방법을 파악한다.

예를 들어 애플리케이션에 여러 컨테이너가 필요한 경우 자동화 툴은 컨테이너를 생성하고 쿠버네티스 노드에 컨테이너를 배치하고 스토리지를 연결하고 로드밸런싱을 구성하고 네트워크 정책을 적용할 수 있다. 이러한 전체 워크플로우를 자동화 프로세스로 구성할 수 있다. 또한 자동화 툴은 환경 배포 자동화 외의 장점도 제공한다. 자동화를 사용해 환경을 관리할 수 있다. 시스템 확장 또는 시스템 성능 저하에 대한 조치 등의 작업을 자동화를 사용해 수행할 수 있다. 따라서 자동화 툴은 모니터링과 통합돼야 한다. 환경에 최대 부하가 발생하거나 성능이 저하된 것을 모니터링으로 감지한 경우 사전 정의된 작업을 자동으로 실행할 수 있다(예: 가상 머신 추가, 스토리지 용량 증설, 로드밸런싱 추가).

반면 환경이나 구성 요소가 유휴 상태로 감지되면 불필요한 구성 요소 제거 작업을 자동으로 실행해 비용을 줄일 수 있다. 구성 요소 프로비저닝, 관리, 제거는 프로세스와 밀접한 관련이 있다. 따라서 워크플로우를 정의할 때는 조심해야 한다. 예를 들어 환경의 다른 구성 요소에 연결돼 있는 가상 머신을 제거하면 오류가 발생할 수 있다. 따라서 자동화는 연결과의 상호작용을 고려해야 한다.

새로운 워크로드를 환경에 자동으로 배포하는 경우도 마찬가지다. 새로운 워크로드를 어떠한 다른 요소와 연결해야 할지를 고려해야 한다. 자동화는 단지 실행만으로 모든 것이 이뤄지는 마법이 아니다. 자동화 툴에서 워크플로우를 정의하고 설계해야 한다. 그림 8.3은 가상 머신 배포를 위한 자동화 워크플로우를 보여준다.

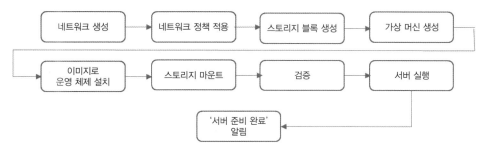

그림 8.3 가상 머신 배포를 위한 개념적 워크플로우

다음 절에서는 여러 자동화 툴과 자동화를 시작하는 방법을 탐구한다.

▌ 자동화 툴 탐구하기

클라우드 자동화는 전 세계가 주목하는 주제이므로 클라우드 시장에는 수많은 자동화 툴이 있다. 그리고 주요 클라우드 공급자는 기본 툴을 자체적으로 제공한다.

애저 자동화

애저 자동화Azure Automation는 애저에 배포된 인프라에서 반복적인 작업을 자동화하는 다양한 솔루션을 제공한다. DSC 사용으로 인프라가 표준화, 일관성, 규정 준수를 충족시키도록 할 수 있다. DSC는 클라우드 자동화의 중요한 부분이므로 먼저 정의하는 것이 좋다. 자동화는 운영 비용 감소와 관리자가 많은 수동 작업과 반복 작업을 수행해 발생하는 휴먼 에러를 방지한다는 2가지 이유에서 필요하다.

DSC는 자동화를 시작하는 방법이다. 서버 팜server farm(컴퓨터 서버 모임으로 하나의 머신의 기능을 훨씬 뛰어넘는 서버 기능을 제공한다)을 실행하고 시간이 지나면 서버 설정이 변경되고 점점 차이가 발생하는 것을 확인할 수 있다. 이러한 차이를 허용할 이유가 있다면 차이 발생은 문제가 안 된다. 하지만 업데이트된 DSC를 사용해 반드시 문서화해야 한다.

규모가 큰 서버 팜에서는 수동으로 서버를 업데이트하고 점검하는 작업에 매우 번거롭고 많은 시간이 걸린다. 이러한 경우 서버에 올바른 설정과 정책이 적용돼 있는지 모니터링하는 툴을 사용해 점검을 자동화하고 만약 잘못된 설정과 정책이 적용돼 있다면 자동으로 수정하도록 한다. 새로 배포된 서버에도 설정과 정책을 자동으로 적용한다. 이것이 DSC를 사용해 얻을 수 있는 표준화의 장점이다.

애저 자동화는 DSC를 관리하는 툴이며 구성과 업데이트를 관리한다. 또한 애저 자동화는 프로세스 자동화를 지원한다. 애저는 프로세스 자동화를 제공하기 위해 런북runbook 자동화를 사용한다. 파워셸PowerShell이나 파이썬Python을 사용해 런북을 생성할 수 있다. 런북을 사용하면 애저뿐만 아니라 온프레미스나 AWS 등 다른 클라우드에서 호스팅하는 시스템에도 워크로드를 배포하고 관리할 수 있다. 또한 웹훅webhook과 모니터링 시스템에 런북을 함께 통합할 수도 있다. 이러한 시스템은 ServiceNow 등의 ITSM 플랫폼일 수 있다. 그리고 애저 자동화는 CI/CD 파이프라인을 포함한 전체 데브옵스 프로젝트를 정의할 수 있는 애저 데브옵스와 완벽하게 통합된다.

런북의 핵심 개념은 사용자가 생성한 특정 작업을 수행하는 작업자worker다. 작업자는 애저의 여러 리소스가 공유할 수는 있지만 동시에 여러 작업에 할당할 수는 없다. CI/CD의 트리거나 모니터링으로부터 작업이 시작되면 작업자가 해당 작업에 할당된다. 그런 다음 작업자가 가상 머신에 정책 적용 등의 실제 런북을 실행한다.

이전에 클라우드의 모든 것은 ID라고 설명한 적이 있다. 위의 예에서 ID는 작업에 할당된 작업자가 된다. 작업자는 작업을 실행하기 위해 필요한 리소스에 접근해야 한다. 리소스 접근을 위해 작업자에게 권한이 있는지, Active Directory에 대해 인증됐는지 확인해야 한다. 만약 권한이 없거나 인증되지 않았다면 작업은 실패한다.

 자세한 애저 자동화와 런북 관련 내용은 https://docs.microsoft.com/en-us/azure/automation/에서 확인할 수 있다.

AWS OpsWorks

AWS의 다른 툴과 마찬가지로 OpsWorks는 제3의 툴과 통합된다. OpsWorks의 기능은 파워셸, 애저 자동화를 사용하는 DSC와 유사하지만 OpsWorks는 Chef Automate나 Puppet Enterprise와 통합된다. 그리고 AWS는 OpsWorks용 기본 서비스인 OpsWorks Stacks도 제공한다.

스택Stacks은 계층으로 동작한다. AWS의 EC2Elastic Compute Cloud 서비스에서 배포된 가상 머신 그룹이 계층이 될 수 있다. 이러한 계층은 웹서버나 데이터베이스 서버를 배포한다. 그런 다음 스택은 애플리케이션 계층을 인프라에 배포한다. 스택은 Chef를 기반 기술로 사용한다. 스택은 Chef를 사용해 계층 배포를 자동화하고 애플리케이션과 스크립트를 설치한다. 필요하면 오토 스케일링autoscaling을 적용하고 스택에 모니터링 툴을 설치한다.

OpsWorks with Chef Automate는 더 발전된 기능을 제공한다. OpsWorks with Chef Automate를 사용하기 위해서는 환경에 쿡북cookbook(Chef에서 레시피, 속성 값, 파일, 템플릿, 라이브러리, 정의, 사용자 지정 리소스 같은 구성 정보가 포함돼 있는 아카이브 파일)을 보유한 Chef 서버가 존재해야 한다. OpsWorks with Chef Automate는 서버 스택을 배포하고 구성 정책을 적용하고 LDAPLightweight Directory Access Protocol이나 SAMLSecurity Assertion Markup Language 기반으로 접근 제어 구현과 통합 구성을 수행한다. CISCenter of Internet Security 등의 보안 프레임워크를 사용해 전체 배포, 컨테이너화 환경, 규정 준수, 보안 점검을 위한 워크플로우를 정의할 수 있다.

Chef는 계층으로 동작한다. 이러한 계층의 주요 요소는 속성과 리소스다. 속성은 노드(설치를 원하는 시스템) 관련 상세 정보를 포함한다. Chef는 노드의 현재 상태와 원하는 상태를 평가한다. Chef는 원하는 상태로 가기 위해 AWS의 패키지, 템플릿, 서비스 등의 리소스를 사용한다. Chef는 내부적으로 JSON, Ruby를 사용하므로 Chef를 사용할 때 스크립트 언어(JSON, Ruby)를 학습하는 것이 도움이 된다.

Chef는 쿡북을 사용해 애플리케이션 환경을 만들기 위한 전체 클라우드 네이티브 옵션을 제공한다. 따라서 사용자는 쿡북을 정의하는 방법 관련 지식이 요구된다. 18장, 'CI/CD 파이프라인 설계 및 구현하기'에서 더 자세히 알아본다. 사용자는 깃허브에서 커뮤니티가 개발과 테스트를 이미 완료한 쿡북을 다운로드해 사용할 수 있다.

다른 툴로는 OpsWorks for Puppet Enterprise가 있다. OpsWorks for Puppet Enterprise를 사용하는 경우 사용자는 AWS의 인프라를 제어하는 Puppet 마스터 서버를 배포한다. Puppet은 AWS의 인프라 구성 요소에 대한 원하는 상태를 포함하는 모듈을 사용해 동작한다. Puppet은 Chef처럼 EC2를 사용해 환경(AWS 또는 온프레미스)과 상관 없이 시스템을 배포, 구성, 관리할 수 있다. Puppet은 시스템 배포, 운영 체제 설치, 데이터베이스 구성, 원하는 상태 정책 등록을 수행한다. 모든 작업은 개발 키트에서 직접 정의한 워크플로우나 Puppet Forge(Puppet, 커뮤니티 등에 의해 만들어진 모듈 카탈로그)를 사용해 수행된다. Puppet Enterprise는 18장, 'CI/CD 파이프라인 설계 및 구현하기'에서 자세히 설명한다.

 자세한 AWS OpsWorks 관련 내용은 https://docs.aws.amazon.com/opsworks/latest/userguide/welcome.html에서 확인할 수 있다.

Google Cloud Platform에서의 자동화

지금까지 다룬 내용으로 환경을 구분 가능한 별도 계층으로 추상화해 환경의 배포, 관리를 자동화할 수 있다는 것을 알게 됐다. 전체 애플리케이션 스택을 배포하고 정의된 정책을 사용해 애플리케이션 스택을 구성함으로써 모든 스택이 일관되고 규정을 준수하도록 할 수 있다. 또한 전체 스택을 다루지만 다른 구성 요소에 영향을 미치지 않고 일부를 업데이트할 수 있어 관리 면에서도 더 효율적이다. 모든 것은 코드로 이뤄져 있으므로 서버, 스위치, 라우터, 컴퓨터 랙, 케이블 등의 물리 하드웨어가 아닌 코드만 관리하면 된다.

물리 하드웨어는 클라우드 공급자가 관리한다. GCP^Google Cloud Platform(https://cloud.google.com/solutions/devops/devops-tech-deployment-automation)에는 애저, AWS와 완전히 동일한 개념을 사용한다. GCP는 패키지와 스크립트 배포를 자동화한다. 패키지는 배포해야 할 아티팩트를 포함하고 스크립트는 패키지 배포 방법을 정의한다. 스크립트를 사용하면 GCP의 대상 환경은 시스템이 호스팅될 프로젝트(AWS VPC 또는 애저 vNets와 유사하다)를 정의한 다음 패키지를 실제로 배포하고 마지막으로 테스트 스크립트를 실행해 시스템 접근 가능 여부와 시스템이 설계대로 동작하는지 여부를 확인한다.

기타 자동화 툴

지금까지 애저, AWS, GCP와 통합된 기본 툴을 살펴봤다. 그리고 클라우드 시장에는 더 많은 툴이 있다고 잠시 언급했다. 다른 툴로는 Chef, Puppet, Terraform, Spinnaker(Netflix에서 만들었다), Ansible 등이 있다. 모든 툴은 각각 장점이 있지만 목표에 적합한 툴을 사용해야 한다. 즉 필요한 툴을 사용해야 한다는 뜻이므로 툴셋을 자주 점검하는 것이 중요하다. 클라우드 개발자와 클라우드 솔루션 구축 전문가는 툴셋을 평가하고 개선 사항을 권장하도록 팀 단위로 노력해야 한다. https://xebialabs.com/periodic-table-of-devops-tools/에서 데브옵스 툴 주기율 표를 확인할 수 있다. 데브옵스 툴 주기율 표는 Xebia Lab에서 제작, 관리, 업데이트한다.

▌ 멀티 클라우드를 위한 자동화 설계

자동화는 클라우드의 모든 것을 해결하는 성배로 보이지만 피해야 할 여러 함정도 있다. 다음은 클라우드 자동화 프로젝트가 실패하는 세 가지 주요 원인이다.

- **매우 복잡한 자동화**: 자동화할 때도 클라우드의 다른 모든 작업과 같이 계획부터 먼저 세우고 계층을 고려해야 한다. 어떠한 구성 요소를 어느 계층에 배치하고 그것이 반복적인 작업인지 생각해야 하고 실제로 반복하기 가장 쉬운 방법을 찾아야 한다. 가상 머신 생성이 좋은 예다. 가상 머신을 생성하기 위해서는 어떻게 해야 하는가? 가상 머신을 생성할 위치를 정한 다음 가상 머신을 생성하고 운영 체제를 설치해야 한다. 이것이 자동화를 위한 3단계다.
- **모든 것을 자동화함**: PaaS 솔루션 사용을 예로 들어보자. 많은 클라우드 네이티브 애플리케이션이 하나의 명령으로 트리거할 수 있는 PaaS를 사용한다. 명령에 대한 트리거는 자동화 스크립트에 포함시킬 수 있지만 서비스 자체에는 포함시킬 수 없다. 서비스 자체에 포함시키는 것이 기술적으로 가능할지 몰라도 너무 복잡

하므로 실제로 그렇게 하면 안 된다. 모든 것을 자동화하는 함정은 첫 번째 함정인 자동화를 매우 복잡하게 만드는 것과 밀접한 관련이 있다.

- **종속성 무시**: 자동화 스크립트에 정의된 첫 번째 구성 요소를 설정하는 데 실패한다면 자동화는 실행되지 않는다. 더 자세히 설명하면 자동화 스크립트는 클라우드 환경 구성 요소를 호출한다. 여기서부터 오케스트레이션이 시작된다. 자동화를 사용해 사용자는 클라우드 공급자가 제공하는 여러 서비스를 호출하지만 순서를 지켜야 한다.

  예를 들어 자동화 스크립트에서 데이터베이스를 배포하는 경우 데이터베이스를 배포하기 전에 우선 데이터베이스 서버가 살아 있는지, 데이터베이스 서버가 운영 체제와 함께 동작하고 있는지 확인해야 하고 마지막으로 실제 데이터를 확인하고 프로비저닝해야 한다. 좋은 방법은 서비스를 독립적으로 자동화해 다른 구성 요소를 사용할 수 없는 경우에도 서비스가 중단되지 않도록 하는 것이다. 데이터베이스를 배포하는 자동화 스크립트가 가상 머신을 발견하지 못하면 서버가 온라인 상태로 변할 때까지 대기하면서 데이터베이스 설치를 진행하지 않아야 한다. 이러한 현상을 잠금 단계^{lock-step}라고 부른다.

버전 관리도 자동화에서 중요한 요소다. 코드를 저장하는 저장소가 없다면 자동화를 시작할 수 없다. 소스 코드와 모든 다른 구성 요소(파일)에 대한 모든 반복 작업은 공유돼야 하고 작업을 수행하는 모든 사람이 접근할 수 있는 저장소에 보관돼야 한다. 그러면 모든 반복 작업에서 코드가 재사용되고 개선될 수 있고 코드를 누가 변경했는지, 코드가 어떻게 변경됐는지 등을 파악할 수 있다. 또한 시스템 장애가 발생한 경우 장애 발생 시점에 사용했던 버전에서 원인을 파악할 수 있다.

깃^{Git}과 Subversion 등 많은 툴을 사용해 버전을 관리할 수 있다. 중요한 것은 모든 코드에 버전 관리를 적용해야 한다는 것이다. 다음 목록은 추상화된 여러 계층을 정확하게 인식하는 데 도움을 준다.

- 애플리케이션 코드

- 런타임 스크립트

- 환경의 모든 구성 요소 관련 배포 스크립트. 이미지 구축 스크립트, Chef 레시피, Puppet 모듈이 포함될 수 있다.

- 컨테이너용 빌드팩^{buildpack}(애플리케이션을 배포할 때 애플리케이션에 대한 프레임워크와 런타임 지원을 제공한다)

- 데이터베이스 등의 구성 요소에 대한 패키징 및 프로비저닝 스크립트와 컨테이너의 경우 쿠버네티스 노드와 팟

- AWS CloudFormation 파일, 애저 DSC, Terraform 파일 등 원하는 상태에 대한 구성 파일

- 방화벽 구성 설정, DNS 파라미터 파일 등 핵심 지역 및 경계 지역 구성 파일

소스 코드와 버전 관리에서 자동화 프로세스를 설계한다. 계층과 버전 면에서 작업을 제대로 완료했다면 다음과 같은 세 가지 항목으로부터 자동화 설계를 시작할 수 있다.

- 애플리케이션 코드
- 시스템 구성
- 애플리케이션 구성

애플리케이션에서 시스템 계층에 필요한 리소스를 정의한다. 그런 다음 시스템을 원하는 상태로 구성하는 워크플로우를 생성해 애플리케이션 코드를 실행할 준비를 마친다. 웹 서버, 애플리케이션 서버, PaaS 서비스를 사용하는 데이터베이스를 포함한 단순한 웹 애플리케이션의 예를 들어보자. 이러한 스택의 대포를 자동화하는 방법은 무엇인가? 그림 8.4는 그림 8.3에서 확인한 워크플로우와 관련해 더 자세한 워크플로우를 보여준다.

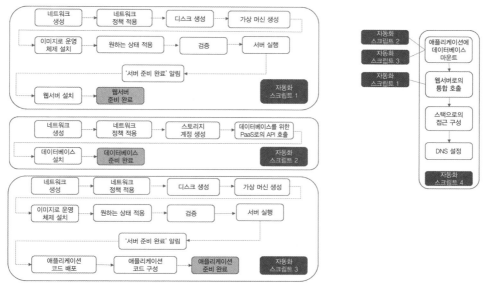

그림 8.4 PaaS의 데이터베이스와 웹서버를 사용한 애플리케이션 자동화 스크립트 설계

1장, '멀티 클라우드 소개하기'에서 12요소 앱을 설명했다. 12요소 앱은 자동화돼 있다. 12 요소 중 첫 번째는 코드베이스다. 코드베이스는 모든 코드가 저장된 단일 저장소를 의미한다. 두 번째 요소는 종속성이고 구성 요소가 매우 확실하고 구체적인 종속성 관련 내용을 갖도록 하는 것이다. 세 번째 요소는 구성이다. 구성은 애플리케이션 코드와 완벽하게 분리된다. 여기서 계층 개념이 다시 한 번 사용된다.

▌ 요약

8장에서는 자동화의 기본 원칙을 학습했다. 애플리케이션, 시스템, 구성 등의 다른 계층에서 환경을 추상화하는 방법을 알아봤다. 애저, AWS, GCP에서 제공하는 자동화 툴을 다뤘으며 멀티 클라우드 환경에서의 시스템 배포, 관리를 자동화할 수 있는 툴이 다양하다는 것도 알게 됐다. 또한 자동화 프로세스 설계를 시작하는 방법과 버전 관리가 자동화에서 중요하다는 사실도 확인했다. 이제 시스템을 배포했으니 그러한 시스템을 제대로 유지하고 싶을 것이다. 따라서 9장에서는 모니터링과 관리를 다룬다.

▌ 질문

1. 데이터센터를 계층으로 나누면 CPU는 어느 계층에 존재하는가?
2. AWS OpsWorks에 구성 관리와의 통합이 가능한 두 가지 옵션이 있다. 두 옵션은 무엇인가?
3. "자동화에서 버전 관리는 중요한 요소다." 참인가 거짓인가?

▌ 참고문헌

8장에서 학습한 주제 관련 자세한 내용은 8장에서 제시한 웹페이지 링크와 다음 책, 블로그, 웹페이지에서 확인할 수 있다.

- Ajit Pratap Kundan, 『VMware Cross-Cloud Architecture』(Packt, 2018)
- DSC 관련 팀 워너[Tim Warner]의 블로그 게시물(https://4sysops.com/archives/powershell-desired-state-configuration-dsc-part-1-introduction/)
- 12요소 앱(https://12factor.net/)

09

모니터링과
관리 툴 정의하고 사용하기

9장은 멀티 클라우드 환경의 모니터링을 다룬다. 클라우드 리소스의 상태를 어떻게 파악하는지 알아보고 여러 클라우드 공급자의 기본 모니터링 툴과 전체 대시보드를 단일 창으로 시각화하는 몇 개의 다른 툴도 함께 살펴본다. 9장에서는 모니터링 및 관리 프로세스를 먼저 정의하고 애저, AWS, Google Cloud Platform의 여러 가지 툴을 알아본다. 그리고 사용자 환경을 관리할 수 있는 툴도 탐구한다. 그러고 나면 OSI^Open System Interconnections 7계층 모델에서 무엇을 모니터링해야 하는지, 모니터링 결과 데이터를 통합해 비즈니스와 연관시키는 방법은 무엇인지 알게 될 것이다. 마지막으로 단일 창 시각화를 제공하는 ServiceNow, BMC Helix를 간단히 알아본다.

9장에서는 다음 주제를 다룬다.

- 모니터링 및 관리 프로세스 정의하기
- 주요 클라우드 공급자의 여러 가지 기본 모니터링과 관리 툴 탐구하기
- 모니터링 데이터 통합과 해석 방법 이해하기
- 단일 창 개념 이해하기

▌ 모니터링과 관리 프로세스 정의하기

2부는 BaseOps를 다루며 애저, AWS, Google Cloud Platform 등 주요 클라우드 공급자와 하이퍼스케일러에서 제공하는 클라우드 채택 프레임워크를 탐구한다. 여러 클라우드 공급자의 프레임워크는 많은 기본 원칙을 공유한다. 이러한 프레임워크에는 다섯 개의 도메인이 있다.

- 거버넌스
- 비용 관리
- 보안
- 자동화
- 모니터링

지금까지는 거버넌스, 서비스 설계, 정책, 여러 클라우드에서의 랜딩 존 구현, 복구성, 성능을 설명했다. 그리고 마지막으로 환경 배포와 관리를 자동화하는 방법을 알아봤다. BaseOps 관점에서 다뤄야 할 마지막 주제인 모니터링을 지금부터 설명한다.

IT 시스템을 전문적으로 관리할 때 모니터링은 중요한 부분이다. 환경 안의 모든 것을 모니터링하는 것은 어렵지만 많은 기업이 실제로 하고 있다(모니터링 시스템을 켜고 경고 알람 발생을 기다리고 있다). 하지만 멀티 클라우드의 대규모 엔터프라이즈 환경에서는 너무 많은

경고 알람이 발생하므로 중요한 알람과 이벤트를 구별하기 어렵다. 즉 모니터링에도 계획이 필요하다. 이러한 계획도 비즈니스 요구 사항에서 시작돼야 한다. 비즈니스 요구 사항은 클라우드에서 시스템을 관리하는 방법과 모니터링이 필요한 항목을 정의한다.

모니터링도 8장, '자동화 툴 및 프로세스 정의하기'와 마찬가지로 계층 관점에서 생각하는 것이 좋다. E2E 모니터링은 최종사용자 관점에서의 모니터링을 말한다. E2E 모니터링은 모든 계층을 확인한다. 가장 높은 계층은 최종사용자가 비즈니스 프로세스를 시작하는 비즈니스 계층이다. 여기서의 비즈니스 프로세스에는 여러 프로세스가 해당될 수 있지만 일반적으로 프론트엔드 시스템의 트랜잭션이다. 트랜잭션은 애플리케이션에 내장된 기능에 의해 처리돼야 한다. 이것이 바로 두 번째 계층인 애플리케이션 계층이며 트랜잭션을 처리하기 위해 통신하는 데이터베이스와 기타 시스템에 대한 애플리케이션과 애플리케이션 인터페이스다. 애플리케이션, 데이터베이스, 인터페이스는 가상 머신, 네트워크, 스토리지, 컨테이너 플랫폼 등의 인프라를 사용한다. 이러한 인프라와 PaaS[Platform as a Service]가 인프라 계층에 포함된다. 인프라에는 8장에서 다룬 다양한 구성 요소가 있다. 마지막 계층은 구성 요소 또는 리소스 계층이다. 그림 9.1은 네 가지 계층의 개념을 보여준다. 8장, '자동화 툴 및 프로세스 정의하기'의 그림 8.1과 유사하다는 것을 확인할 수 있다.

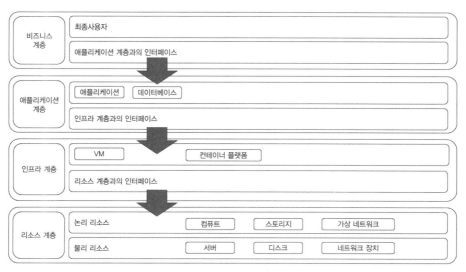

그림 9.1 e2e 모니터링 스택의 개념

각 계층에 별도의 모니터링 툴을 사용할 수 있지만 사용자는 최종사용자 관점의 모니터링 툴을 원한다. 리소스가 실행되고 이상이 없으면 리소스 모니터링 툴은 '이상 없음'이라는 결과를 보여줄 것이다. 하지만 애플리케이션 계층의 어떠한 요소에 문제가 생기는 경우 시스템에는 오류가 발생한다. 이러한 상황에서 바로 IT에서 자주 쓰이는 일반적인 농담을 적용할 수 있다. "모든 것이 녹색인데 아무 것도 동작하지 않네." 따라서 사용자는 이벤트 모니터링이나 여러 계층의 연관성을 보여주고 풀 스택 시각화를 제공하는 e2e 모니터링을 요구한다. 다음 절에서는 스택에서 모니터링이 필요한 주요 항목을 설명한다.

클라우드 상태

Cloud health를 종종 heartbeat 모니터링이라고 부르는데 heartbeat은 정확한 표현이다. 사용자는 환경을 호스팅하는 클라우드 플랫폼이 올바로 실행 중이고 이상이 없는지 확인하고 싶어한다. 하이퍼스케일러는 플랫폼 상태 확인을 위한 대시보드를 제공한다. https://status.aws.amazon.com/에서 AWS 전 지역의 모든 서비스 상태를 확인하고 서비스가 정상적으로 실행되는지, 서비스에 문제가 있는지 확인할 수 있다. 애저의 서비스 상태 대시보드는 https://status.azure.com/en-us/status/에서 확인할 수 있고 Google은 https://status.cloud.google.com/에서 Google Cloud Platform의 상태를 보여준다.

애저의 대시보드를 보면 일부 지역의 특정 서비스의 상태를 확인할 수 없다는 것을 알 수 있다. 이는 애저가 전 지역에서 모든 서비스를 제공하지 않기 때문이다. 다음 스크린샷에서 규모가 큰 인-메모리in-memory(애플리케이션이 운영을 위한 데이터를 하드 디스크가 아닌 메인 메모리에 모두 올려 서비스를 수행하는 방식) ERP 시스템인 SAP HANA와 CloudSimple이 애저의 중동 지역과 아프리카 지역 데이터센터에서 제공되지 않는다는 사실을 확인할 수 있다.

		Americas	Europe	Asia Pacific	Middle East and Africa		
PRODUCTS AND SERVICES		*NON-REGIONAL	SOUTH AFRICA WEST	SOUTH AFRICA NORTH	UAE CENTRAL	UAE NORTH	
COMPUTE							
Azure VMware Solution by CloudSimple							
Virtual Machines			✔	✔	✔	✔	
SAP HANA on Azure Large Instances							

그림 9.2 애저의 중동 지역 상태 대시보드

AWS 대시보드는 서비스가 실행 중인 데이터센터를 보여준다.

✔	Amazon Managed Streaming for Apache Kafka (Frankfurt)	Service is operating normally	🔊
✔	Amazon Managed Streaming for Apache Kafka (Ireland)	Service is operating normally	🔊
✔	Amazon Managed Streaming for Apache Kafka (London)	Service is operating normally	🔊
✔	Amazon Managed Streaming for Apache Kafka (Paris)	Service is operating normally	🔊

그림 9.3 AWS 서비스 상태 대시보드

위의 스크린샷은 프랑크푸르트, 아일랜드, 런던, 파리 데이터센터에서 실행되는 AWS 유럽 지역의 Amazon Managed Streaming for Apache Kafka service의 상태를 보여준다.

클라우드 성능

성능은 상태와 관련 있지만 시스템의 응답성과 더 관련 있다. 시스템의 응답성은 성능 수준을 결정한다. 시스템이 언제 느려지는가? 이러한 질문에 답하기 위해서는 수용 가능한 성능 수준을 정의해야 한다. 여기서 비즈니스 요구 사항으로 다시 돌아간다. 고객이 웹페이지에서 기사를 보기 위해 구매했다면 트랜잭션은 수 초 안에 진행돼야 한다. 하지만 우주에서 움직이고 있는 별에 대한 복잡한 계산 처리는 시간이 오래 걸릴 것이다. 두 예 모두 처리 정확도가 중요하지만 처리 시간에 큰 차이가 있다. 두 지표(처리 결과의 질, 처리 시간) 모두 클라우드 성능을 정의하고 두 지표를 모니터링하는 방법을 결정하는 데 중요하다.

거버넌스

이전에 Cloud Adoption Framework의 안전 장치guardrail 구현으로 RBACRole-Based Access Control 모델을 설계했다. RBAC는 특정 조건하에 특정 작업을 수행할 권한이 있는 사람(누가 무엇을 언제 어떻게 하는 것을 허용할지)을 정의한다. RBAC는 보안과 밀접한 관련이 있지만 거버넌스 모니터링은 그 이상이다. 거버넌스 모니터링은 클라우드 환경에서 API 사용을 모니터링하고 시스템에 접근하기 위해 실행되는 프로세스를 확인한다. 예를 들어 관리자나 시스템 계정을 호출하는 시스템 API가 새 계정을 생성하는 경우 거버넌스 모니터링은 해당 계정이 승인되기 전에 권한 부여 절차를 따르게 한다.

보안

보안 모니터링은 따로 설명할 필요가 없을 정도로 명백하다. 보안 모니터링은 환경의 취약점을 확인하고 취약점이 확인되면 경고를 한다. 보안 모니터링은 예방, 방어와 관련 있다. 보안 모니터링은 바이러스, 악성 접근, DDoSDistributed Denial of Service 공격 같이 시스템에 수많은 트래픽을 보내 결국 시스템을 무너뜨리는 트래픽 유형 등을 방지한다. 만약 방어선이 뚫리면 시스템 자동 종료 등의 시스템 손상 제어 조치가 즉시 실행돼야 한다.

클라우드 사용량(분석)

사용자는 클라우드에서 리소스, 가상 머신, 네트워크, 스토리지, 서비스 관점에서 무엇을 사용하고 있는지 확인하고 싶어한다. 예를 들어 가상 머신의 프로세서(CPU) 사용률을 모니터링할 수 있다. 장기간 사용률을 측정하고 추출된 결과 데이터를 분석해 시스템 크기를 조정할 필요성 여부를 판단할 수 있다. CPU 사용률이 낮으면 시스템을 축소하고 비용을 절감할 수 있다. 반대로 성능 모니터링으로 시스템이 느린 것을 발견하면 CPU 사용률 과다 여부를 분석해야 한다. 만약 사용률이 과도하다면 시스템 증설이나 확장을 고려해야한다. 클라우드 사용량 분석으로 미래에 필요한 용량 추세를 확인할 수 있다.

지금까지 클라우드 환경에서 모니터링할 수 있거나 해야 할 항목을 정의했다. 지금부터는 클라우드 공급자가 제공하는 툴을 알아본다. 다음 절에서 모든 모니터링 항목을 통합하고 단일 창으로 시각화하는 방법을 살펴본다.

▍ 모니터링과 관리 툴 탐구하기

이번 절에서는 애저, AWS, Google Cloud Platform이 제공하는 기본 모니터링을 살펴본다. 그런 다음 클라우드 시장에 출시돼 있고 클라우드 간의 사용이 가능하고 e2e 모니터링을 제공하는 또 다른 유명한 모니터링 시스템을 간단히 설명한다. 모니터링 툴을 살펴보기 전에 먼저 모니터링 동작 방식을 알고 있어야 한다. 모니터링 툴은 보통 리소스 상태 및 성능 데이터를 수집하는 에이전트와 함께 동작한다. 에이전트는 원시 데이터를 이해하기 쉽도록 컴파일해 분석할 수 있도록 만든다. 그런 다음 대시보드의 그래픽 프레젠테이션graphical presentation(차트, 그래픽 등을 사용한 시각화)에서 시각화된다.

또한 시스템에 오작동이나 다른 문제가 발생할 경우 모니터링이 트리거를 발생시킬 수 있다. 이러한 경우 모니터링 서비스는 응답을 트리거하는 알림을 전송한다. 이러한 응답에는 시스템에 프로세스 파워나 메모리 용량 등의 리소스가 부족한 경우 확장 프로세스를 실행하거나 페일오버를 실행하는 자동화된 프로세스가 포함된다. 그림 9.4는 기본 모니터링의 개요를 보여준다.

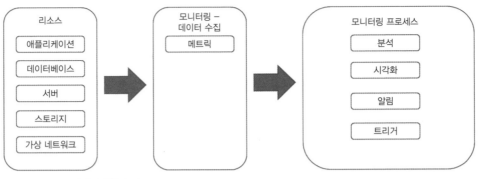

그림 9.4 기본 모니터링 원칙의 개요

그림 9.4에서 모니터링의 기본 원칙을 확인할 수 있다. 다음 절에서는 애저, AWS, Google Cloud Platform의 모니터링 서비스를 알아본다.

애저 모니터와 Lighthouse

애저 모니터Azure Monitor는 애저 포털에서 사용할 수 있고 url은 https://portal.azure.com/이다. 애저 모니터의 주요 구성 요소는 메트릭과 로그이고 메트릭과 로그는 애저 모니터에서 사용하는 두 가지 데이터 저장소다. 이곳이 애저 모니터가 애저에서 사용되는 리소스와 서비스에서 생성되는 모든 데이터를 수집하는 장소다. 메트릭은 리소스 상태 관련 실시간 데이터를 포함하고 로그는 이벤트를 추적하는 데 사용할 수 있는 데이터 모음이다. 로그 분석을 위해 Log Analytics를 사용할 수 있고 리소스와 서비스의 성능을 깊이 파악할 수 있다. Log Analytics는 메트릭 분석을 위해 사용할 수 있는 애저의 별도 모듈이다.

애저 모니터는 애저 포털의 대시보드에서 바로 직접 확인할 수 있는 여러 데이터를 수집한다. 애저 모니터는 다른 클라우드 플랫폼과 온프레미스를 포함한 애저 안팎의 리소스에 배포된 리소스를 모니터링할 수 있다. 또한 애저 모니터에서 모니터링할 수 있는 범위를 넓힐 수 있는 추가 서비스가 있다. 바로 Application Insights와 컨테이너용 애저 모니터다.

Application Insights는 애저에서 호스팅하는 애플리케이션을 모니터링하는 애저의 별도 서비스이지만 온프레미스 애플리케이션 모니터링에도 사용할 수 있다. Application Insights는 애플리케이션의 동작을 추적하고 웹 애플리케이션 코드 및 연결된 서비스의 오류를 알려준다. 클라우드 환경은 가상 머신에서 컨테이너로 점점 이동하는 추세이고 애저는 컨테이너용 애저 모니터를 제공해 이러한 변화에 대비하고 있다. 컨테이너용 애저 모니터는 노드, 컨트롤러, 컨테이너 자체 등의 쿠버네티스 리소스의 프로세스와 메모리 사용량 관련 메트릭을 수집한다. 컨테이너용 애저 모니터는 메트릭 수집을 위해 애저 쿠버네티스 서비스AKS, Azure Kubernetes Services와 연결한다. 다만 컨테이너용 애저 모니터는 컨테이너에 사용되는 인프라를 모니터링할 뿐 컨테이너 내부를 모니터링하진 않는다. 컨테이너 내부를 모니터링하기 위해서는 다른 툴이 필요하다.

2019년 Microsoft가 출시한 애저 Lighthouse는 애저 환경 관리를 지원한다. 많은 기업은 퍼블릭 클라우드에 단일 테넌트가 아닌 다수의 테넌트와 구독 환경을 보유하고 있다(기업에 여러 부서, 비즈니스 그룹, 서비스 제공 조직 등이 있듯이). 따라서 이러한 모든 테넌트와 구독 환경을 모니터링하고 관리하는 것이 기업의 과제가 됐다. Lighthouse는 바로 이러한 부분을 해결하는 솔루션이다. Lighthouse는 다수의 테넌트와 구독 환경에 대해 중앙집중화된 관리와 모니터링을 제공한다. 기본적으로 Lighthouse는 기업이 애저에 실행하는 모든 환경에 대한 단일 창을 제공한다.

 자세한 애저 모니터 관련 내용은 https://docs.microsoft.com/en-us/azure/azure-monitor/overview에서 확인할 수 있다.

이번 절에서는 애저의 모니터링 툴을 확인했다. 다음 절에서는 AWS, Google Cloud Platform의 모니터링 툴을 살펴본다.

AWS CloudWatch와 Control Tower

AWS CloudWatch는 https://console.aws.amazon.com/cloudwatch/에서 Cloud Watch 콘솔을 통해 사용할 수 있다. AWS CloudWatch의 주요 구성 요소는 애저 모니터와 유사하다. AWS CloudWatch는 메트릭과 통계를 사용하며 핵심은 메트릭 저장소다. 리소스에서 추출된 데이터는 메트릭으로 수집되고 콘솔에 나타나는 그래픽 개요로 변환된다. CloudWatch는 AWS가 제공하는 대부분의 리소스에서 메트릭을 수집한다. 메트릭에는 AWS의 컴퓨팅, 스토리지, 네트워크 등의 인프라와 데이터, Kinesis를 사용한 비디오 스트림, SageMaker를 사용한 데이터 분석 등의 서비스가 있다.

CloudWatch는 AWS의 다른 서비스와 통합되고 SNS$^{Simple\ Notification\ Service}$와 EC2$^{Elastic\ Compute\ Cloud}$ 오토 스케일링이 대표적인 서비스다. 기본적으로 SNS는 AWS의 게시 및 구독$^{Pub/Sub}$ 메시징 메커니즘이다. SNS는 리소스 용량 증설을 위해 오토 스케일링 프로세스를 실행할 수 있다.

AWS도 애저와 같이 플랫폼에 첫 번째 계정을 배포하자마자 메트릭 수집을 시작한다. 다수의 AWS 서비스가 모니터링을 시작하기 위해 CloudWatch API를 자동으로 호출한다. CloudWatch는 EC2의 컴퓨팅, EBS$^{Elastic\ Block\ Store}$의 스토리지, RDS$^{Relational\ Database\ Services}$의 데이터베이스 인스턴스에 모두 적용된다. 여기서 메트릭을 표시하는 방법, 메트릭을 표시하는 주기, 중요한 알람 유형 등을 적절하게 판단해 모니터링을 구성해야 한다. AWS CloudWatch에서 특정 항목에 대한 알람을 생성할 수 있다.

CloudWatch Synthesis는 AWS의 e2e 모니터링 솔루션이므로 강조할 가치가 있는 서비스다. Synthetics는 카나리아[1]를 생성한다$^{create\ canaries}$. 카나리아는 최종사용자가 AWS에서 실행하는 프로세스를 시뮬레이션하는 스크립트를 의미한다. AWS는 Control Tower를 관리 툴로 제공한다. Control Tower는 AWS에 등록하는 모든 계정에 대한 중앙집중화 관리 콘솔이며 모든 계정이 일관적인지, 계정이 기업이 준수해야 하는 프레임워크를

---

1 AWS CloudWatch에서 사용하는 용어다.

따르고 있는지를 확인한다. 6장, '랜딩 존 설계, 구현, 관리하기'에서 학습했던 랜딩 존은 Control Tower의 일부다. 랜딩 존에는 AWS 환경에 적용되고 규정과 보안 원칙을 따르는 모든 조직, 사용자, 계정, 리소스가 포함된다.

모든 항목을 모니터링하기 위해 AWS는 가드레일^{guardrail2}을 제공한다. 가드레일에는 예방 가드레일^{preventive guardrail}과 탐지 가드레일^{detective guardrail}이 있다. 가드레일은 유닛, 계정, 사용자, 리소스가 항상 환경을 위해 설정된 정책과 일치하는지 여부를 확인하는 규칙이다. 가드레일에는 필수, 적극 권장, 선택 등 여러 등급이 있다. Control Tower는 대시보드를 제공하므로 시스템의 전체적인 관리를 담당하는 조직은 AWS에 배포된 모든 환경을 확인할 수 있는 단일 창을 사용할 수 있다.

> 자세한 AWS CloudWatch 관련 내용은 https://docs.aws.amazon.com/AmazonCloud Watch/latest/monitoring/WhatIsCloudWatch.html에서 확인할 수 있다. 자세한 Control Tower 관련 내용은 https://docs.aws.amazon.com/controltower/latest/userguide/ what-is-control-tower.html에서 확인할 수 있다.

마지막으로 컨테이너 플랫폼 모니터링과 관리를 제공하는 다른 중요한 툴을 설명하기 전에 먼저 Google Cloud Platform의 모니터링 서비스를 살펴보자.

Google Cloud Platform의 Cloud Monitoring과 Operations Suite

Google Cloud Platform의 모니터링은 매우 간단하다. 설치와 구성이 필요 없다. Google Cloud Platform에서 시스템이나 서비스를 사용하기 시작만 하면 Cloud Monitor가 메트릭 수집을 시작한다. Cloud Monitor에서의 메트릭 수집은 Google Cloud Platform의 완전 관리 서비스인 Cloud Run을 사용해 수행된다. Google Cloud Platform의 Cloud Monitoring에는 Cloud Run on GKE라는 서비스가 있다. GKE는 Google Kubernetes

---

2 AWS Control Tower 용어로 전체적인 AWS 환경 거버넌스에서 사용할 수 있는 고수준의 규칙이다.

Engine을 의미한다. Google은 컨테이너를 호스팅하는 쿠버네티스 클러스터를 모니터링하기 위한 별도 서비스를 제공한다. Cloud Run on GKE는 Google의 Anthos 스택을 대상으로 하므로 Cloud Monitoring for Anthos라고도 부른다.

VMware vSphere나 Hyper-V 인스턴스에서 실행되는 Google 서비스인 Anthos는 가상 머신의 기존 애플리케이션을 쿠버네티스에서 실행할 수 있도록 하는 컨테이너화를 지원한다. Anthos의 컨테이너를 AWS 등 다른 클라우드에서도 관리할 수 있기 때문에 Anthos는 하이브리드 멀티 클라우드 환경이라고 말할 수 있다. 여기서 Google Cloud Platform이 다른 주요 클라우드 공급자와 비교해 클라우드 네이티브와 컨테이너화에 더 집중하고 앞서 있다는 것을 확인할 수 있다.

Cloud Monitoring은 https://console.cloud.com.google.com/getting-started의 콘솔에서 사용할 수 있다. 모니터링을 구성할 필요는 없지만 필요할 때 사용자 지정 메트릭을 추가할 수 있다. Cloud Monitoring은 오픈소스 모니터링 라이브러리인 OpenCensus를 사용한다. 사용자는 Google Cloud Platform의 리소스 모니터링에서 찾아내길 원하는 특정 메트릭 데이터를 추가할 수 있다. 컨테이너에서 동일한 작업을 하기 위해서는 Knative 메트릭을 사용하면 된다. Knative는 최신 서버리스 워크로드를 배포하고 관리하기 위해 사용되는 쿠버네티스 기반 플랫폼이다. 즉 Google Cloud Platform의 Cloud Monitoring은 별도 구성을 할 필요가 없는 완전히 통합된 서비스다. 여기에 업타임[uptime] (시스템 기동 후 경과된 시간) 확인 및 경고와 메트릭을 추가하면 더 많은 정보를 얻을 수 있다.

Google Cloud Platform과 AWS에서 사용할 수 있는 Cloud Monitoring은 이전에는 Stackdriver였으며 Google Cloud 운영 제품군에 포함돼 있다. 운영 제품군에는 Cloud Logging, Error Reporting, Cloud Debugger, Cloud Trace 등의 자동화 서비스도 포함된다. 이러한 내용은 8장, '자동화 툴 및 프로세스 정의하기'에서 설명한 적이 있다.

VMware의 Tanzu

클라우드 세상은 컨테이너로 조금씩 변화하고 있고 컨테이너 관리는 아직 깊이 다루지 않은 부분이다. 클라우드 간 그리고 멀티 클라우드를 어떻게 관리해야 하는가? 이 질문의 답으로 VMware의 Tanzu를 말할 수 있다. 더 자세히는 Tanzu Mission Control이다.

지금까지 주요 모든 클라우드 공급자가 자체적으로 컨테이너 오케스트레이션 구현 방법을 갖고 있다는 사실을 확인했다. 모두 쿠버네티스를 사용해 클러스터 노드를 실행하고 제어해 컨테이너를 호스팅한다. 여기서 애저는 AKS, AWS는 EKS, Google은 GKE, VMware는 중심 쿠버네티스 서비스PKS, Pivotal Kubernetes Services를 사용한다. 하지만 이는 클라우드 공급자에 종속적인 것으로 보이고 컨테이너의 가장 큰 장점인 자체 운영 체제에 의존하지 않아 클라우드에 독립적이라는 특징을 제대로 살리지 못하는 것처럼 느껴진다. 그렇다면 클라우드 간 쿠버네티스 환경을 어떻게 제어할 수 있을까?

VMware는 Tanzu, 자세히는 2019년 출시된 Tanzu Mission Control을 사용해 모든 클라우드에서 여러 쿠버네티스 환경을 모니터링하고 운영한다. Tanzu를 사용해 모든 클라우드(애저, AWS, Google Cloud Platform) 환경을 연결할 수 있다. Tanzu에서는 중앙집중식 ID 관리, 클러스터로의 접근, 정책 관리를 사용해 모든 클러스터가 같은 방식으로 동작하고 하나의 모니터링 시스템이 모든 클러스터를 담당한다.

기타 e2e 모니터링 툴

e2e 모니터링이라는 용어는 전에 이미 사용했다. 일반적으로 E2e 모니터링은 최종사용자 관점에서 시스템을 바라보는 것을 말한다. 제대로 이해하기 위해서는 OSI 모델을 먼저 파악해야 한다. OSI 모델에는 7개 계층이 있다. 그림 9.5는 OSI 모델을 보여준다.

그림 9.5 OSI 7계층 모델

각 계층이 무엇을 의미하는지 지금부터 설명하기 위해 각 계층에서 발생하는 일을 더 자세히 다룬다. 여기서의 계층은 9장의 첫 번째 주제에서 설명한 계층이 아닌 기술적인 계층이다. 9장의 첫 번째 주제에서는 고수준에서의 비즈니스, 애플리케이션, 기술 세 가지 계층을 알아봤다. 이러한 세 가지 계층은 5장, '엔터프라이즈 클라우드 아키텍처 관리하기'에서 다룬 Open Group Architecture Framework과 부합한다. OSI 모델은 기술 스택에 대한 것이다.

- **1계층**: 물리 계층 또는 하드웨어[hard-wired3] 계층이다. 모든 물리 장치가 있는 계층이다.

---

3 의역이다.

- **2계층**: 데이터링크 계층이다. 데이터가 네트워크를 따라 이동할 수 있는 형식으로 변환된다.
- **3계층**: 네트워크 계층이다. 데이터 라우팅이 정의된다.
- **4계층**: 전송 계층이다. 특정 네트워크 프로토콜을 사용해 데이터를 실제로 전송하는 방법과 관련 있다.
- **5계층**: 세션 계층이다. 데이터를 라우팅하고 전송할 방법을 정의했다면 수신측 구성 요소가 수신 트래픽을 인지하고 실제로 수신이 가능한지 확인해야 한다. 세션 계층이 이러한 문제를 처리한다. 포트를 할당하고 연결을 설정한다.
- **6계층**: 표현 계층이다. 로우 데이터가 있다면 이를 이해할 수 있는 형식으로 변환해야 한다. 예를 들어 가공되지 않은 사진을 JPEG 형식으로 변환해 데이터뿐만 아니라 사진 자체도 확인할 수 있다. 이러한 변환이 6계층에서 수행된다.
- **7계층**: 애플리케이션 계층이다. 최종사용자가 기본 시스템과 상호작용하는 계층이다. 휴먼 인터페이스Human Interface 계층이라고도 한다.

E2e 모니터링은 7계층부터 1계층까지 에이전트를 전송해 통과한 모든 계층에서 메트릭을 검색한다. 일반적으로 모니터링 메커니즘은 7계층에서 스택으로 트랜잭션을 발생시키고 트랜잭션의 성능을 측정한다. 트랜잭션에 문제가 발생하면 모니터링 메커니즘은 문제가 발생한 위치와 원인을 파악할 수 있다. 더 나아가면 모니터링 메커니즘이 장애 해결을 위한 프로세스를 트리거할 수 있겠다는 생각을 할 수 있다. 여기서 다시 한 번 자동화가 시작된다. 시스템은 모니터링 에이전트로부터 수신한 정보를 분석해 스스로 장애를 미리 예측하고 예방할 수 있도록 한다. 이는 AIOps의 개념이다. 자세한 내용은 19장, '멀티 클라우드에 AIOps 도입하기'에서 다룬다.

E2e 모니터링을 제공하는 여러 가지 제품이 있다. 대표적으로 Lakeside, Splunk, Datadog, CheckMK가 있다. 모든 제품을 소개하기에는 종류가 너무 많다. 각 E2E 모니터링 제품에는 최종사용자 관점에서 클라우드 환경을 대상으로 삼는 제품이 있다. Lakeside는 SysTrack Cloud Edition을 제공한다. CheckMK는 인프라와 애플리케이션을 감시하는

유명한 오픈소스 모니터링 환경이다.

Splunk와 Datadog은 AIOps에 더 가깝다. Splunk Cloud는 운영 인텔리전스^{Operational} intelligence(데이터, 비즈니스 운영 등에 대한 실시간 시각화 및 인사이트를 제공하는 비즈니스 실시간 분석)를 가능하게 하는 모니터링 환경이다. Splunk Cloud는 클라우드 간에 사용할 수 있는 제품이며 비즈니스 사용 사례가 있다. 예를 들어 사기를 탐지하기 위해 서로 다른 소스의 데이터를 결합해야 하는 사기 방지가 사용 사례가 될 수 있다. Splunk의 모니터링 툴은 클라우드 환경에서 사기 발생을 암시하는 데이터를 수집한다. 이는 Splunk가 Search Processing Language라는 검색 엔진을 사용하기 때문에 가능한 것이다. 모니터링 시스템에 여러 시스템에서 수집한 데이터를 연결해 전체 애플리케이션 체인과 성능에 대한 직관을 얻을 수 있다.

▌ 모니터링 데이터 통합과 해석 방법

기업은 IT가 비즈니스 운영에 어떠한 영향을 미치는지를 확인해야 한다. 영향을 확인하기 위해서는 모니터링 데이터를 통합하고 해석해야 한다. 모니터링 데이터가 비즈니스와 언제 연관되느냐는 중요한 질문이다. 비즈니스 리더에게 가상 머신의 CPU 성능을 보고하는 것은 별 의미가 없지만 시스템 용량이 부족하고 용량 부족 문제가 트랜잭션 처리 속도를 낮춘다면 비즈니스 리더에게 즉시 보고하는 것이 바람직하다. 이러한 경우 트랜잭션 처리 속도가 너무 떨어지거나 최악의 경우 시간 초과로 트랜잭션 처리가 실패해 비즈니스에 손실을 발생시킬 수도 있다.

그렇다면 데이터는 비즈니스와 언제 연관되는가? 데이터는 비즈니스 결정을 내리도록 해야 한다. 추가 가상 머신을 배포하거나 환경을 확장하는 것은 비즈니스 결정이 아니다. 이는 단지 기술적 결정이다. 비즈니스 결정은 특정 시점에 새로운 제품을 출시하는 것이다. 이때 환경이 준비돼 있는지 파악해야 한다. 모니터링 데이터로부터 기존 제품의 포트폴리오를 사용해 시스템이 어떻게 동작하고 있는지 분석해야 한다. 시스템에 추가 트래픽을 처리할 수 있는 충분한 용량이 있는가? 이러한 질문과 그에 대한 답은 아키텍처를 이끌어낸다. 모니터링 데이터로부터 시스템이 기술적 관점에서 준비되지 않았다는 것을 알아냈거나 추가 트래픽을 처리할 수 없다는 것을 파악했다면 시스템을 다시 설계해야 한다.

모니터링에서 가장 빠지기 쉬운 함정은 많은 기업이 문제가 발생한 다음에 대응하는 정도로만 모니터링을 여긴다는 것이다. 여기서 모니터링은 시스템 장애가 발생했을 때 경고를 주는 툴일 뿐이다. 하지만 경고를 받는 시점은 이미 늦었을 가능성이 크고 비즈니스는 바로 큰 영향을 받았을 것이다.

최종사용자가 요청이 느리게 처리되는 것을 확인하기 전에 모니터링 시스템은 시스템 구성 요소가 특정 용량 임계치에 도달했거나 문제가 있는 인터페이스를 확인했다면 즉시 경고해야 한다. 모니터링 시스템은 많은 데이터를 수집함으로써 시스템이 정상적인 조건 즉 기준 값에서 어떻게 동작하는지 확인할 수 있다. 정상적인 조건을 벗어나면 바로 경고가 발생한다. 이러한 경고는 사전 방어를 가능하게 하며 실제 장애 발생 전에 조치할 수 있다.

한마디로 비즈니스는 사용자와 시스템 간 상호작용을 하는 7계층에서 벌어지는 일에만 관심이 있다. 최종사용자는 시스템에 어느 정도의 속도로 접근하고 트랜잭션을 얼마나 빨리 처리하고 신제품을 얼마나 빨리 출시할 수 있는가? 이러한 질문에 답하기 위해 시스템에서 많은 데이터를 수집해 중요한 임계값을 파악하고 비즈니스 수요를 예측해야 한다.

모니터링 데이터는 비즈니스 결정 권한을 갖는 사람이 이해하기 쉬워야 한다. 현재 시스템이 기업 웹사이트에 하루 1만 명의 방문자를 추가로 수용할 수 있다면 이러한 가정은 모니터링 데이터를 기반으로 해야 한다. 모니터링은 개발 및 운영 또는 데브옵스에서 정확한 결정을 내리는 데 매우 중요하다. 또한 모니터링은 재무보고 관점에서도 중요하다. 이는 재무 운영Financial Operations 즉 FinOps와 관련 있고 13장, '청구서 검증 및 관리하기'에서 자세히 다룬다.

▌ 단일 창 확인하기

9장에서 단일 창이라는 용어를 종종 사용했다. 그렇다면 단일 창이란 무슨 뜻일까? 일반적으로 단일 창은 다수의 플랫폼 환경을 모니터링하고 관리할 수 있는 하나의 콘솔을 말한다. 애저, AWS, Google Cloud Platform에 클라우드 환경을 보유하고 있다고 가정해보자. 또한 스스로 소유한 데이터센터에 온프레미스 시스템이 존재할 수도 있다. 시스템 관리자가 이러한 여러 종류의 환경을 관리하기 위해서는 각 플랫폼에 별도로 로그인해야 할 가능성이 크다.

애저는 애저 포털에서 로그인하고 AWS는 AWS 포털에서 로그인하는 식이다. 하지만 이러한 방법은 비효율적이다. 그에 대한 솔루션은 실행되는 플랫폼과 독립적으로 환경을 확인하고 관리할 수 있는 단일 콘솔을 사용하는 것이다. 스위스 군용 칼에 비유해보자. 스위스 군용 칼은 단일 툴이지만 칼, 스크류 드라이버, 가위로 사용할 수 있다.

단일 창 솔루션이 매우 이상적으로 보이지만 여러 클라우드 플랫폼에서 지속적으로 출시되는 새로운 모든 기능을 개발하고 최신으로 유지하는 것은 현실적으로 매우 어렵다. 단일 창을 제공하는 툴은 모든 클라우드 플랫폼과 통합돼야 한다. 통합을 가능하게 하는 API는 지속적으로 업데이트돼야 한다. 이러한 어려움이 클라우드 시장에 단일 창을 제공하는 툴의 종류가 적은 이유다. 단일 창을 제공하는 툴로는 Gartner Magic Quadrant의 리더 섹션인 ServiceNow와 BMC Helix가 있다. 물론 Cherwell, Provance 등의 대안도 있지만 엔터프라이즈 시장에서는 ServiceNow와 BMC Helix가 매우 우세하다.

ServiceNow(이 책을 집필하는 시점인 2019년 중까지 최근 출시 버전은 Orlando다)와 BMC Helix 둘 다 IT 서비스 관리, 멀티 클라우드 운영, 멀티 클라우드 비용 관리, 멀티 클라우드 환경에서의 보안 및 규정 준수 정책 관리, 모니터링을 수행하는 플랫폼을 하나의 제품군으로 제공한다. ServiceNow와 BMC Helix 둘 다 주요 클라우드 플랫폼의 기본 툴과 통합된다. ServiceNow와 BMC Helix의 API는 애저 모니터, CloudWatch, Google Cloud Monitoring에 연결해 클라우드 플랫폼에서 데이터를 검색하고 ServiceNow, BMC Helix

와 통합된 관리 플랫폼에서 데이터를 결합한다.

단일 창 제품군에는 기업이 하나의 콘솔에서 많은 서비스를 실행할 때 사용할 수 있는 거대한 모듈 포트폴리오가 있다. 하지만 여기에는 함정이 있다. 단일 콘솔이 모든 필수 서비스를 처리하지만 서버리스 기능 등 관리와 확인이 불가능한 서비스가 항상 존재하기 마련이다. 단일 창 제품군은 각 클라우드 플랫폼의 모든 기능을 보여주지 않으며 이는 단점이 아니라 사용자가 고려해야 할 사항이다.

▌ 요약

9장에서는 여러 계층에서의 모니터링 프로세스를 정의하고 환경에서 모니터링할 항목을 결정해 훌륭한 모니터링을 설정하는 데 필요한 내용을 학습했다. 그리고 E2E 모니터링을 사용해 최종사용자가 시스템의 동작을 경험하는 방식으로 시스템을 확인하는 것이 더 좋다는 것을 알게 됐다. 또한 OSI 모델을 통해 모니터링 시스템이 다양한 계층에서 데이터를 검색하는 방법도 탐구했다. 그리고 모니터링 데이터를 비즈니스와 연관지어 비즈니스를 가치 있게 하고 비즈니스 결정을 하는 데 사용할 수 있도록 데이터를 통합하고 해석해야 한다는 사실도 알게 됐다. 마지막으로 단일 창의 개념을 다뤘다.

이제 시스템 모니터링 방법을 결정하고 서로 다른 모니터링 시스템과 모니터링 방식의 차이를 설명할 수 있다. 그리고 여러 클라우드 공급자가 제공하는 모니터링 툴과 툴을 사용하는 방법도 알게 됐다. 9장으로 BaseOps 관련 2부를 마친다. 지금부터는 멀티 클라우드 환경의 FinOps를 다룬다. FinOps는 멀티 클라우드 환경의 라이선스 관리부터 설명한다.

▌ 질문

1. "일반적으로 e2e 모니터링은 에이전트를 사용해 시스템 스택을 통해 트랜잭션을 시뮬레이션한다." 참인가 거짓인가?

2. 애저와 AWS 둘 다 하나의 콘솔에서 플랫폼의 여러 환경을 관리할 수 있는 운영 제품이 있다. 여러 환경을 관리하는 데 사용할 수 있는 각 콘솔의 이름은?

3. 다음 중 모니터링 관점에서 추천되는 방식은?

   (1) 사전 모니터링 (2) 사후 모니터링

4. VMware의 Tanzu Mission Control은 보통 어떠한 목적으로 사용되는가?

▌ 참고문헌

- Boskey Savla, Kubernetes on vSphere(VMware)

- Ajaykumar Guggilla, 『ServiceNow IT Operations Management』(Packt, 2017)

FinOps를 통해
멀티 클라우드 비용 관리하기

퍼블릭 클라우드 환경에서 데이터센터를 구축해 운영하는 것은 기존 방식보다 비용 관점에서 유리할 수 있지만 비용이 드는 것은 마찬가지다. 따라서 비용을 관리할 방법이 필요하다. 재무 운영FinOps, Financial Operations은 비용 관리와 관련 있다.

3부는 다음 네 개 장으로 구성된다.

- 10장, 라이선스 관리하기
- 11장, 리소스 프로비저닝 및 사용 원칙 정의하기
- 12장, 네이밍 및 태깅 규칙 정의하기
- 13장, 청구서 검증 및 관리하기

10

라이선스 관리하기

비용 면에서 퍼블릭 클라우드에서 데이터센터를 구축해 사용하는 것은 기존 데이터센터보다 나을 수 있지만 퍼블릭 클라우드에서의 데이터센터 사용에도 비용이 든다. 따라서 퍼블릭 클라우드의 데이터센터 환경에서도 비용 제어가 필요하다. 재무 운영FinOps은 비용관리 관련 용어다. 10장에서는 멀티 클라우드 환경에서 FinOps를 관리하는 데 우선적으로 다뤄야 할 항목인 라이선스를 알아본다.

클라우드 플랫폼과 클라우드 플랫폼 서비스를 사용하기 위해서는 클라우드 플랫폼과 계약을 맺어야 한다. 특정 라이선스가 필요한 경우도 있다. 클라우드 공급자와 계약 관계를 맺는 방법은 여러 가지다. 다양한 IT 서비스를 포함하는 엔터프라이즈 계약을 맺는 방법이 있지만 클라우드에서 사용하는 소프트웨어에 대한 라이선스 등 추가로 알아야 할 사항도 있다. 즉 클라우드 환경의 모든 것을 포함하도록 해야 한다. 그런 다음 구독 계층을 생성하고 멀티 클라우드 구성 요소에 대한 루트 계정을 설정해야 한다.

10장을 마치면 여러 라이선스 유형과 라이선스, 계약 관리 방법을 알게 된다. 또한 계약 관리가 부적절한 라이선스로 작업하는 것과 라이선스에 대한 과다 지출의 위험을 방지하는 데 매우 중요하다는 사실을 알게 된다. 그리고 클라우드 환경의 라이선싱이 온프레미스 시스템의 라이선싱과 다르게 동작한다는 것도 알게 된다.

10장에서는 다음 주제를 다룬다.

- 다양한 라이선스 계약 유형 탐구하기
- 클라우드 플랫폼의 소프트웨어 라이선스
- 라이선스 및 계약 관리하기
- 라이선싱을 위한 제3의 브로커 이용하기
- 기업을 위한 계정 계층 설정하기

▎ 라이선스 계약 유형

퍼블릭 클라우드에서 몇 가지 기술만 사용하려는 사람은 신용카드만 꺼내 결제하는 정도로 퍼블릭 클라우드 사용을 시작할 수도 있지만 기업은 다르다. 기업은 클라우드에서 큰 규모의 환경을 호스팅할 것이므로 클라우드 공급자와 계약을 맺고 최선의 재정 환경과 서비스 수준의 보호를 보장하는 것이 좋다. 라이선스 계약을 하는 이유는 다음 두 가지다.

- 재정적 이점(특히 장기 계약 시)
- 라이선스 계약으로 보호되는 서비스 수준

라이선스 계약은 복잡하며 퍼블릭 클라우드에서는 세 가지 계약 유형이 있다.

- **사용량 기반**Consumption-based **계약**: 종량제라고도 한다. 기업은 사전 약정 없이 실제 사용량만큼만 비용을 지불한다. 매월 클라우드 공급자는 실제 리소스 사용량에 대한 청구서를 발행한다. 리소스(가상 머신, 데이터베이스 인스턴스, 스토리지 유닛) 사용 요금은 클라우드 공급자의 공개 포털에 게시된 요금에 따라 부과된다.

- **계약 기반**Commitment-based **계약**: 대부분의 기업이 선호하는 유형이다. 계약 기반 유형을 사용하는 경우 기업은 장기간(일반적으로 1, 3, 5년) 클라우드에서 특정 양의 리소스를 사용하기로 계약한다. 애저, AWS, Google Cloud Platform 등의 퍼블릭 클라우드가 유연성과 민첩성을 극대화하기 위해 고안했다. 리소스를 기업에게 장기간 할당한다면 다른 고객에게 제공할 수 있는 리소스에 영향을 미치므로 퍼블릭 클라우드 공급자는 계약된 리소스를 기업이 실제로 사용하길 원한다. 기업은 리소스 사용 여부와 상관 없이 선불로 비용을 지불해야 한다. 클라우드 사용Cloud consumption은 계약 기간 동안 기업이 리소스를 항상 사용할 수 있도록 하는 공식적인 계약이 됐다.

- **제한적 계약**Limited agreements: 고객이 사용하는 리소스 양으로 사용 기간이 제한되는 계약이다. 특정 기간 동안 리소스 비용이 청구되지 않는 평가판 사용 기간에 적용되는 유형이다. 모든 서비스에 이러한 계약이 적용될 수 있는 것은 아니다 (예: 많은 메모리와 테라바이트 수준의 스토리지 크기가 포함된 무거운 인스턴스는 제한적 계약 유형을 적용할 수 없다). 그리고 3개월 안에 클라우드 공급자가 환경을 중지한다. 제한적 계약에는 일정 기간 사용할 수 있는 크레딧이 있을 수도 있다. 이러한 경우 크레딧을 모두 사용하면 평가판 사용 기간이 종료된다.

이번 절에서는 퍼블릭 클라우드의 라이선스 계약을 알아봤다. 다음 절에서는 클라우드 환경에서 사용되는 라이선스 소프트웨어를 다룬다.

▌ 클라우드 플랫폼의 소프트웨어 라이선스

기업이 소프트웨어를 사용하기 위해서는 라이선스를 구매해야 한다. 이는 사유proprietary 소프트웨어와 오픈소스 소프트웨어에 모두 적용되며 모두 구매해야 한다. 오픈소스 소프트웨어의 변경이 소프트웨어 전체의 발전에 도움이 된다면 소프트웨어의 수정과 변경을 허용하는 반면 사유 소프트웨어는 소스 코드를 수정할 수 없는 폐쇄된 소스라는 것이 둘의 차이점이다. 라이선스가 매우 다양해 라이선스 관리는 복잡하다. 기업이 사용하는 제품 대비 라이선스가 충분하게 구매되지 않은 경우 기업은 처음부터 지불했어야 할 라이선스 비용과 함께 벌금도 내야 할 수가 있다. 라이선스 없이 소프트웨어를 사용하는 것은 불법이다. 클라우드 환경에서도 마찬가지다. 적절한 라이선스가 소프트웨어 제품에 언제 부여됐는지 어떻게 알 수 있는가? 다양한 변형을 갖는 몇 가지 유형의 소프트웨어 라이선스가 있고 라이선스의 본질에 따라 다음과 같이 분류한다.

- **사용자 기반 라이선스**License on user basis : 최종사용자 라이선스에 자주 사용되며 가장 간단한 유형이다. 소프트웨어 사용 권한을 각 사용자에게 부여하는 라이선스를 사용한다. Microsoft Office 365가 좋은 예이며 기업은 매월 사용자 수만큼 라이선스를 주문할 수 있다. 사용자 기반 라이선스를 사용하면 사용자와 소프트웨어 제품 간 1대1 관계가 성립한다.

- **리소스 기반 라이선스**Licenses based on resource : 좀 더 복잡하다. 특정 CPU 개수나 특정 데이터베이스 인스턴스 개수 사용에 기반하는 소프트웨어 라이선스가 그러한 예다. 사유 소프트웨어에서 자주 사용되는 라이선스 유형이다. 라이선스 요금은 사용하는 CPU 개수나 데이터베이스 인스턴스 개수로 결정된다. 여기서 클라우드 인프라의 리소스는 실제 물리 장치 위에 가상화된 공유 리소스이므로 라이선스 요금을 물리 장치와 가상 장치 중 어느 부분에서 계산할 것인가라는 문제가 있다. 이러한 경우 보통 가상 리소스를 기반으로 한다. CPU의 예를 들면 가상 CPU 사용 개수에 따라 라이선스 요금이 부과된다. 소프트웨어에 대한 지원 계약은 소프트웨어가 클라우드 환경에 배포되자마자 변경될 수 있다. 모든 소프트웨어가 애

저, AWS, Google Platform에서 지원되는 것은 아니다.

- **일시불**Lump sum fee : 소프트웨어를 구매할 때 전액 선불로 지불한다. 소프트웨어 공급자 입장에서는 일회성 수입이 되므로 선호되는 유형이 아니다. 기업 입장에서도 높은 현금성 선불 투자가 되므로 선호되지 않는다.

다시 앞의 질문으로 돌아가자(소프트웨어 제품에 적절한 라이선스를 언제 부여했는지 어떻게 알 수 있는가?). 이러한 질문에 답하기 위해서는 SAMSoftware Asset Management 툴을 사용할 수 있다. SAM 툴은 기업에서 사용하는 모든 소프트웨어의 제품 목록Inventory을 작성하고 소프트웨어 구매, 배포, 사용에 이르는 전체 라이프사이클을 평가한다. SAM 툴은 툴에서 관리하는 소프트웨어를 사용하는 사용자나 리소스를 추적하고 사용량이 규정에 준수되는지, 라이선스가 올바로 적용됐는지를 확인한다. 여러 SAM 툴 중 Flexera's FlexNet Manager Suite, Snow License Manager와 9장에서 다뤘던 BMC Helix, ServiceNow 제품군 안의 SAM 툴 등이 가장 많이 사용된다.

▌ 라이선스와 계약 관리하기

앞 절에서는 소프트웨어를 클라우드 환경에서 사용하는 데 필요한 라이선스를 알아봤다. 하지만 첫 번째 절에서 말했듯이 클라우드 플랫폼 자체에도 라이선스가 필요하다. 즉 클라우드 플랫폼, PaaS, SaaS 등의 클라우드 서비스, 이러한 환경 위에서 실행되는 소프트웨어 모두에 라이선스가 필요하다. 기업은 다음 두 가지 주요 과제를 해결해야 한다.

- **비용**Costs : 시스템을 클라우드 플랫폼에 구축하는 주요 원인은 기업이 시스템을 온프레미스에 유지하는 것보다 클라우드로 이동하는 것이 더 저렴하다고 생각하기 때문이다. 하지만 항상 저렴한 것은 아니다. 클라우드 서비스 사용을 허가하는 라이선스와 계약이 클라우드 환경의 주요 비용이다. 가끔 기업은 온프레미스 환경에서 보유한 기존 라이선스가 클라우드 환경에서도 적용된다고 판단하는 실수

를 하지만 거의 그렇지 않다. 클라우드 배포 모델이 전혀 다른 방식으로 동작하기 때문이다. 온프레미스 시스템에서 소프트웨어를 실행하는 경우 온프레미스 시스템이 자주 변경되지 않을 것이라고 예측할 수 있다. 라이선스는 장기간 온프레미스 시스템에서의 소프트웨어 사용을 보장하지만 클라우드 플랫폼의 시스템은 확장될 수 있고 사용하지 않을 때는 자동으로 꺼질 수 있어 시스템이 변경될 수도 있다. 시스템 중단에 따른 비용 감소가 소프트웨어 기업이 제공하는 기업 할인보다 커 연중무휴로 실행되지 않는 시스템에서는 클라우드 공급자에게 라이선스 비용을 지불하는 것이 비용 면에서 더 효율적인 경우도 있다. 여기서 소프트웨어의 제품 라이선스 키에 결합된 라이선스 사용이 효과적일 수 있다. 일부 주요 공급자는 이를 위한 번들을 제공한다. 번들을 통해 기업은 온프레미스 환경과 클라우드 환경 모두의 다양한 시스템에서 사용할 수 있는 라이선스를 구매할 수 있다. 예를 들어 Microsoft는 많은 라이선스를 하나의 계약에 번들로 묶은 엔터프라이즈 계약을 제공한다. 규모가 큰 기업에서는 이러한 엔터프라이즈 계약 체결이 비용 면에서 더 절감되므로 고려해볼 만하다. 이러한 라이선스 방식을 볼륨 라이선스volume license(하나의 컴퓨터 프로그램을 수많은 컴퓨터나 사용자가 사용할 권한을 주는 라이선스)라고 한다. 때에 따라 유닛당 비용이 클라우드 환경과 온프레미스 환경 간에 달라질 수 있다는 것을 알아야 한다. 온프레미스 환경에서는 동일한 크기의 클라우드 환경에서 동일한 소프트웨어를 실행하는 것보다 비용이 두 배 들 수도 있다. AWS에서는 볼륨 기반 할인을 고려하는 것이 좋다.

- **관리**Management: 모든 라이선스를 관리하는 작업은 매우 번거롭다. 일부 기업은 라이선스 관리를 아웃소싱한다. 클라우드에서의 라이선스 관리는 파트너, 리셀러 프로그램, CSPCloud Solution Provider를 통해 할 수 있다. 애저, AWS, Google Cloud Platform 등의 주요 클라우드 공급자는 파트너를 통해 라이선스를 관리한다. 파트너는 대규모 시스템을 통합하고 관리하는 기업일 수도 있지만 클라우드 서비스에 특화된, 규모가 작은 기업일 수도 있다. 파트너는 클라우드 플랫폼에서 서비스를 재판매resell할 수 있다. 이러한 경우 기업은 애저, AWS, Google에서 서비스

를 직접 구매하지 않고 파트너를 통해 구매한다. 파트너는 고객 대신 여러 클라우드 서비스의 라이선스를 구매한다. 이러한 방식의 가장 큰 장점은 기업이 라이선스를 신경쓰지 않아도 된다는 것이다. 라이선스 구매와 관리 모두 CSP가 수행한다. 하지만 CSP는 소프트웨어에 대한 제3의 브로커나 리셀러가 아니다. CSP는 고객과 실제 관계를 맺고 고객, 플랫폼과 함께 클라우드 솔루션 관련 업무를 수행한다. 또한 CSP는 클라우드에서의 라이선스 관리를 할 수 있으므로 고객은 모든 서비스에 적절한 계약이 적용돼 있는지 확인할 수 있다.

 기업이 비용 소비에 민감하다면 소프트웨어 라이선스와 요금 협상 방법을 확실히 알고 있는 전문가를 고용해야 한다. Microsoft, AWS, Google, VMware 또는 기타 공급자의 회계 관리자가 최상의 솔루션을 찾는 데 도움을 줄 것이다.

지금까지 PaaS, SaaS 등의 다양한 배포 유형과 CSP를 통해 라이선스를 관리하는 방법을 알아봤다. 다음 절에서는 제3의 브로커를 통해 소프트웨어 라이선스를 관리하는 방법과 ALMApplication Lifecycle Management의 장점을 설명한다.

▌ 제3의 브로커를 통한 라이선싱

제3의 브로커를 통해 라이선스를 관리할 수 있다. 규모가 큰 기업에서는 IT 서비스 기업과 소프트웨어 공급자와의 계약을 다루는 계약, 라이선스, 구매 관리자가 있는 경우가 많지만 대부분의 기업은 제3자를 통해 계약 관리 업무를 수행하는 경우가 많다. 이러한 제3의 관리자는 기업이 서비스나 소프트웨어 공급자와 체결하고 있는 모든 외부 계약을 관리한다. 대부분의 경우 업스트림upstream 제3의 관리를 뜻한다. 업스트림은 회사가 IT 서비스나 소프트웨어 자체의 리셀러 또는 유통자가 되는 다운스트림이 아니라 벤더와 공급자를 관리하는 것을 의미한다. 여기서 우리는 소프트웨어 및 서비스를 사용하는 기업과 서비스 및 소프트웨어의 공급자 간에 별도 계층을 추가하고 있다.

이러한 제3의 계층은 소프트웨어 라이프사이클 관리를 사용해 라이선스를 최신 상태로 유지한다. 이는 ALM 프로세스와 관련 있다. ALM은 설계-테스트-최종 생산의 모든 애플리케이션 개발 단계의 준수를 보장한다. ALM을 사용하면 모든 단계에서 적당한 소프트웨어 라이선스가 존재하게 된다. 또한 라이프사이클 관리는 특정 소프트웨어의 지원이 종료될 때 최신으로 유지하는 것을 포함한다.

예를 들어 2020년 1월 Windows Server 2008의 지원이 종료되는 경우(Microsoft가 운영체제를 더 이상 업데이트하지 않는다) Windows Server 2008을 사용하는 기업은 최신 버전으로 업데이트하거나 Windows Server 2008을 계속 지원하는 애저로 시스템을 이동해야한다. 제3의 브로커를 통한 라이선스 관리에는 몇 가지 주의 사항이 따른다. 제3의 브로커를 사용해 라이선스를 관리하더라도 적절한 모든 라이선스를 기업에게 사용하고 있고 계약상 의무를 지키고 있는지 확인할 책임이 없는 것은 아니다. 미국 법원 판결에 따르면 기업은 제3의 브로커와 함께 위험을 관리할 법적 책임이 존재한다(참조: https://www.occ.gov/news-issuances/bulletins/2013/bulletin-2013-29.html). 참고문헌에 이와 관련 있는 좋은 읽을거리 목록을 추가했다.

▌ 계정 계층 설정하기

엔터프라이즈 관리 면에서 비용을 확인하려는 수준을 이해해야 한다. 기업은 전체 비용 지출 관련 전체 개요를 확인하고 싶어하므로 상위 단계 지출부터 특정 사업부나 데브옵스 팀이 보유한 구독 등의 지출까지 총 비용 지출을 확인할 수 있는지를 알아야 한다. 이러한 특정 사업부나 데브옵스 팀은 자체적으로 구독 가능한(구매할 수 있는) 권한을 갖고 있을 수도 있지만 기업은 매일 발생하는 전체 비용을 확실히 확인하고 싶어한다.

이는 테넌트, 구독, 퍼블릭 클라우드 플랫폼의 계정 설정에서 시작된다. 계정은 특정 계층에 따라 설정돼야 한다. 재무 관리자에게 좋은 소식은 퍼블릭 클라우드의 계정 계층이 구조가 재무 보고에 사용되는 COA^Chart of Accounts 계층 규칙과 매우 유사하다는 것이다. COA 계층에는 하나의 최상위 계정이 있고 그 아래에 많은 계정이 존재한다. 퍼블릭 클라우드에서의 계정 계층도 동일하다.

애저에서는 엔터프라이즈 관리자를 관리하고 애저 환경의 모든 계정에서 사용하는 전체 사용량을 확인할 수 있는 최상위 계층인 엔터프라이즈 등록을 사용한다. 다음 계층은 부서^department다. 그리고 부서 아래에서 계정을 생성할 수 있다. 엔터프라이즈 등록과 부서는 모두 https://ea.azure.com 포털에서 생성할 수 있다.

 https://ea.azure.com 포털에 접속하기 위해서는 애저 엔터프라이즈 계정이 필요하다.

이제 계정을 생성할 수 있다. 이러한 계정은 모든 구독을 확인할 수 있는 계정 소유자가 된다. 계정 소유자는 구독을 생성하고 관리하는 서비스 관리자를 지정할 권한을 갖는다. 그림 10.1은 애저의 계정 계층 구조를 보여준다.

그림 10.1 애저 엔터프라이즈 등록의 개요

또한 AWS에 여러 계정을 등록하고 한군데서 관리할 수 있다. 중앙관리를 위해 AWS는 AWS Organization을 제공한다. AWS Organization에서 AWS CloudFormation을 사용해 계정을 프로비저닝하고 AWS Organization에서 관리할 수 있는 조직 단위로 구성할 수 있다. 또한 AWS Organization에서 AWS의 중앙집중 비용 관리 플랫폼을 사용할 수 있다. AWS는 엔터프라이즈 등록을 시작할 때 영업 담당자에게 직접 연락해 관련 내용을 상담할 것을 권장한다. AWS는 AWS 기업 계약에 포함돼 있는 EDP^{Enterprise Discount Program} 등 기업 크기 기반 할인 프로그램을 제공하므로 사전 상담은 매우 유용하다.

GCP^{Google Cloud Platform}은 많은 부분에서 애저와 비슷하다. GCP에도 최상위 계층인 조직 리소스가 있다. 조직 리소스에는 조직 노드가 필요하다. 조직 노드를 Cloud ID로 생성할 수 있다. 조직 노드는 기업 인터넷 도메인과 일치할 수 있다. 조직 노드 아래에서 조직에 배포된 모든 리소스와 계정을 확인하고 관리할 수 있다.

애저의 두 번째 계층은 부서다. GCP는 이를 폴더라고 부른다. GCP의 마지막 계층은 프로젝트다. 프로젝트는 기능적으로 애저의 구독과 유사하다. GCP의 모든 요소는 Google Cloud 콘솔과 gcloud 툴을 사용해 생성되고 관리된다. Google Cloud 콘솔에서 조직 ID를 생성한다. 조직 ID를 생성하는 사용자는 자동으로 최고 관리자가 된다. 지금까지 주요 퍼블릭 클라우드의 엔터프라이즈 조직 계층 구조를 알아봤다. 결국 계층 모델은 매우 비슷하다는 것을 알 수 있다. 최상위 계층의 엔터프라이즈 관리자가 클라우드 환경에 배포된 모든 구성 요소를 한눈에 보고 싶어하기 때문이다.

▌ 요약

10장에서는 클라우드 플랫폼의 라이선스와 소프트웨어를 알아봤다. 또한 클라우드 서비스 사용에서 사용량 기반, 계약 기반, 제한적 계약 세 가지 유형의 계약 방식이 존재한다는 사실도 확인했다. 그리고 클라우드 리소스에 소프트웨어를 배포하면 소프트웨어의 라이선스 계약이 변경될 수 있고 SAM을 구현하는 것이 좋다는 것도 알게 됐다. 덧붙여 라이선스와 계약이 매우 복잡하기 때문에 일부 기업은 라이선스 관리를 제3의 브로커에게 아웃소싱한다는 내용도 설명했다.

마지막 절에서는 잠재적 비용 세분화를 위한 애저에서의 엔터프라이즈 등록 설정 방법과 AWS의 조직과 계정, GCP의 조직, 폴더, 프로젝트를 살펴봤다. 엔터프라이즈 등록에는 특정 계층 구조 설정이 필요하며 주요 퍼블릭 클라우드의 계층 모델이 서로 유사하다는 것도 확인했다. 클라우드에서 엔터프라이즈 모델을 설정하면 클라우드 환경에서 리소스를 프로비저닝할 수 있다. 하지만 비용을 관리하면서 리소스 프로비저닝을 어떠한 방법으로 할 수 있는가? 11장에서 그 질문의 답을 설명해준다.

▌ 질문

1. 퍼블릭 클라우드에서 평가판을 사용하려고 할 때 어떠한 계약 유형이 가장 적합한가?
2. 환경에서 소프트웨어 라이선스를 추적하기 위해서는 어떠한 도구가 가장 적합한가?
3. 애저 엔터프라이즈 포털에서 수행해야 하는 두 가지 작업은 무엇인가?

▌ 참고문헌

- Effective Database Management(https://effectivedatabase.com/the-difference-between-enterprise-software-and-software-as-a-service/): 엔터프라이즈 라이선스 소프트웨어와 SaaS의 차이를 설명한다.
- The Risk IT Framework: https://isaca.org에서 Isaca의 위험 평가 방법론ISACA을 확인할 수 있다.

- 애저의 비용 관리 및 과금 관련 문서: https://docs.microsoft.com/en-us/azure/cost-management-billing/manage/ea-portal-get-started
- Organization을 통한 AWS에서의 계층 설정과 AWS에서의 과금 계층 설정 관련 문서: https://aws.amazon.com/organizations/
- 프로젝트를 통한 GCP에서의 계층 설정과 GCP에서의 과금 계층 설정 관련 문서: https://cloud.google.com/docs/enterprise/best-practices-for-enterprise-organizations

11

리소스 프로비저닝 및
사용 원칙 정의하기

비용 제어는 언제 어떠한 유형의 리소스가 배포되는지, 누가 배포하는지에 대한 지침과 원칙으로 시작된다. 리소스가 여러 플랫폼에 배포되는 방식은 각각 다르므로 기업이 멀티 클라우드 전략을 채택할 때는 리소스 배포 방식을 조정해야 한다. 11장에서는 리소스 계획이 사용자 아키텍처의 일부로 포함돼야 한다는 것을 설명한다. 사용자는 프로비저닝 계획에 포함할 리소스 유형과 애저, AWS, GCP에서 제공하는 다양한 방법을 사용한 리소스 배포 방법을 정의해야 한다. 또한 예산을 환경에서 설정하는 방법과 예산 임계치에 닿을 때 비용 경고가 발생하도록 설정하는 방법도 알아본다. 그리고 비용 제어, 비용 관리 관점에서 퍼블릭 클라우드가 제공하는 툴도 설명한다.

11장에서는 다음 주제를 다룬다.

- 무제한 예산의 아멕스 아마게돈Amex Armageddon 방지하기
- 퍼블릭 클라우드 플랫폼에서의 리소스 프로비저닝과 사용하기
- 온프레미스에서의 리소스 프로비저닝과 사용하기
- 리소스 프로비저닝과 사용 관련 지침 및 원칙 설정하기
- 비용 경고를 통한 리소스 사용 제어하기

▌ 무제한 예산의 아멕스 아마게돈 방지하기

아멕스 아마게돈이라는 용어를 처음 들었을 것이다. 아멕스 아마게돈은 퍼블릭 클라우드를 처음 시작하는 기업에 사용하는 용어다. 규모가 큰 기업을 포함해 대부분의 기업은 아무 계획도 없이 퍼블릭 클라우드에 리소스를 배포하기 시작한다. 담당자는 단지 계정을 생성하고 구독을 구매하고 신용카드 정보를 입력해 퍼블릭 클라우드에서의 작업을 시작한다. 이렇게 시작하면 높은 확률로 배포된 리소스가 모니터링되지 않고 조직의 요구 사항을 준수하지 않게 된다. 이러한 리소스를 섀도우 IT[1]Shadow IT라고 부른다. 시험삼아 배포하는 리소스와는 상관 없는 일이지만 기업의 작업이라면 반드시 피해야 한다. 이때문에 애저, AWS, GCP가 클라우드 채택 프레임워크를 개발했다.

기업이 퍼블릭 클라우드로 환경을 이동한다는 말의 기본 의미는 애저, AWS, GCP, 기타 클라우드에 데이터센터를 구축하는 것이다. 물리 데이터센터와 클라우드 데이터센터의 유일한 차이는 클라우드 데이터센터가 소프트웨어로 완전히 정의된다는 것이다. 하지만 퍼블릭 클라우드의 가상 데이터센터에도 물리 데이터센터와 마찬가지로 비용이 든다. 아무 계획도 없이 퍼블릭 클라우드에서 작업을 시작한다면 물리 데이터센터에 애플리케이

---

1 기업 내 허용되지 않거나 파악되지 않은, 통제 범위 밖의 IT 리소스

선을 유지하는 것보다 많은 비용이 들 수 있다. 이를 아멕스 아마게돈Amex Armageddon이라고 부른다.

대부분의 경우 퍼블릭 클라우드에서의 비즈니스 설정 관련 지침을 제공하는 CAFs를 따르는 계획을 수립함으로써 아멕스 아마게돈을 방지할 수 있다. CAFs는 1장, '멀티 클라우드 소개하기', 2장, '멀티 클라우드 전략을 사용해 비즈니스 가속화하기', 3장, '연결 설계하기'에서 설명한 적이 있다. 클라우드 환경에서 프로비저닝해야 할 리소스 유형을 결정하는 것도 계획의 일부다. 가상 머신VM만 사용할 것인지, 기타 서비스도 함께 사용할 것인지 결정해야 하고 어떠한 유형의 애플리케이션을 호스팅할 것인지 계획도 세워야 한다.

웹사이트만 호스팅할 때는 많은 메모리를 갖는 규모가 큰 머신을 배포할 필요가 없다. 하지만 SAP HANA 같은 인-메모리 ERPEnterprise Resource Planning 시스템을 호스팅한다면 32GB 이상의 메모리를 갖는, 규모가 큰 머신이 필요하다. 여기서 강조하려는 점은 아키텍처에 계획을 세우는 것이 중요하다는 것이다.

11장에서는 먼저 퍼블릭 클라우드의 다양한 리소스 유형과 비용을 관리하면서 리소스를 프로비저닝하는 방법을 알아본다. 이러한 방법은 예산을 설정하고 아키텍처별로 클라우드 환경에 배포할 리소스를 정의하는 것이다.

▌ 퍼블릭 클라우드에서의 리소스 프로비저닝과 사용하기

리소스 프로비저닝 비용 제어를 설명하기 전에 먼저 퍼블릭 클라우드에서 리소스 프로비저닝이 동작하는 방식을 알아야 한다. 리소스를 프로비저닝하는 방식은 여러 가지가 있지만 11장에서는 애저, AWS, GCP에서 제공하는 기본 프로비저닝 툴을 설명한다. 프로비저닝에는 기본적으로 두 가지 유형이 있다.

- 셀프 프로비저닝self-provisioning
- 동적 프로비저닝dynamic provisioning

먼저 클라우드 공급자의 포털이나 웹 인터페이스를 통한 셀프 프로비저닝을 알아본다. 셀프 프로비저닝 유형에서 고객은 포털에서 필요한 리소스를 선택한다. 그러면 클라우드 환경에 리소스가 배포될 수 있는지를 공급자가 확인하고 리소스를 스핀업해 고객이 사용할 수 있도록 한다. 예약 인스턴스 계약이 없다면 리소스 사용 비용은 시간 또는 분 단위로 청구된다. 예약 인스턴스는 장기간(1, 3, 5년) 사용 계약을 미리 체결하는 선불 서비스이며 고객에게 인스턴스의 가용성, 용량, 사용을 보장한다. 예약 인스턴스의 장점은 클라우드 공급자가 할인을 제공한다는 것이다. 장기간 사용의 경우 예약 인스턴스 사용은 비용절감에 도움이 될 수 있다. 또한 예약 인스턴스 사용 기간 동안 소비하는 정확한 비용을 측정할 수 있어 예산 관리에도 도움이 된다. 하지만 종량제 지불 방식보다 유연하지 않고 선불 결제와 투자가 필요하다는 단점이 있다.

동적 프로비저닝은 자동화 프로세스와 유사하다. 부하가 점점 높아지는 웹서버를 생각해보자. 웹서버의 자동 증설이나 자동 확장을 허용한다면 클라우드 공급자가 웹서버나 풀에 추가 리소스를 자동으로 배포한다. 추가 리소스는 종량제 방식으로 사용한 만큼만 청구된다. 지금부터 리소스가 어떻게 배포되는지 알아보자.

애저에서 ARM을 사용해 리소스 배포하기

애저는 ARM^Azure Resource Manager으로 리소스를 배포한다. ARM은 사용자 요청을 처리하고 요청이 실행됐는지 확인하는 서비스다. 사용자 요청이 ARM으로 전송된 다음 ARM은 실제로 VM을 배포하기 위한 모든 작업을 수행한다. ARM은 메모리, 프로세스, 디스크를 VM에 할당하고 사용자가 사용할 수 있도록 한다. 또한 ARM은 VM, 스토리지 계정, 웹앱, 데이터베이스, 가상 네트워크 리소스 그룹, 구독, 관리 그룹, 태그 등 애저의 모든 리소스 타입 배포에 사용할 수 있다.

포털에서 ARM에 직접 접근할 수도 있지만 대부분의 개발자는 파워셸^PowerShell이나 CLI^Command-Line Interface를 사용한다. 파워셸이나 CLI를 사용하면 요청은 SDK^Software Development Kit로 전송된다. SDK는 파워셸이나 CLI 명령으로 호출할 수 있는 스크립트와 코

드 템플릿을 포함하는 라이브러리다. 리소스는 SDK로부터 ARM에 배포된다. 그림 11.1
은 ARM의 고급 개념을 보여준다.

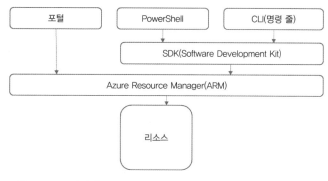

그림 11.1 ARM의 개념

다음 절에서는 AWS에서 리소스를 배포하는 방법을 설명한다.

OpsWorks를 사용해 AWS의 리소스 배포하기

AWS는 리소스 배포를 위해 AWS OpsWorks Stacks를 제공한다. AWS OpsWorks
Stacks는 Chef에서 가져온 용어인 쿡북 저장소로 동작한다. 내부적으로 Stacks는 Chef와
함께 동작하므로 용어를 가져오는 것은 이상하지 않다. Stacks는 8장, '자동화 툴 및 프로
세스 정의하기'에서 자세히 다뤘다.

스택은 AWS에서의 모든 배포에서 사용되는 핵심 구성 요소다. 스택은 EC2, VM, 아마존
RDS^Relational Database Services 데이터베이스 인스턴스 등의 여러 리소스를 갖는 구성물이다.
OpsWorks는 리소스를 논리적 방법으로 그룹화하고 이러한 논리적 그룹으로 리소스를
배포한다. 이러한 논리 그룹을 쿡북 또는 레시피라고 부른다.

Stacks는 계층으로 동작한다. 첫 번째 계층은 ELB^Elastic Load Balancing 계층이다. 두 번째 계층
은 애플리케이션 계층으로 EC2에서 배포된 VM을 호스팅한다. 세 번째 계층은 데이터베

이스 계층이다. 스택이 배포된 경우 사용자는 다른 저장소에서 애플리케이션을 추가할 수 있다. OpsWorks는 서버와 데이터베이스가 배포되자마자 이러한 작업을 자동으로 수행할 수 있다. 물론 수동으로도 가능하다. 그림 11.2는 OpsWorks 스택의 개념을 보여준다.

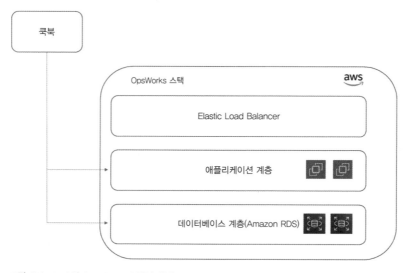

그림 11.2 AWS의 OpsWorks 스택의 개념

다음 절에서는 마지막으로 설명할 클라우드 공급자인 Google의 Deployment Manager를 살펴본다.

Deployment Manager를 사용해 GCP의 리소스 배포하기

Deployment Manager는 GCP에서 제공하는 프로그래밍적programmatic 기본 배포 메커니즘이다. Deploy Manager를 사용해 배포 단계에서 리소스를 생성하고 논리적으로 그룹화할 수 있다. 배포할 때 VM과 데이터베이스를 생성하고 배포[2] 안에서 하나의 코드 파일로 만들 수 있다. 하지만 Deployment Manager를 사용하기 위해서는 프로그래밍 기술이

---

2 Google Cloud에서 사용하는 용어다.

필요하다. 먼저 **gcloud** 명령 줄 툴이 설치돼 있어야 한다. 그런 다음 GCP 프로젝트를 생성하거나 선택한다. 마지막으로 리소스는 배포를 위해 YAML 형식으로 코딩된다. 배포가 준비되면 **gcloud deployment-manager**를 사용해 GCP의 사용자 프로젝트에 실제로 배포를 수행할 수 있다. 앞에서 말했듯이 Deployment Manager를 사용하기 위해서는 프로그래밍 기술이 필요하다. Deployment Manager는 리소스를 지정한 YAML 파일로 동작한다.

- **머신 유형**^Machine type : GCP 갤러리에서 사전 정의된 VM 리소스 집합
- **이미지 계열**[3]^Image Family : 운영 체제
- **구역**^Zone : 리소스가 배포될 GCP 내부 지역
- **루트 영구 디스크**^Root persistent disk : 리소스의 부팅 순서를 지정한다.
- **IP 주소**^IP address

이러한 정보는 Deployment Manager에서 배포한 **vm.yaml** 파일에 저장된다.

클라우드 프로비저닝의 이점

클라우드 프로비저닝의 주요 이점은 기업이 온프레미스 인프라에 큰 투자를 하지 않도록 하는 것이다. 퍼블릭 클라우드에서는 필요할 때마다 리소스를 배포하고 확장할 수 있고 리소스 사용 비용을 실제로 사용한 만큼만 지불할 수 있다. 예약 인스턴스 계약을 체결하지 않으면 기업은 사용하지 않는 리소스에 대한 청구서^invoice를 수신하지 않는다.

클라우드 프로비저닝의 또 다른 이점은 민첩성과 배포 속도다. 개발자는 리소스를 수 분 안에 간단히 배포할 수 있다. 하지만 이는 재정적 위험을 초래할 수 있다. 온프레미스 환경에서 기업은 투자 비용과 감가상각 비용을 계산해 특정 기간 동안 소비되는 비용을 정확하게 파악하고 있다. 클라우드 환경은 다르지만 기업은 여전히 비용을 예측하고 제어해야 한다.

---

3 GCP 웹에 지정된 용어다.

비용 예측과 제어를 위해 태그를 리소스에 지정하는 방법이 있다. 태그를 사용하면 기업이 클라우드 환경의 리소스를 논리적으로 조직화할 수 있어 리소스를 쉽게 구분할 수 있다. 태그를 사용해 리소스를 그룹화하면 리소스에 어떠한 비용이 관련돼 있는지, 리소스비용을 어느 부서, 어느 사업부로 이전해야 하는지 즉시 확인할 수 있다. 태그 정의와 사용 방법은 12장, '네이밍 및 태깅 규칙 정의하기'에서 자세히 알아본다. 지금까지 애저, AWS, GCP 등의 주요 클라우드에서 리소스를 배포하는 여러 가지 방법을 설명했다. 하지만 멀티 클라우드에 온프레미스 환경이 존재할 수 있다. 다음 절에서 온프레미스 리소스를 알아본다.

▌온프레미스에서의 리소스 프로비저닝과 사용하기

이 책은 멀티 클라우드를 다룬다. 1장, '멀티 클라우드 소개하기'에서 클라우드에는 애저, AWS, GCP 등의 퍼블릭 클라우드 외에 프라이빗 클라우드도 포함된다고 설명했다. 대부분의 프라이빗 클라우드는 많은 투자가 필요한 온프레미스 환경이다. 기업은 여러 가지 이유로 프라이빗 클라우드를 사용하는데 프라이빗 클라우드를 사용하는 가장 큰 이유는 규정 준수다. 프라이빗 클라우드로 옮길 수 없는 데이터와 시스템이 존재하기 때문이다.

프라이빗 클라우드의 문제는 기업이 프라이빗 클라우드를 구성하는 하드웨어를 보유하기 위해 많은 투자를 해야 한다는 것이다. 기업은 필요 이상의 하드웨어를 구매해 발생하는 과도한 지출을 피하고 싶어하지만 하드웨어 용량 부족에 시달리고 싶어하지도 않는다. 따라서 비용 제어 관점에서 예측과 용량 관리는 퍼블릭 클라우드보다 프라이빗 클라우드 환경에서 훨씬 중요하다.

퍼블릭 클라우드에 리소스를 배포하면 클라우드 공급자가 많은 부분을 관리한다는 장점이 있다. 포털이나 기타 인터페이스를 통해 애저나 AWS에 VM을 배포하면 애저나 AWS 등의 플랫폼은 전체 설정 관련 지침을 주며 대부분의 작업이 시작부터 자동화된다. 하지만 프라이빗 환경에서는 다르다. 프라이빗 클라우드에서는 네트워크 구성과 스토리지 연결을 고려해야 한다.

그렇다면 프라이빗 클라우드를 최대한 활용하고 프라이빗 클라우드에 워크로드를 프로비저닝할 때 소비되는 비용을 어떻게 제어할까? 전체 프라이빗 클라우드에 대한 비용을 일괄적으로 지불하고 기업 내 부서나 그룹에 할당되지 않은 경우 비용을 추적하기는 매우 어렵다. 하지만 대부분의 기업은 비용을 다른 조직에 할당한다. 비용 관리를 위해 전체 환경을 가상화하는 것이 도움이 된다. 이것이 바로 VMware가 가장 중요한 엔터프라이즈 공급자가 된 비결이다.

VMware는 네트워크, 스토리지를 포함한 완전한 프라이빗 환경을 제어하기 위해서는 환경을 가상화해야 한다는 것을 깨달았다. 환경을 가상화하면 프라이빗 클라우드에서 누가 무엇을 사용하는지를 정의해 비용 할당을 할 수 있기 때문이다. 따라서 VMware는 컴퓨팅 리소스 가상화(vSphere), 스토리지 가상화(vSAN), 네트워크 가상화(NSX)를 제공한다. VMware는 또한 컴퓨팅, 스토리지, 네트워크, 보안의 관리 및 구성을 위해 Cloud Foundation을 제공한다. Cloud Foundation은 퍼블릭 클라우드에서와 마찬가지로 VMware를 사용하는 프라이빗 클라우드의 전체 배포를 위한 배포 및 관리 콘솔이다. 배포를 위해 Cloud Foundation은 HCI^Hyperconverged Infrastructure를 사용한다. HCI는 단일 스택이나 시스템에서 컴퓨팅, 스토리지, 네트워크 장치로 구성된 하드웨어다.

온프레미스 솔루션을 더 자세히 알아보자. 여기에는 애저 스택^Azure Stack, AWS Outposts, Google Anthos가 있다. 이러한 온프레미스 시스템은 관련 있는 퍼블릭 플랫폼의 콘솔로 관리된다. Google Anthos는 Google Kubernetes Engine을 사용하는 컨테이너 호스팅 플랫폼이다. 애저 스택, AWS Outposts는 각자의 퍼블릭 클라우드 플랫폼의 확장이고 애저, AWS의 퍼블릭 클라우드에서 제공하는 서비스와 함께 하이브리드, 온프레미스 인프라를 제공한다.

▋ 리소스 프로비저닝과 사용 관련 지침 및 원칙 설정하기

11장에서는 리소스를 클라우드 환경에 프로비저닝하는 동안 비용을 제어하는 방법을 설명한다. 클라우드 환경 구성에는 한계가 없지만 기업이 사용할 수 있는 예산에는 한계가 있으므로 예산 초과를 피하기 위해 원칙과 지침을 설정하고 클라우드 환경에서 예산을 사용할 수 있는 부서나 개발자를 정해야 한다. 지금부터 지침과 원칙 설정을 위해 퍼블릭 클라우드에서 제공하는 솔루션을 설명한다. 먼저 애저 솔루션부터 살펴보자.

애저 pricing calculator 사용하기

애저에서는 VM 사용 비용 개요를 쉽게 확인할 수 있다. 비용 개요는 https://azure.microsoft.com/en-us/pricing/calculator/에서 볼 수 있고 매우 유용하다. 페이지를 열면 다음과 같은 스크린샷처럼 Virtual Machines 탭을 확인할 수 있다.

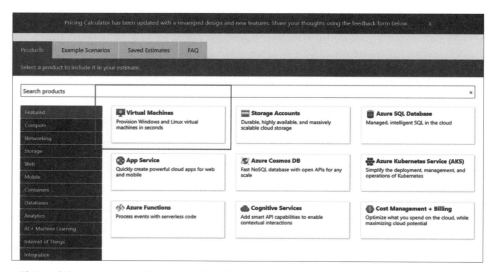

그림 11.3 애저 pricing calculator의 Virtual Machine 탭

포털에서 다음과 같은 스크린샷처럼 VM과 관련해 추가할 수 있는 모든 선택 사항을 임의로 지정할 수 있다.

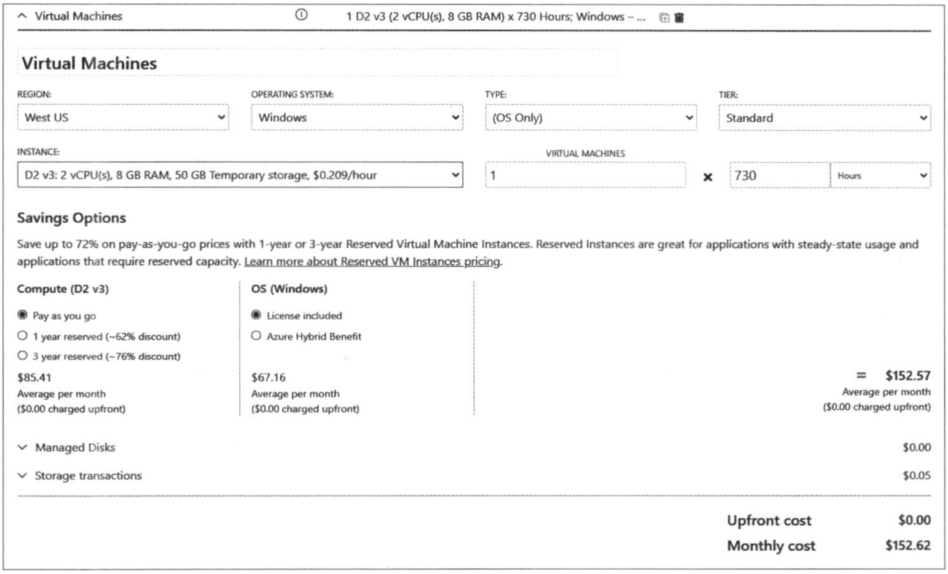

그림 11.4 애저 pricing calculator의 VM 탭 상세 정보

위의 스크린샷에서는 D2 v3 VM을 선택했다. D2 v3 VM은 두 개의 가상 CPU와 8GB 메모리를 갖는 표준 VM이다. 또한 50GB의 임시 스토리지ephemeral storage(인스턴스가 종료될 때 함께 종료되는 스토리지)를 갖는다. 또한 운영 체제로는 윈도우를 사용하고 미국 서부 애저 지역에 배포된다는 사실을 알 수 있다. VM 사용 기간을 1개월 또는 730시간으로 설정했지만 종량제 방식을 사용하므로 VM이 실제로 실행되는 시간만큼만 비용이 청구된다. 이러한 VM의 1개월 사용 요금은 152달러 62센트다.

1년 또는 3년 동안 VM을 예약 인스턴스 방식으로 사용할 수 있다. 이러한 경우 VM 사용 요금은 1년 계약에서는 62%, 3년 계약에서는 76% 감소한다. 애저가 이러한 할인을 제공하는 이유는 예약 인스턴스 방식이 계약 기간 동안 수익을 보장하기 때문이다. D2 V3은 표준 VM이지만 위의 스크린샷의 INSTANCE 메뉴에서 **드롭다운** 버튼을 클릭하면 드롭다운 목록을 확인할 수 있고 드롭다운 목록에는 다양한 시리즈로 그룹화된 130개 이상의 VM 유형이 있다. 예로 사용한 D 시리즈는 공용 VM이다. 드롭다운 목록은 개발 및 테스트를 위해 주로 사용하는 기본 VM인 A 시리즈로 시작한다. SAP HANA 인-메모리 데이터베이스 등의 무거운 워크로드를 실행하기 위해서는 E 시리즈 VM이 적합하다. E64 V4 VM 은 64개의 vCPU와 500GB의 메모리를 갖고 대략적인 월 사용 요금은 5천 달러다. 고성능 VM을 예약 인스턴스로 사용하는 것을 권장한다.

AWS calculator 사용하기

AWS에서도 https://calculator.aws/#/에 있는 계산기를 사용해 애저와 동일한 비용 개요를 확인할 수 있다. '예상 비용 생성'[4]을 클릭하면 다음 스크린샷과 같은 페이지가 표시된다. 그런 다음 VM 생성을 위한 서비스로 Amazon EC2를 선택한다.

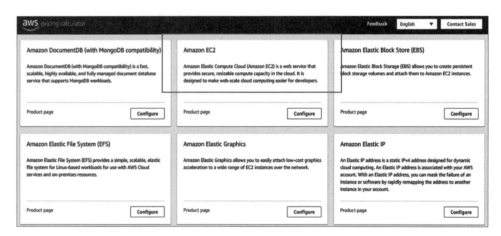

그림 11.5 AWS pricing calculator의 EC2 VM 탭

---

4 실제 한글 웹페이지에 있는 메뉴 이름으로 번역했다. - 옮긴이

'Amazon EC2' 탭을 클릭하면 애저에서와 비슷한 화면을 확인할 수 있다. 하지만 애저는 VM의 머신 유형을 고려한다는 차이가 있다. 물론 AWS에서도 머신에 필요한 vCPU 개수와 메모리 크기를 지정해 머신 요구 사항을 설정할 수 있다. AWS는 그다음 요구 사항에 적합한 VM을 결정한다. 다음 스크린샷은 두 개의 vCPU와 8GB 메모리를 갖는 VM의 요구 사항을 보여준다. AWS는 t3a.large(t3a는 특정 인스턴스 크기를 의미한다)를 적절한 머신으로 정의한다.

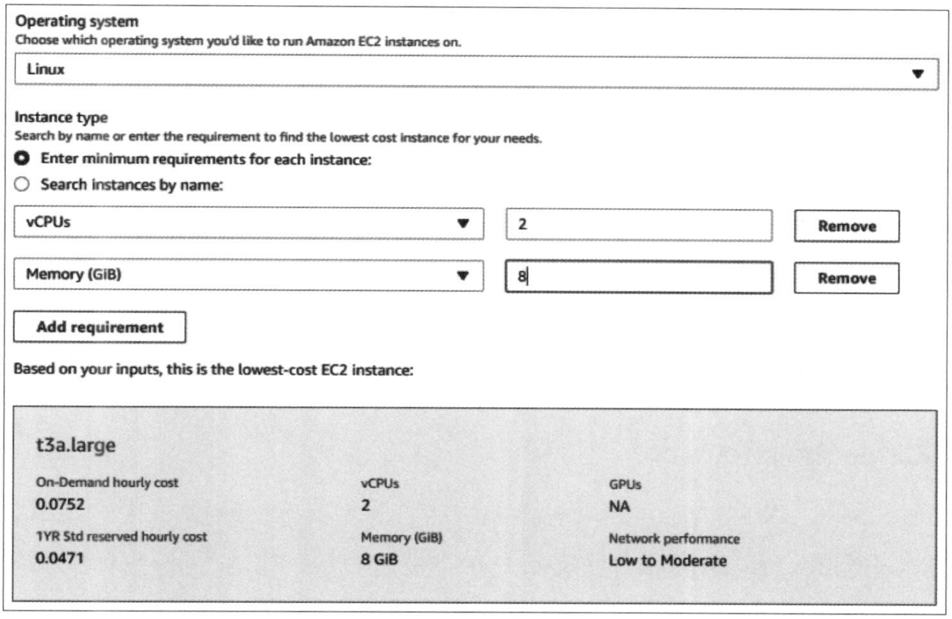

그림 11.6 AWS pricing calculator에서의 VM 사양 정의

그런 다음 클라우드 전략에 따른 결정을 내려야 한다. AWS는 온 디맨드와 예약 인스턴스 방식으로 1년과 3년 기간으로 계약할 수 있다. 선결제를 하지 않거나 부분 선결제, 전액 선결제로 비용을 지불할 수 있다. 위의 예와 같이 상대적으로 작은 VM을 사용할 때는 비용 문제가 없지만 AWS가 제공하는 최대 64개의 vCPU와 최대 1TB 메모리를 갖는 고사양 인스턴스를 사용한다면 큰 비용이 든다. 따라서 프로비저닝 관련 지침과 원칙이 있

어야 한다. 기업은 개발자가 시스템 비용을 알지 못하거나 시스템 사용에 대한 비즈니스 사례 검증 없이 바로 비용이 많이 드는 고사양 VM을 선택하고 싶어하지 않는다. 여기서 VM은 환경 구성 요소 중 하나일 뿐이며 스토리지와 네트워킹도 함께 고려해야 한다. 따라서 비용은 쉽게 올라간다.

지침과 원칙은 비즈니스 사용 사례에서 나온다. 클라우드 환경의 목표는 무엇인가? 목표나 비즈니스 사례로 정의된다. 비즈니스에 지도 정보 지리 시스템geographic information system을 연구하는 툴이 필요하다면 지도를 확인하고 지도와 동작하는 소프트웨어가 필요하다. 지도를 호스팅하고 지도 프로세싱을 활성화하기 위한 사용 사례는 높은 그래픽 성능을 갖는 VM의 필요성을 정의한다. 여기에는 GPUGraphics Processing Units를 갖는 시스템이 가장 적절하다.

애저에서는 GPU를 갖는 시스템을 N 시리즈로 정의한다. N 시리즈는 GPU를 포함하며 그래픽 작업을 위해 설계됐다. AWS에는 G 시리즈, P 시리즈가 해당하며 GCP는 NVIDIA Tesla GPU를 Compute Engine 인스턴스에 추가하는 옵션을 제공한다.

GCP pricing calculator

GCP도 애저, AWS와 별로 다르지 않다. GCP는 GCP 프로젝트에 배포할 수 있는 사전 정의된 인스턴스를 모두 포함하는 전체 카탈로그를 제공한다. E2 인스턴스는 표준 VM이고 M 시리즈는 인-메모리 기능을 포함한 무거운 워크로드를 수용할 수 있도록 설계됐고 1TB 이상의 메모리를 가질 수 있다. GCP 카탈로그 관련 자세한 내용은 https://cloud.google.com/compute/vm-instance-pricing에서 확인할 수 있다. GCP는 비용 계산기도 제공한다. 다음 스크린샷은 무료 리눅스Linux 운영 체제를 포함한 표준 E2 인스턴스 주문의 예를 보여준다.

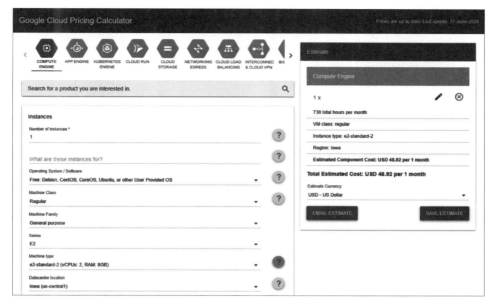

그림 11.7 GCP pricing calculator에서의 VM 사양 정의하기

GCP pricing calculator는 https://cloud.google.com/products/calculator에서 확인할 수 있다. 지금까지 주요 클라우드 플랫폼에서 VM을 구매하고 클라우드 환경에 프로비저닝하는 방법을 학습했다. 다음 절에서는 사용자가 정말 필요한 것이 무엇인지를 정의하는 방법과 실제로 필요한 것만 프로비저닝하고 있는지를 확인해 비용을 조절하는 방법을 알아본다.

리소스 계획 설계의 예

아키텍처에서 사용자는 배포가 허용되는 VM 유형 관련 원칙을 정의할 수 있다. 다음 그림은 디자인 문서를 인용했으며 애저 환경의 VM 사용 관련 지침을 포함한다. 여기서 비즈니스 사례는 애저의 개발 VM과 표준 VM의 사용만 포함한다. 매우 무거운 워크로드가 필요하지 않다면 최대 16개 vCPU 구성만으로도 충분하다.

VM Type	vCPU	RAM
Standard_A1_v2	1	2
Standard_A2_v2	2	4
Standard_A4_v2	4	8
Standard_A8_v2	8	16
Standard_A2m_v2	2	16
Standard_A4m_v2	4	32
Standard_A8m_v2	8	64
Standard_DS2_v2	2	7
Standard_DS3_v2	4	14
Standard_DS4_v2	8	56
Standard_DS5_v2	16	112

원칙에 정의된 유형만 실제로 배포되도록 하는 방법은 무엇인가? 다음과 같은 정책을 통해 이러한 질문에 답할 수 있다.

- 애저는 ARM 정책을 사용해 환경에 배포되지 않는 리소스에 대한 접근을 제한하고 프로비저닝할 수 있는 VM 크기를 제한한다. 여기에 12장에서 다룰 내용인 모든 경우에 네이밍과 태깅을 반드시 사용해야 한다는 사실도 덧붙여진다. 애저에 특정 유형의 리소스만 배포하기 위해 프로비저닝이 허용된 VM의 정확한 사양을 열거한 JSON 파일을 생성할 수 있다. 이러한 JSON 파일은 이후 특정 애저 구독이나 리소스 그룹에 적용되는 정책에 포함된다. 정책은 간단하다. 허용된 VM 사양과 일치하지 않는 VM 프로비저닝을 요청하면 해당 요청이 반려되고 VM 프로비저닝은 실패한다.

- AWS는 CodeDeploy를 제공한다. CodeDeploy는 EX2 AWS VM에 애플리케이션을 배포하기 위한 워크플로우를 지정한다. 인스턴스 프로비저닝은 CodeDeploy 워크플로우의 일부가 된다. 배포 그룹을 지정해 특정 인스턴스 유형을 프로비저닝할 수 있다. 인스턴스에 태깅을 할 수도 있다. 인스턴스 정의를 위해 CloudFormation과 정규 표현식regular expression(특정 규칙을 갖는 문자

열 집합을 표현하는 데 사용하는 형식 언어)을 사용할 수 있다. 이러한 표현식은 파라미터를 포함하고 위의 경우 해당 파라미터는 특정 인스턴스 유형을 지정하는 `InstanceTypeParameter`가 된다. 파라미터는 JSON이나 YAML 형식으로 정의할 수 있다. 하나의 CloudFormation 템플릿에 최대 60개의 파라미터를 포함시킬 수 있다.

- Google은 특정 VM 유형 사용의 정의와 적용을 위해 인스턴스 템플릿을 생성한다. 다수의 인스턴스를 배포하기 위해 MIG^{Managed Instance Group}에 인스턴스 템플릿을 추가하고 단일 인스턴스 배포에도 인스턴스 템플릿을 사용할 수 있다.

이번 절에서는 클라우드 환경의 주요 리소스인 VM을 설명했다. 지금까지 다루지 않은 부분은 컨테이너 프로비저닝이다. 모든 클라우드는 VM에서 컨테이너를 실행할 수 있는 기능을 제공한다. 컨테이너는 도커 이미지에 포함된 애플리케이션과 라이브러리를 갖는다. VM에서 컨테이너를 실행하기 위해서는 먼저 컨테이너에 최적화된 운영 체제로 VM을 생성한다. 이는 컨테이너를 실행하기 위해서는 VM에 Docker 런타임이 필요하기 때문에 필수적이지만 효율적이지는 않다. VM에서 여러 컨테이너를 실행하기 위해서는 컨테이너 런타임 환경(보통 쿠버네티스를 사용한다)이 필요하다. 모든 클라우드 플랫폼은 컨테이너 배포를 지원하는 쿠버네티스 런타임 서비스를 제공한다.

▌ 비용 경고를 통한 리소스 사용 제어하기

앞 절에서는 클라우드 환경에서의 리소스(VM) 프로비저닝 방법을 다뤘고 비용을 제어할 필요가 있기 때문에 팀 또는 개발자가 사용하는 리소스를 제어하는 것이 중요하다는 것을 알게 됐다. 클라우드는 애자일하고 유연하지만 비용이 든다. 그렇다면 소비되는 비용을 어떻게 확인할 수 있는가? 모든 클라우드 공급자는 리소스 사용 비용을 정확히 표시하는 대시보드를 지원한다. 대시보드를 확인하고 대응하는 것은 좋은 방법일 수 있지만 팀과 개발자가 예산 범위 안에서 비용을 사용하도록 하기 위해서는 비용 한도를 설정하고 한도에 도달하자마자 알람을 띄우는 방법을 사용할 수 있다. 다음 절에서 Azure, AWS, GCP에서 비용 한도를 설정하는 다양한 방법을 알아본다.

- Azure에서 예산과 알람을 설정할 수 있다. 두 가지 모두 Azure의 비용 관리 모듈에 포함된다. 일정 기간 동안 특정 서비스에 대한 예산을 설정할 수 있다. Azure는 4시간마다 설정한 예산에 대한 비용을 평가한다. 사용자는 예산 한도에 도달하면 알람을 이메일로 받을 수 있도록 설정할 수 있다. 이를 위해 비용 알람을 사용한다. 예산과 마찬가지로 Azure 포털 또는 Azure Consumption API를 통해 비용 알람을 설정할 수 있다. Azure Consumption API를 사용하면 소비하거나 발생하는 비용에 대한 데이터를 검색하기 위한 프로그래밍 방식의 접근이 가능하다.

- AWS에서도 예산을 설정하고 비용 알람을 발생시킬 수 있다. 예산은 AWS Budgets 대시보드에서 설정할 수 있고 AWS Budgets 대시보드는 AWS 콘솔을 통해 접근할 수 있다. 사용자는 거의 모든 기간에 대한 예산을 설정해 다양한 AWS 서비스에 연결할 수 있다. 예산 알람은 이메일 또는 아마존의 SNS^{Simple Notification Service}를 통해 전송된다.

- 그리고 AWS의 기본 모니터링 서비스인 CloudWatch를 사용해 비용 또는 청구 알람을 설정할 수 있다. CloudWatch는 하루에 몇 번씩 모든 요금을 계산한다. 알람을 설정하기 위해서는 청구 비용에 대한 임계 값을 먼저 설정해야 한다. 총 요금이 임계 값에 도달하는 순간 알람이 발생한다.

- GCP에서도 예산 및 비용 알람을 설정할 수 있다. Google은 이를 위해 Cloud Billing 예산을 제공한다. AWS에서와 마찬가지로 Cloud Billing에서도 임계 값을 설정한다. 임계 값에 도달하면 알람이 발생해 GCP에 등록된 모든 결제 관련 연락처에 이메일을 전송한다. GCP 사용자는 관리자 등 다른 역할 이외에 결제 역할을 가질 수 있다. Google 콘솔에서 결제 역할은 roles/billing.admin 또는 roles/billing.user에 지정된다. 또한 비용 알람 수신자를 지정할 수 있다. 예를

들어 프로젝트 관리자를 추가해 Cloud Billing에서 직접 프로젝트의 비용 알람을 수신할 수 있다.

클라우드에 리소스를 배포하는 작업은 비용을 수반한다. 기업은 이러한 비용을 관리할 수 있어야 한다. 이번 절에서는 비용 관리를 위한 팁과 툴을 설명했다.

▍ 요약

11장에서는 애저, AWS, Google Cloud 등 다양한 클라우드 플랫폼에서 워크로드를 프로비저닝하는 다양한 방법을 알아봤다. 환경 구축을 실제로 시작하기 전에 리소스 유형을 정의하는 것이 유리하다. 클라우드 공급자는 저사양 개발 VM부터 무거운 워크로드(예: 인-메모리 데이터베이스)를 수용할 수 있는 고사양 VM까지 다양한 리소스를 제공한다. 비용을 계속 관리하기 위해서는 실제로 필요한 리소스를 정의하고 필요한 리소스만 배포할 수 있도록 허용하는 정책을 정의하고 적용해야 한다. 이를 리소스 계획이라고 부르며 리소스 계획은 멀티 클라우드 아키텍처에 포함돼야 한다.

그리고 클라우드 플랫폼에서 예산과 비용의 알람을 설정하는 방법도 탐구했다. 주요 모든 클라우드 공급자는 리소스 유형과 사용 시간 관련 예산 설정을 제공한다. 예산 임계값에 도달하는 즉시 알람이 발생하고 알람을 이메일로 수신할 수 있다. 리소스를 추적하기 위해서는 네이밍과 태깅이 필요하다. 12장에서는 클라우드 플랫폼의 네이밍과 태깅의 모범 사례를 확인한다.

질문

1. 리소스를 애저 환경에 프로비저닝하는 경우 리소스가 실제로 배포되는 관리 계층은 무엇인가?
2. 온프레미스 프라이빗 클라우드에서 컴퓨팅, 스토리지, 네트워킹을 단일 스택으로 구성하는 하드웨어를 사용하는 것이 유행했다. 이러한 통합 하드웨어는 무엇인가?
3. 모든 클라우드에서 정책이나 템플릿을 사용해 배포를 원하는 리소스 유형을 정의할 수 있다. AWS에서 제공하는 솔루션은 무엇인가?
4. "GCP에서 비용 알람을 받기 위해서는 결제 역할이 있어야 한다." 참인가 거짓인가?

참고문헌

- Ajit Pratap Kundan, 『VMware Cross-Cloud Architecture』(Packt, 2018)
- (기사) Larry Dignan(ZDnet): https://www.zdnet.com/article/cloud-cost-control-becoming-a-leading-issue-for-businesses/
- ARM 사용 방법 관련 문서: https://docs.microsoft.com/en-us/azure/azure-resource-manager/management/overview
- AWS OpsWork 관련 문서: https://docs.aws.amazon.com/opsworks/latest/userguide/welcome_classic.html
- GCP Deployment Manager 관련 문서: https://cloud.google.com/deployment-manager/docs/

- 애저 비용 제어 및 청구 관련 문서: https://docs.microsoft.com/en-us/azure/cost-management-billing/costs/cost-mgt-alerts-monitor-usage-spending[5]
- AWS 비용 제어 및 청구 관련 문서: https://docs.aws.amazon.com/AmazonCloudWatch/latest/monitoring/monitor_expected_charges_with_cloudwatch.html
- GCP 비용 제어 및 청구 관련 문서: https://cloud.google.com/billing/docs/how-to/budgets

---

5 네덜란드어로 돼 있어서 웹페이지 주소를 수정했다. - 옮긴이

12

네이밍 및 태깅 규칙 정의하기

비용 제어는 리소스의 명확한 구분과 리소스에 대한 책임을 규정하는 데서 시작된다. 멀티 클라우드 환경에서 네이밍과 태깅은 모든 클라우드 플랫폼에 일관된 규칙으로 지정돼야 한다. 12장에서는 일관된 네이밍과 태깅 규칙을 정의하는 방법을 학습한다. 리소스를 구분하기 위해서는 네이밍과 태깅 둘 다 필요하다. 이름Name은 리소스를 식별하는 데 사용되고 태그는 리소스의 역할과 특성을 지정하는 추가 라벨이 된다. 리소스의 이름과 태그 관련 지침 및 제약 사항은 주요 클라우드 공급자 사이에 차이가 있다. 12장에서는 AWS, 애저, GCP 등 주요 플랫폼의 기본 가이드라인 개요를 알아보고 일관된 네이밍과 태깅이 과금 프로세스와 클라우드 리소스 비용을 올바로 할당하는 데 중요하다는 사실도 다룬다.

12장에서는 다음 주제를 다룬다.

- 네이밍 규칙 생성하기
- 태깅 규칙 생성하기
- 네이밍과 태깅 구현하기
- 네이밍과 태깅의 규칙 관리하기

▌ 네이밍 규칙 생성하기

클라우드 환경에 다수의 리소스를 배포하는 경우 리소스를 구분할 방법이 필요한데 네이밍이 그러한 방법이 된다. 네이밍은 아키텍처의 일부다. IP 주소를 사용해 가상 머신과 같은 리소스를 구분하는 방법도 있지만 리소스가 많이 존재하는 경우 이러한 방법은 비효율적이며 구분 방법을 사용하는 것 자체가 불가능할 수도 있다. 네이밍 규칙은 클라우드 작업을 매우 쉽게 해준다. 기본적으로 네이밍 규칙은 자원을 구분하는 방식일 뿐이다.

거리 이름을 지정하는 예를 들어보자. 작은 마을에서는 각 집 단위로 번호를 지정해 구분할 수 있지만 큰 도시에서는 거리 이름을 지정해 특정 주소를 간단히 찾을 수 있도록 한다. 네이밍 규칙의 목표는 리소스를 구분하는 것이다. 일반적으로 리소스 이름은 리소스가 무엇이며 무엇을 수행하는지를 포함한다. VM 이름을 지정하는 네이밍 규칙은 다음과 같이 구성된다.

- 리소스 배포 장소(예: 미국 서부 지역 애저 환경)
- 리소스의 역할(예: 데이터베이스, 애플리케이션 서버, 도메인 컨트롤러)
- 리소스의 유형(예: 개발, 테스트, 품질 보증QA, Quality Assurance, 사전 제작, 생산 시스템)
- 리소스 소유자

예를 들어 미국 서부 지역 애저 환경에서 호스팅되고 윈도우 운영 체제를 사용하고 SQL을 실행하는 생산 데이터베이스 서버의 이름을 'DBSQLWIN-AZUSW_P'라고 지정할 수 있다. 하지만 SQL 데이터베이스가 더 많다면 어떻게 구분해야 할까? 다수의 리소스를 구분하기 위해서는 고유 식별자를 이름에 추가해야 한다. 서버가 속한 애플리케이션의 번호나 이름을 고유 식별자로 사용할 수 있다(이러한 예에서는 서버의 이름을 'DBSQLWIN001-AZUSW_P'라고 지정할 수 있다. 이러한 이름은 서버가 윈도우 운영 체제를 사용하고 미국 서부 지역 애저 환경에서 호스팅되며 프로덕션 환경에 있는 SQL 데이터베이스 서버 번호 001이라는 것을 뜻한다). 여기에 리소스 소유자를 표기해야 한다.

일반적으로 리소스 소유자는 테넌트를 구분하는 축약어로 표기된다. 기업 XYZ가 리소스가 호스팅되는 클라우드 테넌트의 소유자라면 네이밍 규칙은 XYZ로 시작되고 나머지 정보가 뒤에 표기된다(이러한 예에서는 XYZ_DBSQLWIN001-AZUSW_P가 된다). 하지만 네이밍 규칙을 지정하는 것은 쉬운 일이 아니다. 애저, AWS, GCP 등 주요 모든 클라우드 공급자에는 네이밍 규칙 관련 제약 사항이 존재한다. 이러한 예에서 지정한 리소스 이름에는 하이픈을 포함해 총 22개 문자가 사용됐다. 클라우드 공급자는 문자 수와 하이픈 사용 허용 여부 등 모두 다른 제약 사항이 있다. 다음 절에서는 클라우드 공급자가 정의한 네이밍 규칙 표준을 알아본다.

애저의 네이밍 규칙 표준

지금까지 네이밍 규칙을 설명할 때는 데이터베이스와 VM만 다뤘지만 퍼블릭 클라우드의 모든 요소는 소프트웨어로 정의돼 있으므로 구분할 수 있는 물리적 장치가 존재하지 않는다. 따라서 퍼블릭 클라우드 환경을 구성하는 모든 자산이나 리소스 유형(네트워킹, 게이트웨이, 방화벽 등의 보안 자산, 정책, API 등의 통합 패턴)에는 고유한 이름이 지정돼야 한다. 애저에서의 네이밍 규칙의 정의는 자유롭지 않다. 애저는 매우 많은 종류의 리소스 유형 접두사를 지정한다.

예를 들어 모든 리소스 그룹 이름에는 'rg-'가 들어 있어야 하고 모든 VNet 이름에는 'vnet-'이 포함돼야 한다. 애저에 배포된 모든 VM은 'vm'으로 구분되고 모든 SQL 데이터 베이스는 'SQL'을 사용한다. 접두사의 종류는 매우 광범위하다. 네이밍에 정의해야 할 사항은 다음과 같다.

- 비즈니스 유닛(예: 재무를 나타내는 'fin' 또는 기업 이름 축약어)
- 구독 유형(예: 프로덕션을 나타내는 'prod' 또는 'prd')
- 애플리케이션 또는 서비스 이름
- 배포 환경(프로덕션, 테스트, 개발, 승인, 스테이징, QA, 샌드박스 등)
- 지역

애저는 모든 리소스 유형에 대한 네이밍 표준을 정의하는 지침과 권장 사항을 제공한다. 또한 애저에는 네이밍 규칙과 제약 사항도 있다. VM을 예로 들어보자. VM의 접두사는 'vm-'이므로 VM 이름에 포함돼야 한다. VM의 범위는 VM이 속한 리소스 그룹이므로 VM 이름에 명시돼야 한다. 그런 다음 여러 제약 사항을 준수해야 한다. 윈도우를 사용하는 VM은 이름에 사용할 수 있는 최대 문자 수가 15개로 제한되고 "\/" ' [ ] : | <>+=;,?*@&" 문자는 사용이 허용되지 않는다. 마지막으로 이름을 '_'로 시작하거나 '.'나 '-'로 끝낼 수 없다.

사용할 수 있는 이름 형식은 '<organization><deployment-environment><region><service><hostname>-vm'이다. 앞 절의 예를 대입해보면 vm 이름은 'xyz-p-usw- app-app001-vm'이 된다. 이러한 이름은 XYZ 조직이 소유하고 프로덕션 환경에서 배포되고 미국 서부 지역에서 호스팅되고 001 용도는 애플리케이션 서버이고 VM 형태라는 것을 의미한다. 애저의 네이밍과 태깅 관련 상세 정보를 확인할 수 있는 링크를 참고문헌에 제시한다.

AWS의 네이밍 규칙 표준

AWS는 EC2(AWS의 컴퓨팅 서비스)의 VM을 사용해 리소스 네이밍 표준을 정의하지만 접근법은 애저와 다르다. AWS는 인스턴스의 FQDN^{Fully Qualified Domain Name}에 이름을 연결한다. AWS는 기업이 위치, 배포 유형, 역할, 애플리케이션 및 서비스의 ID, 고유 식별자가 포함된 네이밍 표준을 이미 갖고 있다고 가정한다. AWS는 이러한 표준을 FQDN과 연결할 것을 권장한다.

이전부터 계속 설명한 예를 다시 사용해보자. 모든 조건은 동일하며 환경만 애저에서 AWS로 변경됐다. 이러한 서버를 구분하기 위해 서버 이름을 'p-app001'로 지정했다. 이제 AWS는 이름을 FQDN에 연결할 것을 권장한다. 그러면 이름은 'papp001.xyz.com'이 된다.

온프레미스 환경에서 인스턴스를 실행하는 경우에도 리소스가 AWS나 특정 AWS 지역에 존재한다는 사실을 나타내는 부분을 추가하는 것이 권장된다(이러한 예에서는 이름을 'awspapp001.xyz.com'이라고 지정할 수 있다). 또한 AWS에서는 고유한 인스턴스 ID를 이름에 포함시킬 수 있다(예: i-9a38675.xyz.com). 다음은 AWS 네이밍 방식이 자원을 쉽게 구분하도록 만드는 방법이다.

- 우선 AWS는 인간의 수동 작업을 최대한 배제하는 고수준의 자동화를 목표로 한다. 스크립트와 API는 ID를 매우 빠른 속도로 인식할 수 있으므로 AWS가 자동으로 리소스에 할당되는 고유 ID를 사용하지 않을 이유가 없다.
- 두 번째로 AWS는 여러 가지 방법으로 리소스에 메타데이터를 할당하는 다양한 태깅 방법을 갖고 있다. 태그를 설명하는 절에서 자세히 알아본다. 태그는 이름을 사용하지 않는 AWS의 리소스 구분 방법이다.

이러한 이유로 AWS는 점 표기법[1]을 사용하는 기타 리소스의 네이밍 표준을 갖고 있다. 네이밍 표준에는 다음 세 가지 필드만 포함된다.

- **계정 이름 접두사**Account name prefix : 예를 들어 프로덕션 'prod'나 개발 'dev'
- **리소스 이름** : 형식은 자유이며 논리적 이름이 포함된 필드
- **유형 접미사** : 리소스 유형(예: 보안 그룹이나 서브넷) 표기

---

1 코딩에서 사용하는 객체 특성 접근법이다. https://codeburst.io/javascript-quickie-dot-notation-vs-bracket-notation-333641c0f781에서 자세히 확인할 수 있다.

프로덕션 환경의 웹서버에 대한 보안 그룹의 이름은 prod.webserver.sg로 지정된다. 이 이름에서 Prod는 계정 이름, webserver는 리소스 이름, sg는 유형 접미사다.

GCP의 네이밍 규칙 표준

GCP의 네이밍 규칙은 매우 단순하다. Compute Engine의 모든 리소스 이름은 다음과 같은 규칙을 따라야 한다.

- 최대 63자로 제한
- '[a-z]([-a-z0-9]*[a-z0-9])?' 문자 허용
- 이름의 첫 번째 문자는 소문자여야 하고 그다음 문자부터는 소문자, 숫자, 하이픈을 사용할 수 있다. 마지막 문자로 하이픈을 사용할 수 없다.

여기에 한 가지 추가 제약이 있다. GCP는 네이밍 규칙이 RFC 1035 규칙을 준수하길 바란다. RFC 1035는 IETF^Internet Engineering Task Force에서 지정됐고 도메인 이름 관련 규칙을 포함한다. RFC 1035를 준수해야 하는 이유는 온프레미스, 콜로케이션, 퍼블릭 클라우드 등 시스템이 호스팅되는 환경과 상관 없이 모든 네임서버^nameserver가 인스턴스를 찾을 수 있어야 하기 때문이다. RFC 1035는 인스턴스를 고유하게 식별한다. GCP만 RFC 1035 준수를 명시하지만 모든 클라우드 공급자는 RFC 1035를 준수해야 한다. RFC 1035의 전체 문서는 https://www.ietf.org/rfc/rfc1035.txt에서 확인할 수 있다. GCP의 네이밍과 태깅 관련 상세한 정보를 확인할 수 있는 링크를 참고문헌에 제시한다.

▎ 태깅 규칙 생성하기

태그는 클라우드 환경의 비용 관리, 제어 관점에서 가장 중요한 요소 중 하나다. 네이밍 규칙은 리소스 구분에 집중하며 클라우드 관리 자동화에 중요하다. 태그는 이름에 명시할

수 없는 리소스의 추가 정보를 표기하는 메타데이터다. 태그를 사용해 클라우드 리소스를 분류할 수 있으므로 태깅은 비용 할당을 이해하는 데 도움이 된다.

모든 클라우드 공급자는 리소스에 태그를 적용하는 많은 솔루션을 제공하지만 여러 클라우드에서 공통적으로 사용할 수 있는 표준 태그가 있다. 다음은 태그에 최소한 포함돼야 하는 속성을 설명한다.

- **애플리케이션**Application: 일반적으로 리소스는 애플리케이션 또는 애플리케이션 스택의 일부다. 단일 애플리케이션 또는 애플리케이션 스택에 포함되는 리소스(VM, 스토리지, 데이터베이스, 네트워크 구성 요소 등)를 구분하기 위해서는 리소스가 포함된 스택이나 애플리케이션을 구분하는 태그를 추가해야 한다.
- **비용 청구**Billing: 규모가 큰 기업에는 사업부, 비즈니스 유닛, 브랜드가 있다. 이러한 조직은 예산을 갖고 있거나 별도 비용 센터를 보유하고 있을 가능성이 있다. 태그는 리소스가 특정 예산 및 비용 센터에 청구되도록 한다.
- **서비스 계급**service class: 태그는 리소스에 적용할 수 있는 서비스 수준을 표기할 수 있다. 시스템은 연중무휴 관리되는가? 그리고 패치 스케줄과 백업 계획은 어떠한가? 기업은 금, 은, 동 등의 자원을 계층으로 분류한다. 금은 가장 높은 프로덕션 시스템 수준이며 장애 복구 솔루션과 99.999%의 업타임을 포함한다. 은과 동은 서비스 수준이 낮은 단일 시스템에 사용된다. 금, 은, 동 수준을 표기하는 태그는 해당 리소스의 서비스 클래스를 확실히 알려준다.
- **규정 준수**Compliance: 규정 준수 태그는 규칙 준수 적용 여부를 표기한다. 산업 규정 준수(예: 의료, 금융기관 등) 또는 자체의 내부 규정 준수일 수도 있다. 규정 준수는 특정 리소스에 대한 접근 권한을 부여하거나 데이터가 안전하게 저장되는 방식을 설정하는 데 유용하다.

지금까지 태그 적용에 사용되는 파라미터를 설명했으니 지금부터는 애저, AWS, GCP의 태그를 정의하는 방법을 알아본다.

애저의 태그 정의하기

애저의 모든 리소스는 ARM을 통해 태그가 지정되며 태그 지정에는 몇 가지 제약이 있다. 애저는 최대 15개의 태그를 허용하며 각 태그는 512개 문자(알파벳과 숫자만 허용한다)를 초과할 수 없다. 15개 이상의 태그를 사용해야 한다면 JSON 문자열을 사용하면 된다. 최대로 사용할 수 있는 태그 개수가 제한되므로 애저는 리소스 그룹 수준에서 태그를 설정하는 것을 권장한다. 리소스 그룹 태깅으로 모든 관련 리소스를 구분할 수 있으므로 개별 리소스에 대한 태깅은 필요가 없어진다. 다음은 애저 태깅의 모범 사례다.

- **애플리케이션 분류**Application taxonomy : 리소스 그룹 소유자(예: 특정 비즈니스 유닛 또는 데브옵스 팀), 애플리케이션 기능에 대한 구분자다.
- **환경 유형**Environment type : 리소스 그룹의 목적을 표기한다(예: 테스트, 개발, 생산)
- **비용 과금 구분자**Billing indicator : 리소스 그룹의 리소스 사용으로 발생한 비용을 처리하는 비용 센터 구분자다.
- **프로젝트 종료일**End date of the project : 프로젝트가 종료되는 시점을 나타낸다. 프로젝트가 종료될 때 비용 감소를 위해 리소스를 제거할 수 있다.

다음 절에서는 AWS의 태깅을 다룬다.

AWS의 태그 정의하기

AWS는 모든 퍼블릭 클라우드와 비교해 가장 많은 종류의 태깅 방법을 제공한다. 리소스에 최대 50개의 태그를 지정할 수 있고 각 태그에 최대 127개의 문자를 포함시킬 수 있다. 태그 작성에 알파벳, 숫자, 공백, 특수문자(+ - = . : / @)를 사용할 수 있고 대문자와 소문자를 구분한다. AWS에도 태깅 관련 여러 제약이 있다.

태그는 주로 AWS-EC2 컴퓨팅 서비스에서 배포된 리소스에 사용된다. 태깅이 가능한 서비스가 더 있지만 AWS가 제공하는 모든 서비스와 리소스에 태깅이 모두 가능한 것은 아니다. 리소스 비용이 과금 보고서에 명시돼 비용을 올바로 할당하도록 태깅해야 한다. 결제 및 비용 관리에 사용할 수 있는 태그는 최대 500개로 제한된다. 따라서 AWS Tag Editor나 AWS 콘솔의 API를 사용해 사용자 지정 태그를 생성하는 것이 좋다. 그런 다음 콘솔을 사용해 결제 및 비용 관리를 위한 태그를 지정한다. 콘솔과 AWS 포털은 다르다. 관리 콘솔은 https://console.aws.amazon.com/에서 접속할 수 있으며 AWS 환경을 관리하는 콘솔을 의미한다.

AWS는 최대 50개의 태그를 허용하므로 사용자는 50개 모두 사용하려고 시도할 수 있다. 하지만 적을수록 많은 것이므로 적은 양부터 시작하는 것이 좋다. 태그는 수정, 제거할 수 있고 필요하면 많은 양의 태그를 추가할 수도 있다. 한 가지 예외로 'aws' 접두사는 사용하거나 수정할 수 없다. 'aws' 접두사는 AWS가 전용으로 사용하기 때문이다.

GCP의 태그 정의하기

GCP는 태깅을 다른 방식으로 구현한다. Google은 '태그'라는 용어를 사용하지 않고 '라벨'이라고 부른다. 라벨의 기능은 동일하다. 리소스를 간단히 그룹화하는 것이다. 라벨은 키^{key}와 값^{value}의 쌍이다. 키가 환경이고 값이 개발이라면 라벨은 환경/개발이 된다. gcloud 명령줄을 사용해 라벨을 스크립트에 포함시켜야 하고 다음 예에서 확인할 수 있다.

```
{
  "labels": {
    "environment": "development",
   … }
}
```

GCP에서는 리소스에 최대 64개 라벨까지 사용할 수 있고 키와 값은 최대 63개 문자를 포함시킬 수 있다. 라벨을 지정할 수 있는 리소스 유형에도 제약이 있다. 이 책을 집필하는 현 시점에서 VM, 이미지, 디스크, 스토리지 버킷에는 라벨 기능이 완전히 제공된다. 포워딩 규칙, 고정 외부 IP 주소, VPN 터널 라벨링은 베타 버전으로 지원된다. GCP는 네트워크 태그를 사용한다. 네트워크 태그는 라벨과 관련이 없다.

▌ 네이밍과 태깅 구현하기

네이밍과 태깅 표준을 성공적으로 구현하기 위해서는 정책을 확실히 설정해야 한다. 태그는 일관돼야 하며 태그는 VM, 스토리지, 데이터베이스, 네트워크 구성 요소, 애플리케이션, 서비스 등의 모든 리소스에 적용돼야 한다. 클라우드 환경의 모든 리소스에는 비용이 든다. 클라우드 사용 비용의 전체 개요를 확인하기 위해서는 클라우드 환경의 모든 리소스를 구분하고 태깅해 비용 청구서에 표기되도록 해야 한다. 즉 클라우드 환경에 리소스를 배포하는 모든 조직은 태그를 리소스에 지정해야 한다. 만약 완전히 자동화된 방식을 사용한다면 태그를 지정하지 않고 리소스를 배포하는 행위를 사전에 방지할 수 있을 것이다. 일관된 네이밍과 태깅 규칙을 구현하기 위해서는 다음 단계를 수행해야 한다.

- **정책 정의**Defining the policy: 정책 정의하기는 멀티 클라우드 아키텍처에 포함된다. 네이밍과 태깅은 모든 클라우드 환경에 동일하게 적용되도록 한군데서 정의돼야 한다. 처음에는 기업이 사용하는 클라우드의 권장 사항이나 모범 사례를 인용해 정책을 정의하지만 최종적으로는 기업 전체가 동의하고 검증해 최종적인 정책을 결정해야 한다. 여러 이해관계자가 합의하지 않는다면 네이밍과 태깅이 원하는 방식으로 일관되게 동작하지 않는다.

- **정책 집행**Enforce the policy: 반드시 필요한 단계다. 기업의 클라우드 환경에서 작업하는 모든 조직은 네이밍과 태깅 정책을 준수해야 한다. 정책을 한군데 저장해 모든 작업자가 접근할 수 있도록 해야 하며 정책을 너무 복잡하게 정의하면 안 된다. 예를 들어 네이밍과 태깅 정책을 포함한 위키 페이지를 인트라넷에 게시할 수 있다. 그런 다음 모든 조직에게 정책을 확인시켜야 한다. 조직의 리더는 보통 프로젝트 관리자나 제품 소유자다. 모든 조직이 정책을 따르도록 강조해야 한다.

- **정책 모니터링**Monitor the policy: 네이밍과 태깅이 정책을 준수해 동작하고 있는지 매주 확인해야 한다. 특히 프로젝트를 시작할 때는 더 확인해야 한다. 네이밍과 태깅은 비용 결제에 매우 중요하므로 정책 모니터링을 반드시 수행해야 한다. 기업은 클라우드에 배포된 모든 자산을 표기하고 클라우드 사용 비용을 적절한 비용 센터 또는 예산에 반영하고 할당하는 완전한 비용 청구서를 원한다. 일관된 네이밍과 태깅을 사용하지 않으면 적절한 비용 관리가 불가능하다.

- **자동화**Automate: 태깅을 자동화할 수 있다. 정책이 결정된 동시에 태깅을 자동화하는 것이 권장된다. 자동화로 구성하면 리소스가 태그 없이 배포될 때 바로 알람을 띄울 수 있다. 태그가 리소스에 지정되지 않은 경우 리소스 종료 정책이 자동으로 적용되도록 설정할 수 있다. 그리고 태그 지정을 완전히 자동화해 리소스가 프로비저닝되자마자 태그를 지정하도록 설정할 수 있다. 자동화는 클라우드 공급자의 기본 툴을 사용한 CI/CD 파이프라인에서 수행된다. 이러한 툴을 '클라우드 지출 관리' 또는 '지출 최적화'라고 부르는데 대표적으로 Flexera를 예로 들 수 있다. Flexera는 정책 기반 자동화를 사용해 주요 모든 클라우드 공급자와 다양한 SaaS 제품 사용에 드는 비용을 제어한다. 또한 Flexera는 리소스가 사용되지 않는 경우 비용을 최적화할 수 있도록 도와주는 피드백을 제공한다. 기본적으로 Flexera에는 태깅 정책 검토 기능이 있다.

애저, AWS, GCP의 태그와 라벨 구현을 설명하는 URL을 참고문헌에 제시한다.

▌ 네이밍과 태깅 규칙 관리하기

네이밍과 태깅 규칙 관리하기는 클라우드 거버넌스에 포함된다. 기업의 모든 이해관계자에 의해 설계되고 검토된 규칙은 반드시 준수돼야 한다. 즉 기업이 리소스에 기본 태그를 지정할 수 있지만(앞 절에서 학습한 대로) 리소스에 태그가 지정되지 않았거나 올바르지 않은 태그가 지정된 경우 인스턴스를 종료하는 정책을 사용할 수도 있다. 합의되고 정의된 네이밍과 태깅 규칙이 올바로 적용됐는지 확인하는 정규 보고서가 필요하지만 대부분의 경우 보고서는 자동으로 작성된다.

네이밍과 태깅 규칙은 변경될 수 있다. 필요할 때 규칙을 바꿀 수 있는 유연성이 있어야 한다. 기업의 향후 리소스 배포에 클라우드 공급자가 새로 출시한 서비스를 사용하거나 자체 예산이나 비용 센터를 보유한 새로운 회사를 인수한 기업을 가정해보자. 이러한 경우에는 규칙을 변경해야 한다. 네이밍과 태깅 규칙은 멀티 클라우드 아키텍처와 거버넌스에 포함돼 있으므로 변경 관리를 적용할 수 있다.

네이밍과 태깅 규칙은 정기적으로 검토돼야 한다. 아키텍처 검토 과정에서 네이밍과 태깅 규칙을 검토할 수 있다. 대부분의 기업은 아키텍처 보드 등의 아키텍처 결정을 수립하는 정기 회의나 플랫폼을 보유하고 있다. 이러한 회의나 플랫폼에서 규칙 변경 필요 여부, 규칙 변경 사항 적용 방법 등을 결정한다. 네이밍과 태깅 규칙의 변경은 자동화와 비용 결제에 영향을 미치기 때문에 중요하다. 네이밍과 태깅 규칙을 변경하면 자동화 시스템이 리소스를 구분하지 못하거나 리소스가 비용 청구 보고서에서 사라질 수 있다. 따라서 먼저 신중히 생각하고 네이밍과 태깅 규칙을 변경해야 한다.

▌ 요약

12장에서는 퍼블릭 클라우드 환경에서 리소스를 구분하기 위해 네이밍과 태깅이 매우 중요하다는 사실을 학습했다. 네이밍과 태깅은 비용 결제 내역을 수정하고 비용을 적절한 예산이나 비용 센터에 할당하도록 한다. 네이밍과 태깅은 자동화 관점에서도 중요하며 네이밍과 태깅 프로세스를 자동화할 수 있다는 사실도 알게 됐다. 네이밍과 태깅은 규칙 정의로부터 시작된다. 12장의 내용을 완전히 이해했다면 AWS, 애저, GCP의 네이밍과 태깅 관련 여러 지침과 제약을 설명할 수 있을 것이다.

마지막으로 네이밍과 태깅 규칙이 결정되자마자 일관된 방식으로 환경에 적용해야 하며 네이밍과 태깅 규칙 자체가 클라우드 아키텍처에 포함돼야 한다는 사실을 배웠다. 또한 네이밍 규칙 업데이트는 변경 관리 제어 프로세스를 따라 수행되고 아키텍처 보드나 아키텍처 회의 및 검토에서 결정돼야 한다는 사실도 알게 됐다. 멀티 클라우드 비용 관리에서 마지막으로 다룰 주제는 청구서 자체다. 13장에서는 퍼블릭 클라우드에서 비용 과금이 동작하는 방식과 청구서를 검증하는 방법을 설명한다.

▌ 질문

1. "리소스 역할을 포함하는 것이 리소스 이름에 권장된다." 참인가, 거짓인가?
2. AWS는 FQDN에 이름을 연결하는 것을 권장한다. FQDN은 무엇의 약자인가?
3. GCP는 태그를 무엇이라고 부르는가?

▌ 참고문헌

다음은 12장에서 다룬 주제의 자세한 내용을 확인할 수 있는 자료다.

- 태깅의 모범 사례 관련 블로그: https://www.cryingcloud.com/2016/07/18/azure-resource-tagging-best-practices/
- 애저의 네이밍 및 태깅 관련 문서: https://docs.microsoft.com/en-us/azure/cloud-adoption-framework/ready/azure-best-practices/naming-and-tagging
- 애저의 리소스 태깅 모범 사례: https://docs.microsoft.com/en-us/azure/cloud-adoption-framework/ready/azure-best-practices/naming-and-tagging#metadata-tags

- AWS의 리소스 태깅 모범 사례: https://d1.awsstatic.com/whitepapers/aws-tagging-best-practices.pdf
- GCP의 네이밍 규칙 관련 문서: https://cloud.google.com/compute/docs/naming-resources
- GCP 리소스 라벨 적용 방법 관련 문서: https://cloud.google.com/compute/docs/labeling-resources

13

청구서 검증 및 관리하기

매월 여러 클라우드 공급자로부터 청구서가 도착한다. 과금 옵션에는 무엇이 있는가? 청구서에 표기된 비용을 어떻게 확인하는가? 다수의 클라우드를 사용하는 경우 하나의 중앙 집중 비용 개요를 사용하기 위한 옵션은 무엇인가?

13장에서는 애저, AWS, GCP 콘솔에서 비용을 확인하고 분석하는 방법을 학습한다. 또한 조직의 특정 역할이 비용을 추적할 수 있도록 청구 계정과 청구 프로필을 정의하는 방법을 다루고 모든 비용이 적절하게 추적되는지 확인하기 위해 과금 검증 프로세스를 갖춰야 한다는 사실도 알아본다. 마지막 절에서는 하나의 중앙 대시보드에서 모든 과금을 통합하는 방법을 탐구한다.

13장에서는 다음 주제를 다룬다.

- 과금 옵션 및 비용 대시보드 사용 탐구하기
- 청구서 검증하기
- 멀티 클라우드의 과금 중앙화하기

과금 옵션 및 비용 대시보드 사용 탐구하기

멀티 클라우드 전략으로 구축된 환경에서는 여러 시스템을 서로 다른 멀티 클라우드에 배치할 가능성이 크다. 이러한 방식을 사용하는 경우 종량제 인스턴스 및 서비스 사용 비용, 예약 인스턴스 사용 비용, 10장, '라이선스 관리하기'에서 설명한 라이선스 비용이 든다. 모든 클라우드 공급자는 청구서를 발송한다. 이러한 모든 비용을 어떻게 추적할 수 있을까? 우선 애저, AWS, GCP의 과금 방식을 알아본다. 애저, AWS, GCP의 과금 방식은 모두 동일하다. 이러한 플랫폼에서는 서비스가 사용되자마자 요금 계산을 시작하고 CSP가 청구서를 발행할 수 있도록 한다. 일반적으로 이를 청구 계정이라고 부른다. 비용과 청구서를 확인하기 위해서는 비용이나 과금 대시보드를 사용할 수 있다.

애저 비용 관리 및 과금 이용하기

애저는 다음 세 가지 과금 방식을 지원한다.

- **Microsoft Online Services 프로그램**: 애저의 모든 사용자는 Microsoft Online Services 프로그램으로 시작한다. 애저 포털에 로그인하자마자 청구 계정이 생성된다. 무료 계정을 생성할 때도 청구 계정을 갖게 된다. 청구 계정은 모든 종량제 서비스와 클라우드 환경 개발 툴인 Visual Studio 구독에도 필요하다.

- **기업 계약**Enterprise Agreement : 기업은 애저를 사용하기 위해 Microsoft와 기업 계약을 체결할 수 있다. 기업 계약은 Microsoft가 제공하는 여러 제품과 서비스에 유효하다. 기업 계약은 금전적 협약이다. 기업은 Microsoft의 넓은 범위의 지원을 받을 수 있지만 최소 비용 지불 등의 계약상 의무를 갖게 된다.
- **Microsoft 고객 계약**Microsoft Customer Agreement : 조직이 애저에 가입하면 Microsoft 고객 계약에 대한 청구 계정이 생성된다. 특정 애저 지역에서는 무료 계정이 업그레이드될 때 Microsoft 고객 계약이 발행하는 경우도 있다.

청구 계정이 활성화되면 청구 프로필이 청구 계정에 연결된다. 청구 프로필로 청구서와 과금을 관리할 수 있다. 애저는 매월 초 청구서를 발행한다. 계정 소유자는 청구 프로필을 통해 해당 계정에서 구매한 구독과 서비스를 확인할 수 있다. 청구 프로필을 엔터프라이즈 수준으로 설정한 경우 청구 계정은 엔터프라이즈 테넌트 안의 모든 구독 환경에서 기업이 사용하는 애저의 모든 비용을 표기한다. 특정 청구서로 더 많은 청구 프로필을 정의하는 것이 낫다. 이는 다음 스크린샷에서 확인할 수 있듯이 'Cost Management + Billing' 탭에서 수행할 수 있다.

그림 13.1 애저 포털의 'Cost Management + Billing' 탭

모든 클라우드 공급자 사이에서 비용 관리 및 과금의 개념은 결코 다르지 않지만 구현 관점에서 약간 차이가 있다. 앞 절에서 애저를 확인했으니 지금부터는 AWS와 GCP를 알아보자.

과금을 위한 AWS 비용 관리 사용하기

프리 티어[1]free tier로 AWS 서비스 사용을 시작할 수 있다. 일반적으로 조직은 AWS와 고객 계약을 맺는다. 사용자가 조직 대신 계약하는 경우 AWS는 사용자를 법적 책임자로 간주한다. 따라서 계약을 체결하기 전에 조직을 대신할 자격이 있는지를 확인해야 한다.

애저와 마찬가지로 AWS에서도 포털을 사용해 비용과 과금 관리를 확인할 수 있다. 이는 다음 스크린샷에서 보듯이 AWS Cost Management 메뉴 아래에 있다.

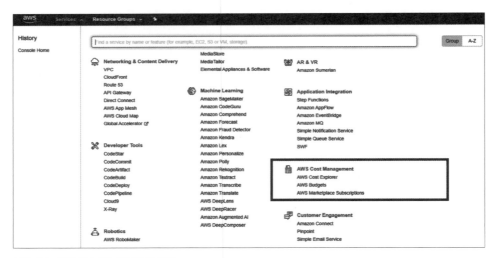

그림 13.2 AWS 콘솔 메뉴의 비용과 과금

---

1 가입한 날로부터 12개월 또는 상시로 신규 가입 고객에게 무료로 제공하는 일부 서비스

조직이 계정을 분할하는 것은 AWS, 애저 모두에서 일반적인 일이다. AWS Organization을 사용하면 과금을 통합할 수 있다. 전체 조직이 사용하는 단일 계정이나 회사의 조직 구조와 동일한 여러 계정이 있을 수 있다. 후자 방식을 사용하면 여러 계정이 존재하므로 모든 계정을 하나의 통합 마스터 계정 아래에 그룹화해 모든 AWS 사용 비용의 개요를 확인할 수 있다.

AWS Cost Management에서는 Cost Explorer를 사용해 비용 분석, 사용 보고서 수신, 결제 관리를 수행할 수 있다. 또한 과금 알람 수신, PDF 형식의 청구서를 이메일로 수신 등의 과금 관련 사항을 설정할 수 있다. 그리고 Cost Manager는 신용카드나 은행 계좌를 사용한 결제 등의 설정도 제공한다. 유럽은 결제 시스템으로 SEPA^{Single Euro Payments Area}를 사용하며 인도는 AISPL^{Amazon Internet Services Private Limited}를 사용한다.

GCP의 과금 옵션 사용하기

다음 스크린샷에서 확인할 수 있듯이 GCP에서 과금이 활성화되자마자 포털은 청구 계정을 설정하라는 메시지를 사용자에게 띄운다.

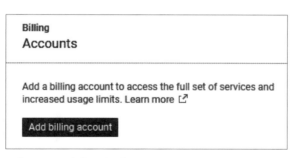

그림 13.3 GCP의 청구 계정 추가하기

GCP에서 클라우드 청구 계정은 프로젝트에 연결된다(프로젝트는 애저의 구독, AWS의 계정과 같은 개념이다). 청구 계정은 애저와 마찬가지로 Google 결제 프로필과 연결된다. 청구 계정의 역할로 다음 두 가지 유형이 있다.

- **청구 계정 관리자**Billing account admin: 일반적으로 청구 계정 관리자는 재무 담당 부서에 속한다. 청구 계정 관리자는 모든 비용을 확인하고 예산과 과금 알람을 설정하고 프로젝트를 연결하거나 프로젝트 연결을 끊을 수 없다.
- **청구 계정 사용자**Billing account user: 청구 계정 사용자는 단지 프로젝트를 청구 계정에 연결하고 해당 프로젝트 관련 비용만 확인할 수 있다. 사용자는 프로젝트 연결을 끊을 수 없다.

Google 결제 프로필에는 계정에 대한 법적 책임이 있는 법인 정보가 포함된다. 또한 Google 결제 프로필에는 VAT 등의 세금, 은행 계좌, 결제 방법, 미납 청구서 등 모든 거래 정보를 저장한다. 청구 계정 관리자의 역할이 있어야 이러한 정보를 확인하고 변경할 수 있다. GCP Cloud Console에서 대화형 과금 보고서를 설정할 수 있다. 사용자는 과금 정보에 대한 시각적 확인 및 과금 내용 보고를 포함한 과금 보고서를 사용자 맞춤으로 스스로 구성할 수 있다. 예를 들어 비용 명세서를 프로젝트 단위나 서비스 단위로 추가할 수 있다. 다음 스크린샷에서 확인할 수 있듯이 지금까지 설명한 Cloud Console 기능은 모두 기본 메뉴 아래 **Billing** 탭에서 제공한다.

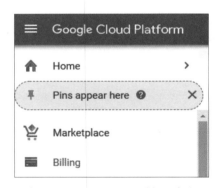

그림 13.4 GCP Cloud Console의 'Billing' 탭

이번 절에서는 과금 대시보드를 통한 애저, AWS, GCP의 과금 옵션을 알아봤다. 다음 절에서는 청구서를 검증하는 방법을 다룬다.

▌ 청구서 검증하기

'청구서를 검증한다'라는 의미는 클라우드 공급자가 정확한 금액을 청구했는지 검증한다는 의미가 아니다. 클라우드 공급자는 비용 계산을 완전히 자동화하므로 모든 리소스 사용은 청구서에 정확하게 표기된다. 청구서 검증이란 청구서에 표기된 비용이 기업의 예상 리소스 사용량과 일치하는지 검증한다는 뜻이다. 즉 예측한 사용량과 일치하는지 또는 그 이상의 비용을 지출해야 하는지 확인해야 한다는 것이다. 더 이상 사용하지 않는 리소스에 대한 비용이 청구됐는지 확인하고 만약 그러한 리소스가 있다면 이전에 리소스를 왜 없애지 않았는지 추적해야 한다. 여기서 중요한 몇 가지 결정을 내려야 한다. 이러한 결정은 모든 클라우드에 동일하게 적용된다.

- 조직에서 여러 결제 계정을 사용하는가? 프로젝트 관리자가 특정 환경의 특정 프로젝트 또는 특정 환경의 비용을 검증하기 위해서는 해당 비용을 확인할 수 있는 권한을 받아야 한다. 이전에 설명했듯이 청구 계정에 연결된 역할과 프로필에서 권한을 설정할 수 있다.
- 결제는 어떻게 처리되는가? 이전에 설명했듯이 클라우드 공급자는 다양한 결제 방식을 제공한다. 신용카드가 가장 널리 사용되지만 대부분의 기업은 은행 계좌나 청구서 결제invoice billing 방식을 이용한다. 은행 계좌 결제가 비용 관리를 위해 가장 권장되는 결제 방식이다.

그런 다음 검증 프로세스를 정의해야 한다. 검증 프로세스를 정의하는 것이 과하다고 생각할 수도 있지만 조직이 퍼블릭 클라우드에서 과도한 지출을 하는 경우가 많기 때문에 검증 프로세스 정의는 필요하다. 과도한 지출은 과금 프로세스에 대한 깊은 이해와 정확한 비용 관리 체계가 없기 때문에 발생한다. 검증 프로세스 정의는 다음 3단계로 나눈다.

1. **프로젝트 제어**Project control: 프로젝트 관리자, 제품 소유자, 스크럼 마스터Scrum Master(일반적인 관리를 수행하는 프로젝트 관리자와 달리 팀원을 코칭하고 프로젝트의 문제 상황을 해결하는 역할 담당자)는 프로젝트에서 발생하는 모든 비용을 인지해야 한다.

팀이 애자일 스크럼Agile Scrum에서 작업하고 스프린트Sprint를 사용하는 경우 각 스프린트를 사용한 후에 배포된 리소스를 검증해야 한다. 설계된 리소스를 배포했는지, 관련된 다른 서비스는 무엇인지 확인해야 한다. 프로젝트에서 발생하는 모든 비용은 프로젝트에 할당된 비용과 일치해야 한다.

2. **아키텍처 제어**Architecture control: 아키텍트는 프로젝트에 미리 합의된 리소스만 사용됐는지 확인한다. 배포에 특정 종류의 VM만 사용하기로 결정한 경우 아키텍트는 실제로 원칙이 준수됐는지 여부를 확인한다. 합의되지 않은 리소스를 배포할 경우 과도한 비용이 청구될 수 있다.

3. **재무·회계**: 프로젝트 관리와 아키텍처 제어를 기반으로 재무관리 부서는 리소스 배포가 올바로 수행되고 있는지, 비용을 정확하게 계산할 수 있는지를 확인한다. 그런 다음 결제와 계약 관련 청구서를 확인한다.

검증 프로세스는 클라우드 채택 프레임워크CAFs에 포함되므로 클라우드 환경 거버넌스의 일부가 된다. 그밖에도 각 클라우드의 계정 팀과 계정 관리자로부터 조언을 받는 것이 좋다. 계정 팀과 계정 관리자는 기업에 가장 적합한 옵션을 선택하는 데 도움을 준다. 또한 계정 팀과 계정 관리자는 고객에게 리셀러나 클라우드 서비스 파트너와 관계를 맺도록 도움을 준다. 예를 들어 적절한 할인을 해주거나 종량제와 예약 인스턴스 둘 중 어느 과금 유형을 사용할 것인지 결정하도록 도와준다. 파산하지 않고 지불 가능한 정도의 비용으로 클라우드를 최대한 사용하는 것이 애저, AWS, GCP가 바라는 것이다. 기업이 성공하면 클라우드 플랫폼도 성공한다.

▍ 멀티 클라우드의 과금 중앙화하기

앞 절에서 애저, AWS, GCP가 제공하는 여러 과금과 비용 관리 옵션을 다뤘다. 하지만 이 책은 멀티 클라우드를 설명하고 있고 멀티 클라우드 환경에는 최소 두 개의 다른 클라우드에 워크로드가 배포된다. 총 비용을 알고 싶다면 각 클라우드의 콘솔에 로그인해 청구서를 확인해야 한다. 이러한 번거로움을 해결하기 위해 모든 과금 정보를 하나의 스프레드시트spreadsheet에 통합하는 방법을 생각할 수 있지만 다음과 같은 두 가지 문제가 있다.

첫째, 청구서 발행 기간이 동일해야 한다. 여러 클라우드 서비스 청구서를 통합하기 위해서는 청구서 발행 기간이 매월 1일부터 마지막 날(2월을 예외로 치면 30일 또는 31일)까지여야 한다. 하지만 일부 서비스는 청구 기간이 매월 1일부터 다음 달 1일까지다. 엔지니어는 이러한 문제를 심각하게 생각하지 않겠지만 재무·회계 관점에서는 분명한 차이가 있다.

둘째, 서로 다른 청구서에서 확인할 수 있는 모든 서비스를 일치시켜야 한다. 여러 클라우드에서 사용하는 용어는 서로 다르다. 예를 들어 애저는 B-, D-, DS- 시리즈 VM을 제공하지만 AWS는 A1, T3a, M6g 등 전혀 다른 용어를 사용한다. 이러한 차이가 통합을 어렵게 만든다.

클라우드 비용 관리를 중앙화하고 멀티 클라우드에서 사용된 총 지출을 확인할 수 있는 단일 대시보드를 사용할 수 있는 솔루션으로 CMP^{Cloud Management Platform}가 있다. 하지만 비용 관리 중앙화에 초점을 맞춘 툴은 몇 개뿐이다. 그중 하나는 Flexera의 Optima다(이전에는 RightScale이었고 상세 정보는 https://www.flexera.com/products/spend-optimization/cloud-cost-management.html에서 확인할 수 있다).

Optima는 다양한 클라우드에서 비용을 가져와 단일 대시보드에 나타낸다. 비용을 VM, 데이터베이스 등의 카테고리로 분류해 확인할 수 있고 일별, 월별 비용도 확인할 수 있다. 다른 툴로는 VMware의 CloudHealth(https://www.cloudhealthtech.com/)와 후지쯔^{Fujitsu}의 Picco(https://picco.cloud/)가 있다. Picco를 사용하면 단일 대시보드에서 애저, AWS, GCP, 기타 주요 클라우드의 비용을 확인할 수 있다.

▌ 요약

13장은 멀티 클라우드의 FinOps에 관한 마지막 장이다. 13장에서는 예산 및 비용 관리와 다양한 클라우드의 과금 옵션을 알아봤다. 프로젝트나 전체 환경 관련 비용을 확인하기 위해서는 청구 계정과 청구 프로필을 갖고 있어야 한다는 사실을 학습했고 이는 모든 클라우드에 동일하게 적용된다는 사실도 알게 됐다. 그리고 클라우드의 과금 및 비용 관리 설정을 관리하기 위해 사용하는 애저, AWS, GCP 콘솔도 살펴봤다.

13장의 내용을 모두 이해했다면 과금 프로세스 자체는 물론 비용을 검증하는 방법도 알고 있어야 한다. 마지막 절에서는 쉽게 비용 관리를 하도록 도와주는 클라우드의 모든 비용 관련 전체 개요를 확인할 수 있는 단일 대시보드를 소개했다. 4부에서는 멀티 클라우드의 보안을 다루며 보안 정책 정의하기로 시작한다.

▌ 질문

1. 가장 많이 사용되는 애저의 기업 계약 방식은?
2. 비용 분석을 위해 AWS에서 제공하는 서비스는?
3. "청구 계정 사용자는 GCP의 청구 계정에 대한 프로젝트 연결을 끊을 수 없다." 참인가, 거짓인가?

▌ 참고문헌

13장에서 다룬 주제 관련 자세한 내용은 아래 링크를 참조하라.

- 애저의 비용 관리와 과금 관련 자세한 정보는 https://docs.microsoft.com/en-us/azure/cost-management-billing/cost-management-billing-overview에서 확인할 수 있다.
- AWS의 과금 관련 자세한 정보는 https://docs.aws.amazon.com/awsaccountbilling/latest/aboutv2/billing-what-is.html에서 확인할 수 있다.
- GCP의 비용 관리와 과금 관련 자세한 정보는 https://cloud.google.com/docs/enterprise/best-practices-for-enterprise-organizations#billing_and_management에서 확인할 수 있다.

SecOps를 통해
멀티 클라우드 보안 관리하기

퍼블릭 클라우드는 최고로 안전한 플랫폼이라고 할 수 있다. 하지만 퍼블릭 클라우드는 보안 툴만 제공한다. 보안 관리를 어떻게 할 것인지는 항상 비즈니스가 결정할 문제이고 책임도 항상 비즈니스에 있다. 4부에서는 SecOps를 사용한 보안 관리 설계와 구현을 다룬다.

4부는 다음 네 개 장으로 구성된다.

- 14장, 보안 정책 정의하기
- 15장, ID 및 접근 관리 구현하기
- 16장, 데이터 보안 정책 정의하기
- 17장, 보안 모니터링 구현 및 통합하기

14

보안 정책 정의하기

클라우드에서 수행하는 모든 일에는 보안이 필요하다. 클라우드 공급자는 보안 툴만 제공할 뿐이고 툴을 사용하는 방법은 사용자가 정의해야 한다. 툴로 무엇을 할 것인지 정의하기 위해서는 보안을 적용할 자산과 보호 방법을 고민해야 한다. 보안 관련 많은 기준이 있다. 예를 들어 보안 지침을 포함하는 CIS^Center for Internet Security에서 정의한 기준이 있다.

14장에서는 보안 프레임워크란 무엇이고 보안을 시작할 때 보안 정책이 중요한 이유를 학습한다. 또한 클라우드 환경에서 보호해야 할 자산도 알아본다. 그런 다음 애저, AWS, GCP에서 사용할 수 있는 CIS 벤치마크를 탐구하고 각 플랫폼의 보안 서비스를 사용해 CIS를 구현하는 방법을 알아본다. 마지막으로 보안 거버넌스와 보안 관리의 차이점을 다룬다.

14장에서는 다음 주제를 다룬다.

- 보안 프레임워크 이해하기
- 보안 정책을 정의하는 방법 배우기
- CIS 벤치마크를 사용해 보안 정책 구현하기
- 보안 정책 관리하기

▮ 보안 정책 이해하기

먼저 애플리케이션을 실행하고 데이터를 저장하는 물리 장비로 구성된 온프레미스 데이터센터를 건물에 비유해보자. 건물은 인가된 사람만 열 수 있는 잠긴 문과 울타리로 보호돼 있다. 컴퓨터 플로어^{computer floor}(데이터센터 바닥을 사각형 타일로 구성하는 방식)로의 접근도 보호된다. 그리고 건물 안 장비는 경비원이나 CCTV로 24시간 감시받는다.

다음 방어 계층은 시스템과 데이터로의 접근이다. 시스템 접근은 고수준으로 통제된다. 접근 권한이 있고 인증된 엔지니어만 시스템에 접근할 수 있다. 물리 데이터센터에서의 보안은 이해하기 쉽지만 기업이 IaaS, SaaS 솔루션을 사용해 물리 데이터센터를 클라우드 환경으로 전환한다면 이야기가 달라진다. 기업은 클라우드에 시스템을 구축하면 기본적으로 시스템이 보호된다고 생각하는 경우가 많은데 이것은 틀린 생각이다.

애저, AWS, GCP는 전 세계에서 가장 안전한 플랫폼일 것이다. 그리고 전 세계 수많은 고객이 애저, AWS, GCP를 사용하기 때문에 가장 안전해야 한다. 하지만 플랫폼이 안전하다고 기업이 자체 보안 정책을 고민하지 않아도 된다는 말은 아니다. 플랫폼은 클라우드에서 워크로드를 보호할 여러 가지 툴을 제공하지만 어떠한 워크로드를 보호해야 할지, 워크로드를 어떻게 보호할 것인지는 기업 스스로 생각해 구현해야 한다. 기업은 클라우드에서의 보안 정책을 신중히 정의하고 적용하고 지속적으로 고수해야 한다.

물리 데이터센터와 마찬가지로 클라우드 환경에서도 먼저 시스템에 접속할 수 있는 ID를 정의하고 시스템에서 수행할 수 있는 작업을 결정함으로써 접근을 규제한다. 이러한 내용은 ID와 접근 관리에 포함되며 15장, 'ID 및 접근 관리 구현하기'에서 자세히 설명한다. 다음은 보안 정책의 기반이 되는 CIA 원칙이다.

- **기밀성**Confidentiality: IT 환경 자산은 허가되지 않은 접근으로부터 보호돼야 한다.
- **무결성**Integrity: IT 환경 자산은 허가되지 않은 변경으로부터 보호돼야 한다.
- **가용성**Availability: IT 환경 자산은 허가된 사용자만 접근할 수 있어야 한다.

보안 정책 자체는 기술적 영역이 아니다. 보안 정책은 단순하게 보안 원칙과 기업에서 보안 원칙을 보호하는 방법을 정의한다. 보안 정책은 방화벽에서 허용해야 하는 포트나 필요한 방화벽의 유형을 결정하지 않는다. 보안 정책은 기업의 특정 기능에 포함되는 자산을 특정 수준에서 보호해야 한다는 요구 사항을 포함한다.

예를 들어 특정 애플리케이션 스택에 의존하는 비즈니스에 필수적인 기능은 가용성이 항상 보장받고 데이터 손실도 없어야 한다. 이러한 보호를 위해 시스템 미러링, 연속 백업Continuous backup(데이터 변화를 지속적으로 감지해 변화된 부분을 바이트나 블록 단위로 다른 백업 서버로 전송해 저장한다), 장애 복구 옵션 사용과 중요한 시스템에 접근이 필요한 작업자에 대한 고수준의 인가와 인증 매트릭스를 사용한 아키텍처 설계가 필요하다.

보안 프레임워크 이해하기

보안 정책과 보안 원칙은 그 자체로 정의되지 않는다. 보안 정책과 보안 원칙은 기업이 준수해야 하는 산업이나 퍼블릭 프레임워크로 정의된다. 프레임워크에는 두 가지 유형이 있다. 산업 프레임워크와 모범 사례다.

산업 프레임워크의 예로는 건강 관리를 위한 HIPAAHealth Insurance Portability and Accountability Act, 금융기관을 위한 PCIPayment Card Industry 데이터 보안 표준 등이 있다. 산업 프레임워크

는 표준을 설정해 개인 데이터(건강 상태나 은행 계좌)에 문제가 없도록 소비자를 보호하기 위해 등장했다. 클라우드 아키텍트는 시스템 설계 방식을 정의하므로 프레임워크를 이해하고 있어야 한다. 산업 프레임워크와 더불어 모범 사례에서 나온 여러 가지 보안 표준이 있다. 여기에는 ISO^{International Organization of Standardization}, U.S. NIST^{National Institute of Standards and Technology} 등이 포함된다. 그리고 가장 중요한 클라우드에 특화된 CIS 프레임워크가 있다.

국제적으로 CIS 프레임워크를 사이버 보안 표준으로 채택했듯이 클라우드 공급자도 CIS 프레임워크를 자신의 플랫폼에 대한 벤치마크로 채택했다. CIS가 ISO, NIST, PCI, HIPAA 등 중요한 산업과 전체적인 보안 프레임워크에 매핑되기 때문이다. CIS의 제어는 보안 프레임워크 원칙을 준수하지만 CIS 제어를 구현한다고 해서 기업이 PCI, HIPAA를 준수한다고 할 수는 없다. CIS 제어는 기업과 환경에 따라 평가해야 한다. CIS 제어에는 다음 두 가지 등급이 있다.

- 워크로드나 서비스 기능에 영향을 미치지 않는 필수적인 기본 보안 요구 사항
- 워크로드나 서비스에 미치는 영향이 있더라도 고수준의 보안이 필요한 환경에 권장되는 설정

한마디로 CIS는 모범 사례를 기반으로 보안 프레임워크를 제공한다. CIS는 특정 플랫폼과 시스템(애저, AWS, GCP), 윈도우 서버^{Windows Server}, 여러 종류의 리눅스^{Linux}를 운영 체제로 사용하는 클라우드 인스턴스에 적용할 수 있는 벤치마크로 변환된다. 그리고 벤치마크는 설정 강화로 이어진다. CIS는 다음 사항을 권장한다.

- ID 및 접근 관리
- 스토리지 계정
- 데이터베이스 서비스
- 로깅 및 모니터링
- 네트워킹

- 가상 머신
- 애플리케이션 서비스

다음 절에서는 보안 정책 기준을 정의하는 방법을 탐구한다.

▌ 보안 정책 기준 정의하기

클릭 몇 번으로 여러 클라우드 플랫폼에서 시스템을 생성해 실행할 수 있지만 클라우드 플랫폼에서 시스템을 마이그레이션하거나 시스템을 생성하려는 기업의 아키텍트는 여러 가지를 고려해야 한다. 가장 중요한 것은 서비스와 환경 보호다. 클라우드에서는 아마도 IaaS, PaaS, SaaS 솔루션으로 환경을 구축할 것이다. 가시성 부족으로 복잡성이 증가한다면 결국 취약점으로 발전할 것이다. 따라서 모든 서비스가 클라우드 환경에 구축되면 각각의 서비스에 대한 최선의 보호 방법을 고민해야 한다. 모든 서비스는 보안 기준 및 보안 기준에 정의된 정책을 준수해야 한다. 다음은 정책과 기준을 생성하는 단계다.

1. **규정 검토**: 모든 기업에는 규정이 있다. 규정에는 개인정보보호법 또는 산업 규정 준수 표준 등의 법적 규정이 포함된다. 기업이 준수해야 할 규정 및 규정 준수 프레임워크를 알고 있어야 한다. 기업 내 법무 부서와 감사 부서를 규정 검토에 참여시켜야 한다. 규정 검토는 정책과 기준 생성의 시작이다. 그리고 클라우드 공급자가 채택한 보안 프레임워크를 검토해야 한다. 애저, AWS, GCP 등의 주요 클라우드 플랫폼은 대부분의 주요 규정과 보안 프레임워크를 준수하지만 규모가 작은 클라우드 공급자(예: 특정 SaaS 솔루션 공급자)는 준수하지 않을 가능성이 있다. SaaS를 사용하면 SaaS 공급자가 운영 체제, 하드웨어, 네트워크 인프라, 애플리케이션 업그레이드 및 패치 등의 전체 스택을 제어한다는 사실을 인지하고 있어야 한다. SaaS가 기업 규정을 준수하는 방식으로 동작하고 있는지 확인해야 한다.

2. **접근 제한**: 종종 제로 트러스트^{zero trust}(아무 것도 신뢰하지 않는 모델로 항상 모든 접근을 확인하는 방식)라고 부르기도 한다. 제로 트러스트라는 용어는 네트워크 세분화와 관련이 더 있지만 접근 관리 관점에서도 중요하다. 클라우드 환경에서는 명확한 RBAC^{Role-Based Access Control} 모델을 설계해야 한다. 사용자는 클라우드 환경에서 특정 작업을 실행하는 권한을 인가할 수 있는 특정 역할을 갖는다. 적절한 역할이나 권한이 없다면 자신의 역할에서 허가된 작업 외의 작업을 실행할 수 없다. 여기서 최소 권한 개념이 중요하다. 사용자는 보통 기본 작업에 필요한 최소한의 행동을 수행할 수 있는 역할과 관련 권한만 갖는다.

3. **보안 연결**: 클라우드 환경은 기업의 WAN^{Wide Area Network} 및 외부 인터넷에 연결된다. 네트워크는 클라우드 환경에 접속되는 경로이므로 고수준의 보호가 필요하다. 어떠한 연결이 허용되는지, 연결이 어떻게 모니터링되는지, 어떠한 프로토콜이 허용되는지, 연결이 암호화됐는지, 클라우드 테넌트 안의 환경은 어떻게 세분화되고 테넌트 안의 시스템은 서로 어떻게 통신하는지, 클라우드 테넌트의 워크로드 간 직접 연결은 허용되는지 아니면 모든 트래픽이 중앙 허브를 거쳐야 하는지 확인해야 한다. 보안 기준은 직접 연결, VPN, 전송 중 암호화^{in-transit encryption}, 트래픽 스캔, 네트워크 구성 요소 모니터링 등 모든 연결에 대한 고수준의 보안 정책을 포함해야 한다. 즉 제로 트러스트 원칙에서 출발해야 한다. 즉 네트워크를 세분화해야 한다. 사용자가 클라우드 환경의 특정 세그먼트에서 다른 세그먼트로 간단히 움직일 수 없는 방식으로 아키텍처를 설계해야 한다. 아키텍처는 세그먼트를 포함해야 하며 세그먼트의 워크로드를 보호해야 한다. 일반적으로 제로 트러스트 아키텍처에서 구역을 정의한다. 구역에는 인바운드 트래픽만 허용하는 프라이빗 구역 또는 외부와 연결된 퍼블릭 구역 등이 있다. 이러한 구역은 여러 보안 요소, 방화벽, 보안 그룹, 접근 제어 목록 등으로 완전히 분리된다.

4. **경계 보호**: 클라우드 환경의 경계를 보호한다. 일반적으로 경계는 클라우드 환경에서 연결이 종료되는 지점이다. 경계는 게이트웨이, 프록시 서버, 방화벽 등이 호스팅되는 곳이며 허브가 될 수 있다. 그리고 경계에서는 사용자가 환경의 워

크로드에 접근할 수 있는 단일 지점으로서 요새 호스트, 점프 서버를 호스팅할 수 있다.

5. **내부 보호**: 클라우드 환경에는 서버, 애플리케이션, 컨테이너, 기능 등의 워크로드가 있다. 게이트웨이와 방화벽으로 경계를 보호할 수 있지만 실제 워크로드도 보호해야 한다. 사용하지 않는 소프트웨어 구성 요소를 제거하거나 서비스를 비활성화하는 작업 등의 보안 설정을 적용해 시스템 취약성을 줄여 워크로드를 강화해야 한다.

6. **잦은 감사 수행**: 감사는 보안 정책 관리에 해당하며 14장 마지막 절에서 다룬다. 보안 정책은 지속적으로 평가돼야 한다. 해커는 항상 취약점을 찾기 위해 노력한다. 따라서 기업은 지속적으로 보안 정책을 평가하고 감사하고 발견된 취약점을 점검해야 한다. 취약점이 얼마나 치명적이며 환경이 침해될 가능성이 어느 정도인지, 환경이 충분하게 보호되고 있는지, 취약점을 악용한 보안 공격을 당했을 때 얼마나 빠른 조치가 가능한지 등을 지속적으로 확인해야 한다. 보안 점검은 가끔 수행하면 별 의미가 없으며 클라우드 환경을 개발하고 관리하는 모든 사람이 지속적으로 참여해야 한다.

이제 보안 정책의 범위를 정의해야 한다. 보안 정책의 범위를 정의하는 방법은 계층으로 생각하는 것이다. 각 계층은 특정 위협에 대한 방어 방법을 포함한다.

- **네트워크 계층**: 앞 절에서 설명했듯이 네트워크는 클라우드 환경의 입구다. 네트워크는 인가되지 않은 사람의 접근으로부터 보호돼야 한다. 네트워크를 보호하는 기술로는 방화벽, 침입 방지 시스템IDSes/IPSes, Intrusion Detection Systems and Intrusion Prevention Systems, 퍼블릭 키 인프라, 제로 트러스트 원칙을 적용한 네트워크 세분화 등이 있다.

- **플랫폼 계층**: 일반적으로 운영 체제 계층이다. 시스템을 최신 버전으로 패치해 강화하고 잠재적 취약점을 제거해야 한다. 그리고 열려 있는 포트를 항상 확인해 불필요한 포트는 비활성화해야 한다.

- **애플리케이션 계층**: 애플리케이션뿐만 아니라 애플리케이션과 직접 통신하는 미들웨어, API와도 관련 있다. 애플리케이션 코드는 반드시 보호돼야 한다. 애플리케이션 코드 보호에는 정적 코드 분석Static Code Analysis(코드 실행 없이 분석하는 방법)이 가장 유용하다. 정적 프로그램 분석은 소프트웨어를 실행하지 않고 분석하는 방법이며 소스 코드의 무결성을 검증해 코드나 소프트웨어 파라미터를 변경하는 공격을 탐지한다.

- **데이터 계층**: 모든 해커가 공격을 시도하는 목표다. 해커가 네트워크, 플랫폼, 애플리케이션 계층을 통과했다면 데이터에 도달하게 된다. 16장, '데이터 보안 정책 정의하기'에서 데이터 보안도 자세히 다룬다. 중요한 모든 데이터는 암호화해 전송하고 저장해야 한다.

- **대응 계층**: 모든 보안 모니터링 계층이며 일반적으로 SIEMSecurity Information and Event Management systems 계층이다. 또한 수상한 모든 활동을 감지해 분석하고 완화 조치를 실행하는 계층이다.

보안 계층은 각각의 계층에서 정의되고 적용돼야 한다. 지금부터는 보안 정책 관련 모범 사례를 소개한다.

- **접근**: 지정된 계정만 시스템 접근을 허용한다. 전체 관리자 권한 부여, 역할 기반 접근 구현, 다중 인증을 사용할 때는 매우 신중해야 한다.

- **경계 보호**: 경계를 보호하기 위해서는 방화벽 구현이나 플랫폼의 기본 방화벽 서비스를 사용한다. 방화벽을 '모든 접근 차단'으로 설정한 다음 특정 워크로드나 기능 요구 사항에 따라 필요한 포트만 허용하는 방법을 권장한다. 적합한 사유가 있을 때만 포트를 열어준다.

- **PKI**Public Key Infrastructure: 퍼블릭 키, 프라이빗 키는 데이터가 전송되기 전 사용자를 식별하는 데 사용된다. 패스워드 유출은 시스템 위험과 데이터 누출의 근본적인 원인이다. 따라서 패스워드를 사용하는 대신 키 볼트에 안전하게 저장된 키를 사용하는 것이 바람직하다. 모든 클라우드 공급자는 PKI 서비스와 주요 볼트 솔

루션을 제공한다.

- **로깅 및 감사 추적**: 클라우드 환경에서 벌어지는 모든 일을 확인할 수 있어야 한다. 기업에 고수준의 보안 정책이 있더라도 정책에만 의존하면 안 된다. 모니터링과 감사 추적은 권장되거나 필수적인 모범 사례다.

지금부터는 애저, AWS, GCP의 보안 서비스를 사용해 보안 정책을 구현하는 방법을 설명한다.

▌ 보안 정책 구현하기

지금까지 규정 준수와 보안 프레임워크를 학습했고 보안 기준을 정의했으니 지금부터는 클라우드 환경에서 보안 정책을 직접 구현해야 한다. 이번 절에서는 주요 클라우드에서 기본 보안 플랫폼을 사용해 보안 정책을 구현하는 방법을 알아본다. CIS는 전 세계적으로 채택된 보안 정책 기준이므로 CIS 벤치마크가 여러 플랫폼에 권장하는 설정을 소개한다. CIS 벤치마크 관련 링크는 참고문헌에 제시한다. CIS는 권장 사항과 보안 정책을 구현하는 방법 관련 문서를 제공한다.

GCP 환경을 예로 들면 CIS는 '모든 서비스와 모든 사용자에게 Cloud Audit Logging이 제대로 구성돼 있는지 확인'이라는 권장 사항을 제공한다. 또한 CIS 벤치마크는 사용자가 설정을 구성해야 하는 위치와 방법을 찾을 수 있도록 해준다. 이러한 예로는 https://console.cloud.google.com/iam-admin/audit의 감사 로그를 확인하거나 명령줄로 확인하는 방법이 있다.

```
gcloudorganizations get-iam-policy ORGANIZATION_ID
gcloudresource-manager folders get-iam-policy FOLDER_ID
gcloudprojects get-iam-policy PROJECT_ID
```

CIS 벤치마크 형식은 모든 클라우드 플랫폼에서 항상 동일하다.

애저 보안 센터에서 보안 정책 구현하기

애저 보안 센터Azure Security Center는 애저의 기본 서비스다. 따라서 별도로 설치하거나 구성하지 않아도 된다. 애저 콘솔에서 애저 보안 센터를 활성화하기만 하면 바로 사용할 수 있다. 그러면 애저 보안 센터는 가상 머신, 데이터베이스, 스토리지 계정, 네트워크 구성 요소, 기타 애저 서비스 등 애저에 배포한 워크로드의 모니터링을 수행한다. 하지만 보안 정책은 애저 보안 센터에서 직접 구성해야 한다.

CIS는 애저 보안 센터 관련 여러 권장 사항을 제공한다. 그중 애저 보안 센터에서 표준 가격 책정 계층standard pricing tier을 활성화하는 것이 가장 중요하다. 표준 가격 책정 계층을 활성화하면 애저 테넌트 안의 모든 네트워크와 VM으로의 위협을 감지할 수 있다. 보안 정책 구현과 관련 있는 모든 CIS 권장 사항에는 설명이 별도로 함께 제공된다. 표준 가격 책정 계층을 활성화하면 MSRCMicrosoft Security Response Center에서 제공하는 위협 탐지 기능을 통해 고수준의 방어가 가능하다. 다음 스크린샷은 https://portal.azure.com/#home에서 보안 센터 blade를 사용해 표준 가격 책정 계층 활성화와 설정하는 방법을 보여준다.

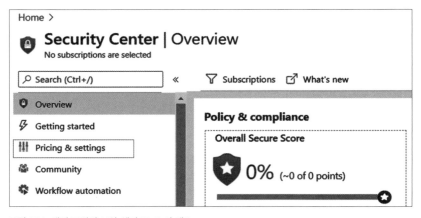

그림 14.1 애저 포털의 보안 센터 blade의 개요

그런 다음 모니터링 에이전트가 데이터를 실제로 수집하도록 설정하고 시스템 업데이트 모니터링 설정이 활성화돼 있는지 확인해야 한다. 시스템 업데이트 모니터링 설정을 활성화하면 윈도우와 리눅스 시스템 모두에 대해 Microsoft에서 제공하는 일별 보안 및 중요 업데이트를 검색한다. 이는 애저 보안 센터를 사용하기 위한 기본 구성 설정이다. 그런 다음 보안 설정을 구현해야 한다. 애저 보안 센터에서는 다음과 같은 설정을 활성화해야 한다.

- 운영 체제의 취약점 검사하기
- 종점 보호 강화하기
- 디스크 암호화 모니터링하기
- 네트워크 보안 그룹 모니터링하기
- 차세대 방화벽NGFW, Next Generation Fire Walls(기존 방화벽을 침입 방지 시스템 인라인 심층 패킷 검사를 사용하는 응용 프로그램 방화벽과 같은 다른 네트워크 장치 필터링 기능과 결합한 3세대 방화벽 기술의 일부) 모니터링하기
- 취약점 평가하기
- Blob 스토리지 암호화 모니터링하기
- JITJust-in-time 네트워크 접근 모니터링하기
- SQL 감사 모니터링하기
- SQL 암호화 모니터링하기

마지막으로 중요도가 높은 알람이 발생하면 이메일이나 문자 메시지를 전송하도록 하는 몇 가지 설정이 있다.

> **TIP** 애저는 애저 보안 센터보다 고수준의 보안 솔루션을 제공한다. 바로 기본 SIEM 솔루션인 애저 센티널(Azure Sentinel)이다. 애저 센티널은 지능형 심층 방어 솔루션이며 센티널에서 MITRE ATT&CK의 보안 프레임워크를 활성화할 수 있다. ATT&CK는 최신 위협과 공격 전략 데이터를 기반으로 지속적으로 업데이트되는 지식 베이스다. 개발자 그룹인 BlueTeamLabs는 센티널에서 ATT&CK를 구현할 때 사용할 수 있는 템플릿과 코드를 제공한다(https://github.com/BlueTeamLabs/sentinel-attack에서 확인할 수 있다).

AWS 보안 허브에서 보안 정책 구현하기

AWS는 AWS 보안 허브^{Security Hub}가 포함된 단일 보안 대시보드를 제공한다. AWS 보안 허브는 CloudWatch, CloudTrail 등 다양한 보안 솔루션의 모니터링 알람을 수집한 후 집계하고 Amazon GuardDuty, Amazon Inspector, Amazon Macie, AWS IAM^{Identity and Access Management} Access Analyzer, AWS Firewall Manager에서도 결과를 수집한다. 그중 CloudTrail이 보안 허브의 핵심 요소다.

CloudTrail은 AWS 환경에서 사용되는 계정의 규정 준수를 지속적으로 모니터링하고 운영 및 위험 감사를 수행한다. 즉 CloudTrail은 사용자 환경의 콘솔에서 시작된 모든 활동을 추적하고 리소스의 변경 사항을 분석하며 비정상적인 활동을 감지한다. 따라서 CloudTrail이 보안 허브의 기반이라고 해도 과언이 아니다. AWS 보안 허브를 사용하면 AWS 환경에서 일어나는 모든 활동의 모니터링을 쉽게 시작할 수 있다. 다음 스크린샷에서 보듯이 AWS 콘솔에서 AWS 보안 허브에 접속할 수 있다.

그림 14.2 AWS 콘솔에서 보안 허브에 접속하기

위의 스크린샷에서 몇 가지를 추가로 설명하겠다. 기본으로 등록할 수 있는 보안 기준이 화면 상단에 표시된다. AWS Foundational Security Best Practices v1.0.0 활성화, CIS AWS Foundations Benchmark v1.2.0 활성화가 기본으로 선택돼 있다. 세 번째는 PCI DSS 프레임크다. PCI DSS는 Payment Card Industry Data Security Standard를 나타내며 금융기관에 특화돼 있다. 화면 하단에는 AWS 보안 허브가 수집하는 모든 대상 솔루션이 나열된다.

- GuardDuty: 위협 탐지에 사용되는 Amazon 솔루션
- Inspector: Amazon Inspector는 모범 사례로부터 애플리케이션의 노출, 취약성, 편차를 자동으로 평가한다.

- Macie: Amazon S3 스토리지에 저장된 데이터 보안과 데이터 프라이버시를 모니터링한다.
- IAM Access Analyzer: AWS 환경에 접근하는 계정 및 계정의 보안 정책 준수 여부를 확인한다.
- Firewall Manager: AWS 환경의 모든 방화벽을 중앙집중식으로 관리할 수 있도록 하는 솔루션이다.

그리고 Enable Security Hub 버튼을 클릭하면 Security Hub가 활성화된다. CIS 기준은 온라인 환경 보호를 위해 전 세계적으로 인정되는 표준으로 구현돼야 한다. AWS에 특화된 CIS는 보안 정책 제어 설정에 다음과 같은 권장 사항을 포함한다.

- 모든 지역의 CloudTrail 활성화 여부 확인하기
- CloudTrail 로그 파일 검증 활성화 여부 확인하기
- CloudTrail 로그 저장에 사용되는 S3(스토리지) 버킷에 공개적으로 접근할 수 없는지 확인하기
- CloudTrail 로그와 CloudWatch 로그의 통합 확인하기
- 모든 지역의 AWS Config 활성화 여부 확인하기
- CloudTrail S3 버킷에서 S3 버킷 접근 로깅 활성화 여부 확인하기
- CloudTrail 로그가 KMS^{Key Management Services}와 CMKs^{Customer Master Keys}를 사용해 유휴 상태 암호화 여부 확인하기
- 고객이 생성한 CMK의 순환 여부 확인하기
- 모든 VPC^{Virtual Private Cloud}에서 VPC flow 로깅 확인하기

위의 설정이 모든 것을 포함하진 않지만 보안 정책의 로깅과 모니터링 부분을 올바로 설정하는 데 가장 중요한 설정이다. 주요 클라우드의 다양한 CIS 벤치마크 관련 링크를 참고문헌에 제시한다.

GCP Security Command Center에서 보안 정책 구현하기

GCP에서는 보안 정책을 구현하기 위해 Security Command Center를 사용해야 한다. Security Command Center는 모든 보안 설정을 관리하고 단일 대시보드에서 규정 준수 상태를 확인할 수 있다. 기본 개념은 AWS 보안 센터와 같다. GCP Security Command Center는 GCP 환경에서 보안을 관리하는 다양한 툴로 구성된다. GCP 클라우드 콘솔의 기본 메뉴에 **보안**이 있다. **보안** 메뉴의 하위 항목으로 이동하면 다음과 같은 스크린샷에서 확인할 수 있듯이 Security Command Center와 관련 있는 제품과 툴이 나타난다.

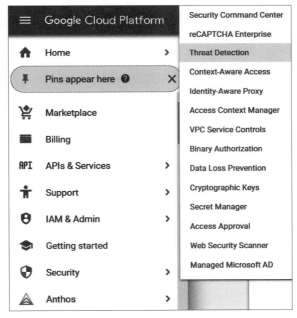

그림 14.3 GCP 클라우드 콘솔에서 Security Command Center 실행하기

Security Command Center는 GCP 환경의 모든 자산을 먼저 검색하고 위협 감지와 위험 방지를 위한 모니터링을 수행한다. 여기서의 특수 기능으로 Google Cloud Armor를 언급할 필요가 있다. Google Cloud Armor는 DDoS^{Distributed Denial of Services}와 대상 웹 공격으로부터 GCP 환경을 방어하기 위한 방어 계층으로 시작됐고 Google Cloud Armor

는 WAFs^{Web Application Firewalls}의 기능을 사용해 애플리케이션을 보호하기 위한 GCP의 완전한 보안 제품으로 발전했다. Google Cloud Armor는 GCP 콘솔에서 사용할 수 있다(https://console.cloud.google.com/). Security Command Center 메뉴에서는 Google Cloud Armor를 찾을 수 없고 다음 스크린샷에서 보듯이 **Network Security** 메뉴에서 확인할 수 있다.

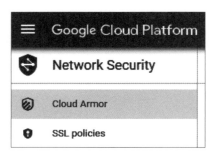

그림 14.4 Google Cloud Armor 메뉴

Google Cloud Armor에서 보안 정책을 새로 구성할 수도 있지만 GCP는 사전 구성된 보안 정책 목록을 제공한다. GCP가 제공하는 사전 구성된 정책은 OWASP^{Open Web Application Security Project} CRS^{Core Rule Set}를 기반으로 한다. OWASP는 온라인 애플리케이션 보호를 지속적으로 개선하는 방법론과 사례를 찾기 위한 활동을 수행하는 커뮤니티다. Google Cloud Armor는 규칙 세트에 상위 10 OWASP 취약점을 포함한다. 가장 큰 위협은 악성 코드를 주입해 애플리케이션을 공격하고 데이터에 접근하는 것이다. OWASP는 애플리케이션과 데이터 보안에 대한 것이므로 16장, '데이터 보안 정책 정의하기'에서 OWASP를 자세히 설명한다.

OWASP와 CIS가 겹치는 부분이 있지만 OWASP는 단순하게 위협을 구분하는 반면 CIS는 취약점과 위협이 보안 공격에 실제로 사용되는 경우를 방지하는 권장 사항을 제공한다는 차이가 있다. 예를 들어 잘못된 보안 구성은 상위 10개 중 6번째 취약점이고 불충분한 로깅과 모니터링은 10번째 취약점이다. CIS는 두 취약점 모두 중요하게 다룬다. GCP용

CIS 1.1.0 벤치마크는 2020년 3월 출시됐다. CIS는 보안 정책을 감사하는 로깅과 모니터링에 특화된 설정을 다음과 같이 권장한다.

- Cloud Audit Logging이 프로젝트의 모든 서비스와 사용자에게 적절하게 구성됐는지 확인하기
- 모든 로그 항목에 대한 싱크^{sink}가 구성됐는지 확인하기

> 싱크는 모든 로그 항목의 복사본을 내보낸다(export).

- Bucket Lock을 사용해 로그 버킷 보존 정책 구성하기
- 프로젝트 소유권 할당과 변경 관련 로그 메트릭 필터와 알람이 존재하는지 확인하기
- 감사 구성 변경 관련 로그 메트릭 필터와 알람이 존재하는지 확인하기
- 사용자 지정 역할 변경 관련 로그 메트릭 필터와 알람이 존재하는지 확인하기
- VPC Network Firewall 규칙 변경 관련 로그 메트릭 필터와 알람이 존재하는지 확인하기
- VPC Network Route 변경 관련 로그 메트릭 필터와 알람이 존재하는지 확인하기
- 클라우드 스토리지 IAM 권한 변경 관련 로그 메트릭 필터와 알람이 존재하는지 확인하기
- SQL 인스턴스 구성 변경 관련 로그 메트릭 필터와 알람이 존재하는지 확인하기

위의 설정은 애저, AWS와 동일하게 CIS 벤치마크로 보안 정책을 감사하기 위한 설정이다. 주요 클라우드의 다양한 CIS 벤치마크 관련 링크를 참고문헌에 제시한다.

▌ 보안 정책 관리하기

보안 정책 구현을 마쳤다고 모든 것이 끝나는 것은 아니다. 정책을 관리할 거버넌스를 구성해야 한다. 거버넌스는 다음 두 가지 수준이 요구된다.

1. 보안 정책 자체. 보안 정책을 기업이 준수해야 하는 규정 준수 프레임워크에 따라 감사해야 한다.
2. 보안 정책의 기술적 구현. 모니터링을 최신 상태로 유지해 모든 자산이 보안 정책에 의해 실제로 추적되고 있는지 확인해야 한다.

첫 번째 수준(보안 정책 자체)은 일반적으로 CISO^{Chief Information Security Officer}나 CIO^{Chief Information Officer} 등 비즈니스 내의 보안 거버넌스 관련 책임자가 관여한다. 책임자는 보안 정책 방향을 설정하고 비즈니스가 보안 전략, 산업, 기업 프레임워크를 준수하는지 검토해야 한다. CISO와 CIO는 내·외부 감사 책임이 있다.

두 번째 수준은 클라우드 환경 등 IT 환경 관련 보안 위험을 다루는 방법을 포함한 보안 관리와 관련 있다. 간단히 말해 보안 거버넌스는 정책을 생성하고 보안 관리는 보안 정책을 기술적으로 구현하고 적용한다. 따라서 보안을 다루는 엔지니어는 14장에서 설명한 보안 모니터링 툴 관리를 고민해야 한다.

보안 엔지니어는 애저 보안 센터, AWS 보안 허브, Google Security Command Center에서 규칙 세트를 구현하는 방법을 알아야 하고 보안 엔지니어는 애저 보안 센터, AWS 보안 허브, Google Security Command Center에서 경고가 발생했을 때 무엇을 해야 하는지, 누가 어떠한 후속 조치를 취해야 하는지 알고 있어야 한다. 여기에는 환경에 보안 문제가 생겼을 때 환경을 격리하는 방법 등의 기술적 조치가 포함된다.

또한 보안 엔지니어는 보안 툴에서 보안 규칙을 구성할 수 있어야 한다. 하지만 보안 정책 자체는 상위 수준에서 정의돼야 한다. CISO와 CIO는 보안 콘솔을 프로그래밍하는 방법을 깊이 알지 못하지만 비즈니스 관점에서 무엇을 보호해야 하는지는 더 확실히 알고 있을 것이다. 보안 관련 CISO, CIO의 전략적 결정은 보안 아키텍트와 보안 엔지니어의 기술적 도움이 없으면 동작할 수 없다. 즉 모두가 협력해야 한다.

요약

14장에서는 클라우드 환경 정책을 정의하기 위한 시작으로 보안 프레임워크의 기초를 알아봤다. 다양한 보안 프레임워크가 존재하며 비즈니스의 규정 준수 요구 사항을 결정하는 것은 산업에 달려 있다는 것을 알게 됐다. 그런 다음 클라우드 환경의 규정 준수를 확인하는 데 어떠한 보안 제어를 설정할지 결정해야 한다.

전 세계적으로 가장 많이 사용되는 보안 프레임워크는 CIS다. 따라서 애저, AWS, GCP용 CIS 벤치마크를 탐구했다. 대부분은 공통되지만 각 플랫폼의 보안 제품군(애저 보안 센터, AWS 보안 허브, Google Security Command Center)에서 다르게 구현해야 할 설정도 일부 존재한다는 것을 확인했다.

마지막 절에서는 보안 거버넌스와 보안 관리의 차이를 설명했고 둘 중 하나가 없으면 나머지 하나도 동작하지 않는다는 사실을 학습했다. 15장에서는 보안이 일반적으로 시작되는 지점인 ID와 접근 관리를 자세히 살펴본다. 클라우드 환경에서 누가 무엇을 언제 어떻게 수행할 수 있도록 허가됐는가? 17장, '보안 모니터링 구현 및 통합하기'에서는 14장에서 간단히 언급한 모니터링 툴 사용을 자세히 설명한다.

질문

1. 14장에서는 CIA principle을 다뤘다. CIA는 무엇의 약자인가?
2. PKI에서 퍼블릭 키와 프라이빗 키는 무엇을 위해 사용되는가?

3. 주요 모든 클라우드 플랫폼은 특정 보안 기준을 채택했다. 이러한 보안 기준을 구성하는 프레임워크는 무엇인가?
4. "CIO는 보안 관리를 고민해야 한다." 참인가 거짓인가?

▎ 참고문헌

14장에서 다룬 주제 관련 자세한 내용은 아래 링크를 참조하라.

- CIS 프레임워크: https://www.cisecurity.org/
- 애저용 CIS 벤치마크 다운로드 페이지: https://azure.microsoft.com/en-us/resources/cis-microsoft-azure-foundations-security-benchmark/
- AWS용 CIS 기준: https://d0.awsstatic.com/whitepapers/compliance/AWS_CIS_Foundations_Benchmark.pdf
- GCP용 CIS 벤치마크: https://www.cisecurity.org/benchmark/google_cloud_computing_platform/
- OWASP 커뮤니티 페이지: https://owasp.org/www-community/
- Zeal Vora, 『Enterprise Cloud Security and Governance』(Packt, 2017)

15

ID 및 접근 관리 구현하기

4장, '멀티 클라우드를 위한 서비스 설계하기'에서 멀티 클라우드에서의 거버넌스를 설명했고 클라우드의 모든 것과 모든 사람이 ID를 갖는다는 것을 확인했다. ID는 클라우드의 ID와 접근 관리의 핵심 원칙이다. 15장에서는 관리자의 기본 작업에 필요한 최소한의 행동을 수행할 수 있는 특정 역할을 부여해 ID를 관리하고 사용자의 행동을 제어하는 방법을 살펴본다. 또한 RBAC^{Role-Based Access Control}이 클라우드 환경의 안전에 중요한 역할을 한다는 사실도 다룬다.

ID 인가 및 인증을 설명하고 최소 권한 계정을 다루는 방법과 중앙 보관소가 필요한 이유도 탐구한다. 마지막으로 애저, AWS, Google Cloud에서 Active Directory 페더레이션 ^{federate}(ID 제공자에서 수행된 사용자 인증 결과와 사용자 속성 정보(소속기관, 성명 등)를 서비스 제공자가 활용하는 기술)하는 방법을 알아본다.

15장 학습이 끝나면 통합 인증, 다단계 인증, 특권 접근 관리, 서비스형 IDaaS 등의 기술을 확실히 알게 된다.

15장에서는 다음 주제를 다룬다.

- ID 및 접근 관리 이해하기
- Active Directory에서 중앙 ID 저장소 사용하기
- 멀티 클라우드 간 접근 관리 설계하기
- 권한 접근 관리PAM, Privileged Access Management 탐구하기
- 멀티 클라우드의 계정 페더레이션 활성화하기

▌ ID 및 접근 관리 이해하기

ID 및 접근 관리IAM의 개념은 비즈니스에 중요한 IT 시스템으로의 접근을 제어하는 것이다. IAM의 핵심은 역할 기반 접근 제어RBAC다. RBAC 모델에서는 시스템에 접근할 권한을 누가 갖는지, 역할은 무엇인지, 역할에서 수행할 수 있는 작업은 무엇인지를 각각 정의한다. RBAC 모델에서 중요한 원칙은 최소 권한이다. 즉 시스템 관리자는 작업을 수행하는 데 필요한 최소 권한만 할당받는다. 데이터베이스 관리자는 데이터베이스에 접근할 수 있어야 하지만 네트워크 스위치에 접근할 필요는 없다. 15장에서는 통합 인증SSO, Single Sign-On, 다단계 인증MFA, Multi-Factor Authentication, 권한 접근 관리 등의 기술 개념을 학습한다. 이를 설명하기 전에 IAM의 기초를 먼저 알아본다. 다음은 아키텍처에서 고려해야 할 세 가지 계층이다.

- **관리된 ID**: 사용자, 시스템, API 등 클라우드 환경의 구성 요소, 외부 사용자나 시스템과 통신하는 클라우드의 모든 것은 ID로 인식되고 구분돼야 한다.
- **관리된 역할**: 클라우드 환경 안에서 역할을 정의하고 ID에 할당해야 한다. ID에 역할을 할당하는 것은 역할 추가, 제거, 업데이트 프로세스를 포함한다. 역할은

사용자뿐만 아니라 시스템에도 적용된다. 시스템은 ID로 구분되고 특정 역할(예: 도메인 컨트롤러나 애플리케이션 서버)을 갖는다. 따라서 시스템 인증을 정의하고 리소스 접근 권한을 부여해야 한다.

- **관리된 접근**: 접근 관리는 적절한 수준의 접근 권한이 누구에게 무엇에게 부여됐는지 정의하는 것이다. 데이터베이스 관리자의 예를 다시 들어보면 데이터베이스 관리자는 네트워크 스위치에는 접근할 필요가 없고 데이터베이스에 접근할 수 있어야 한다. 데이터베이스가 클라우드 환경의 특정 가상 네트워크에 존재하는 경우 데이터베이스 관리자가 해당 네트워크에 접근할 수 있어야 한다. 다만 데이터베이스에 접근할 수 있는 최소 수준으로 제한돼야 한다. 이는 역할에서 정의돼야 한다.

세 가지 계층 모두에서 최소 권한 원칙이 유효하며 시스템에서 중요한 데이터를 최대로 보호하기 위해서는 최소 권한 원칙을 준수해야 한다. 그림 15.1은 IAM의 주요 원칙과 관련 서비스를 보여준다.

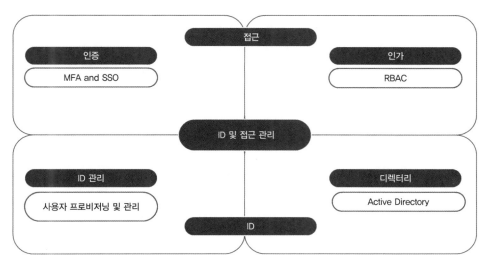

그림 15.1 IAM의 주요 원칙

그다음 단계로 IAM 시스템이 무엇을 수행해야 하는지, IAM 시스템이 ID와 클라우드 시스템으로 접근하는 것을 제어하기 위해서는 어떠한 툴을 제공하는지를 정의해야 한다. 우선 IAM은 ID 제어를 가능하게 해야 한다. 따라서 기본적으로 IAM은 모든 ID가 저장된 데이터베이스인 디렉터리를 포함해야 한다. 일반적으로 디렉터리는 시스템에 접근할 엔티티entity를 포함한다. 대부분의 기업은 AD^{Active Directory}를 중앙 디렉터리로 사용한다. AD는 오브젝트를 사용한다. 오브젝트는 사용자나 컴퓨터가 될 수 있으며 엔티티를 표현하고 개체가 속한 도메인을 정의한다.

엔티티의 역할과 관련 접근 권한을 부여하기 위해서는 IAM 시스템을 활성화해야 한다. 사용자를 추가하고 사용자에게 역할을 부여하면 IAM 시스템은 해당 사용자에게 접근 권한이 프로비저닝됐는지 확인한다. 일반적으로 역할과 그룹은 디렉터리에 정의되므로 남은 작업은 사용자나 오브젝트를 해당 역할과 그룹에 할당하는 것이다. 그러면 적당한 수준의 접근 권한이 자동으로 활성화된다. 또한 IAM은 검토 프로세스를 편리하게 만들어야 한다. 일부 관리자만 디렉터리에 사용자를 추가하거나 디렉터리에서 사용자와 오브젝트를 제거할 권한을 가져야 한다. 사용자가 특정 접근을 요청할 경우 접근 권한을 사용자에게 실제로 할당하기 전에 항상 검토 및 승인 프로세스를 거쳐야 한다. 여기서 PAM과 PIM^{Privileged Identity Management}을 사용할 수 있다. 다음 절에서 자세한 개념을 살펴본다.

▌ Active Directory에서 중앙 ID 저장소 사용하기

AD를 Azure Active Directory와 혼동하면 안 된다. Azure Active Directory는 애저^{Azure}의 인증 서비스이고 Active Directory는 실제 디렉터리다. AD를 이해하는 것은 간단하지 않지만 IAM을 설명하기 위해서는 기본적인 AD 관련 지식이 필요하다. 엔터프라이즈에는 단일 중앙 디렉터리만 존재해야 한다. ID는 단일 장소에만 보관돼야 한다. 물론 여기에는 위험이 따른다. 디렉터리가 공격당하면 공격자는 엔터프라이즈 안의 모든 ID에 접근할 수 있다. 따라서 디렉터리와 IAM 시스템을 매우 안전하게 유지하고 디렉터리 데이터를 매우 고수준으로 보호하는 것이 중요하다. 보호를 위해 IAM 상단에 추가 보안 계층을 추가하는 Saviynt, CyberArk 등의 툴을 사용할 수 있다.

Saviynt, CyberArk는 IAM 상위에 배포되며 볼트와 시스템에 안전하게 접근하는 방법을 제공한다. 예를 들어 암호화된 볼트에서 패스워드를 해싱^{hashing}해 사용자는 패스워드를 실제로 확인할 수 없지만 툴이 패스워드를 제공한다. Saviynt, CyberArk는 시스템에 로그인하는 세션을 기록해 환경에서 일어나는 활동의 가시성을 최대로 높일 수 있다. ID 저장소와 AD로 다시 돌아가보자. AD는 최초에 윈도우 도메인 네트워크를 위해 Microsoft가 개발했기 때문에 Microsoft와 많은 관련이 있다. 그다음부터 AD 개념 자체가 널리 사용됐다. 기본적으로 AD에는 클라우드 환경과 관련 있는 두 가지 주요 구성 요소가 있다. 첫 번째는 디렉터리 자체이고 두 번째는 도메인 서비스다.

도메인 서비스는 네트워크에서 오브젝트(사용자와 컴퓨터)를 인증하고 인가하는 도메인 컨트롤러로 구성된다. 해당 네트워크는 퍼블릭 클라우드에 존재할 수 있다. 물론 독립적인 네트워크일 수 있지만 기업의 내부 네트워크가 클라우드로 확장되는 경우가 더 많다. 여기서 확장이라는 용어는 부적절할 수 있다. 기업의 온프레미스 네트워크와 클라우드 네트워크의 연결 또는 도메인을 서로 연결한다는 개념이 더 적절하다.

도메인을 연결하기 위해서는 도메인 컨트롤러가 퍼블릭 클라우드에 있어야 한다. 도메인 컨트롤러는 퍼블릭 클라우드의 특정 부분이 도메인 안에 존재하는지 확인한다. 이를 위해 AD Federation Services를 사용해 클라우드의 도메인을 기업이 기존에 갖고 있던 디렉터리와 페더레이션할 수 있다. 이러한 디렉터리는 아마도 온프레미스 디렉터리일 것이다. 그림 15.2는 온프레미스 AD를 보유한 'MyCompanyX'를 보여준다. 그림 15.2에서 MyCompanyX는 퍼블릭 클라우드에도 환경을 배포했다. 여기서 퍼블릭 클라우드의 환경은 온프레미스 AD와 페더레이션된다.

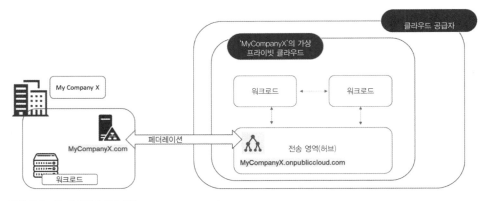

그림 15.2 AD 페더레이션의 개념

Microsoft AD는 페더레이션 서비스에 LDAP^{Lightweight Directory Access Protocol}, Kerberos, Domain Name Services 등을 사용한다. LDAP을 사용하면 오브젝트와 애플리케이션 관련 데이터를 인증하고 저장할 수 있다. Kerberos를 사용하면 통신하는 오브젝트의 ID를 서로 증명할 수 있다. DNS를 사용하면 IP 주소를 도메인 이름으로 변환하거나 도메인 이름을 IP 주소로 변환할 수 있다. 지금까지 AD 및 AD가 ID 저장소로 사용되는 방법을 설명했다. 다음 절에서는 클라우드로 접근하는 것을 제어하는 방법을 살펴본다.

▌ 멀티 클라우드 간 접근 관리 설계하기

퍼블릭 클라우드 환경에서 AD와의 페더레이션이 필요하다고 앞 절에서 설명했다. 지금부터는 AD와 페더레이션하는 방법을 알아본다. 애저는 AAD^{Azure Active Directory}를 사용한다. AAD는 AD와 다르다. AAD는 AD를 디렉터리로 사용하는 애저 인증 서비스다. Microsoft는 AAD를 IDaaS로 지정하는데 이러한 내용은 15장, '멀티 클라우드의 계정 페더레이션 활성화하기' 절에서 더 자세히 설명한다. AAD의 주요 기능은 기존 AD를 사용해 클라우드(애저)에 ID를 동기화하는 것이다. AAD는 Azure AD Connect를 사용해 동기화를 수행한다.

AAD를 사용함으로써 기업은 직원이 여러 플랫폼의 리소스에 로그인하고 접근할 수 있는 메커니즘을 제공하는 시스템을 보유하게 된다. 여기서 리소스는 애저 자체 리소스나 기업 네트워크에 호스팅되는 애플리케이션 등의 리소스를 포함한다. 또한 AAD는 Office365 등의 SaaS 솔루션 및 애저와 통합할 수 있는 애플리케이션으로의 접근을 제공한다. AAD 에서 사용자는 SSO를 사용해 처음 한 번만 로그인하면 된다. AAD는 MFA로 보호되므로 패스워드만으로 로그인할 수 없다. 사용자의 ID를 증명할 두 번째 검증이 필요하다. 문자 메시지나 모바일 장치의 인증 앱을 사용한 핀 코드나 지문으로 두 번째 인증을 한다. 사용 자가 인증되면 페더레이션된 서비스에 대한 접근 권한이 부여된다.

기업 네트워크 안의 도메인과 애저 클라우드 안의 도메인 사이의 페더레이션은 ADFS^{Active Directory Federation Services}를 사용해 구현된다. 클라우드에서 기업 클라우드 도메인은 퍼블릭 클라우드 자체 도메인 안에 위치한다. 애저에서 클라우드 자체 도메인은 `onmicrosoft.com` 으로 정의된다. 이러한 도메인 주소는 환경이 애저에 존재한다는 것을 의미한다.

'companyx.com' 도메인을 사용하는 기업 X가 애저 환경을 보유하려는 경우 애저의 도메인 은 'company.onmicrosoft.com'이 된다. 그런 다음 기업 도메인과 ADFS를 사용하는 애저 도메인의 트러스트^{trust}를 설정해야 한다. 애저의 AD 페더레이션은 그림 15.2를 참조하 라. 그나마 좋은 점은 AWS, GCP에서도 동일한 방식으로 동작한다는 것이다. AWS에서 ADFS는 AWS Federated Authentication 서비스의 구성 요소로 활성화된다.

ADFS를 사용하면 사용자는 AD(중앙 ID 저장소)를 거쳐 인증된다. 사용자 인증 후 ADFS는 AWS STS^{Security Token Service}를 사용해 AWS로의 접속을 허용하는 어써션^{assertion}(프로그램 안 에 추가하는, 참·거짓을 미리 가정하는 문으로 변수가 원하는 값을 갖고 있는지 확인할 때 주로 사용 한다)을 반환한다. STS는 `AssumeRoleWithSAML` 기반의 임시 자격 증명을 반환하고 AWS의 엔터프라이즈 환경의 AWS Management Console로의 접근을 허용한다. 그림 15.3에서 AWS 페더레이션 인증 개념을 확인할 수 있다.

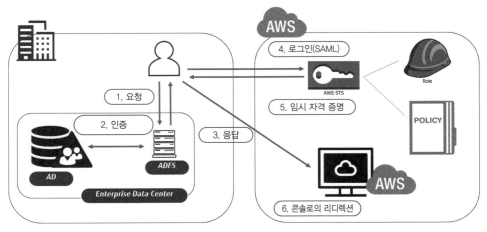

그림 15.3 AWS 페더레이션 인증 개념

AssumeRoleWithSAML은 AWS에서만 사용된다. STS의 이러한 기능은 역할 기반 AWS 접근을 사용해 ID 저장소에 인증하는 방법을 제공한다. AssumeRoleWithSAML은 SAML^{Security Assertion Markup Language}을 사용한다. SAML은 기업 수준의 ID 저장소, 클라우드 공급자 등 여러 그룹 간의 인증과 인가 데이터 교환을 위한 개방형 표준이다. SAML의 개념에서 알 수 있듯이 SAML은 LDAP과 비슷하지만 클라우드에서 더 자주 사용된다.

GCP도 마찬가지로 SAML을 사용해 AD 페더레이션을 수행한다. GCP에서는 GCP가 IAM을 위해 사용하는 서비스인 Google Cloud Identity로 시작한다. Google은 대부분의 기업이 AD를 이미 사용한 ID 저장소를 갖고 있다는 것을 알고 있다. GCP Cloud Identity 또는 G Suite 간의 페더레이션을 설정하고 AD에서 SSO를 포함한 사용자 프로비저닝을 활성화할 수 있다. SSO는 SAML을 사용해 적용된다. Google의 무료 서비스인 Google Cloud Directory Sync를 사용해 실제로 페더레이션을 구현할 수 있다. 그림 15.4는 Google Cloud Directory Sync 개념을 보여준다.

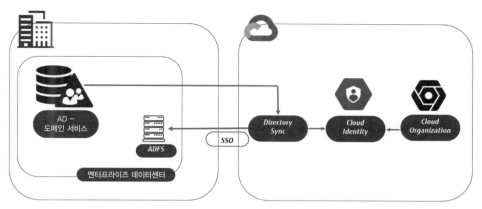

그림 15.4 Google Directory Sync의 개념

지금까지 설명한 모든 개념에서 기업 AD가 설정되는 방식을 확실히 알아야 한다. AD 설정은 클라우드 플랫폼의 IAM 정책과 맵핑돼야 한다. AD는 포리스트forest, 트리tree, 도메인, 조직 유닛 등의 논리적인 그룹으로 구성된다. 포리스트는 AD의 최상위 세그먼트이고 루트 도메인을 포함한다. 컴퓨터와 사용자 등의 개체는 도메인으로 그룹화된다. 도메인 그룹이 트리를 구성한다. 하나의 포리스트 안의 도메인과 트리는 서로 트러스트 관계를 형성한다. 이렇게 포리스트, 트리, 도메인으로 분할하는 구조가 퍼블릭 클라우드의 구조와 바로 맵핑되지 않을 수도 있다.

GCP를 예로 들면 GCP에서의 조직은 GCP 환경에서 리소스를 보유한 컨테이너 바운더리를 의미한다. 조직은 모든 프로젝트를 포함하며 폴더를 사용해 계층적 세분화가 가능하다. 이러한 GCP 구조가 AD 구조에 맵핑돼야 한다. 구조가 맵핑되지 않으면 페더레이션이 실패해 오브젝트와 사용자를 인증할 수 없고 클라우드 환경의 리소스에 접근할 수 없다. AD를 이보다 더 깊이 다루는 것은 책의 범위에서 벗어나므로 자세한 AD 관련 정보를 확인할 수 있는 책을 참고문헌에 제시한다.

▌ 권한 접근 관리 탐구하기

최소 권한 원칙을 앞 절에서 설명했다. 최소 권한 원칙에서 사용자는 인증된 필요한 시스템에 대한 최소 권한만 갖는다. 최소 권한은 권한이 없는 계정이나 최소 권한 사용자 계정LUA, Least-privileged User Accounts에서 동작한다. LUA에는 다음 두 가지 유형이 있다.

- 표준 사용자 계정
- 게스트 사용자 계정

두 유형 모두 매우 제한적인 사용자 권한을 갖는다. 제한적인 권한만 가졌을 때는 원하는 작업을 수행하지 못하는 경우가 생길 수 있다. 그러면 사용자는 '더 높은 권한'(사용자가 작업을 지속할 수 있도록 임시로 할당된 권한)이 필요하다. 더 높은 권한을 갖는 계정을 '권한 보유 계정'이라고 한다. 다음은 권한 보유 계정의 예다.

- **도메인 관리 계정**: 도메인 안의 모든 리소스에 접근할 수 있다.
- **AD 계정**: AD에 접근할 수 있고 ID 추가, 삭제 등의 권한을 갖는다.
- **애플리케이션 계정**: 애플리케이션과 데이터베이스에 접근할 수 있고 배치 작업이나 스크립트 실행 등의 권한을 갖는다.

또한 특수 계정으로 'break glass 계정'이 있다. Break glass 계정은 비상 계정이라고도 불리며 환경이 완전히 잠겼을 때 마지막 방법으로 사용된다. Break glass 계정은 모든 리소스에 접근하고 환경을 다시 풀 수 있는 모든 권한을 갖는다. 권한 보유 계정과 비상 계정 사용은 권한이 제한된 표준 계정 사용보다 큰 위험이 따른다. 권한 보유 계정이 노출되면 해커가 중요한 시스템과 기능을 제어할 수 있다. PAM은 이러한 위험을 줄이는 데 사용되는 솔루션이다. PAM을 사용하면 특정 시간, 특정 사유, 특정 시스템, 특정 계정에서만 높은 권한을 사용할 수 있다.

'적시JIT, Just In Time 필요한 만큼JEA, Just Enough Administration' 원칙이 PAM을 구성한다. 'JIT JEA' 원칙에서 관리자는 특정 사용자가 시스템에서 작업을 수행하기 위한 특정 권한이 필요하다고 판단할 수 있지만 권한을 영구적으로 부여하는 것은 최소 권한 원칙에 위배되므로 사용자는 영구적인 권한을 얻지 못한다. 따라서 사용자는 조건에 맞는 적격 계정을 갖게 되며 특정 작업을 수행할 때 권한이 임시로 높아진다. 적격 계정 활성화를 위해 사용자는 일정 시간이 지나면 만료되는 권한이 필요하다. 따라서 사용자는 권한 보유 계정에서 더 높은 권한을 활성화하기 위한 요청을 보낸다. 그러면 사용자가 작업하는 데 필요한 몇 시간 동안 권한이 부여된다. 시간이 모두 지나면 권한은 자동으로 회수된다.

클라우드 플랫폼의 PAM

PAM은 클라우드 플랫폼에서 어떠한 방식으로 동작하는가? PAM은 최소 권한 원칙이 적용된 환경에서만 동작한다. 어떠한 권한 보유 계정이 필요하며 어떠한 역할을 가져야 하는지 정해야 한다. 모든 클라우드 플랫폼은 매우 미세한 작업 단위(접근 수준)로 역할을 나눌 수 있는 광범위한 역할 기반 모델을 보유하고 있다.

클라우드 공급자는 클라우드 테넌트 안에서 모든 작업이 가능한 역할, 테넌트의 특정 구역에서 특정 작업만 가능한 역할, 리소스 확인만 가능한 역할(변경 불가) 등 몇 가지 일반적인 기본 제공 역할 유형(애저 웹페이지에서 사용된 용어)을 제공한다. 여기에 사용자와 역할 추가가 가능한 역할이 있는 경우가 존재한다. 하지만 이 정도로는 역할 기반 모델의 세분화가 충분하게 이뤄지지 않는다. 클라우드 공급자는 세분화를 위해 네트워크 관리자, 데이터베이스 관리자, 특정 웹사이트 백업 관리를 위한 특별 역할 등을 기본으로 제공한다.

계정 및 계정에 할당된 역할을 확실히 이해했다면 클라우드 환경에서 PAM을 구성할 수 있다. 애저는 적격 계정을 구분하고 설정하기 위한 솔루션으로 PIM을 제공한다. PIM을 사용하기 위해서는 애저 AD의 프리미엄 라이선스가 필요하다. PIM은 적격 계정을 설정하고 JIT을 활성화하며 MFA를 구성한다.

AWS는 IAM 솔루션에 PAM 기능을 포함해 제공한다. AWS도 애저와 같이 역할 기반 접근 모델을 제공하며 더 높은 권한, 권한 보유 계정, SSO, MFA 등을 사용한다. AWS는 우선 전체 리소스에 대한 접근 권한을 갖는 루트 계정을 제외하고 기본적으로 모든 요청을 거부한다. 요청이 승인되기 위해서는 이러한 기본 접근 정책(모든 요청 거부)보다 우선하는 ID나 리소스 정책으로의 접근 허용이 포함돼야 한다. 접근을 허용하는 정책이 존재하고 해당 정책의 유효성이 확인되면 접근 요청이 승인된다. AWS IAM은 요청에 연결된 모든 정책을 확인한다.

AWS는 AWS의 여러 다른 서비스와 마찬가지로 제3자가 AWS의 기본 기술(AWS IAM)에 솔루션을 제공하는 것을 허용한다. Saviynt, CyberArk는 AWS용 PAM 솔루션을 개발한 대표적 기업이다. GCP는 클라우드 ID 및 역할 기반 접근 모델을 제공한다. GCP의 특징 중 하나는 'Recommender'를 사용한다는 것이다. Recommender는 권장 사항을 제공해 GCP 환경을 최적화할 수 있도록 하며 GCP에서 IAM을 관리하는 툴을 포함한다. IAM Recommender는 보안 위험을 일으킬 수 있는 ID를 탐지하며 리소스로 향하는 원치 않는 접근을 없앨 수 있다. Recommender는 스마트 접근 제어를 사용한다.

Google Cloud 콘솔을 보면 IAM 페이지에 모든 계정 및 계정에 할당된 모든 권한을 확인할 수 있다. IAM Recommender는 지난 90일 동안 사용하지 않은 권한의 개수를 표시하고 권장 사항을 제공한다. 예를 들어 역할을 Cloud ID에서 사전 정의된 역할로 대체하거나 적절한 권한을 갖는 사용자 지정 역할을 생성한다. 이것으로 GCP는 최소 권한 원칙을 적용한다.

▌ 멀티 클라우드의 계정 페더레이션 활성화하기

2장, '멀티 클라우드 전략을 사용해 비즈니스 가속화하기'에서 비즈니스가 소프트웨어에서 서비스로 이동하고 있다는 사실을 배웠다. 모든 기업이 SaaS 솔루션을 점점 더 많이 사용하는 추세다. 서비스 공급자가 SaaS 솔루션을 제공하므로 여러 SaaS 솔루션을 사용할 때 일반적으로 사용자는 각각의 SaaS 솔루션에 별도로 로그인해야 한다. 이때 사용자는 SaaS 솔루션에 로그인하기 위해 새로운 패스워드를 생성해야 하고 이러한 부분에서 위험이 존재한다. 이러한 상황에서는 누가 무엇에 접근할 수 있는지 관리하기 어렵다. SSO를 사용해 이러한 문제를 해결할 수 있지만 SSO를 사용하기 위해서는 SaaS 솔루션이나 웹 애플리케이션의 디렉터리를 페더레이션해야 한다.

Okta는 계정 페더레이션 분야에서 가장 유명한 IAM 솔루션이다. Okta는 AD의 대안이 될 수 없다. AD는 기본 중앙 디렉터리다. Okta는 AD를 활용하며 통합 인증SSO을 사용해 웹 애플리케이션의 페더레이션을 수행하는 솔루션이다. Okta는 AD에 SSO를 사용해 IAM을 활성화한다. Okta는 IDaaS 솔루션에 포함된다. IDaaS 솔루션은 클라우드 간의 인증을 가능케 하는 클라우드 기반 서비스다. IDaaS는 기업의 ID를 관리하고 MFA, SSO 등의 기능을 제공하는 제3의 솔루션이다.

IDaaS에도 중앙 디렉터리가 필요하다. IDaaS는 기존 AD와 페더레이션될 수 있고 기업이 IDaaS 공급자의 중앙 디렉터리를 사용할 수도 있다. 기업이 IDaaS 공급자의 중앙 디렉터리를 사용하는 방식을 채택하면 기업이 디렉터리를 직접 호스팅하기 위한 온프레미스 서버와 소프트웨어를 구축할 필요가 사라져 비용을 절감할 수 있다. 그림 15.5는 IDaaS의 개념을 보여주며 단일 디렉터리에서 여러 SaaS 서비스 인증과 SSO를 활성화한다.

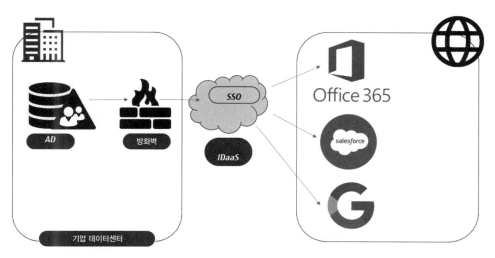

그림 15.5 IDaaS의 개념

IDaaS를 사용하면 모든 ID가 클라우드로 완전히 이동한다. CISO^{Chief Information Security Officer} 나 CIO^{Chief Information Officer}에게 이러한 전환을 채택하는 것은 매우 중대한 결정이다. 기업 은 클라우드 솔루션을 사용한 페더레이션이 필요하다. 대부분의 기업은 온프레미스 시 스템, IaaS, PaaS, SaaS로 구성된 복잡한 IT 환경을 보유하고 있다. 이러한 모든 솔루션 을 하나의 도메인에 연결하기 위해서는 페더레이션이 필요하다. IDaaS 솔루션을 사용하 면 기존 AD를 모든 클라우드 솔루션에 연결하고 클라우드 솔루션으로의 접근을 안전하 게 관리할 수 있다.

▌ 요약

보안은 IAM으로부터 시작된다. IAM은 환경에 접근할 수 있는 사용자, 사용자가 시스템 에서 수행할 수 있는 작업 등을 제어하도록 한다. 15장에서는 ID의 개념과 중앙 ID 저장 소의 필요성을 학습했다. 또한 중앙 ID 저장소와 기업이 보유한 여러 클라우드 솔루션을 페더레이션해야 한다는 것을 알게 됐고 페더레이션 설정 방법과 IDaaS가 훌륭한 페더레 이션 솔루션이라는 사실도 배웠다.

15장에서는 주요 클라우드 플랫폼의 인가와 인증 개념을 확인했다. 여기서는 최소 권한 개념이 중요하다. 15장을 모두 이해했다면 '표준 계정'과 '권한 보유 계정'의 차이점을 설명 할 수 있을 것이다. 마지막으로 PAM이 클라우드로의 접근을 보호하는 데 어떠한 장점이 있는지 살펴봤다. 클라우드 환경 보호가 매우 중요한 이유는 데이터 보호 때문이다. 지금 까지 인프라를 보호하기 위한 ID, 접근 관리, 보안 정책 등을 다뤘다. 16장에서는 데이터 를 안전하게 유지하기 위해 보안 정책을 정의하는 방법을 학습한다.

▌ 질문

1. IAM에는 ID를 구분하는 세 가지 계층이 있다. 무엇인가?

2. AWS, GCP가 인증을 위해 공통적으로 사용하는 프로토콜은?

3. 표준 계정으로 불충분하다면 권한을 보유한 다른 계정으로 더 많은 사용자를 '승격promote'할 수 있다. 이렇게 승격된 계정을 무엇이라고 하는가?

▌ 참고문헌

- Dishan Francis, 『Mastering Active Directory – Second Edition』(Packt, 2019)

16

데이터 보안 정책 정의하기

모든 기업에서 데이터는 가장 중요한 자산이다. 기업은 점점 더 많은 데이터를 멀티 클라우드에 저장하고 있다. 멀티 클라우드에서 데이터를 어떻게 보호하는가? 모든 클라우드 플랫폼은 데이터 암호화 기술을 사용하지만 암호화 적용 방법과 키를 저장하고 처리하는 방법은 제각각이다. 데이터는 가만히 있지 않고 클라우드에서 다른 클라우드나 사용자 장치로 전송되므로 데이터 전송 도중 데이터를 안전하게 보호하는 것이 중요하다. 암호 키encryption key를 사용한 암호화로 데이터를 보호한다. 암호 키도 보호돼야 하며 인가되지 않은 사용자가 키와 암호화된 데이터에 접근하지 못하도록 막아야 한다.

데이터 보호를 설명하기 전에 먼저 데이터 모델과 데이터를 분류하는 방법을 알아보자. 먼저 주요 클라우드가 제공하는 다양한 스토리지 솔루션을 탐구한다. 그런 다음 데이터 손실 방지DLP, Data Loss Prevention 정책 정의, 접근 제어를 위한 정보 라벨링, 암호화를 사용해 데이터를 보호하는 방법을 살펴본다.

16장에서는 다음 주제를 다룬다.

- 멀티 클라우드에서 데이터 저장하기
- 스토리지 솔루션 탐구하기
- 데이터 암호화 이해하기
- 접근, 암호화, 스토리지 키 보호하기
- 빅데이터 모델링을 위한 로우 데이터 보호하기

▌ 멀티 클라우드에서 데이터 저장하기

기업에서 가장 중요한 자산이 무엇인지 CIO^{Chief Information Officer}에게 물어보면 데이터라고 대답할 것이다. 데이터 아키텍처는 전체 비즈니스와 IT 아키텍처에서 매우 중요한 동시에 어려운 부분이다. 이번 절에서는 데이터 아키텍처의 일반적인 원칙과 데이터 아키텍처가 클라우드에서 데이터 보안을 어떻게 이끄는지를 설명한다. 데이터 아키텍처는 엔터프라이즈 아키텍처에서 다음 세 가지 계층(또는 데이터 아키텍처 프로세스)으로 구성된다.

- **개념적 모델**: 비즈니스 개체 간의 관계를 나타낸다. 상품과 고객 둘 다 개체에 포함된다. 개념적 모델은 상품과 고객을 연결하고 상품과 고객 간의 관계를 맺는다. 여기서 관계는 상품을 고객에게 판매하는 비즈니스인 '판매'로 정의할 수 있다. 개념적 데이터 모델은 비즈니스 프로세스와 그것과 관련 있는 개체 간의 종속성을 나타낸다.
- **논리적 모델**: 개념적 모델보다 많은 세부 사항을 포함한다. 기업에는 다수의 고객과 상품이 존재한다. 개념적 모델은 고객 개체와 상품 개체의 관계만 나타내지만 관계에서 더 나아가 고객과 상품의 관계를 정의할 수 있다. 예를 들어 고객 번호를 추가해 고객을 구분할 수 있다. 이것이 논리적 모델이다. 개념적 모델은 개체

간의 관계 구조만 나타내지만 논리적 모델은 개체 관련 정보를 추가해 특정 개체 간의 관계를 나타낸다(예: 고객 X가 상품 Y와 특정 관계를 갖는다).

- **물리적 모델**: 개념적 모델과 논리적 모델 둘 다 논리적 모델의 데이터베이스에서의 실제 구현을 포함하지 않는다. 물리적 계층에는 위치, 데이터 스토리지, 데이터베이스 기술의 아키텍처를 포함한 특정 데이터베이스에 대한 청사진이 존재한다.

그림 16.1은 개념적 데이터 모델링과 실제 데이터의 관계를 보여준다. 데이터 요구 사항은 비즈니스 수준에서 설정되며 데이터 저장과 최종적으로는 데이터 입력data entry(여러 데이터를 컴퓨터에 입력하는 것) 자체에 대한 기술적 요구 사항으로 발전한다.

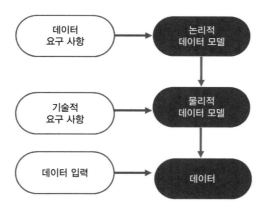

그림 16.1 데이터 모델링의 개념

데이터 모델링은 데이터 구조화에 대한 것이다. 데이터 모델링은 데이터 유형이나 데이터 보안을 나타내진 않으니 곧바로 데이터 유형과 데이터 보안을 알아보자. 데이터 모델은 여러 데이터 유형을 지원해야 한다. 데이터 유형에 따라 데이터 저장 및 데이터에 접근하는 데 사용할 기술을 선택한다. 일반적인 데이터 유형으로는 정수(숫자), 문자열, 문자, 불리언Boolean 등이 있다. 불리언은 참, 거짓으로 더 잘 알려져 있으며 두 개의 값만 가질 수 있다. 그밖의 데이터 유형으로는 스택(최종 입력이 스택의 맨 위에 있는 데이터 구조), 리스트(시퀀스), 해시(여러 값의 상호 맵핑) 등의 추상적 유형이 있다.

데이터 유형은 데이터 내용과는 관련이 없다. 데이터가 기밀인지 공개인지는 데이터 유형만 확인해선 알 수 없다. 따라서 데이터 모델과 데이터 유형을 정의한 다음 데이터 분류를 수행할 수 있다. 일반적으로 공개public, 기밀confidential, 민감sensitive, 개인 데이터personal data 라벨을 데이터 분류에 사용한다. 개인 데이터는 매우 안전하게 보호돼야 한다. 기업이 개인 데이터를 최고 고수준으로 보호하도록 강제하는 국내, 국제 규칙과 법이 존재한다. 즉 법적으로 허가된 정당한 사유 없이 개인 데이터에 아무도 접근할 수 없어야 한다. 이러한 데이터는 문자열, 배열, 레코드에 저장되며 다른 데이터 소스와 다수의 연결이 있다.

아키텍트는 데이터를 보호하기 위해 데이터 자체, 데이터가 저장되는 데이터베이스 및 데이터베이스가 호스팅되는 인프라 등 여러 계층의 보안을 고려해야 한다. 데이터 모델이 올바로 설계된 경우 데이터 소스 사이의 종속성과 관계에 대한 훌륭한 개요를 볼 수 있다.

스토리지 기술

데이터 모델링, 데이터 유형과 함께 스토리지 기술도 고려해야 한다. 모든 클라우드 플랫폼은 다음과 같은 스토리지 서비스를 제공한다.

- **오브젝트 스토리지**: 클라우드에서 가장 많이 사용되는 스토리지 유형이며 애플리케이션, 콘텐츠 배포, 아카이빙, 빅데이터에 사용할 수 있다. 애저의 Blob, AWS의 S3Simple Storage Services, GCP의 Cloud Storage는 각 클라우드 플랫폼의 오브젝트 스토리지 서비스다.
- **가상 디스크**: 가상 머신은 임시 스토리지나 블록 스토리지의 가상 디스크로 구성된다. 클라우드에서는 모든 구성 요소가 가상화와 코드로 정의되므로 가상 디스크도 별도로 지정되고 구성돼야 한다. 다양한 가상 디스크 서비스를 사용할 수 있지만 I/O 성능이 중요한 경우 SSDSolid State Disk를 사용하는 것이 권장된다. 애저의 Managed Disk, AWS의 EBSElastic Block Store, GCP의 SSD persistent disk는 각 클라우드 플랫폼의 가상 디스크 서비스다.

- **공유 파일**^{Shared files}: 일반적으로 공유되는 논리적 폴더에 데이터를 구조화하기 위해 파일 시스템이 생성된다. 각 클라우드 플랫폼은 파일 시스템을 위한 별도 서비스를 제공한다(애저의 Files, AWS의 EFS^{Elastic File System}, GCP의 Filestore). GCP는 영구 디스크^{Persistent Disk}를 기본 옵션으로 사용할 것을 권장한다.
- **아카이빙**^{Archiving}: 마지막 스토리지 계층은 아카이빙이다. 아카이빙을 위해 고성능 SSD가 필요하진 않다. 스토리지 비용을 낮추기 위해 각 플랫폼은 자주 접근할 필요는 없지만 일반적으로 보존 기간 동안 오래 보관해야 하는 데이터에 특화된 솔루션을 제공한다. 여기서 스토리지 비용은 낮아지지만 아카이브 볼트에서 데이터를 검색하는 비용은 다른 스토리지 솔루션보다 높아진다는 사실에 주의해야 한다. 애저는 storage archive access tier, AWS는 S3 Glacier와 Glacier Deep Archive, GCP는 Nearline, Coldline, Archive를 각각 제공한다. 각 서비스마다 성능 등급과 비용이 다르므로 사용자는 각자의 요구 사항에 맞게 등급을 선택하면 된다.

그림 16.2는 데이터 소유자, 데이터 사용자, 실제 데이터가 저장되는 여러 스토리지 솔루션의 관계를 보여준다.

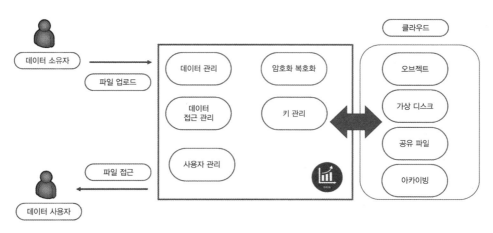

그림 16.2 데이터 소유자, 데이터 사용자, 데이터 사용 관계의 개념

지금까지 설명한 모든 솔루션은 데이터를 클라우드 환경에 저장하는 방법이다. 다음 절에서는 데이터 보호 원칙을 알아본다.

클라우드에서 데이터 보호하기

기업이 기존 데이터센터를 구축할 때는 비즈니스의 데이터베이스를 호스팅하는 물리 시스템으로 구성했을 가능성이 크다. 하지만 지난 20년 동안 데이터 양이 엄청나게 증가했기 때문에(빅데이터라고 부른다) 온프레미스 환경에 모든 데이터를 저장하는 것은 더 이상 가능하지 않게 됐다. 따라서 기업은 데이터를 클라우드에 저장하기 시작했다. 외부 클라우드에 데이터를 저장하게 되면서 기업은 데이터 보호라는 새로운 과제를 안게 됐다. 데이터는 기업의 온프레미스 시스템에 더 이상 저장되지 않고 클라우드 시스템에 저장된다. 따라서 데이터 보안은 공동 책임이 됐다. 클라우드 공급자는 데이터를 보호할 수 있는 툴과 기술을 제공해야 하고 기업은 보호해야 할 데이터와 규모를 정의해야 한다. 표준, 법률, 기타 규정을 준수하는 것은 기업의 책임이다.

기업은 활성 상태인 데이터 보호 외에도 보관 중인 과거 데이터 보호에도 신경써야 한다. 시스템에서 활성화된 실시간 데이터만 보호하려는 경우가 많지만 보관 중인 과거 데이터도 보호해야 할 경우가 많다. 즉 보안 정책에는 실시간 데이터와 과거 데이터 둘 다 포함돼야 한다. 아키텍처에는 데이터 분류 및 데이터 손실 방지DLP, Data Loss Prevention 정책이 포함돼야 한다.

기업은 데이터 분류를 통해 라벨링을 데이터에 적용할 수 있다. DLP는 비즈니스 규칙과 데이터 분류를 사용해 중요 데이터가 외부로 전송되는 것을 방지한다. DLP 소프트웨어는 기밀 데이터로의 외부 접근 및 기밀 데이터가 외부로 전송되는 것을 방지한다. 이러한 규칙을 설정하기 위해 일반적으로 데이터는 그룹화된다. 그런 다음 데이터에 접근할 수 있는 방법과 사용자를 정의한다. 이러한 정의는 API로 접근할 수 있는 데이터에 중요하다. 예를 들어 고객 관계 관리CRM, Customer Relationship Management 시스템의 비즈니스 데이터는 기업 판매직원이 사용하는 애플리케이션에서는 접근할 수 있지만 트위터에서는 접근할 수 없어야 한다. 기업은 비즈니스 데이터가 인가되지 않은 플랫폼과 사용자에게 노출되지 않도록 해야 한다.

기업은 데이터 보호 정책을 설정하기 위해 데이터 보호 영향 분석DPIA, Data Protection Impact Analysis을 수행해야 한다. 기업은 DPIA를 통해 기업이 보유한 데이터, 데이터의 목적, 데이터가 침해됐을 때 발생할 위험을 평가한다. DPIA의 결과는 데이터 처리 방법, 데이터에 접근할 수 있는 개체, 데이터 보호 방법을 결정하는 데 사용된다. DPIA의 결과를 DLP 정책으로 변환할 수 있다.

다음 표는 DLP 매트릭스의 예다. 비즈니스 데이터는 비즈니스 애플리케이션에서 접근할 수 있지만 이메일 클라이언트에서는 접근할 수 없다. 소셜미디어(이러한 예에서는 트위터)와의 통신은 무조건 차단된다. 이러한 모든 정책이 매트릭스에 표현돼야 한다.

연결	데이터 소스		
	비즈니스 데이터	이메일	트위터
비즈니스 애플리케이션	허용됨	거부됨	차단됨
이메일	거부됨	허용됨	차단됨
트위터	차단됨	차단됨	n/a

라벨링과 DLP는 정책과 관련 있으며 보호 항목과 범위를 정의한다. 다음 고려할 사항은 데이터를 보호하는 방법 즉 데이터 보호 기술이다.

▮ 데이터 암호화 이해하기

최초로 발명된(아닐 수도 있지만) 암호화 장치는 Enigma 시스템이다. Enigma 시스템은 1920년대 발명됐고 제2차 세계대전에서 메시지를 암호화하는 용도였던 것으로 많이 알려져 있다. 영국 과학자 앨런 튜링Alan Turing과 그의 팀이 6개월 동안 매달린 끝에 암호화 코드를 해독하는 데 성공했다.

최근 암호화 기술은 Enigma 시스템이 사용했던 암호화에 비해 매우 발전했지만 원칙은 여전히 동일하다. 데이터가 암호화된 방식을 알지 못하면 읽을 수 없도록 하는 것이다. 데이터를 읽기 위해서는 데이터를 해독하는 방법이 필요하다. 데이터 암호화에는 비대칭(공개 키), 대칭 두 가지 방식이 있다. 다음 절에서는 클라우드 공급자의 데이터 암호화 서비스를 깊이 알아보기 전에 먼저 데이터 암호화 기술을 간단히 설명한다.

암호화에는 암호화 알고리듬과 암호화 키(대칭 또는 비대칭)가 사용된다. 대칭 암호화 방식에서는 암호화와 복호화에 동일한 키를 사용한다. 대칭 암호화 방식에는 암호화 주체가 암호화된 파일 수신자에게 복호화를 위한 키를 전송해야 하는 문제가 있다. 또한 기업은 서로 다른 유형의 많은 데이터를 사용하므로 수많은 키가 존재한다. 따라서 기업은 키를 안전하게 보호하고 제대로 관리해야 한다.

대칭 암호화 방식의 대안으로 개인 키와 공개 키를 사용하는 비대칭 암호화 방식이 등장했다. 비대칭 암호화 방식에서 공개 키는 모두에게 공개돼 있으므로 기업은 개인 키만 보호하면 된다. 실제 환경에서는 두 암호화 방식 모두 사용된다. 많은 금융기관과 정부기관은 AESAdvanced Encryption Standard를 사용한다. AES는 데이터 블록으로 동작한다. 데이터 블록의 암호화는 라운드로 수행된다. 각 라운드에서 고유 코드가 키에 포함된다. 결국 키의 길이가 암호화 수준을 나타낸다. 키의 길이는 128, 192, 256비트일 수 있다. 최근 들어 AES-256이 양자quantum 컴퓨팅 환경에서도 사용할 수 있다는 연구가 나오고 있다. 그림 16.3은 AES 암호화의 원리를 보여준다.

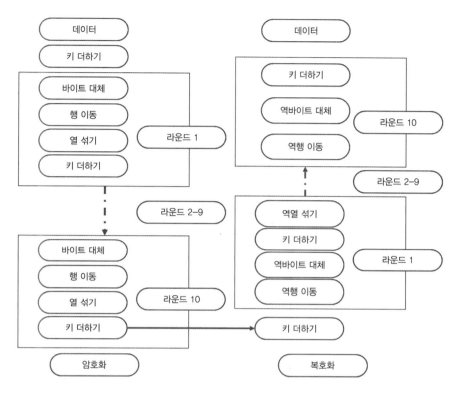

그림 16.3 AES 암호화의 원리

RSA는 가장 많이 사용되는 비대칭 암호화 기술이며 발명자의 이름(Rivest, Shamir, Adleman) 을 따 RSA라고 지었다. RSA를 사용하면 데이터는 하나의 큰 숫자로 처리되며 소인수분해 integer factorization로 암호화된다. RSA에서의 암호화 키는 공개 키이며 복호화는 매우 안전한 개인 키로 수행된다. 그림 16.4는 RSA 암호화의 원리를 보여준다.

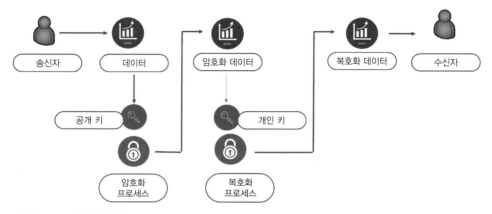

그림 16.4 RSA 암호화의 개념

AES와 RSA에서는 키의 길이가 중요하다. 최근까지도 데이터에 대한 가장 일반적인 공격 방법은 공격자가 성공할 때까지 시스템에서 임의의 키를 대입해보는 브루트 포스^{brute} ^{force}(특정 암호를 해독하기 위해 가능한 모든 값을 대입하는 것) 공격이다. 고성능 컴퓨터나 컴퓨터 네트워크가 브루트 포스 공격을 수행하면 성공 가능성이 크다. 따라서 기업은 데이터 자체는 물론 데이터를 암호화하는 데 사용하는 키도 보호해야 한다. 다음 절에서는 먼저 여러 클라우드 공급자의 스토리지와 보안 키의 솔루션을 살펴보고 최종적으로 데이터 보안 원칙을 설계한다.

▌ 접근, 암호화, 스토리지 키 보호하기

여러 클라우드 플랫폼은 가장 중요한 자산인 데이터를 포함해 고객의 모든 자산 보호를 위한 툴과 기술을 제공한다. 이 책을 쓰는 현 시점에서 데이터를 보호할 책임이 실제로 누구에게 있는지에 대한 많은 논쟁이 있었지만 일반적으로 데이터의 법적 소유자인 기업이 (국제) 법률과 표준을 준수하는지 확인해야 한다.

영국에서는 기업이 데이터 보호법^{Data Protection Act}을 준수해야 하며 EU에서는 모든 기업이 GDPR^{General Data Protection Regulation}을 준수해야 한다. 데이터 보호법과 GDPR 둘 다 개인정보를 다룬다. 국제 표준 ISO/IEC 27001:2013과 ISO/IEC 27002:2013은 데이터 보호를 다루는 보안 프레임워크이며 모든 데이터에는 소유자가 존재해야 한다고 결정한다. 따라서 데이터 보호 주체를 명확하게 알 수 있다. 결국 클라우드 플랫폼에 데이터를 저장하더라도 여전히 기업이 데이터를 소유하고 있으므로 데이터 보호의 주체가 된다. 클라우드 플랫폼에서의 데이터 보호를 위해 기업은 다음 두 가지에 집중해야 한다.

- 암호화
- 접근(인증, 인가 사용)

기업은 데이터 보안 외에도 데이터 신뢰성을 보장해야 한다. 기업은 키가 데이터 자체가 아닌 다른 장소에 보관돼 있고 기술적인 이유로 키 볼트에 접근할 수 없는 경우에도 데이터에 안전하게 접근하는 방법이 있는지 확인해야 한다. 엔지니어는 데이터를 확인하기 위해 단순하게 USB나 디스크를 사용해 데이터센터에 접근할 수 없다. 다음 절에서는 애저, AWS, GCP가 이러한 문제를 처리하는 방법을 살펴본다.

애저에서 암호화와 키 사용하기

애저에서 사용자는 Blob 스토리지에 데이터를 기록한다. Blob 스토리지는 자동으로 생성되는 스토리지 키로 보호된다. 스토리지 키는 스토리지가 존재하는 서브넷 외부의 키 볼트에 보관된다. 하지만 키 볼트는 키 보관 이상의 기능을 수행한다. 키 볼트는 주기적으로 키를 재생성해 스토리지 계정에 접근하기 위한 SAS^{Shared Access Signature}를 제공한다. 그림 16.5는 애저 키 볼트의 개념을 보여준다.

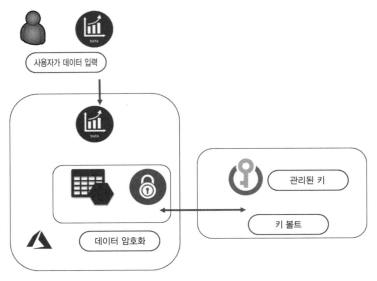

그림 16.5 애저 키 볼트의 개념

Microsoft는 암호화 키 관리에 키 볼트를 사용하도록 적극 권장한다. Microsoft는 애저에서 매우 다양한 암호화 서비스를 제공하므로 애저에서 암호화는 어려운 주제다. 리눅스 시스템에서 BitLocker, DM-Crypt를 사용해 애저의 디스크를 암호화할 수 있다. 애저를 사용하면 SSE^Storage Service Encryption 데이터가 blob에 저장되기 전에 자동으로 암호화된다. 애저는 애저 SQL 데이터베이스에서 AES-256, 3DES^Triple Data Encryption Standard를 사용하는 TDE^Transparent Data Encryption를 통해 저장 데이터 암호화를 제공한다.

AWS에서 암호화와 키 사용하기

AWS도 애저와 같이 키 볼트 솔루션인 KMS^Key Management Service를 제공한다. 원칙은 매우 유사하며 주로 서버 측 암호화를 사용한다. 서버 측은 클라우드 공급자가 클라우드 플랫폼 안의 솔루션에 데이터를 저장하기 전에 데이터를 암호화할 것을 요청받는다는 의미다. 사용자가 데이터를 검색할 때 데이터가 복호화된다. 다른 옵션은 클라이언트 측이고 데이터가 저장되기 전에 고객이 암호화 프로세스를 담당하는 방식이다.

S3은 AWS의 스토리지 솔루션이다. 고객이 S3에서 서버 측 암호화를 사용한다면 AWS는 SSE-S3 관리형 키를 제공한다. SSE-S3은 마스터 키와 KEK^{Key Encryption Key}로 자체적으로 암호화된 고유한 데이터 암호화 키^{DEKs, Data Encryption Keys}다. 마스터 키는 주기적으로 변경된다. AWS는 암호화에 AES-256 알고리듬을 사용한다.

AWS는 고객 마스터 키^{CMKs, Customer Master Keys} 등 여러 가지 추가 서비스를 제공한다. 키는 KMS에서 관리되며 언제 누가 키를 사용했는지 확인할 수 있다. 마지막으로 고객 스스로 키를 관리하는 옵션인 고객 제공 암호화 키^{SSE-C, Customer-Provided Keys}가 있다. 그림 16.6은 AWS에서 CMK를 사용하는 KMS의 개념을 보여준다.

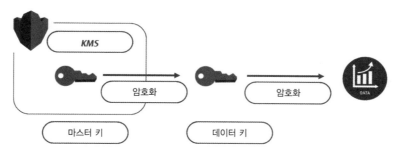

그림 16.6 AWS KMS에서 CMK 저장하기의 개념

애저와 AWS는 많은 부분에서 암호화를 자동화했다. 제공하는 서비스의 이름은 각자 다르지만 원칙은 매우 비슷하다. 다음 절에서는 GCP의 암호화를 살펴본다.

GCP에서 암호화와 키 사용하기

기본적으로 GCP에서는 Cloud Storage에 저장된 데이터가 암호화된다. GCP도 애저, AWS와 마찬가지로 키 관리 옵션을 제공한다. 키는 Google이나 고객이 직접 공급하고 관리할 수 있으며 Cloud Key Management Service에 저장된다. 고객이 키를 직접 공급하고 관리하기로 결정했다면 GCP가 제공하는 표준 암호화 위에 추가 암호화 계층이 생성된다.

이는 클라이언트 측 암호화에도 마찬가지다. 데이터는 암호화돼 GCP에 전송되고 GCP는 서버 측 암호화와 마찬가지로 자체 암호화 프로세스를 실행한다. GCP Cloud Storage는 AES-256 알고리듬을 사용한다. 암호화 프로세스는 애저, AWS와 비슷하고 DEK, KEK를 사용한다. 고객이 GCP에 데이터를 업로드하면 데이터는 여러 조각으로 분할된다. 그런 다음 각 조각은 DEK로 암호화되고 DEK는 마스터 키가 생성되는 장소인 KMS로 전송된다. 그림 16.7은 GCP 암호화의 개념을 보여준다.

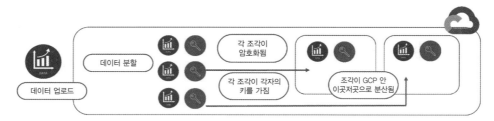

그림 16.7 GCP에서의 데이터 암호화의 개념

지금까지 데이터 자체, 데이터 저장, 데이터 암호화, 데이터로의 접근 보호를 알아봤다. 아키텍트는 이러한 주제를 원칙으로 변환해야 한다. 원칙으로의 변환은 CIO나 CISO와 함께 수행해야 한다. 다음은 설정이 필요한 최소 원칙이다.

- 전송 중인 모든 데이터 암호화(E2E)
- 비즈니스에 필수적이거나 민감한 모든 저장 데이터 암호화
- DLP 적용 및 중요하고 민감한 데이터가 무엇이고 어떠한 범위를 보호할 것인지 명확하게 나타내는 매트릭스 보유

클라우드에서의 암호화 및 데이터 보호 관련 모범 사례를 포함한 여러 기사를 참고문헌에 제시한다. 마지막으로 사용 사례를 제시하고 데이터 보호 시나리오를 테스트해야 한다.

데이터 모델 생성, DLP 매트릭스 정의, 데이터 보호 제어 적용 후 기업은 사용자가 데이터를 생성하고 업로드할 수 있는지, 인증된 기타 사용자가 데이터로 무엇을 수행할 수 있는지(읽기, 수정하기, 삭제하기 등) 테스트해야 한다. 여기서 사용자의 데이터 사용뿐만 아니라 다른 시스템과 애플리케이션의 데이터 사용도 모두 테스트해야 한다. 즉 데이터 통합 테스트를 반드시 수행해야 한다.

데이터 정책과 암호화는 물론 중요하지만 놓쳐선 안 될 부분이 있다. 암호화는 잘못된 IAM으로부터 기업을 보호하지 못한다. 데이터가 암호화돼 안전하게 저장됐더라도 인증과 인가에 오류가 있으면 위험하다. 보안은 인증과 인가에서 시작된다.

▌ 빅데이터 모델링을 위한 로우 데이터 보호하기

퍼블릭 클라우드 플랫폼의 장점 중 하나는 많은 용량을 제공한다는 것이다. 퍼블릭 클라우드를 점점 더 많이 사용하게 되면서 데이터 저장을 위해 온프레미스 데이터센터에 인프라를 직접 구축할 필요 없이 매우 많은 양의 데이터를 수집하고 분석할 수 있게 됐다. 퍼블릭 클라우드에서 기업은 데이터 레이크를 사용할 수 있다. 데이터 분석가는 이러한 데이터 레이크에 분석 모델을 설정하는데 이를 빅데이터라고 부른다. 빅데이터 모델링은 다음 네 개의 V와 관련 있다.

- **크기**^{Volume}: 데이터의 양
- **다양성**^{Variety}: 데이터의 다양한 유형
- **진실성**^{Veracity}: 데이터의 질
- **속도**^{Velocity}: 데이터 처리 속도

데이터 분석가는 종종 여기에 가치^{Value}라는 5번째 V를 추가하기도 한다. 빅데이터는 데이터가 실제로 의미 있는 방식으로 분석되고 처리될 때 가치가 있다. 그림 16.8은 4V 모델을 보여준다.

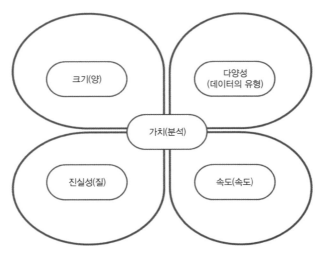

그림 16.8 빅데이터의 4V 모델

데이터 처리와 보강은 데이터 모델링 단계에서 수행된다. 애저의 Data Factory, AWS의 Redshift, GCP의 BigQuery는 클라우드 공급자가 데이터 마이닝과 데이터 분석을 위해 제공하는 솔루션이다. 이러한 솔루션에서는 데이터 보안을 다른 관점에서 바라봐야 한다. 저장 데이터에도 모든 데이터와 마찬가지로 데이터 암호화가 필요하며 대부분 최대 페타바이트까지 확장할 수 있는 빅데이터 플랫폼이나 데이터 웨어하우스 솔루션에서 기본으로 데이터 암호화가 활성화된다. 이러한 솔루션으로는 애저 데이터 레이크Azure Data Lake, AWS Redshift, Google BigQuery 등이 있으며 단일 저장소에 모든 종류의 비정형 데이터를 저장하도록 설계됐다.

애저 데이터 레이크 사용을 예로 들어 설명하면 사용자가 Data Lake에 계정을 생성하자마자 애저 암호화가 동작하고 키는 애저에 의해 관리된다. 물론 기업에서 키를 직접 관리할 수 있는 옵션도 제공한다. Data Lake에서 사용자는 마스터 암호화 키, 데이터 암호화 키, 블록 암호화 키를 소유한다. Data Lake는 블록으로 나뉘기 때문에 블록 암호화 키가 필요하다. 전송 데이터는 데이터가 원본 또는 저장 상태에서 다른 상태로 이동하는 것을 의미한다. 전송 데이터를 보호하는 가장 일반적인 기술은 TLSTransport Layer Security 프로토콜이다. TLS는 강한 인증을 제공하는 동시에 전송 도중 데이터 수정과 데이터 인터셉트를 탐지한다. TLS1.2 버전 이상을 사용하는 것이 표준 권장 사항이다.

AWS Redshift는 클러스터에서 데이터를 저장한다. 클러스터는 암호화되며 사용자가 테이블에서 생성한 모든 데이터도 암호화된다. 이러한 데이터는 SQL 데이터베이스 클라이언트로 추출할 수 있다. 이러한 경우 전송 데이터는 SSL^{Secure Sockets Layer}로 암호화된다. Redshift 클러스터는 AWS의 VPC에 존재한다. 따라서 환경으로의 접근은 VPC 수준에서 제어된다.

Google BigQuery는 완전 관리형 서비스이지만 사용자는 BigQuery에서 데이터를 처리하는 방법을 선택할 수 있다. BigQuery는 데이터를 검색하고 구분하는 사전 구성된 100개 이상의 탐지기로 구성된다. 또한 GCP는 데이터 마스킹과 데이터 가명화^{pseudonymization} (데이터의 개인정보가 가명으로 대체되는 데이터 관리 절차) 등의 DLP 정책을 실행하는 데 사용할 수 있는 다양한 툴을 제공한다.

BigQuery에서는 GCP 클라우드 콘솔을 사용해 데이터를 간단히 검색할 수 있다. 또한 GCP 클라우드 콘솔에서 사용자는 DLP API를 활성화할 수 있다. 이러한 데이터도 GCP의 모든 데이터와 마찬가지로 입력할 때 기본으로 암호화된다. BigQuery는 데이터의 암호화 여부를 확인하지 않고 항상 암호화 프로세스를 실행한다.

▌ 요약

16장에서는 클라우드 환경에서 데이터를 보호하는 방법을 알아봤다. 기업이 온프레미스 시스템에서 클라우드로 데이터를 옮길 때 데이터를 보호할 특정 제어를 설정해야 한다는 사실을 배웠다. 클라우드로 데이터가 이동했다고 해서 클라우드 공급자에게 데이터 보호 책임도 함께 옮겨지는 것은 아니다. 데이터 소유자는 여전히 데이터를 보호할 책임을 갖는다.

기업은 먼저 데이터 보호 정책을 고려해야 한다. 어떠한 데이터를 보호할 것인지, 규정 준수를 위해 적용할 수 있는 법률과 국제 프레임워크가 무엇인지 정의해야 한다. 이를 위한 모범 사례로 데이터 모델을 먼저 생각한 다음 중요하고 민감한 데이터 관련 정책이 무엇인지를 나타내는 매트릭스를 그리는 것을 들 수 있다. 그런 다음 데이터 분류와 라벨링을 사용한 DLP 원칙을 살펴봤다. 그리고 기업이 클라우드 환경에 데이터를 저장할 때 사용할 수 있는 다양한 옵션과 데이터 보호 기술도 살펴봤다.

16장을 모두 학습했다면 암호화 동작 방식, 애저, AWS, GCP가 데이터를 처리하는 방식, 데이터 암호화를 제대로 이해해야 한다. 마지막으로 여러 클라우드 플랫폼의 빅데이터 솔루션과 로우 데이터 보호를 살펴봤다.

17장은 멀티 클라우드의 보안 운영에 대한 마지막 장이다. 클라우드 공급자가 제공하는 기본 보안 모니터링 솔루션을 사용해 기업은 멀티 클라우드에서 보안을 어떻게 모니터링하는가? 17장에서는 멀티 클라우드의 SIEM^{Security Information and Event Management}을 학습한다.

▌ 질문

1. 기업은 평가를 통해 데이터 손실 위험을 정의해야 한다. 이러한 평가 방법론은 무엇인가?

2. 16장에서는 암호화를 학습했다. 일반적으로 클라우드 환경에서 사용되는 두 가지 암호화 기술은 무엇인가?

3. AWS에서 암호화 키를 관리하는 서비스는 무엇인가?

4. "애저에서 기업은 애저 키 볼트에 키를 보관한다. 여기서 키 볼트는 스토리지와 동일한 서브넷에서 호스팅된다." 참인가 거짓인가?

▌ 참고문헌

16장에서 설명한 주제 관련 자세한 내용은 다음 링크를 참조하라.

- 애저의 스토리지 키 관리 관련 정보: https://docs.microsoft.com/en-us/azure/key-vault/secrets/overview-storage-keys
- 애저의 암호화 개요: https://docs.microsoft.com/en-us/azure/security/fundamentals/encryption-overview
- AWS의 데이터 보호: https://docs.aws.amazon.com/AmazonS3/latest/dev/UsingEncryption.html
- GCP의 암호화 옵션: https://cloud.google.com/storage/docs/encryption
- 애저, AWS, GCP의 암호화 관련 블로그: Cloud Architect Musings – Kenneth Hui – https://cloudarchitectmusings.com/2018/03/09/data-encryption-in-the-cloud-part-4-aws-azure-and-google-cloud/

17

보안 모니터링 구현 및 통합하기

기업은 멀티 클라우드로 점점 더 이동하는 중이고 다양한 클라우드 공급자의 클라우드 서비스를 사용한다. 클라우드 솔루션이 보호된다고 하더라도 기업은 모든 플랫폼과 솔루션의 보안 상태를 한눈에 보고 싶어한다. 보안의 시각적 확인을 위해 SIEM^{Security Information and Event Management}과 SOAR^{Security Orchestration, Automation, and Response} 등의 솔루션을 사용할 수 있다.

17장에서는 SIEM, SOAR 등의 시스템이 멀티 클라우드에 필요한 이유를 알아본다. 먼저 여러 시스템의 차이를 설명한 다음 최근 시장에서 사용할 수 있는 솔루션을 알아본다. 17장을 마치면 모니터링 솔루션을 어떻게 선택할 것인지, 복잡한 이러한 솔루션을 어떻게 구현할 것인지 답할 수 있다.

17장에서는 다음 주제를 다룬다.

- SIEM과 SOAR 이해하기
- 통합 보안을 위한 요구 사항 설정하기
- 멀티 클라우드 모니터링 솔루션 탐구하기

SIEM과 SOAR 이해하기

애저의 애저 보안 센터, AWS의 AWS 보안 허브, Google Cloud의 Security Command Center 등 모든 클라우드 공급자는 기본적인 보안 모니터링 서비스를 제공한다. 하지만 기업은 서로 다른 여러 공급자의 IaaS, PaaS, SaaS를 사용해 멀티 클라우드로 이동하고 있다. 기업은 자신이 사용 중인 모든 솔루션에 대한 보안 시각화를 원한다. 기업이 진정으로 멀티 클라우드화됐다면 기업은 SIEM, SOAR와 통합된 보안 솔루션이 필요하다.

그런 다음 기업은 SIEM, SOAR 시스템에서 받은 데이터를 처리하고 분석하고 보안 이벤트가 발생했을 때 적절한 조치를 취할 조직이 필요하다. 대부분의 기업은 보안을 위한 조직으로 SOC^{Security Operations Center}를 보유하고 있다. 이번 절에서는 SIEM과 SOAR의 차이점, 기업이 멀티 클라우드에 SIEM과 SOAR 시스템이 필요한 이유, SOC의 역할을 알아본다.

SIEM과 SOAR의 차이점

SIEM부터 알아보자. 워크로드(시스템, 애플리케이션)가 애저, AWS에 배포되고 기업이 Microsoft Office 365, Salesforce 등 여러 가지 SaaS 서비스를 사용하는 중이라고 가정해보자. 모든 환경은 온프레미스 데이터센터와 함께 애저, AWS 안의 방화벽으로 보호된다. 트래픽은 가상 네트워크 장치, 라우팅 테이블, 로드밸런서를 통해 라우팅된다. 추가적으로 기업은 퍼블릭 클라우드와 온프레미스 데이터센터의 시스템을 보호하기 위한 침입 감지와 방지 등 여러 보안 시스템을 별도로 구축했을 수도 있다. 이러한 모든 보안 시스템은 환경의 보안 상태 관련 많은 데이터를 생성한다.

SIEM 시스템은 보안 데이터를 수집하고 종합 분석해 잠재적 위협을 구분한다. SIEM은 모든 환경에서 데이터를 수집하므로 데이터의 연관성을 파악하고 보안 공격을 암시하는 특정 패턴을 인지하며 이를 위해 머신 러닝과 특유의 분석 소프트웨어를 사용한다. SIEM은 비정상 행위를 감지해 시스템의 비정상 동작을 인식한다. 예를 들어 사용자 A가 오전 9시 런던에서 로그인하고 오전 9시 30분 싱가폴에서 로그인한다면 SIEM은 이것이 비정상 행위라는 것을 감지하고 알람을 발생시킨다. 그림 17.1은 SIEM 아키텍처를 보여준다.

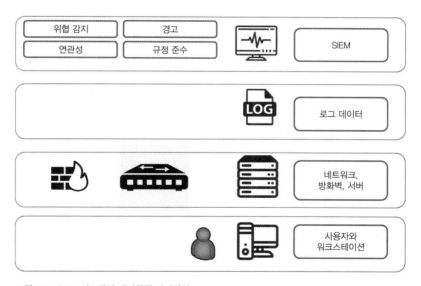

그림 17.1 SIEM 시스템의 개념화된 아키텍처

SOAR는 SIEM 이상의 기능을 제공한다. SOAR는 SIEM과 마찬가지로 퍼블릭 클라우드 환경 등의 여러 소스에서 데이터를 수집해 분석하지만 오케스트레이션과 자동화를 추가로 제공한다. 기업은 SOAR 시스템에서 플랫폼의 보안 솔루션과 통합되는 플레이북을 사

용해 이벤트에 대한 자동 응답을 설정할 수 있다. SOAR 시스템이 환경에서 위협을 감지하면 통신 포트를 막거나 IP 주소를 차단하거나 시스템을 고립시키는 등의 조치로 문제를 즉시 해결한다.

SOAR는 로깅과 서비스 관리 시스템에 티켓(고객 지원을 티켓 형식으로 만들어 서비스 공급자가 처리할 수 있도록 한 것)을 등록하는 작업을 포함해 완전히 자동화돼 있다. 따라서 보안 전문가는 조치를 우려하지 않아도 되며 위협을 실제로 조사할 충분한 시간을 갖게 된다. SOAR가 우선 문제를 조치하기 때문이다.

SOC의 역할

최근 전 세계는 디지털화됐고 기업은 디지털 위협을 점점 더 많이 받고 있다. 게다가 해커는 기업보다 디지털 자산 보호에서 한 발 앞서 보인다. 따라서 해커의 공격으로부터 자산을 보호하고 공격에 대비하기 위해서는 많은 전문지식이 필요하다. 그래서 기업은 보안 전문지식을 보유한 그룹인 SOC에 의존하고 있다. 기업은 SOC를 사내에 직접 보유하거나 전문기업에 아웃소싱할 수 있다.

SOC는 연중무휴 기업의 보안 상태를 모니터링하고 분석해야 할 책임이 있다. 보안 엔지니어 팀은 SIEM, SOAR 등의 여러 가지 기술 솔루션을 사용해 보안 사고를 최대한 빨리 감지해 평가하고 조치한다. 다음 절에서는 기업이 SOC를 설정하는 방법을 살펴본다. 17장 마지막 절에서는 기업이 멀티 클라우드 환경에서 시스템을 보호하기 위해 사용할 수 있는 주요 SIEM, SOAR 솔루션을 알아본다.

▌ 통합 보안을 위한 요구 사항 설정하기

보안 아키텍트는 기업이 모든 보안 툴의 라이선스를 구매하기 전에 먼저 보안 요구 사항을 수집해야 한다. 요구 사항 수집은 다음 네 단계로 수행된다.

- **탐지**: 대부분의 보안 툴은 취약점 및 실제 공격 또는 시스템 침입 때도 탐지에 집중한다. 예를 들어 바이러스 스캐너와 맬웨어 탐지기 등의 엔드포인트 보호, NTA^{Network Traffic Analyzer} 등이 있다. 아키텍트는 멀티 클라우드에서 탐지 시스템이 모든 플랫폼에서 동작할 수 있는지 확인하고 데이터를 단일 통합 대시보드로 전송하도록 해야 한다.

- **분석**: 탐지 시스템은 허위 정보를 포함한 많은 데이터를 전송한다. 보안 모니터링 시스템은 여러 시스템과 사용자의 알려진 패턴과 활동에 이벤트를 대입시켜 첫 번째 분석을 수행한다. 두 번째 분석은 우선순위 지정^{prioritization}으로 숙련된 보안 엔지니어가 수행한다. 보안 엔지니어는 공급자와 보안기관의 지식 베이스 저장소에 접근할 수 있으며 관련 정보를 확인해 잠재적 위협에 우선순위를 지정할 수 있다. 다음을 기억하라. "연기가 난다면 그곳에 불이 났을 것이다. 중요한 것은 불의 크기다."

- **조치**: 위협을 감지하고 우선순위를 정했다면 보안 팀이 대응해야 한다. 먼저 공격이 멈췄는지, 악용된 취약점이 구분됐는지 확인해야 한다. 그다음 단계인 교정 단계에서는 시스템에 추가적인 손상과 데이터 침해가 발생하지 않도록 방지한다. 조치 마지막 단계인 복구 단계에서는 시스템을 복원하고 데이터가 안전한지 여부를 확인한다. 보안 이벤트를 조치하는 프로세스가 확실해야 한다. 정보를 받아야 할 사람은 누구인지, 결정을 내려야 할 사람은 누구인지, 에스컬레이션 escalation(협의한 시간에 장애 및 서비스 요청이 처리되지 못할 경우 다음 지원선으로 이관 처리하는 프로세스) 단계는 무엇인지 명확하게 결정해야 한다.

- **예방**: SIEM, SOAR 시스템은 보안 이벤트의 감지, 분석, 대응을 수행한다. 하지만 이벤트가 발생하기 전에 사전 예방하는 것이 중요하다. 보안 팀은 기업이 사용하는 모든 플랫폼에 대한 지속적인 가시성을 가져야 하며 각 플랫폼 공급자의 보안 보고서, 평가, 위협 감지 데이터에 접근할 수 있어야 한다. 그리고 애저, AWS, GCP, VMware, 기타 공급자의 권장 사항을 준수하는 것도 중요하다. 플랫폼 공

급자는 정기적인 보안 업데이트를 출시하고 플랫폼에 배포된 환경 보안 개선을 위한 권장 사항을 제공하며 기업은 이러한 권장 사항을 준수해야 한다.

2020년 1월 가트너Gartner는 2024년까지 전체 SOC의 80%가 인공지능과 머신 러닝을 사용하는 툴에 투자할 것이라는 보고서를 발표했다(https://swimlane.com/resources/access-selecting-soc-tools-gartner/). 이 보고서에서 가트너는 인공지능 및 머신 러닝 툴 관련 투자가 보안 팀의 보안 이벤트 조사에 드는 비용을 반드시 감소시키는 것은 아니라는 결론을 내렸다. 그렇다면 보안 툴과 시스템 관점에서 효율적인 투자는 무엇인가?

우선 공급자가 제공하는 서비스를 활용해야 한다. 애저, AWS, GCP는 모두 시스템의 상태와 무결성 관련 정보를 수집하는 보안 제품을 제공한다. 보안 엔지니어는 툴을 사용해 시스템을 모니터링하는 기준을 설정해야 하지만 대부분 보안 시스템을 활성화하기만 하면 기본적인 보호가 수행된다. 이와 관련된 내용은 14장, '보안 정책 정의하기'에서 자세히 살펴봤다.

이미 많은 기업이 멀티 클라우드 환경을 구축하고 있다. AWS를 사용해 웹사이트를 호스팅하고 Microsoft의 SaaS 솔루션인 Office 365를 사용하기도 한다. AWS 환경에서 보안 팀은 AWS Inspector, GuardDuty를 사용해 보안 모니터링을 수행한다. Office 365에서는 MDATPMicrosoft Defender, Advanced Threat Protection를 사용해 보안을 모니터링할 수 있다. 보안 팀이 해결해야 할 문제는 전체 IT 환경을 한눈에 볼 수 있는 통합된 비전을 확보하는 것이다. 기업은 이를 어떻게 해결할까?

- **대상 운영 모델 정의**: 전체 환경은 어떠한 모습이며 각 부분이나 전체를 담당하는 주체는 누구인가? 기업은 클라우드 플랫폼, 서비스, 시스템 관리의 역할과 책임에 명확한 구분 모델을 보유해야 한다. 대상 운영 모델은 구성 요소의 환경과 소유자를 포함한다. 보안은 보안 관리자가 담당하는 전반적인 구성 요소다.
- **워크플로우 및 에스컬레이션 절차 정의**: 보안 이벤트가 발생했을 때의 워크플로우를 정의한다. 중요도에 따라 이벤트를 높음, 중간, 낮음 우선순위로 구분하고 우선

순위별 절차를 수립한다. 우선순위가 높은 이벤트가 발생하면 보안 관리자에게 즉시 알려야 한다. 보안 관리자는 누구에게 보고해야 하는지, 어떠한 조치를 취해야 하는지 결정한다. 이는 운영적인 업무다. 보안 관리자는 CSO나 CISO에게 보고할 수 있다. CSO나 CISO는 보안 의사결정을 내릴 책임이 있다.

- **기존에 구축된 보안 툴의 기능 분석**: 기존에 구축돼 있는 보안 툴을 평가한다. 각 보안 툴에는 어떠한 기능이 있는지, API는 어떻게 구성되고 오버레이 시스템과 통신할 수 있는지, 각 툴이 사용하는 기본적인 기준은 무엇인지 확인한다.

- **갭 분석**: 모든 환경에는 항상 사각지대가 존재한다. 배치 작업을 예로 들면 배치 작업이 보안 관점에서 제대로 모니터링되고 있는지, 배치 작업이 중지되면 어떠한 일이 벌어지는지, 배치 작업이 멈추면 시스템 간 통신이 중단되고 시스템의 무결성이 계속 보장되는지 확인해야 한다. 클라우드 네이티브 환경에서 기업은 컨테이너와 서버리스 솔루션을 모니터링하는 방법을 알고 있어야 한다. 모든 모니터링 툴을 네이티브 환경에 사용할 수 있는 것은 아니다.

- **전략적 계획 수립**: CSO나 CISO가 담당해야 한다. 전략적 계획에 포함시켜야 할 첫 번째 사항은 기업의 성숙도 목표다. 두 번째는 기업의 주요 보안 고려 사항이다. 즉 기업에게 가장 큰 위험과 위협이 무엇인지 파악해야 한다(항상 재정적 손실과 관련돼 있진 않다). 평판이 손상되면 시스템 손실로 발생한 재정적 손실을 훨씬 뛰어넘는 피해가 발생한다. 마지막으로 기업은 기존 툴, 프로세스, 전문지식을 충분하게 보유하고 있는지 여부와 기업의 원하는 성숙도 목표를 달성하기 위해 수행해야 할 작업을 구분해야 한다.

그림 17.2는 보안의 성숙도 모델을 보여준다.

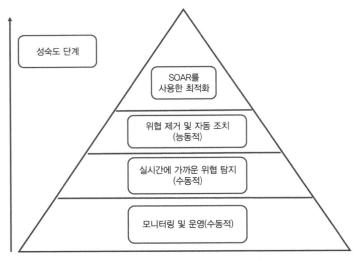

그림 17.2 수동적 모니터링부터 능동적 위협 제거까지의 보안 성숙도 모델

보안 팀이나 SOC를 구성하는 것은 적극 권장된다. 소수의 보안 엔지니어가 멀티 클라우드 환경을 모두 감시하기는 불가능하다. 어려운 것은 보안 팀이나 SOC를 구성하는 방법이다. 이를 위해 다음과 같이 3단계 구성을 계획하는 모범 사례가 있다.

- **1단계 – 비즈니스 가시성 확보**: 보안 정책을 모으고 비즈니스와 IT 사이의 보안 프로세스를 조정한다.
- **2단계 – IT 보안 운영과 비즈니스 보안 통합**: 보안 운영이 모니터링 시스템에서 보안 모니터링을 활성화하고 1단계에서 정의된 보안 기준을 온보드onboard하는 단계다. 2단계는 플랫폼에 대한 위험 평가를 포함한다. 클라우드 공급자의 보안 기준을 평가하고 보안 기준이 기업의 보안 원칙과 일치하는지 분석한다.
- **3단계 – 최적화**: IT 환경의 전체 보안 상태를 포함한 단일 대시보드를 사용해 진정한 통합 시각화를 이룬다.

그림 17.3은 보안 온보딩의 3단계를 보여준다.

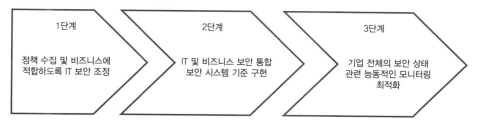

그림 17.3 3단계 보안 온보딩

통합 보안은 기업이 프로세스, 툴, 전문 지식의 명확한 모델을 보유하고 있다는 것을 뜻한다. 멀티 클라우드에서의 통합 보안에서는 클라우드 공급자가 기업의 프로세스, 툴, 전문 지식의 일부가 된다. 보안 아키텍트는 통합 보안을 정의하고 설계하고 모델링한다. SIEM, SOAR 툴을 사용하면 기업의 전체 보안 상태를 통합해 확인할 수 있다. 다음 절에서는 멀티 클라우드에서 자주 사용되는 SIEM, SOAR 솔루션을 알아본다.

▌ 멀티 클라우드 모니터링 솔루션 탐구하기

기업은 다양한 SIEM 솔루션을 선택할 수 있다. 다음 절에서는 그중 몇 가지를 설명한다.

SIEM 솔루션(Splunk, LogRhythm, Rapid7) 탐구하기

매년 가트너는 여러 IT 도메인에서 앞서가는 솔루션 목록을 게시한다. 수년 동안 가트너는 Splunk, LogRhythm, Rapid7을 SIEM 분야에서 앞선 솔루션으로 지정했다. Splunk, LogRhythm, Rapid7은 REST API를 사용하는 주요 모든 클라우드 공급자와 동작할 수 있다. REST는 'REpresentational State Transfer'의 약자다.

REST API는 프로그래밍이 가능한 인터페이스이며 클라우드의 서비스에 연결하고 해당 서비스의 데이터를 캡처해 애플리케이션으로 전송할 수 있다. 보안 모니터링의 경우 SIEM 솔루션은 API를 사용해 클라우드에서 알람 등의 데이터를 확보해 SIEM 솔루션의 대시보드로 전송한다. Splunk, LogRhythm, Rapid7에는 애저, AWS용 API를 지원한다. Splunk, LogRhythm은 Azure Log Integration(AzLog)을 사용해 Azure Monitoring과 통합된다. AWS에서 Splunk, LogRhythm, Rapid7은 AWS Config, CloudTrail, CloudWatch와 함께 동작해 데이터를 수집한다.

Splunk는 GCP와 통합할 수도 있다. Rapid7은 애저, AWS에서 사용할 수 있지만 Google Cloud용 API는 제공하지 않는다. 주요 모든 클라우드로 서비스를 확장하는 기업 수가 늘면서 Rapid7은 GCP와도 멀티 클라우드 보안 솔루션을 통합할 필요가 있다는 점을 인정했다. 따라서 Rapid7은 2020년 봄 멀티 클라우드 보안 및 규정 준수^{compliancy} 툴인 DivvyCloud를 인수했다.

VMware와 ServiceNow를 사용해 SecOps 구현하기

지난 5년 동안 보안 모니터링 툴은 엔터프라이즈 IT 시장에서 엄청난 성장을 했다. 보안을 그들의 주요 주제로 생각하지 않던 기업조차 보안 제품 개발이나 인수에 많은 투자를 했다. 사이버 범죄 증가 속도를 보면 이해가 가는 결정이다. 보안에 많은 투자를 한 대표적 기업으로 VMware와 ServiceNow가 있다. VMware는 서버 가상화 기술이 주력인 기업에서 멀티 클라우드 관리에 집중한 기업으로 변모했다. 2019년 VMware Secure State 등의 여러 제품으로 구성된 Intrinsic Security를 출시했다.

Secure State(기존 Cloudhealth)는 SOAR 시스템이다. Secure State는 시스템의 잘못된 구성과 위협을 분석하고 시스템 변경 사항을 감지한다. 또한 시스템의 보안 위험을 산출하고 시스템이 위험한 상태에 빠졌을 때 복구 조치를 자동화한다. 보안 엔지니어는 기준을 Secure State에 로드해 시스템이 기준을 준수하는지 툴이 판단하도록 해야 한다.

Secure State는 멀티 클라우드 툴이며 퍼블릭 클라우드, 프라이빗 클라우드 둘 다 포함한 애저, AWS, GCP, 하이브리드 플랫폼에서 단일 툴로도 사용될 수 있다. 단일 툴로 사용할 때는 VMware로 반드시 구축할 필요는 없으며 Hyper-V, Openstack 환경에서도 실행할 수 있다.

기업은 ServiceNow에서 SecOps, GRC[Governance, Risk, and Compliance]를 사용해 같은 기능을 구성할 수 있다. GRC는 기업의 보안 정책과 규정 준수 기준을 저장하는 저장소로 간주할 수 있다. 그리고 GRC는 시스템의 규정 준수 여부를 지속적으로 모니터링하고 위험이 비즈니스에 미치는 영향을 분석하고 감사 데이터를 수집한다. SecOps는 ServiceNow 제품군의 SOAR 모듈이다. SecOps는 전체 IT 환경의 보안 상태를 지속적으로 모니터링하고 SecOps에 워크플로우로 정의된 보안 사고 조치 시나리오를 기반으로 보안 이슈를 조치할 수 있다.

위의 절차를 예로 들어 소프트웨어가 3개월 동안 패치되지 않았다는 것을 SecOps가 감지하면 시스템을 일시 중지한다는 워크플로우가 있다고 생각해보자. 이때 기업이 최소 3개월에 한 번은 소프트웨어 패치를 확인해야 한다는 규칙을 갖고 있다면 자동화된 워크플로우가 소프트웨어 사용을 중지하는 조치를 발생시킬 수 있다.

클라우드 네이티브 SIEM: Azure Sentinel

17장에서 살펴볼 마지막 제품은 Azure Sentinel이다. Azure Sentinel은 애저용 네이티브 SIEM, SOAR 솔루션이다. Sentinel은 모든 SIEM, SOAR 솔루션이 제공하는 기능(데이터 수집, 데이터를 애저에 정의된 규정 준수 기준에 대입해 확인하고 자동화된 워크플로우로 위협 및 취약점에 대처 등)을 마찬가지로 수행한다. 또한 Azure Sentinel은 인공지능을 사용해 시스템과 사용자의 행동을 학습해 잠재적 공격을 감지해 분석한다. Microsoft는 MDATP, Cloud App Security, 애저 보안 센터 등 Sentinel과 함께 사용할 수 있는 광범위한 보안 솔루션 제품군을 보유하고 있다. Sentinel은 애저 기반이지만 기업은 AWS CloudTrail을

Sentinel과 연동할 수 있다. 이 책을 쓰는 현 시점에서 GCP와 연동하는 것은 불가능하다.

지금까지 소개한 툴과 제품군이 전부는 아니다. 엔터프라이즈 아키텍트와 보안 전문가는 비즈니스 요구 사항 수집을 시작해 규정 준수 프레임워크에 필요한 시스템 보안 수준을 정의해야 하며 비즈니스와 IT 사이의 보안 프로세스를 조정하고 어떠한 보안 툴이 요구 사항에 가장 적합한지 결정해야 한다. SIEM, SOAR 솔루션은 복잡하다. SIEM, SOAR 솔루션은 IT 환경의 보안 상태를 보호하기 위한 많은 기능을 제공하지만 비즈니스 사례를 깊이 고민하고 평가해야 한다.

▎ 요약

기업은 점점 더 다양한 클라우드 솔루션을 사용하고 있다. 클라우드 플랫폼, 시스템, 소프트웨어, 데이터는 여러 위협과 공격으로부터 보호돼야 한다. 기업은 다양한 보안 솔루션을 갖고 있다. 전체 IT 환경 보안을 확인할 수 있는 단일 통합 시각화를 이루기 위해서는 이러한 단일 화면을 제공하는 보안 툴을 기업이 구현해야 한다. 17장에서는 다양한 소스에서 데이터를 수집하고 보안 기준에 따라 수집한 데이터를 분석하는 툴인 SIEM, SOAR 시스템을 알아봤다. SIEM, SOAR 툴은 위험과 비즈니스 영향을 산출한 후 자동화된 조치를 발생시킬 수 있다.

또한 17장에서는 SIEM과 SOAR의 기능과 차이점도 확인했다. 17장을 모두 학습했다면 SIEM, SOAR가 클라우드 플랫폼과 어떻게 통합되는지 알아야 한다. 17장 마지막 절에서는 주요 SIEM, SOAR 솔루션을 소개했다. 이것으로 SecOps 관련 절을 마친다. 운영Ops 관점에서 더 살펴봐야 할 두 가지가 있다. 바로 데브옵스와 AIOps(인공지능을 사용한 운영)다. 18장에서 데브옵스와 AIOps를 살펴본다.

▌질문

1. SOC란 무엇인가?

2. SIEM, SOAR 시스템을 클라우드 플랫폼에 통합하는 기술은 무엇인가?

3. "모니터링, 운영은 보안 성숙도 모델의 첫 번째 단계다. 그러한 이유는 모니터링, 운영이 수동적 대응이기 때문이다." 참인가, 거짓인가?

▌참고문헌

- Zeal Vora, 『Enterprise Cloud Security and Governance』(Packt, 2017)

데브옵스를 통해
멀티 클라우드 환경의
구조지향 개발하기

멀티 클라우드의 기초(또는 랜딩 존)를 구축하는 데는 이유가 있다. 애플리케이션을 만들어 호스팅하기 위해서다. 따라서 최종 목표인 애플리케이션과 해당 애플리케이션을 위해 랜딩 존을 최적화는 방법을 위해 노력 중이다.

5부는 다음 세 개 장으로 구성된다.

- 18장, CI/CD 파이프라인 설계 및 구현하기
- 19장, 멀티 클라우드에 AIOps 도입하기
- 20장, 멀티 클라우드에 사이트 신뢰성 엔지니어링 도입하기

18

CI/CD 파이프라인 설계 및
구현하기

대부분의 기업은 애플리케이션 개발 속도를 높이기 위해 클라우드를 사용한다. 애플리케이션은 새로운 기능을 추가하기 위해 지속적으로 변경되고 평가받는다. 애플리케이션의 모든 부분이 클라우드에 코드화돼 있기 때문에 애플리케이션의 새로운 기능은 클라우드 인프라에서 테스트해야 한다. 애플리케이션 라이프사이클의 마지막 단계는 실제 애플리케이션 배포 및 운영을 클라우드에서 수행해 개발자가 비즈니스 요구 사항에 따라 새로운 기능을 자유롭게 개발할 수 있도록 하는 것이다.

이러한 프로세스를 가속화하기 위해 기업은 데브옵스 사이클로 작업을 수행하고 릴리즈 트레인release train을 사용해 애플리케이션을 지속적으로 개발하고 코드를 하루 또는 일주일에 몇 번씩 테스트하고 디버그하고 배포해 애플리케이션을 끊임없이 개선한다. 일관성은 매우 중요하다. 소스 코드 버전은 철저하게 제어돼야 하며 이것이 CI/CD 파이프라인의 목적이다. 바로 지속적인 통합과 배포다.

18장에서는 데브옵스의 원칙, CI/CD 파이프라인이 푸시 앤 풀^{push and pull} 메커니즘을 사용해 동작하는 방식, 파이프라인이 멀티 클라우드 환경에 적합하게 설계되는 방식을 학습하고 데브옵스와 CI/CD 툴을 소개한다.

18장에서는 다음 주제를 다룬다.

- CI/CD와 파이프라인 이해하기
- CI/CD에서 푸시 앤 풀 원칙 사용하기
- 멀티 클라우드 파이프라인 설계하기
- CI/CD용 툴 탐구하기

▍ CI/CD와 파이프라인 이해하기

CI/CD와 파이프라인을 알아보기 전에 먼저 데브옵스를 잘 알고 있어야 한다. 데브옵스에 대한 많은 정의가 있지만 여기서는 DASA^{DevOps Agile Skills Association}에서 발표한 정의와 원칙을 사용한다. DASA는 다음 여섯 가지 원칙을 기반으로 데브옵스 프레임워크를 정의한다.

- **고객 중심**: 항상 고객을 생각하며 애플리케이션을 개발한다. 고객에게 필요한 것이 무엇이며 기능 관점에서 고객은 무엇을 원하는가? 이는 설계 관련 우수 사례를 포함하는 다른 개념인 도메인 중심 설계의 목표이기도 하다.
- **최종 그림을 생각하며 제작**: 애플리케이션 개발이 모두 완료되면 최종적으로 어떻게 보일까?
- **E2E 책임**: 팀은 애플리케이션 라이프사이클의 시작부터 끝까지 책임지도록 동기부여가 돼야 하고 결국 책임을 져야 한다. 이는 팀에게 애플리케이션을 만들고 실행하고 고장내고 고치고 없애고 재건하는 등의 모토를 갖게 한다.

- **자율적인 복합 기능 팀**: 팀은 개발 프로세스에서 자율적인 의사결정을 내릴 수 있어야 한다.
- **지속적인 개선**: 애플리케이션을 지속적으로 개선한다는 목표가 있어야 한다.
- **최대한의 자동화**: 배포 및 출시 속도를 높이는 유일한 방법은 최대한 자동화하는 것이다. 또한 자동화는 구성 오류 등의 여러 가지 문제를 줄일 수 있다.

데브옵스는 여러 문헌에서 새로운 작업 방식 문화로 표현됐다. 데브옵스는 피드백 루프feedback loop(어떠한 행위의 결과가 다음 행위의 입력에 반영되는 방식) 개념에 기반하는 IT 시스템 개발과 운영의 새로운 방식이다. 클라우드 플랫폼은 코드 기반이므로 엔지니어는 변경 사항을 시스템에 쉽게 적용할 수 있다. 시스템은 코드이며 변경 사항이 체계적이고 고수준으로 제어되는 방법으로 적용된다면 코드는 언제든지 변경될 수 있다. CI/CD 파이프라인의 목표가 바로 이것이다.

지속적 통합CI, Continuous Integration은 클라우드 환경에서 작업하는 팀 사이에서 코드가 빈번하게 업데이트되고 공유되는 공유 저장소의 원칙에 기반한다. CI를 통해 여러 개발자는 같은 코드에서 동시에 작업할 수 있다. 코드 변경 사항은 직접 통합되며 여러 테스트 환경에서 코드를 완전히 테스트할 수 있다.

지속적 제공 또는 배포CD, Continuous Delivery or Deployment는 소프트웨어를 테스트 환경으로 자동으로 전송하는 데 집중한다. CD의 최종 목표는 소프트웨어를 프로덕션으로 옮기는 것을 완전히 자동화하는 것이다. 여기서 다양한 테스트가 자동으로 수행된다. 배포한 다음 개발자는 코드 기능 관련 피드백을 자동으로 즉시 수신한다.

CI/CD는 데브옵스 사이클과도 관련 있다. CI/CD와 결합하면 팀이 계획부터 관리까지 모든 책임을 갖게 되고 자동화되고 강력한 개발 프로세스를 통해 변경 사항이 더 빠른 속도로 고객에게 적용될 수 있다. 그림 18.1은 CI/CD와 결합된 데브옵스 사이클을 보여준다.

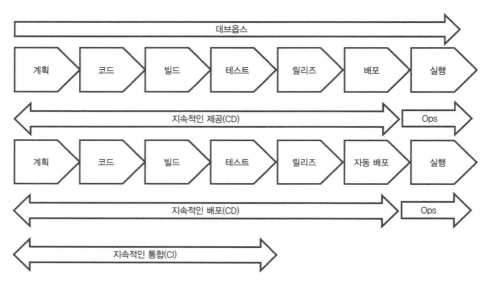

그림 18.1 CI/CD와 결합된 데브옵스 사이클

다음 절에서는 CI/CD를 시작하는 방법을 설명한다.

CI/CD 시작하기

CI/CD는 여러 기업에서 채택하고 있지만 결국 프로젝트가 실패하는 경우가 많다. 이번 절에서는 기업이 CI/CD를 성공적으로 구현하는 방법과 여러 가지 함정을 회피하는 방법을 알아본다. 여기서 중요한 점은 CI/CD 구현은 일관성에서 시작된다는 것이다. 일관성은 클라우드 구현뿐만 아니라 CI/CD 구현에서도 중요하다.

개발 팀은 CI를 통해 원하는 만큼 코드를 변경해 시스템을 지속적으로 개선할 수 있다. 기업은 멀티 클라우드 환경에서 작업하는 다수의 개발 팀을 보유하고 있으므로 개발 팀 간 통일된 한 가지 작업 방식이 필요하다. 완전히 자동화된 CI/CD 파이프라인의 프로세스는 환경을 일관되게 유지시킨다. 하지만 CI/CD와 데브옵스는 툴이 아니다. CI/CD와 데브옵스는 문화이며 프로세스에 집중한다. 데브옵스를 성공적으로 구현하기 위해 기업은 다음 단계를 따라야 한다.

1. CI/CD 파이프라인을 성공적으로 구현하기 위해서는 모든 이해관계자가 데브옵스 프로세스를 구현하는 것부터 시작해야 한다. 데브옵스의 핵심 원칙은 E2E 책임을 갖는 자율적인 팀이다. 팀이 의사결정을 내리고 결정 사항에 따라 행동할 수 있는 권한을 가져야 한다. 데브옵스 팀은 애자일하며 2~3주 단기간 작업한다. 개발 프로세스의 모든 사항의 승인을 받는 데 시간을 소비하면 데브옵스 팀은 제시간에 아무 것도 못 끝낼 것이다.

2. CI/CD 시스템을 선택한다. 다양한 CI/CD용 툴이 제공된다. Jenkins가 유명하지만 애저 환경에서 작업하는 많은 기업은 애저 데브옵스를 선택한다. 매일 시스템에서 작업하는 작업자를 시스템 결정에 참여시켜 테스트할 수 있도록 해야 한다. 그런 다음 시스템을 선택하고 모든 팀이 결정된 시스템에서 작업하도록 한다. 결국 일관성이 중요하다.

3. 개념 증명^{POC, Proof of Concept}(기존 시장에 없던 신기술과 개념을 도입하기 전의 검증 절차)을 수행하는 것이 권장된다. CI/CD에서 테스트 자동화는 중요한 요소이므로 자동화된 프로세스 파이프라인을 생성하는 것으로 시작한다. 종종 기업은 GTA^{Generic Test Agreement}에 명시된 품질 및 테스트 계획을 보유하고 있다. GTA는 시스템이 프로덕션 단계로 넘어가기 전에 테스트해야 할 내용과 테스트 방법을 설명한다. GTA도 훌륭한 방법이지만 데브옵스에서 조직은 DoD^{Definition of Done}를 사용한다. DoD는 시스템이 프로덕션으로 넘어가기 전에 충족시켜야 할 조건과 허용 기준을 나타낸다. DoD는 최종 제품, 애플리케이션, IT 시스템의 품질 표준이다. 데브옵스에서 팀은 유저 스토리^{user story}(사용자의 요구 사항을 정의해 관리해나가는 방법)를 사용한다. 다음은 유저 스토리의 예다. 온라인 상점 소유주로서 더 많은 고객이 온라인에서 제품을 구매할 수 있도록 다양한 결제 방법을 제공하고 싶다. 이는 애플리케이션과 시스템 개발의 요구 사항을 설정한다. DoD는 유저 스토리를 달성했을 때(유닛 테스트 완료, 코드 검토 완료, 수용 기준 승인, 모든 기능과 기술 테스트

완료) 충족된다. 그림 18.2는 빌드와 릴리즈 파이프라인을 다양한 테스트 단계로 구현하는 개념을 보여준다. 코드는 빌드 파이프라인에서 개발된 다음 프로덕션으로 구성돼 릴리즈되는 릴리즈 파이프라인으로 전송된다. 릴리즈 단계 동안 전체 빌드는 테스트 또는 Q&A^{Quality and Assurance Environment}에서 테스트된다. Q&A에서는 프로덕션으로의 배포를 위한 빌드가 승인되고 릴리즈된다.

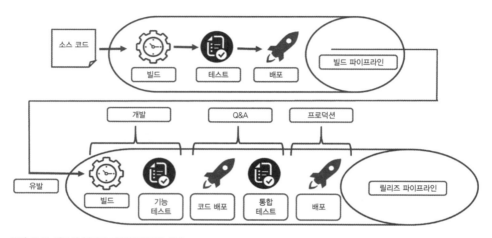

그림 18.2 빌드와 릴리즈 파이프라인의 개념

4. **최대한 자동화해야 한다**(데브옵스 원칙 중 하나다). 자동화를 위해 기업은 IaC_{Infrastructure as Code}를 채택해야 한다. 팀은 CI/CD에서 단일 저장소로 작업하므로 IaC를 사용하면 애플리케이션 코드와 인프라 코드가 같은 저장소에 있고 모든 팀이 필요할 때 언제든지 접근할 수 있다.

위의 모든 단계를 마치면 기업은 데브옵스 팀을 통해 CI/CD를 사용한 작업을 시작할 수 있다. 다음 절에서는 CI/CD를 더 자세히 설명하고 버전 제어로 시작해 파이프라인에서의 커밋, 푸시 앤 풀 메커니즘 기능을 설명한다.

버전 제어해 작업하기

여러 팀이 단일 코드 저장소로 작업하므로 CI/CD의 버전 제어가 중요하다. Git, Subversion은 팀이 애플리케이션과 인프라 구성 요소에 사용되는 소스 코드, 테스트 스크립트, 배포 스크립트, 구성 스크립트를 구성하는 파일을 조직화하는 데 많이 사용하는 버전 제어 시스템이다. 모든 것은 코드이며 시스템은 VM 자체에 대한 코드, 정책에 따라 VM을 구성하는 방법 관련 코드, 애플리케이션 코드 등 여러 코드 패키지로 구성된다. 버전 제어 시스템을 사용하면 배포에 실패하거나 시스템이 망가져 다시 빌드해야 할 경우 이전 상태 코드를 즉시 찾을 수 있다.

버전 관리 시스템은 저장소에 보관된 파일의 변경 사항을 기록한다. 데브옵스에서는 이러한 변경 사항을 커밋이라고 부르는데 다음 절(CI/CD에서 푸시 앤 풀 원칙 사용하기)에서 더 자세히 설명한다. 커밋은 코드 변경 자체와 메타데이터로 구성되며 누가 코드를 변경했는지, 코드 변경의 근거 정보가 무엇인지를 포함한다. 결국 코드는 일관성을 유지하며 반복과 예측이 가능해진다. 모든 팀은 저장소에 저장된 모든 것을 문서화하고 버전을 제어해야 한다. 다음 목록은 버전 관리에 필요한 많은 항목을 포함한다.

- 애플리케이션 코드
- API 스크립트 및 참조(이러한 API는 어떠한 목적으로 사용되는가?)
- 인프라 구성 요소(VM, 네트워크 장치, 스토리지, 운영 체제 이미지, DNS 파일, 방화벽 구성 규칙)
- 인프라 구성 패키지
- 클라우드 구성 템플릿(AWS CloudFormation, 애저의 DSC^{Desired State Configuration}, Terraform files)
- 컨테이너 코드 정의(Docker files)
- 컨테이너 오케스트레이션 스크립트(Kubernetes, Docker Swarm)
- 테스트 스크립트

기업이 버전 제어를 구현했다면 유지하는 것이 중요하다. 버전 제어는 한 번으로 끝나지 않는다. 팀은 CI/CD 파이프라인에서 사용되는 애플리케이션 코드, 시스템 구성과 자동화 스크립트에 버전 제어가 적용돼 있는지 확인해야 한다. 기업은 버전 제어가 일관된 방식으로 적용되고 사용되는 경우에만 애플리케이션과 시스템을 신속하고 안정적으로 배포할 수 있다.

CI/CD에서 푸시 앤 풀 원칙 사용하기

CI 파이프라인은 분기로 동작하고 분기와 의미는 같지만 다른 용어를 사용할 수 있다. 마스터 분기는 종종 메인라인mainline이나 트렁크(GCP에서 작업할 때)라고 불린다. 가장 중요한 원칙은 개발 팀에 하나의 마스터 브랜치나 메인라인이 존재한다는 것이다. 마스터 브랜치에 새로운 코드를 푸시하는 두 가지 방법이 있다. 다음 절에서 이러한 두 가지 코드 푸시 방법을 설명한다.

코드를 마스터에 직접 푸시하기

직접 푸시하는 방법을 사용하면 개발자는 마스터 코드에서 직접 작업한다. 개발자는 코드의 작은 부분을 변경하고 마스터 브랜치에 직접 병합한다. 코드를 마스터로 푸시하는 것을 커밋이라고 부른다. 개발자는 커밋을 하루에 여러 번 또는 가능하면 빨리 수행한다. 이러한 방식으로 작업하면 두 번째로 설명할 방식인 별도 분기 또는 기능 분기를 생성하는 코드 포크에서 작업하는 것과 반대로 매우 빈번한 릴리즈가 가능하다. 그림 18.3은 마스터 브랜치에 직접 푸시하는 작업 방식을 보여준다.

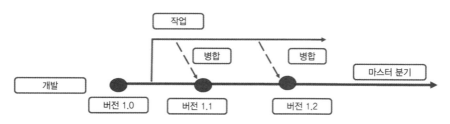

그림 18.3 코드를 마스터 브랜치에 직접 병합하는 개발자

기업은 CI를 통해 길고 복잡한 통합을 없애고 싶어한다. 개발자는 마스터에 자주 커밋되는 코드의 작은 배치로 작업한다. 이러한 방식의 장점은 변경 사항이 제대로 적용됐는지 개발자가 즉시 확인할 수 있고 전체 마스터 브랜치에 많은 영향을 미치지 않고 적용한 변경 사항을 다시 돌릴 수 있다는 것이다. 이것이 바로 데브옵스의 개념이다. 개발자는 빌드와 커밋을 담당하고 결과에 책임진다. 코드를 커밋한 다음 실행하는 자동화된 테스트는 시스템을 문제 없이 지속적으로 실행하는 데 중요하다.

마스터의 포크로 코드 푸시하기

마스터의 포크로 코드를 푸시하는 방식에서 팀은 코드를 마스터에서 복사해 별도 기능 분기를 생성한다. 이를 포크라고 부른다. 개발자는 마스터에서 소스 코드를 복사해 기능 분기를 생성한다. 개발자는 이렇게 분기된 코드에서 개발을 수행한다. GCP는 이를 비 트렁크 개발not trunk-based development이라고 부르고 더 세련된 용어로는 기능 중심 개발이라고 부른다. 기능 중심 개발 방식은 새로운 기능을 만드는 개발에서 자주 사용된다.

개발자는 분기된 코드에서 별도로 작업할 수 있고 작업을 완료하면 분기된 코드를 마스터에 커밋해 새로운 기능이나 새로운 빌드를 마스터와 병합한다. 이러한 방식의 단점은 기능 중심 개발이 복잡한 통합으로 이어질 가능성이 있다는 것이다. 자주 수행할 수는 없지만 마스터로 병합하기 전 철저한 테스트가 필요하다. 그림 18.4는 기능 분기로 작업하는 방식을 보여준다.

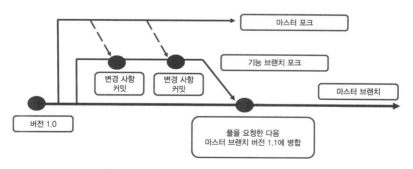

그림 18.4 마스터로 병합하기 전 기능 분기에서 작업하는 방식

위의 두 가지 방식 모두에서 코드는 깃허브GitHub 등의 저장소로 푸시된다. 개발자는 코드를 커밋하는 동시에 풀 요청을 보낸다. 이러한 단계에서는 변경 사항이 실제로 마스터 브랜치에 병합되기 전에 새로 변경된 코드를 검토한다.

CI/CD 작업의 모범 사례

CI/CD로 작업할 때 명심해야 할 몇 가지 모범 사례가 있다. 가장 큰 문제는 코드 검토 프로세스가 너무 복잡하다는 것이다. 개발자가 코드를 프로덕션으로 넘기기 전에 여러 이해관계자의 승인을 얻어야 한다. 이러한 과정에서 많은 시간을 보내게 되고 데브옵스 프로세스가 지연된다. 데브옵스를 사용하는 기업은 다음 두 가지 원칙을 준수해야 한다.

- 포 아이즈 원칙The four-eyes principle: 한 명이 프로그래밍하는 동안 다른 사람이 코드를 검토한다. 두 명의 개발자가 쌍을 이뤄 두 번째 개발자가 첫 번째 개발자의 코드를 검토한다. 이러한 방식을 Extreme Programming이라고 부른다. 동료 검토는 또 다른 방법이다. 동료 검토는 보통 개발 프로세스 최종 단계에서 수행되며 코드 작성자가 최소 한 명의 다른 개발자를 검토한다.
- 자동화된 테스트 스크립트를 실행하는 것이 가장 중요하다. 자동화된 테스트 스크립트는 코드가 실제로 마스터 브랜치에 커밋되기 전에 실행돼 코드가 커밋된 다음에도 시스템이 계속 동작하는지 확인해야 한다.

위의 두 가지 원칙을 준수한다면 복잡한 검토와 승인 프로세스는 최소한 개발자가 마스터의 작은 배치로 작업하는 경우 필요하지 않다. 개발자가 소스 또는 소스를 복사한 기능 분기의 포크에서 작업해 새로운 기능과 빌드를 만든다면 더 상세한 검토 프로세스가 권장된다.

▌ 멀티 클라우드 파이프라인 설계하기

애플리케이션 코드 개발은 클라우드의 종류와 상관 없을 수도 있다. 즉 코드가 푸시되는 클라우드의 종류는 중요하지 않다. 코드의 기능은 어디서든 동일하게 유지된다. 하지만 많은 개발자는 코드가 푸시되는 클라우드의 종류가 중요하다는 것을 곧 깨달을 것이고 멀티 클라우드 환경에서 개발하는 것은 간단하지 않다. 데브옵스 프로세스 자체에서는 코드가 존재하는 플랫폼의 종류는 중요하지 않지만 코드를 프로덕션으로 넘기는 순간 플랫폼의 종류가 중요해진다. 따라서 플랫폼별 특성을 고려해야 한다.

멀티 클라우드에서 개발자가 단일 저장소로 작업하는 경우도 있지만 이러한 경우 배포하는 도중에 플랫폼 특화 구성이 추가되고 테스트된다. 이러한 단계가 스테이징이다. AWS, 애저, GCP 모두 애플리케이션 코드로 테스트해야 할 플랫폼 특화 프로비저닝 기능을 보유하고 있다. 스테이징 단계에서 코드 패키지는 각 클라우드 플랫폼에 프로비저닝되기 위한 인프라 구성과 병합되고 코드는 테스트된다.

개발자가 수행해야 할 몇 단계가 존재한다. 먼저 애플리케이션을 최종적으로 실행할 플랫폼의 종류와 상관 없이 일관된 데브옵스 작업 방식을 사용해야 한다. 기업은 애저, AWS, GCP, 온프레미스 환경에서 애플리케이션을 실행할 수 있지만 데브옵스 사이클로 애플리케이션 코드가 작성되는 방식은 일관돼야 한다. 각 플랫폼에는 코드를 실행하는 특정 기능을 모두 제공하므로 결국 구성이 중요하다. 스테이징은 전체 패키지가 출시될 준비가 됐는지 검토하는 단계다.

8장, '자동화 툴 및 프로세스 정의하기'에서 개발자는 계층으로 생각해야 한다는 내용을 살펴봤다. 결국 개발자는 인프라와 구성 계층의 리소스에서 애플리케이션 계층을 추상화해야 한다. 이러한 방법이 CI/CD를 통한 일관된 애플리케이션 개발 방식을 취할 수 있는 유일한 솔루션이다. 개발자가 멀티 클라우드 환경에서 풀어야 할 다른 문제는 여러 클라우드 플랫폼이 자주 크게 변한다는 것이다. 데브옵스 툴은 애플리케이션 코드 자체를 지속적으로 변경할 필요 없이 배포 환경의 변화에 적응할 수 있어야 한다.

한마디로 개발자는 플랫폼별 특성을 잘 알고 있어야 한다. 또한 여러 플랫폼에서의 데브옵스 모범 사례와 권장되는 툴도 잘 알고 있어야 한다. 이와 관련해 18장, 'CI/CD 툴' 절에서 자세히 설명한다. 대부분의 툴은 클라우드에 종속되지 않으므로 기본 API를 사용해 여러 클라우드에서 동작한다. 다음은 데브옵스를 성공적으로 구현하기 위한 기본 규칙ground rule이다.

- 단일 저장소
- 단일 프레임워크 또는 작업 방식
- 멀티 클라우드 환경에서 사용할 수 있는 통일된 툴셋

단일 프레임워크 관점에서 언급할 필요가 있는 개념은 Scaled Agile의 SAFe다. SAFe는 Scaled Agile Framework의 약자로 많은 기업에서 데브옵스의 토대로 사용한다. SAFe의 주요 요소 중 하나는 Agile Release Train이다. Agile Release Train은 애플리케이션 개발의 표준화와 코드의 릴리즈 관리 원칙에 기반해 만들어졌다. 여기서는 모든 것이 자동화된다.

- 코드 컴파일 프로세스를 자동화해 빌드
- 자동화된 유닛, 수용, 성능, 부하 테스트
- 통합 테스트 실행과 프로덕션에 배포되는 유닛 릴리즈로 자동화된 지속적인 통합
- 버전 제어된 코드의 다양한 환경으로의 자동화된 배포를 통한 지속적인 배포
- 구성, 프로비저닝, 설계별 보안, 코드 검토, 감사, 로깅, 관리를 위한 추가적인 자동화 툴

SAFe는 애플리케이션의 라이프사이클 관리, 지속적인 개선, 애플리케이션 코드 릴리즈를 모두 지원한다. 자세한 SAFe 관련 내용과 코스웨어courseware(교육이 지향하는 목적 달성이나 문제 또는 과제 해결을 위한 모든 종류의 소프트웨어의 통칭)는 https://www.scaledagileframework.com/DevOps/에서 확인할 수 있다.

CI/CD용 툴 탐구하기

CI/CD, 데브옵스 툴의 생태계 범위는 매우 넓으며 자주 변화한다. Digital.ai는 https://digital.ai/periodic-table-of-DevOps-tools에서 데브옵스 툴의 훌륭한 개요를 제공한다. Digital.ai는 데브옵스 주기율 표를 게시하고 관리한다. 주기율 표 형식을 채택하지만 클라우드 환경에서 데브옵스를 실행할 때 사용할 수 있는 다양한 툴 관련 개요를 포함한다. 또한 Digital.ai는 주기율 표에서 선택한 툴을 사용해 파이프라인 그림을 그리는 방법을 제시한다.

툴셋이 기업의 요구 사항에 적합하고 작업자가 툴 사용법을 제대로 숙지하고 있다면 어떠한 툴셋을 선택해야 하는지에 대한 정답은 없다. 이번 절에서는 애저 데브옵스, AWS Code Pipeline, CloudFormation, Google Cloud Build 등 주요 클라우드의 기본 CI/CD 툴을 알아본다.

애저 데브옵스

팀은 애저 데브옵스를 사용해 애플리케이션을 빌드하고 배포할 수 있다. 애저 데브옵스는 전체 개발 사이클에 관여한다. 애저 데브옵스는 다음을 포함한다.

- **보드**Boards: Board는 애저 데브옵스의 계획 툴이며 Kanban과 Scrum을 사용한 스케줄링을 제공한다. Kanban은 카드를 사용해 작업을 단계별로 진행하고 Scrum은 단기간의 스프린트로 작업을 수행한다.
- **저장소**Repos: 깃Git 또는 TFVCTeam Foundation Version Control에 기반하는 애저 데브옵스의 버전 제어 저장소다. Team Foundation은 애저 데브옵스의 이전 이름인 Visual Studio TFSTeam Foundation Server와 관련 있다.
- **파이프라인**Pipeline: 클라우드 환경에서의 코드 빌드와 릴리즈를 지원하는 애저 데브옵스의 CI/CD 기능이다. 파이프라인은 저장소와 통합되며 보드에서 스케줄링된 작업을 실행할 수 있다.

- **테스트 계획**Test Plans: 팀은 테스트 계획에 기반해 테스트 스크립트를 수동 및 자동으로 구성한다.
- **아티팩트**Artifact: 개발자는 아티팩트로 다양한 소스 관련 코드 패키지를 공유하고 파이프라인이나 다른 CI/CD 툴과 통합할 수 있다. 아티팩트는 Maven, NPM^{Node} Packet Manager(Node.js, JSON에 사용할 수 있다), NuGet 패키지를 지원한다.

그림 18.5의 스크린샷은 작업 항목을 백로그와 스프린트로 나누는 Scrum으로 정의된 프로젝트가 포함된 애저 데브옵스의 주요 메뉴를 보여준다.

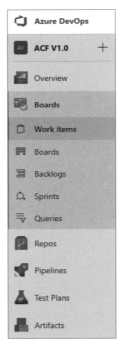

그림 18.5 애저 데브옵스의 주요 메뉴

팀이 애저 데브옵스 사용을 시작할 때는 맨 먼저 프로젝트를 정의하고 프로젝트 멤버를 할당해야 한다. 그런 다음 프로젝트 관리자나 제품 소유자가 개발 방법(론)을 정의한다. 개발 방법(론)을 무엇으로 선택했는가에 따라 데브옵스는 기능, 백로그 항목과 작업 등의 작업 항목을 정의하고 이렇게 정의된 작업 항목을 실행하는 스케줄을 작성하는 보드를 제공한다. 작업 항목이나 제품은 실제로 배포될 코드의 일부일 수 있다. 데브옵스에서 이러한 과정은 애저 파이프라인Azure Pipeline으로 자동화할 수 있으며 애저 파이프라인은 검토한 다음 코드를 클라우드 환경에 실제로 배포한다.

개발자는 AWS Toolkit for Azure DevOps를 사용해 애저 데브옵스에서 AWS를 사용할 수 있다. 이러한 툴킷은 AWS Cloudformation 템플릿을 사용해 애저 데브옵스에서 AWS 리소스를 프로비저닝하고 업데이트할 수 있다. 이와 관련 있는 링크를 참고문헌에 제시한다.

AWS CodePipeline으로 작업하기

AWS CodePipeline은 AWS의 CI/CD 툴이며 개발 팀에게 애플리케이션과 인프라 리소스를 배포하는 툴을 제공한다. CodePipeline은 다음과 같은 기능을 제공한다.

- **워크플로우 모델링**: CodePipeline의 계획 도구이며 빌드, 테스트, 배포 등의 코드 릴리즈를 위한 여러 단계를 정의한다. 팀은 각 단계에서 실행해야 할 작업을 생성할 수 있다.
- **통합**: CodePipeline도 다른 CI/CD 툴과 마찬가지로 소스 코드에 대한 버전 제어와 동작한다. 개발자는 통합으로 깃허브GitHub 등의 다양한 소스와 CodeCommit(CodePipeline의 주요 메뉴에 포함된다), Amazon ECRElastic Container Registry, Amazon S3 등을 사용할 수 있다. AWS Cloudformation을 통해 코드 프로비저닝과 업데이트가 수행된다. SAMServerless Application Model을 통한 서버리스 애플리케이션으로의 지속적인 제공, AWS 람다Lambda의 기능으로 트리거를 자동화해 애플리케이션 코드가 성공적으로 배포됐는지 테스트하는 등의 더 많은 작업을 AWS 통합으로 수행할 수 있다.

- **플러그인**: AWS에서는 주로 자체 툴을 사용하는 것으로 오해할 수 있지만 개발자는 AWS 이외의 툴을 사용할 수 있다. AWS 플러그인을 사용하면 깃허브로 버전 제어를 할 수 있고 Jenkins로 배포할 수 있다.

그림 18.6의 스크린샷은 CodePipeline의 주요 메뉴를 보여준다.

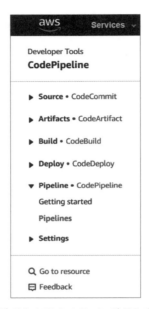

그림 18.6 AWS CodePipeline의 주요 메뉴

위의 스크린샷에서 확인할 수 있듯이 CodePipeline의 주요 메뉴에서 파이프라인을 새로 생성하기 위해서는 먼저 CodeCommit에 존재하는 저장소에서 코드를 가져와야 한다. 그런 다음 파이프라인이 CodeBuild에 빌드되고 CodeDeploy에 배포된다. CodePipeline의 아티팩트는 애저 데브옵스의 아티팩트와 다르다. CodePipeline의 아티팩트는 CodePipeline이 파이프라인에서 작업을 실행하기 위해 파일을 저장하는 S3 아티팩트 버킷을 사용한다.

Google Cloud Build로 작업하기

Google Cloud Build는 GCP의 CI/CD 툴이며 주요 기능은 다음과 같다.

- **클라우드 소스 저장소**Cloud Source Repositories: GCP에서 호스팅되는 프라이빗 깃Git 저장소다. 클라우드 소스 저장소에서 파이프라인 워크플로우가 시작된다. 개발자는 Cloud Build와 Cloud Pub 및 Sub을 사용해 클라우드 소스 저장소에 코드를 저장하고 가져올 수 있고 코드에 접근할 수 있다. GCP UI 포털 또는 Google Cloud Shell에서 'gcloud source repos create' 명령으로 새로운 저장소를 생성할 수 있다. 개발자는 저장소를 생성한 후 'git add, git commit, git push' 명령으로 저장소에 코드를 푸시할 수 있다.

- **아티팩트 레지스트리**Artifact Registry: 애저 데브옵스의 아티팩트와 동일한 서비스다. 아티팩트 레지스트리로 Maven, NPM 패키지를 포함한 저장소를 생성하고 관리할 수 있다. 또한 아티팩트 레지스트리로 GCP에서 Docker 컨테이너 이미지용 저장소를 생성할 수 있다.

- **클라우드 빌드**Cloud Build: GCP의 CI/CD 기능 엔진이다. 개발자는 Cloud Build에서 파이프라인을 정의한다. 기본적으로 Cloud Build는 클라우드 소스 저장소에서 소스 코드를 불러오지만 깃허브 등의 다른 저장소에서도 코드를 가져올 수 있다. Cloud Build는 코드를 테스트해 GCP 인프라에 배포한다. Cloud Build는 Jenkins와 오픈 소스 툴인 Spinnaker 등의 다양한 솔루션과 통합해 자동화된 테스트와 지속적인 배포를 제공한다. Spinnaker, Jenkins 등의 솔루션을 GKEGoogle Kubernetes Engine와 결합해 사용하면 쿠버네티스를 실행하는 컨테이너 플랫폼에서 CI/CD를 활성화할 수 있다.

그림 18.7의 스크린샷은 Cloud Build의 메뉴를 보여준다.

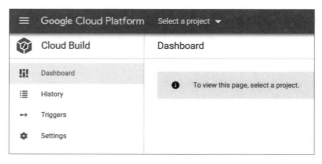

그림 18.7 GCP 콘솔에서 Cloud Build로 시작하는 소개 스크린

그림 18.7의 스크린샷에서 확인할 수 있듯이 주요 메뉴는 매우 간단하다. 개발자는 프로젝트가 정의되고 시작된 경우에만 Cloud Build를 사용해 코드 저장소를 생성할 수 있다. 저장소 생성은 그림 18.8의 스크린샷에서 볼 수 있듯이 콘솔에서 수행할 수 있다.

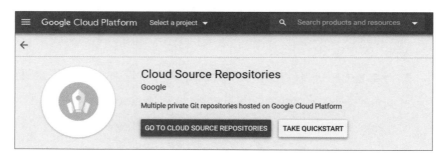

그림 18.8 GCP의 클라우드 소스 저장소에서 저장소 생성하기

이번 절에서는 애저, AWS, GCP의 기본 CI/CD 툴을 탐구했다. 개발자가 코드를 개발하고 저장하고 테스트하고 배포할 때 사용할 수 있는 많은 종류의 툴이 존재한다고 설명했다. 여러 툴에서의 CI/CD 기본 원칙은 모두 동일하지만 코드를 배포하는 방식과 자동화된 방식으로 코드를 테스트하고 검증하는 방식은 다르다. 애저 데브옵스, AWS CodePipeline, GCP Cloud Build는 많은 기능을 제공하지만 보통 추가적인 툴이 필요한 경우가 많다. 적합한 툴을 사용자가 선택하는 데 참고할 수 있는 몇 가지 자료를 참고 문헌에 제시한다.

▌ 요약

18장을 모두 학습했다면 데브옵스의 작업 방식과 클라우드 환경에서의 CI/CD 파이프라인 사용을 알아야 한다. 클라우드에서는 애플리케이션부터 인프라와 구성까지 모든 것이 코드로 구성된다. 코드는 중앙저장소에 저장되며 코드 버전은 항상 관리된다. CI/CD 파이프라인은 여기서부터 시작된다. 그런 다음 데브옵스 팀은 빌드, 테스트, 배포 등의 파이프라인 단계를 정의한다. 각 단계별 작업은 최대한 자동화된다.

그런 다음 마스터 분기와 기능 분기를 사용한 CI/CD 파이프라인의 푸시 및 풀 원칙을 설명했고 코드를 분기에 푸시하고 커밋하는 여러 가지 방법도 알아봤다. 팀이 하나의 저장소에서 일관된 방법으로 작업할 경우 코드를 다른 클라우드에 배포할 수 있다. 마지막으로 팀이 사용할 수 있는 툴을 살펴봤다. 애저 데브옵스, AWS CodePipeline, Cloud Build 등 애저, AWS, GCP의 기본 CI/CD 툴을 소개했다. 19장에서는 운영의 최종 개념인 AIOps를 다룬다.

▌ 질문

1. 시스템이 준비 완료 상태로 넘어가기 전에 충족시켜야 할 조건과 허용 기준이 있다. 데브옵스에서 이러한 기준을 무엇이라고 부르는가?
2. 데브옵스 구조에서 작업할 때 일반적으로 사용하는 프레임워크는?
3. 애저 데브옵스에는 Kanban이나 Scrum 등의 애자일한 계획을 위한 특정 툴이 있다. 이러한 툴은 무엇인가?
4. "Google Cloud Build의 아티팩트 레지스트리는 Docker 이미지도 지원한다." 참인가, 거짓인가?

▎참고문헌

- DASA^{DevOps Agile Skills Association}: https://www.DevOpsagileskills.org/
- 애저 데브옵스 관련 문서: https://docs.microsoft.com/en-us/azure/DevOps/get-started/?view=azure-DevOps
- 애저 데브옵스와 AWS 통합 관련 정보: https://aws.amazon.com/vsts/
- AWS CodePipeline 관련 문서: https://aws.amazon.com/codepipeline/
- Google Cloud Build 관련 문서: https://cloud.google.com/docs/ci-cd/
- Bob Aiello, 『Hands-On DevOps for Architects』(Packt, 2021)

멀티 클라우드에
AIOps 도입하기

AIOpS는 인공지능 운영Artificial Intelligence for Operation의 약자다. 그렇다면 AIOps는 무슨 의미일까? AIOps는 멀티 클라우드 플랫폼을 최적화하는 데 사용할 수 있는 새로운 개념이다. AIOps는 워크로드의 상태와 동작을 애플리케이션 코드부터 기본 인프라까지 즉 E2E 분석을 수행한다. AIOps 툴은 이슈 발견에 사용할 수 있으며 최적화를 위한 권장 사항을 제공한다. 훌륭한 AIOps 툴은 애플리케이션과 비즈니스 체인 관점에서 동작하므로 플랫폼에 종속되지 않고 사용할 수 있다.

19장에서는 AIOps의 개념을 다루며 데이터 분석, 자동화, 머신 러닝ML, Machine Learning 등의 AIOps 구성 요소를 살펴본다. 19장을 모두 학습하면 AIOps가 클라우드 환경을 최적화하는 데 어떠한 역할을 하는지, 기업이 AIOps 구현을 어떻게 시작하는지 알게 된다. 19장 후반부에서는 많이 사용되는 몇 가지 AIOps 툴을 소개한다.

19장에서는 다음 주제를 다룬다.

- AIOps 개념 이해하기
- AIOps를 사용해 클라우드 환경 최적화하기
- 멀티 클라우드용 AIOps 툴 탐구하기

▌AIOps 개념 이해하기

AIOps는 빅데이터와 ML 분석을 결합해 IT 환경에서 발생하는 문제를 자동으로 분석하고 해결한다. AIOps 시스템은 기업의 전체 IT 환경에서 모든 로깅 소스와 자산 성능을 지속적으로 분석해 환경의 여러 구성 요소 간의 문제를 서로 관련시키는 방법을 학습한다. 또한 AIOps 시스템은 IT 시스템 내·외부의 종속성을 학습한다.

기업이 다양한 클라우드와 온프레미스에 시스템을 갖는 멀티 클라우드 환경에서 모든 환경을 파악하기는 쉽지 않다. 다른 클라우드의 데이터 레이크에서 실행되는 데이터베이스의 쿼리 오류로 프론트엔드를 호스팅하는 웹사이트의 성능이 저하된다고 엔지니어가 어떻게 단정지을 수 있겠는가? AIOps에는 다음과 같은 구성 요소를 포함해 매우 정교한 시스템이 필요하다.

- **데이터 분석**^{Data analytics}: 시스템은 로그 파일, 시스템 메트릭, 모니터링 데이터 등의 다양한 소스에서 데이터를 수집하고 포럼, 소셜미디어 게시물 등 IT 환경 외부 시스템에서도 데이터를 가져온다. AIOps 시스템은 데이터를 분석해 추세와 패턴을 찾아내 결과를 기존 모델과 비교한다. 이러한 방식으로 AIOps는 문제를 신속하고 정확하게 파악한다.
- **머신 러닝**^{ML}: AIOps는 알고리듬을 사용한다. AIOps는 처음에는 시스템, 애플리케이션과 사용자의 정상적인 동작을 규정하는 기준선을 정해 사용한다. 하지만

애플리케이션, 데이터, 시스템 사용은 점점 변한다. AIOps는 이러한 변경 패턴을 분석하고 학습해 새로운 정상 동작이 무엇이며 어떠한 이벤트가 알람을 발생시키는지 스스로 알아낸다. AIOps는 알고리듬으로부터 이벤트와 알람의 우선순위를 지정하고 조치 방법을 조정한다.

- **자동화**^{Automation} : AIOps의 핵심이다. AIOps가 시스템의 문제, 의도하지 않은 변화, 동작 이상 등을 감지하면 우선순위를 지정하고 조치를 시작한다. 하지만 이러한 과정은 시스템이 고수준으로 자동화된 경우에만 가능하다. AIOps 시스템은 분석 결과와 알고리듬에 따라 문제를 해결하는 데 가장 적합한 솔루션을 결정한다. 예를 들어 시스템 사용량이 과도해 시스템 메모리가 부족한 경우 자동으로 메모리 크기를 늘린다. 일부 AIOps 시스템은 최대 시스템 사용량을 예측해 엔지니어의 개입 없이 시스템 사용량이 늘기 전에 메모리를 늘릴 수 있다. 클라우드 엔지니어는 클라우드 시스템 자체에서 이와 같이 자동화된 시스템 확장이 가능하도록 해야 한다.

- **시각화**^{Visualization} : AIOps가 완전히 자동화되고 자체 학습이 가능하더라도 엔지니어는 시스템 및 시스템의 동작에 대한 가시성을 원한다. 이를 위해 AIOps는 실시간 대시보드와 시스템 아키텍처 개선에 사용할 수 있는 많은 종류의 보고서 작성 방법을 제공한다. 하지만 AIOps는 아키텍처를 변경하지 않는다. 따라서 기업은 아키텍처 변경을 위해 클라우드 아키텍트가 필요하다. 다음 절에서는 AIOps가 클라우드 환경 개선에 어떠한 도움을 주는지 알아본다.

AIOps는 기업이 시스템의 제공, 배포, 운영을 자동화하는 데브옵스의 좋은 확장이다. AIOps를 사용하면 운영 자동화가 가능하다. 모든 운영 활동이 완전히 자동화되는 NoOps 또는 No IT Operations라는 AIOps의 진화도 존재한다. NoOps에서 팀은 오직 개발에만 집중할 수 있다. 시스템 업데이트, 버그 수정, 확장, 보안 운영 등 IT 시스템의 일상적인 모든 관리는 자동화된 시스템에 의해 수행된다. 하지만 NoOps에서도 엔지니어는 시스템을 설정하고 운영 기준을 수립해야 한다.

▍ AIOps를 사용해 클라우드 환경 최적화하기

AIOps에는 두 가지 주요 장점이 있다. 첫째, 시스템 이상 감지와 엔지니어의 개입이 없는 조치의 속도와 정확성이다. 둘째, 용량 최적화가 가능하다는 것이다. 대부분의 클라우드 공급자는 플랫폼 안에서 기본적으로 사용할 수 있는 증설, 확장 메커니즘을 이미 제공하고 있다. AIOps는 확장을 수행하는 데 필요한 임계값을 알고 있어 시스템 확장을 최적화할 수 있지만 엔지니어가 클라우드에서 확장 작업을 정의하고 하드코딩hardcode하는 작업이 필요하다. 시스템은 스스로 학습하며 언제 어떠한 리소스가 필요한지 예측할 수 있다. 그림 19.1은 설명적descriptive 분석부터 사전적prescriptive 분석까지의 운영의 진화를 보여준다. 대부분의 모니터링 툴은 설명적이며 AIOps는 예측적predictive이다.

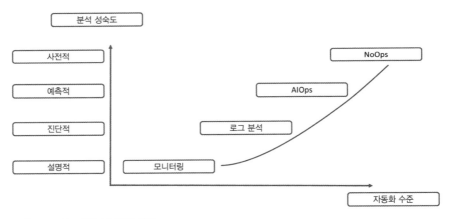

그림 19.1 AIOps로의 모니터링 진화

모니터링은 단지 현재 일어나는 일만 나타낸다. 기업은 로그 분석으로 이벤트 진단을 설정하고 분석 결과를 통해 문제를 조치할 수 있다. AIOps는 능동적이고 예측적인 반면 이러한 로그 분석은 수동적이다. 데이터 분석을 통해 변화의 영향도를 예측할 수 있다. 마지막 단계인 사전적 시스템은 완전히 자동화돼 어떠한 이벤트가 발생할지 미리 알려주고 이벤트에 미리 대비할 수 있다. 매우 정교한 일부 AIOps 시스템이 사전적 분석을 수행할 수 있지만 일반적으로 사전적 분석은 NoOps 영역으로 분류된다.

IT 인프라를 최적화하는 데 AIOps가 도움이 되므로 기업은 AIOps를 채택하려고 한다. 하지만 AIOps를 어떻게 시작해야 할까? AIOps 전략을 성공적으로 구현하기 위해서는 다음과 같은 지침을 따라야 한다.

- **AIOps 시스템 학습이 필요하다**: 기업이 AIOps 시스템을 최대한 활용하기 위해서는 AIOps 시스템의 동작과 AIOps 시스템에서 나온 분석 결과를 해석하는 방법을 학습해야 한다. 즉 전체 IT 환경을 AIOps로 한 번에 구현하려고 시도하지 말고 작은 샘플로 시작해 점점 늘려가는 것이 좋다.

- **AIOps에서 데이터는 필수다**: 여기서 데이터는 IT 시스템에서 나온 데이터와 비즈니스 데이터를 모두 포함한다. AIOps의 가장 큰 장점은 비즈니스 데이터에 기반한 작업이 가능하다는 것이다. 특정 제품이 특정 기간에 잘 팔린다는 것을 AIOps가 알고 있다면(비즈니스 데이터) 해당 기간 동안 IT 시스템을 최적화하는 작업을 할 수 있다. 그리고 시스템이 예상대로 사용되지 않으면 AIOps는 시스템 사용량을 분석해 다른 이벤트와 관련지을 수 있다. 이처럼 AIOps는 진정한 데이터 중심 비즈니스를 위한 매우 훌륭한 소스가 된다. 따라서 기업은 AIOps를 구현하기 위해 많이 노력해야 한다.

- **성공적인 AIOps 구현에는 표준화가 가장 중요하다**: 이 책의 모든 부분에서 멀티 클라우드 환경을 일관성 있게 구현해야 한다는 점을 계속 강조했다. 이는 인프라를 코드로 정의해 다양한 클라우드 플랫폼에 일관성 있게 구축해야 한다는 뜻이다. 코드는 단일 저장소에 저장되며 중앙에서 관리돼야 한다. 이를 통해 AIOps 시스템은 시스템의 형태와 동작 방식을 신속히 학습해 시스템의 이상을 신속히 감지할 수 있다.

그렇다면 AIOps는 IT 환경 최적화에 어떠한 도움을 줄까? 'AIOps 개념' 절에서 말했듯이 AIOps는 데브옵스의 확장이다. 따라서 AIOps는 시스템 최적화 개발에 효과적이다. 여기서 핵심은 테스트다. 18장에서 CI/CD 원칙을 살펴봤다. 테스트는 CI/CD의 중요한 단계다. 일반적으로 개발자는 유닛 테스트로 애플리케이션 기능을 먼저 테스트한 다음 애플리케이션을 다른 애플리케이션이나 시스템과 통합한다. 하지만 개발자가 모든 것을 테스트할 수는 없다.

예를 들어 IT 체인의 시스템 구성 요소가 변경되는 시나리오를 테스트하기는 불가능하다. 이러한 시나리오가 이론상 큰 영향을 미치지 않을 것이라고 예측하더라도 실제 환경에서는 전혀 예상하지 못한 동작을 유발할 수 있다.

AIOps는 실제 환경의 시나리오 테스트를 제공하고 테스트 관점에서 더 많은 사항을 고려한다. AIOps는 특정 시스템에 변경 사항이 적용될 때 어떠한 시스템에 영향을 미치는지와 그 반대를 모두 알고 있으며 성능과 안정성 관점에서 어떠한 시스템이 변경 사항에 대응할지도 알고 있다. 이러한 시스템은 여러 클라우드나 플랫폼에서 호스팅되는 시스템일 수 있고 애플리케이션 체인의 일부가 된다.

리소스를 과도하게 소비하는 애플리케이션과 시스템이 공존하는 문제를 시끄러운 이웃noisy neighbor이라고 부른다. AIOps는 이웃을 구분하고 이웃에게 다가올 변경 사항을 경고하고 애플리케이션과 시스템에 문제가 발생하지 않도록 사전 조치를 수행한다. 이러한 과정은 CI/CD 파이프라인에서 발생하는 유닛과 통합 테스트를 초월한다.

최근 들어 여러 클라우드에서 서버와 서비스를 실행하므로 멀티 클라우드 환경이 매우 복잡해졌다. 여러 시스템은 서로 다른 클라우드의 네트워크 백본을 통해 연결되며 기업의 게이트웨이로 데이터를 라우팅하면서 사용자와 시스템이 클라우드에 적용된 보안 프레임워크를 준수하는지 여부도 지속적으로 확인한다. 복잡한 환경에 여러 애플리케이션을 나눠 배포할 때는 그중 일부를 놓칠 수도 있으니 조심해야 한다.

전체 아키텍처를 개선하는 데 AIOps를 사용할 수 있다. 아키텍트는 환경, 애플리케이션, 시스템 사이의 모든 연결(서버, 네트워크 보안 장치)을 깊이 이해할 수 있다. 그런 다음 이웃이 다른 플랫폼에 존재하는 경우에도 AIOps는 영향을 미치지 않고 플랫폼 간 애플리케이션을 배포하고 인프라를 확장할 수 있다.

▌ 멀티 클라우드용 AIOps 툴 탐구하기

AIOps는 아직 시작 단계이지만 전문가들은 현재 약 5%인 AIOps 사용률이 2023년 30%까지 증가할 것으로 예상한다(https://www.gartner.com/smarterwithgartner/how-to-get-started-with-aiops/). 따라서 많은 IT 기업이 AIOps에 많은 투자를 하고 있다. 대표적 기업으로 IBM, Splunk, VMware, Moogsoft, Dynatrace, BMC, ServiceNow 등이 있다. 여기에 추가적으로 DataDog, ExtraHop, FixStream, Grok, StackState 등의 툴도 살펴볼 만한 가치가 있다.

기업이 툴을 올바로 선택하는 방법은 무엇인가? 기업은 멀티 클라우드 환경에서 작업할 때 멀티 클라우드를 다룰 수 있는 AIOps가 필요하다. 이러한 AIOps 플랫폼은 주요 클라우드 공급자에 사용할 수 있는 API를 보유하고 있으며 주요 클라우드 공급자의 모니터링 솔루션 및 기업이 클라우드 환경에 보유한 제3의 툴과 통합할 수 있다. AIOps 플랫폼의 예로 Splunk Enterprise가 있으며 Splunk Enterprise는 IT 인프라, 애플리케이션 및 보안 시스템에서 데이터를 수집해 서로 관련지으며 분석한다. 기본적으로 모든 AIOps 툴은 계층으로 동작한다. 그림 19.2는 AIOps의 계층을 보여준다.

그림 19.2 AIOps의 계층

대부분의 AIOps 시스템은 여러 계층의 도구 세트를 AIOps의 다양한 부분을 처리할 수 있는 AIOps 플랫폼과 결합한다. Splunk는 기업의 개발과 운영을 지원하는 다양한 제품을 보유한 플랫폼이다. Splunk는 다음과 같은 제품을 포함한다.

- **Splunk Cloud**: 모든 클라우드에서 인프라 관리
- **Splunk User Behavior Analytics**: ML을 사용해 위협과 동작 이상을 감지
- **Splunk Phantom**: 플랫폼 간 보안 오케스트레이션 및 Splunk Insights for AWS Cloud Monitoring 등 특정 솔루션의 자동화를 지원한다. Splunk Insights for AWS Cloud Monitoring은 비즈니스에 중요한 워크로드를 AWS로 마이그레이션하고 워크로드를 모니터링하며 비용, 보안, 규정 준수를 확인할 수 있는 툴을 제공하는 솔루션이다.

위에서 설명한 모든 솔루션은 Splunk Enterprise에서 제공한다. Splunk 이외의 솔루션으로는 ServiceNow, Dynatrace, StackState 등이 있는데 전문가들은 특히 StackState가 향후 수년 동안 크게 성장할 것으로 예상하며 가트너 보고서에는 StackState가 곧 시장의 리더가 될 것이라고 기록돼 있다(https://www.gartner.com/en/documents/3971186에서 확인할 수 있다. 보고서를 확인하기 위해서는 로그인이 필요하다).

ServiceNow는 다양한 솔루션을 연결해 모든 환경 안의 모든 IT 시스템을 시각화해 문제를 감지하고 워크플로우와 조치를 자동화하고 보안을 관리하는 Now Platform을 보유하고 있다. Dynatrace는 Dynatrace의 AI 솔루션인 Davis로 동작한다. StackState는 시간Time, 토폴로지Topology, 원격 측정Telemetry, 추적Tracing 4T 모델을 사용한다. StackState는 전체 클라우드 환경의 변경 사항을 시각화해 시스템 운영자가 시간별 변경 사항의 발생 위치를 즉시 파악할 수 있도록 해준다. 이를 위해 StackState는 애플리케이션, 데이터베이스, 서버, 운영 체제, 네트워크 및 보안 장치를 통한 트래픽 라우팅 등 모든 계층의 인프라 데이터를 서로 관련짓는다.

모든 AIOps 솔루션의 핵심은 환경의 모든 변경 사항을 실시간으로 자동으로 발견하고 실제로 문제가 발생하기 전에 IT 환경의 구성 요소에 미칠 영향을 미리 예측하는 것이며 이는 CI/CD 파이프라인에서 계획된 변경 사항에도 적용할 수 있다.

AIOps는 기업이 데이터 중심으로 변화하도록 한다. 이 책 첫 부분부터 강조한 내용은 IT 및 IT 아키텍처가 비즈니스 결정에 의해 주도된다는 것이다. 하지만 비즈니스 자체는 데이터에 의해 주도된다. 시장은 얼마나 빠른 속도로 발전하고 고객은 어디에 있고 고객의 요구는 무엇이고 IT는 고객의 요구에 어떻게 대비할 수 있는가? 시장의 변화에 즉시 적응할 수 있는 민첩성은 IT의 핵심이며 클라우드 환경의 목표다. 다시 말해 클라우드 시스템은 변화에 신속히 적응할 수 있다. 엔지니어의 개입 없이 데이터가 변화를 직접 주도할 때 적응은 더 빨라진다. 즉 데이터는 모든 결정을 주도한다.

한 번 더 강조하면 AIOps에서는 데이터가 모든 결정을 주도한다. 데이터 중심 원칙을 채택한 기업은 IT 내·외부의 다양한 소스로부터 나온 많은 양의 데이터에 접근할 수 있으며 자동화를 수용해야 한다. 그리고 무엇보다 데이터 분석, AI, ML을 사용한 복잡한 기술을 신뢰해야 한다. 그래야만 기업은 진정한 패러다임 전환을 이룰 수 있다. 한 가지 좋은 점은 AI, ML 알고리듬에 사용할 수 있는 많은 비즈니스 및 IT 데이터를 기업이 이미 갖고 있다는 것이다. 따라서 기업은 AIOps를 바로 시작할 수 있다.

▎ 요약

AIOps는 최근 새로 등장한 개념이다. AIOps는 기업이 IT 환경의 변화와 이상을 감지하는 데 사용할 수 있는 정교한 시스템이며 IT 환경의 이벤트가 환경 안의 다른 구성 요소에 미칠 수 있는 영향을 미리 예측한다. AIOps 시스템은 CI/CD 파이프라인 등의 데브옵스 시스템에서 나온, 미리 계획된 변경 사항에서도 영향도를 예측할 수 있다. 예측을 위해 AIOps는 빅데이터 분석을 사용한다. AIOps 시스템은 IT 내·외부의 여러 데이터 소스에 접근할 수 있다. 데이터는 분석되며 알고리듬에 입력된다. 여기서 AI와 ML이 사용된다.

AIOps 시스템은 스스로 학습해 미래의 이벤트를 미리 예측할 수 있게 된다.

AIOps 시스템은 AIOps를 시작하려는 기업과 AIOps 벤더의 많은 투자가 필요한 복잡한 시스템이다. 하지만 많은 기업이 데이터 중심으로의 변모를 시도하므로 데이터가 모든 결정을 점점 주도하게 된다. 데이터 중심으로의 변화를 통해 기업은 시장의 변화에 더 민첩하고 신속히 대처할 수 있다.

19장을 모두 학습하면 AIOps의 장점과 복잡성을 알게 된다. 또한 몇몇 AIOps 시장의 리더를 알고 있어야 한다. 매일 위험을 최소화하고 시스템을 중단 없이 실행해야 하지만 변경 사항에 신속히 대처하는 것이 중요한 덕목이다. 이러한 내용은 이 책의 마지막 장인 20장, '멀티 클라우드에 사이트 신뢰성 엔지니어링 도입하기'에서 자세히 설명한다.

▌ 질문

1. AIOps는 애플리케이션 제공 체인에 직접 포함되진 않지만 애플리케이션 제공 체인의 변경으로 영향을 받을 수 있는 IT 시스템을 포함한 여러 시스템의 데이터를 서로 관련짓는다. AIOps 정의 관점에서 이러한 시스템을 무엇이라고 부르는가?

2. 19장에서 설명한 AIOps 시스템을 제공하는 기업 중 최소한 두 곳의 이름은?

3. "AIOps는 계층으로 동작한다. 대부분의 AIOps 시스템은 AIOps 플랫폼에 결합된 계층에 대한 별도 솔루션이 있다." 참인가, 거짓인가?

4. 자동화 수준 관점에서 NoOps를 AIOps 이전 단계로 평가하겠는가, 이후 단계로 평가하겠는가?

▎ 참고문헌

- 다음에서 AIOps에 대한 블로그와 비디오를 참조할 수 있다.
  https://searchitoperations.techtarget.com/feature/Just-what-can-AI-in-IT-operationsaccomplish

20

멀티 클라우드에 사이트 신뢰성 엔지니어링 도입하기

지금까지 멀티 클라우드 플랫폼의 설계, 구현, 제어를 살펴봤다. 이는 결국 애플리케이션을 호스팅하기 위해서다. 인프라가 없다면 애플리케이션은 동작할 수 없고 애플리케이션이 없다면 인프라는 효용 가치가 없다. 환경을 제어한다는 것은 인프라와 애플리케이션을 모두 제어한다는 뜻이다. Google은 그 해답으로 사이트 신뢰성 엔지니어링SRE, Site Reliability Engineering을 제시한다. SRE는 소프트웨어 엔지니어링 관점을 통합하며 인프라와 운영 문제에 적용한다. 그렇다면 멀티 클라우드에서 SRE는 어떻게 동작할까? 20장을 모두 학습하면 SRE 개념을 정확하게 알게 된다. 또한 20장에서는 SRE가 서비스 수준 목표SLO, Service Level Objective를 결정하는 위험 분석으로 동작한다는 사실도 배운다. 그런 다음 SLO 모니터링을 살펴본다. 신뢰성은 측정할 수 있는 요소이므로 관찰력이 팀에게 요구된다. 20장 마지막 절에서는 SRE의 주요 원칙과 SRE의 구현을 학습한다.

20장에서는 다음 주제를 다룬다.

- SRE 개념 이해하기
- SRE에서 위험 분석해 작업하기
- SRE에서 모니터링 원칙 적용하기
- 멀티 클라우드에 SRE 원칙 적용하기 – 분산 시스템 구축 및 운영하기

▍ SRE 개념 이해하기

SRE는 원래 매우 중요한 시스템을 위한 것이었지만 현재는 데브옵스 프로세스를 효율적인 방식으로 이끄는 데 주로 사용된다. SRE의 목표는 개발자가 인프라를 별 문제 없이 신속히 배포하도록 하는 것이다. 빠른 배포를 위해 배포 작업은 완전히 자동화된다. 자동화된 작업 방식을 사용하므로 운영자는 더 많은 시스템을 지속적으로 온보딩하고 관리하라는 요청에 더 이상 괴로워하지 않아도 된다.

Google에서 제공하는 SRE 설명 원문은 400페이지가 훨씬 넘는다. SRE 관련 자세한 내용을 확인할 수 있는 몇 가지 책을 참고문헌에 제시한다. 20장에서 다루는 내용은 SRE를 소개하는 정도의 수준이다.

SRE의 핵심 용어는 서비스 수준 척도[SLI, Service Level Indicators], SLO, 오차 할당, 시스템을 사용 불가 상태로 만드는 오류 개수 등이다. 이러한 용어는 바로 뒤에서 자세히 설명한다. SLI와 SLO는 서비스 수준 협약[SLA, Service Level Agreement]과는 다르다. SLA는 서비스 공급자와 서비스 최종사용자 간의 협약이다. SLA는 KPI로 구성되며 보통 시스템 업타임 관련 지표다.

예를 들어 SLA는 99.9%의 시스템 업타임 또는 평균 고장 시간[MTTF, Mean Time To Failure]을 포함할 수 있다. 이러한 SLA대로라면 한 달에 약 44분의 시스템 다운타임이 발생할 수 있다는 말이 된다. 아무리 훌륭한 시스템도 가끔 장애가 발생할 수 있는데 이때 평균 수리 시

간MTTR, Mean Time To Repair or Recovery과 같은 KPI가 중요하다. MTTF는 시스템 문제를 해결하는 데 필요한 평균 시간이다.

시스템 문제 해결은 운영 팀 업무에서 큰 비중을 차지한다. SRE에서는 이러한 작업을 '번거로운 일'Toil이라고 부른다. '번거로운 일'은 수동으로 수행하는 사후 처리 작업으로 개발 속도를 늦춘다. SRE는 SRE 팀이 시스템 개선에 최대 50% 시간을 사용해야 한다는 원칙에 기반한다. 따라서 팀이 개발에 최대한 많은 시간을 사용할 수 있도록 '번거로운 일'을 최소로 줄여야 한다. 이를 위해 SRE 팀은 SLI와 SLO로 정의된 목표를 설정한다.

- **SLO**: SRE에서 시스템이 얼마나 우수해야 하는지를 정의한다. SLO는 여러 KPI로 구성된 SLA보다 구체적이다. SLA가 여러 SLO로 구성된다고 할 수 있지만 SLO가 SRE 팀의 개발자와 제품 소유자 사이의 협약인 반면 SLA는 서비스 공급자와 최종사용자 간의 협약이다. SLO는 목표 수준이다. 예를 들어 웹 프론트엔드는 분당 100개 요청을 처리할 수 있어야 한다. SLO를 처음부터 너무 복잡하게 설정하면 안 된다. SLO에는 프론트엔드 외에도 네트워크와 데이터베이스 처리량을 포함하므로 팀은 SLO 설정으로 목표를 이미 달성하기 위한 다수의 과제를 갖게 된다. 다시 말해 아키텍트와 개발자는 한 가지 목표를 달성하는 데도 해야 할 일이 충분하게 많다.

- **SLI**: SLO는 SLI로 측정된다. SRE에는 요청 지연 시간, 시스템 처리량, 가용성, 오류율 등 매우 중요한 여러 지표가 존재한다. 이들이 바로 핵심 SLI다. 요청 지연 시간은 시스템이 응답할 때까지 걸린 시간이다. 시스템 처리량은 초당 또는 분당 요청 수를 뜻하며 가용성은 최종사용자가 시스템을 사용할 수 있는 시간이다. 오류율은 총 요청 건수와 응답을 성공적으로 받은 요청 건수의 비율이다.

- **오차 할당**Error budget: SRE에서 가장 중요한 용어다. SLO도 마찬가지로 오차 할당을 정의한다. 기본 예산은 100으로 시작하며 SLO을 차감하는 방법으로 계산한다. 예를 들어 시스템의 가용성을 99.9%로 정의한 SLO에서의 오차 할당은 100 − 99.9 = 0.1이다. 여기서 SRE 팀은 SLO에 영향을 미치지 않은 채 변경 사항을

적용해야 한다. 따라서 SRE 팀의 개발자는 변경 사항과 릴리즈 개수를 제한하거나 시스템 중단 및 오차 할당의 과도한 소비를 방지하기 위해 최대한의 테스트와 자동화를 수행해야 한다. SRE가 시스템 운영에서의 '번거로운 일' 감소와 관련 있다는 것을 잊으면 안 된다. SRE 팀은 데브옵스 팀이며 운영^{Ops}보다 개발^{Dev}에 더 많은 시간을 할애해야 한다. 개발에 더 집중하기 위해서는 시스템 아키텍처가 중요하다. 시스템은 장애에 대한 내성^{fault-tolerant}이 있는가? 다시 말해 하나 또는 그 이상의 구성 요소에 문제가 발생한 경우에도 시스템은 계속 실행되는가? 처리량이 감소하고 지연 시간이 늘어나더라도 시스템은 가용성을 계속 확보해야 하고 실제로 사용할 수도 있어야 한다.

SRE에서는 시스템 장애나 성능 저하를 감지하는 모니터링이 매우 중요하다. 하지만 아키텍트는 팀이 SRE로 모니터링, 구축, 운영을 시작하기 전에 SLO와 SLI를 정의해야 한다. SLO와 SLI 정의는 다음 절에서 살펴볼 위험 분석을 통해 수행된다.

▍ SRE의 위험 분석해 작업하기

SRE의 기본 개념은 신뢰성을 애플리케이션과 시스템 아키텍처의 일부로 설계할 수 있다는 것과 신뢰성은 측정할 수 있는 지표라는 것이다. SRE에 따르면 신뢰성은 측정할 수 있는 품질이며 품질은 설계의 영향을 받는다. 엔지니어는 감지, 응답, 조치 시간을 감소시킬 행동을 취할 수 있고 다운시간 없이 변경 사항을 안전한 방법으로 적용할 수 있는 방식으로 시스템을 개발할 수 있다. 한마디로 아키텍트는 장애에 대한 내성이 있는 시스템을 설계하고 설계된 시스템을 엔지니어가 개발하는 것이다.

여기서 가장 큰 문제는 모든 과정에 비용이 든다는 것이며 시스템이 장애에 대한 내성을 가져야 하는지는 비즈니스 사례 기반의 비즈니스 결정으로 판단해야 한다. 1장, '멀티 클라우드 소개하기'에서 비즈니스 사례가 비즈니스 위험에 의해 주도된다는 내용을 이미 학습했다. 여기서 위험 관리를 다시 한 번 살펴본다.

위험을 계산하는 기본 규칙은 '위험 = 발생 가능성 × 영향도'다. 기업은 위험 관리를 통해 발생 가능성과 영향도를 제한하는 조치를 구현하는 비즈니스 가치를 결정한다. 이는 SRE 용어로 표현할 수도 있다(위험 관리를 사용해 신뢰성 엔지니어링 가치를 결정한다). 위험 관리는 SRE 팀의 제품 백로그에서 안정성 측정의 우선순위를 매기는 데도 사용된다. 위험 관리는 종종 PRACT라는 위험 매트릭스를 따라 수행된다.

- **방지**Prevent : 위험을 완전히 방지한다.
- **감소**Reduce : 위험의 영향이나 발생 가능성을 줄인다.
- **수용**Accept : 위험의 결과를 수용한다.
- **우발성**Contingency : 위험이 발생했을 때의 조치를 계획하고 실행한다.
- **이관**Transfer : 위험의 결과를 보험사 등의 다른 주체로 이관한다.

장애의 영향이 크다면 위험을 방지할 전략 고려가 권장된다. 이는 시스템이 얼마나 우수해야 하는지 SLO를 주도한다. 이러한 경우 SLO 가용성을 99.99%로 설정해 0.01%의 오차 할당만 남길 수도 있다. 결국 SLO는 시스템 아키텍처에 영향을 미치며 위험 등급은 연간 52분의 다운시간만 허용한다. 그림 20.1은 SRE에서 비즈니스 위험이 SLO를 어떻게 주도하는지 보여준다.

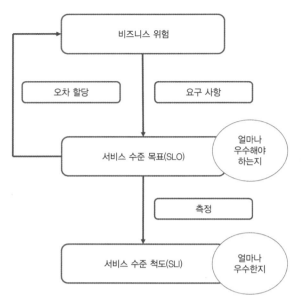

그림 20.1 SLO와 SLI의 개념

오차 할당은 위험 제어와 SLO를 손상시키지 않는 결정을 하는 데 사용된다. SLO에 미치는 영향을 계산하기 위해서는 다음 항목을 고려해야 한다.

- **감지 시간**TTD, Time To Detect : 소프트웨어나 시스템에서 문제를 감지할 때까지 걸린 시간이다.
- **해결 시간**TTR, Time To Resolve : 문제를 해결하거나 복구할 때까지 걸린 시간이다.
- **빈도 및 년**Frequency/Year : 연간 문제 발생 빈도
- **사용자**Users : 오류의 영향을 받는 사용자 수
- **불량/년**Bad/Year : 연간 시스템을 사용할 수 없는 분 수. '연간 불량 분'이라고도 한다.

명확하게 하기 위해 다음과 같은 예를 들겠다. 팀이 잘못된 코드로 애플리케이션에 배포했다고 가정해보자. 애플리케이션이 잘못된 코드로 제대로 동작하지 않는다는 것을 감지할 때까지 15분이 걸렸고 롤백을 실행해 문제를 복구하는 데 15분이 더 걸렸다. 이러한

문제는 적어도 2주에 한 번은 발생하므로 1년에 최소 24회 발생한다. 이러한 문제로 인해 25%의 사용자가 영향을 받는다. 따라서 '연간 불량 분'이 발생한다. '불량 분'이 오차 할당보다 높다면 SRE 팀은 위험 감소 조치를 취해야 한다. 만약 SRE 팀이 조치를 취하지 않는다면 운영에 많은 작업이 요구되므로 엔지니어는 문제 해결에 더 많은 시간을 쏟을 수밖에 없다.

▮ SRE에서 모니터링 원칙 적용하기

신뢰성은 측정할 수 있는 품질이다. 시스템의 품질과 신뢰성을 측정하기 위해서는 SRE 팀은 시스템 상태 관련 실시간 정보가 필요하다. 앞 절에서 살펴봤듯이 TTD는 위험 계산과 SLO 결정에 중요한 역할을 하는 요소다. 따라서 모니터링은 SRE에서 매우 중요하다. 하지만 SRE는 모니터링이 가능하면 최대한 단순해야 한다는 원칙을 고수한다. SRE는 다음과 같은 네 가지 지표를 사용한다.

- **지연 시간**Latency: 시스템이 응답을 줄 때까지 걸린 시간
- **트래픽**Traffic: 시스템에 존재하는 트래픽의 총량
- **오류**Errors: 부분 또는 전체 장애가 발생한 시스템에 대한 총 요청 개수
- **포화도**Saturation: 시스템이 처리할 수 있는 최대 부하 활용도

모니터링 규칙은 위의 네 가지 지표로 정의된다. 운영이나 '번거로운 일'을 위한 많은 작업을 피하는 것이 SRE의 시작점이므로 모니터링 규칙도 동일한 원칙을 따른다. 모니터링은 알람의 홍수로 이어지지 않아야 한다. 다음은 모니터링의 기본 규칙이다.

- 모니터링 규칙은 긴급, 실행 가능, 사용자가 시각적으로 확인할 수 있는 문제를 감지해야 한다. 모니터링 규칙이 없으면 문제도 감지되지 않는다.
- 모니터링 규칙에 의해 발생한 알람을 SRE 팀이 무시할 수 있는가? 알람이 무시당하면 어떠한 일이 발생하는가?

- 알람을 무시할 수 없는 경우 SRE 팀은 어떠한 조치를 취할 수 있는가? 예를 들어 대부분의 사용자가 영향을 받는 경우 알람을 무시하면 안 되고 필요한 조치를 취해야 한다.
- 시스템 상태를 개선할 단기적 조치 방법이 존재하는가? 이는 SRE가 단기적 조치 방법을 권장한다는 뜻은 아니지만 시스템에 문제가 발생한 경우에도 시스템을 사용할 수 있도록 조치해야 한다는 뜻이다. SRE가 시스템의 신뢰성과 밀접한 관련이 있다는 사실을 항상 기억해야 한다. 임시적인 해결책만큼 영구적인 것도 없다(이 문장은 https://poetryfoundation.org/poetrymagazine/poems/55235/after-a-greek-proverb에서 인용했다). 아키텍트와 엔지니어는 임시 해결책을 솔루션으로 생각하면 안 된다.
- 알람에 대한 조치를 팀이 취할 수 있는가?
- 알람에 대한 조치를 안전한 방식으로 자동화할 수 있는가?

SRE의 모든 모니터링 규칙은 위에서 설명한 원칙을 준수해야 한다. 결국 SRE의 모니터링은 조치가 필요한 신호와 조치가 필요하지 않은 잡음을 제대로 구분하는 것이다. 이론적으로 모니터링은 두 가지 작업만 수행하면 된다. 첫 번째는 시스템에서 무엇이 손상됐는지 정의하는 것이고 두 번째는 손상된 원인을 파악해 근본 원인root cause을 찾아내는 것이다. 대부분의 모니터링 시스템은 장애 증상에만 집중하는 경우가 많다. 모니터링 데이터를 서로 연관시키고 문제의 원인을 파악하기 위해서는 더 정교한 모니터링이 요구된다.

특히 멀티 클라우드 환경에서는 다른 플랫폼에서 호스팅되는 시스템이 시스템 오류의 원인인 경우가 있다. 이러한 경우 그 자체로 이미 매우 복잡하므로 네 가지 신호의 임계값이 모두 초과돼 사용자가 시스템을 사용할 수 없는 경우에만 SRE 팀에 알람을 전송하도록 모니터링 규칙을 설계해야 한다.

▌멀티 클라우드에 SRE 원칙 적용하기 – 분산 시스템 구축 및 운영하기

많은 기업이 클라우드 환경으로 시스템을 점점 더 전환하고 개발하고 있다. 비용절감을 이유로 클라우드로 이동하는 경우도 있지만 주된 이유는 클라우드가 제공하는 민첩성과 속도를 이용하기 위해서다. 결국 고객이 주도하는 것이다. 고객과 사용자는 애플리케이션에 더 많은 기능과 안정성을 요구한다. 고객은 IT를 항상 존재하는 수돗물로 여긴다. 기업은 시스템의 안정성을 고려하면서 개발 속도도 높일 수 있도록 많이 노력해야 한다.

최근 기업은 지속적으로 변모하고 있다. 여기에는 운영 관점의 변화도 포함된다. 한마디로 변화하는 속도를 항상 따라잡아야 한다. 전통적 운영으로는 변화하는 속도에 맞출 수 없다. 결국 개발Dev과 운영Ops 사이의 원활한 협업이 필요하다. 하지만 개발과 운영을 한군데 모으는 것만으로는 목표를 달성할 수 없다.

목표 달성을 위해서는 특정 기술과 툴이 필요하며 이것이 바로 Google이 SRE를 고안한 이유다. SRE는 개발자가 운영 방식을 정의한다는 생각에 기반한다. SRE는 운영에 집중한다. 더 자세히 표현하면 SRE는 운영 문제를 줄이는 솔루션을 생성하는 데 집중한다. 이러한 과정으로 SRE 팀은 클라우드 환경에서 안정적인 시스템을 구축한다. SRE에는 다음과 같은 몇 가지 중요한 규칙이 존재한다.

- **모든 것을 자동화한다**: 자동화는 일관성을 보장하고 확장을 가능케 해준다. 자동화에는 훌륭한 아키텍처가 필요하다. 자동화를 사용하면 코드만 수정해 문제를 해결할 수 있으므로 빠른 조치가 가능하다. 또한 자동화는 모든 시스템에 적절한 코드를 배포하도록 해준다. 다양한 클라우드 플랫폼에 걸쳐 있는 대규모 분산 시스템에서 작업을 수동으로 수행하는 데는 많은 시간이 걸린다. 하지만 SRE는 Google이 고안했으며 Google은 Gmail 등의 클라우드 서비스 위에서 실행되는, 많은 사용자가 사용 중인 대규모 서비스를 갖고 있다. 자동화가 없었다면 이러한 서비스는 불안정했을 것이다. 또한 자동화가 없다면 많은 수동 작업으로 인해 운영이 어려워진다.

- **'번거로운 일' 제거**: '번거로운 일'은 SRE에서 사용하는 용어이며 쉽게 다가가기 어려울 수 있다. '번거로운 일'은 단지 팀이 꺼리는 작업이 아니라 팀의 개발 수행을 방해하는 모든 작업을 의미한다. '번거로운 일'은 수동 작업이고 반복적이며 자동화될 수 있다. 또한 '번거로운 일'은 서비스 개발 속도를 늦춘다. 한마디로 '번거로운 일'은 제품에 가치를 더하지 않는 작업이다. SRE에는 '번거로운 일'의 규칙이 존재한다. SRE 팀은 '번거로운 일'에 50% 이상의 시간을 소비하면 안 된다. '번거로운 일'에 모든 시간을 소비하게 될 수도 있기 때문이다.

SRE에서 이러한 문제를 해결하기 위해서는 오차 할당이 중요하다. SRE 팀이 운영과 '번거로운 일'에 50% 이상의 시간을 소비해야 할 경우 오차 할당이 초과될 수 있다. 결국 엔지니어링이 필요하며 일반적으로 시스템을 담당하는 제품 팀이 리팩터링을 수행해야 한다. 리팩터링은 구조를 개선하고 복잡성을 줄여준다. 그림 20.2는 SRE에서 '번거로운 일'을 제거하는 개념을 보여준다.

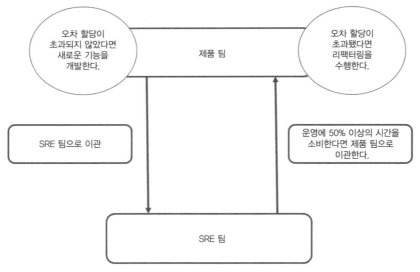

그림 20.2 '번거로운 일' 제거의 개념

- **최대한 단순하게 유지한다**: 단순함은 SRE의 핵심 원칙이다. 안정적이고 신뢰성을 보장하는 시스템이 되기 위해서는 소프트웨어가 최대한 단순해야 한다. 시스템이 너무 복잡해지면 SRE 팀은 제품 팀에게 강력한 반대 의견을 낼 권한이 있다. 시스템 복잡성은 종종 이전 코드를 제거하지 않은 상태에서 새로운 기능 관련 코드가 추가될 때 발생한다. 코드는 최대한 단순하고 깨끗해야 하며 API 사용량은 제한돼야 하고 API를 사용한다면 최대한 간단히 사용해야 한다. SRE는 '적을수록 많은 것이다Less is more'라는 격언에 따라 움직인다.

- **릴리즈 엔지니어링**: 기업이 시스템의 안정성과 신뢰성을 유지하는 동시에 개발 변경 사항을 지속적으로 신속히 적용하기 위해서는 굳건한 릴리즈 프로세스가 필요하다. Google은 소스 코드 관리, 소프트웨어 컴파일, 패키징, 구성 빌드, 자동화 관련 전문지식을 보유한 릴리즈 엔지니어를 팀에 합류시켰다. 18장, 'CI/CD 파이프라인 설계 및 구현하기'에서 분기 원칙을 설명했다. SRE는 마스터 분기가 아닌 기능 분기를 통해 코드를 직접 체크인하는 원칙으로 동작한다.

  테스트는 파이프라인에서와 마찬가지로 릴리즈 프로세스에서도 매우 중요한 부분이다. SRE에서는 카나리아 테스트canary test를 사용한다. 카나리아 테스트는 석탄 광산에 독성 가스가 존재하는지 여부를 확인하기 위해 카나리아를 광산으로 보내는 테스트다. 카나리아가 살아 돌아왔다면 광부가 광산에 들어가도 안전하다는 의미다.

  SRE에서의 카나리아 테스트는 새로운 코드가 구현되는 서버나 서비스의 작은 집단을 사용한다. 이러한 카나리아 서버는 일정 기간 동안 실행된다. 일정 기간이 지나고도 서버가 정상적으로 실행됐다면 모든 서버가 새로운 코드를 실행한다. 만약 카나리아 서버에 장애가 발생했다면 마지막으로 정상이었던 상태로 롤백한다.

 테스트는 SRE의 주요 지표(지연 시간, 트래픽, 오류, 포화도)에 대해 수행된다.

- **사후 분석**: 물론 SRE도 실수할 수 있다. 여러 클라우드에 분산 시스템이 존재하는 멀티 클라우드 환경에는 언젠가는 장애가 발생한다. 증가하는 사용자 요구 사항 때문에 시스템은 점점 복잡해지고 있다. 새로운 기능이 빠른 속도로 계속 추가되고 있다. 시스템이 점점 복잡하게 얽히기 때문에 배포 실수, 버그, 하드웨어 오류 등으로 문제가 발생할 수 있고 나아가 보안 사고가 발생할 수도 있다.

SRE에서 장애는 시스템과 소프트웨어를 개선할 기회로 받아들여진다. 장애가 해결되자마자 사후 분석이 수행된다. 사후 분석 과정에서 장애를 비난하지 않는 것이 중요하다. Google은 사후 분석의 문화와 철학도 설명한다. SRE 팀은 장애를 등록하고 수정하고 근본 원인을 문서화하고 장애로부터 얻은 교훈을 적용한다. 사후 분석은 장애를 손가락질하기보다 시스템을 탄력적으로 만드는 기회로 이용한다.

SRE는 지속적으로 학습한다. 실패와 실행으로부터 교훈을 얻는다. 이 책을 끝까지 읽었을 때 기억해야 할 내용이 하나 있다면 멀티 클라우드의 아키텍처와 거버넌스도 학습에 대한 것이라는 사실이다. 애저, AWS, Google, VMware, 기타 플랫폼은 지속적으로 변화한다. 이는 조직도 함께 변화해야 한다는 의미다. 변화는 한 번으로 끝나지 말고 지속적으로 수행돼야 한다.

▌ 요약

다양한 이유로 시스템은 점점 복잡해지는 추세이고 고객은 더 많은 기능을 애플리케이션에 지속적으로 요구하고 있다. 시스템은 중단 없이 연중무휴 사용할 수 있어야 한다. 클라우드 플랫폼은 개발 속도를 가속화하는 데 적합하지만 여러 플랫폼에 분산된 진정한 멀티 클라우드 시스템을 사용하는 팀이 어떻게 시스템의 안정성을 보장할 수 있는가? 이러한 질문의 답은 사이트 신뢰성 엔지니어링이다.

20장에서는 SRE의 중요한 원칙을 살펴봤다. 그리고 SLO 결정, SLI 측정, 오차 할당에 기반한 방법론도 알아봤다. 이러한 요소는 비즈니스 위험 분석에 의해 주도된다. 그런 다음 SRE의 모니터링 및 모니터링 원칙을 설정하는 방법을 학습했다. 마지막 절에서는 자동화 시스템, '번거로운 일' 제거, 단순함, 릴리즈 엔지니어링 및 사후 분석 등 SRE의 몇 가지 규칙을 소개했다.

20장과 이 책 전체에서의 마지막 결론은 수행과 실패로부터 배운다는 것이다. 멀티 클라우드 생태계가 빠르게 변화하고 있으므로 기업도 이에 맞춰 지속적으로 변화해야 한다.

▌ 질문

1. SRE에서 위험 분석은 중요한 요소다. PRACT라는 다섯 가지 위험 전략은 무엇인가?
2. SRE는 모니터링 규칙을 적용할 때 네 가지 신호를 관찰한다. 그중 두 가지는 지연 시간과 트래픽이다. 나머지 두 가지는 무엇인가?
3. SRE에서는 반복적이고 회피해야 할 수동 작업 관련 용어를 사용한다. 이러한 용어는 무엇인가?
4. "사후 분석은 SRE의 핵심 원칙이다. 사후 분석은 장애의 근본 원인과 장애의 책임을 묻기 위한 것이다." 참인가, 거짓인가?

▌ 참고문헌

- Pethuru Raj, 『Practical Site Reliability Engineering』(Packt, 2018)

정답

1장

1. 지연 시간
2. 스토리지
3. 첫 번째: Google Anthos는 하드웨어 어플라이언스가 아닌 소프트웨어의 구성 요소다. 두 번째: Google Anthos는 컨테이너 플랫폼으로 GKE를 실행한다.

2장

1. KPI
2. 비즈니스의 목표와 비전

3. 재구축, 리팩터링, 재구매, 재설계, 폐기, 유지

4. VM에서 컨테이너로 이동

3장

1. 가상 프라이빗 게이트웨이

2. ExpressRoute

3. VMware NSX

4. Private Link

4장

1. 참

2. 참

3. Active Directory

5장

1. 지능 시스템

2. 비즈니스 비전

3. 참

6장

1. 계정, 보안

2. 허브 앤 스포크

3. 공유 서비스 계정

4. 최소 권한 정책

7장

1. RPO：Recovery Point Objective, RTO：Recovery Time Objective

2. Debugger

3. 참

8장

1. 리소스 계층

2. Chef Automate, Puppet Enterprise

3. 참

9장

1. 참

2. Azure Lighthouse, AWS ControlTower

3. 사전 모니터링

4. 클라우드 간 쿠버네티스 환경 모니터링

10장

1. 제한적 계약

2. SAM^{Software Asset Management}

3. 엔터프라이즈 등록, 부서 생성

11장

1. ARM
2. HCI
3. CodeDeploy
4. 참

12장

1. 참
2. Fully Qualified Domain Name
3. 라벨

13장

1. EA
2. Cost Explorer
3. 참

14장

1. 기밀성, 무결성, 가용성
2. 공개 키/개인 키는 데이터가 전송되기 전에 사용자의 ID를 식별하는 데 사용된다.
3. CIS
4. 거짓

15장

1. 관리된 ID, 관리된 역할, 관리된 접근
2. SAML
3. 적격 계정

16장

1. 데이터 보호 영향 분석^{DPIA}
2. RSA, AES
3. KMS
4. 거짓

17장

1. 보안 운영센터^{Security Operations Center}
2. REST API
3. 참

18장

1. DoD
2. SAFe
3. 보드^{Board}
4. 참

19장

1. 시끄러운 이웃 Noisy neighbor
2. Splunk, Dynatrace, DataDog, StackState
3. 참
4. AIOps 이후로 평가

20장

1. 방지, 감소, 수용, 우발성, 이관
2. 오류, 성숙도
3. 번거로운 일 Toil
4. 거짓; 사후 분석은 비난받으면 안 된다.

찾아보기

멀티 클라우드로의 전환
알맞은 멀티 클라우드 솔루션 찾아보기

발 행 │ 2022년 1월 3일

지은이 │ 제론 멀더
옮긴이 │ 문 경 식

펴낸이 │ 권 성 준
편집장 │ 황 영 주
편 집 │ 조 유 나
         김 다 예
디자인 │ 송 서 연

에이콘출판주식회사
서울특별시 양천구 국회대로 287 (목동)
전화 02-2653-7600, 팩스 02-2653-0433
www.acornpub.co.kr / editor@acornpub.co.kr

한국어판 ⓒ 에이콘출판주식회사, 2022, Printed in Korea.
ISBN 979-11-6175-584-7
http://www.acornpub.co.kr/book/multi-cloud

책값은 뒤표지에 있습니다.